NATIONAL GEOGRAPHIC TRAVELER

AUSTRALIEN

Roff Martin Smith

INHALT

Seiten 2–3: Das Rote Zentrum bei Alice Springs
Gegenüber: Strandhäuschen nahe Melbourne

RÜCKSICHTSVOLL REISEN

Umsichtige Urlauber brechen voller Neugierde auf und kehren reich an Erfahrungen nach Hause zurück. Wer dabei rücksichtsvoll reist, kann seinen Teil zum Schutz der Tierwelt, zur Bewahrung historischer Stätten und zur Bereicherung der Kultur vor Ort beitragen. Und er wird selbst reich beschenkt mit unvergesslichen Erlebnissen.

Möchten nicht auch Sie verantwortungsbewusst und rücksichtsvoll reisen? Dann sollten Sie folgende Hinweise beachten:

- Vergessen Sie nie, dass Ihre Anwesenheit einen Einfluss auf die Orte ausübt, die Sie besuchen.
- Verwenden Sie Ihre Zeit und Ihr Geld auf eine Weise, die dazu beiträgt, den ursprünglichen Charakter eines Ortes zu bewahren. (Auf diesem Weg lernen Sie ein Land auch sehr viel besser kennen.)
- Entwickeln Sie ein Gespür für die ganz besondere Natur und das kulturelle Erbe Ihres Urlaubslandes.
- Respektieren Sie die heimischen Bräuche und Traditionen.
- Zeigen Sie den Einheimischen ruhig, wie sehr Sie das, was den besonderen Reiz ihres Landes ausmacht, zu schätzen wissen: die Natur und die Landschaft, Musik, typische Gerichte, historische Dörfer oder Bauwerke.
- Scheuen Sie sich nicht, mit Ihrem Geldbeutel Einfluss zu nehmen: Unterstützen Sie solche Einrichtungen oder Personen, die sich um die Bewahrung des Typischen und Althergebrachten bemühen. Entscheiden Sie sich für Läden, Restaurants oder Reiseanbieter, denen an der Bewahrung ihrer Heimat gelegen ist. Und meiden Sie Geschäfte, die den Charakter eines Ortes negativ beeinflussen.
- Wer auf diese Weise reist, hat mehr von seinem Urlaub, und er kann sicher sein, dass er seinen Teil zum Erhalt und zur Verbesserung eines Ortes oder einer Landschaft beigetragen hat.

Diese Art des Reisens gilt als zeitgemäße Form eines sanften, auf Nachhaltigkeit bedachten Tourismus; NATIONAL GEOGRAPHIC verwendet dafür auch den Begriff des „Geo-Tourismus". Gemeint ist damit ein Tourismus, der den Charakter eines Ortes nicht aus den Augen verliert. Weitere Informationen zum Thema gibt es im National Geographic's Center for Sustainable Destinations unter *www.nationalgeographic.com/travel/sustainable.*

NATIONAL GEOGRAPHIC
TRAVELER

AUSTRALIEN

ÜBER DIE AUTOREN

Der aus New England stammende **Roff Smith** lebt, seit er 1982 nach Australien kam, die meiste Zeit *down under*. Er begann seine Arbeit als Journalist beim *Sydney Morning Herald* und wechselte später zum Melbourner *Sunday Age*. 1993 kam er zum *Time Magazine*, und als preisgekrönter Autor schrieb er Artikel über ganz Australien bis hin zu Neuguinea, Polynesien und über die Antarktis.

1996 begab sich Roff ganz allein auf eine 16 000 Kilometer lange Radtour ins australische Outback. Die Geschichte seiner Reise erschien als dreiteilige Serie im *National-Geographic*-Magazin und als Buch unter dem Titel „Kaltes Bier und Krokodile. Mit dem Fahrrad durch Australien". Roff Smith ist auch Autor des Bildbandes „Australien. Reise durch ein zeitloses Land". Der Artikel über Australiens Nationaldichter, Banjo Paterson, der 2004 bei *National Geographic* erschien, brachte ihm einen Preis der North American Travel Journalist's Association ein. Smith arbeitet heute als freier Autor für eine Reihe internationaler Zeitschriften, darunter *National Geographic*.

Peter Turner schrieb die Aktualisierungen und Kastentexte für die vorherige wie auch diese Ausgabe. Der gebürtige Australier ist Journalist von Beruf und Wanderer aus Leidenschaft; er hat als Redakteur, Verleger und Journalist in Australien und für Zeitungen in Indonesien, Thailand und Brunei gearbeitet. Als Reiseschriftsteller und Fotograf ist er auf Südostasien und den Südpazifik spezialisiert; er hat zahlreiche Beiträge für Zeitungen und Zeitschriften sowie mehr als 20 Reiseführer geschrieben.

Die Reise planen

Herrliche Küste und Strände, das größte Korallenriff der Welt, eine einzigartige Tierwelt, die rauen Wüstenlandschaften des Outback, schicke Städte, Nationalparks mit tropischem Regenwald und alpiner Vegetation – die Frage ist nicht, was Sie ansehen sollten, sondern wie viel Sie schaffen.

Eine Woche auf Tour

Wenn Sie nur eine Woche für Australien Zeit haben, konzentrieren Sie sich am besten auf Sydney, das Great Barrier Reef und den beeindruckenden Monolithen des Uluru (Ayers Rock) im Red Centre. Qantas *(qantas.com.au)* bringt Sie mit Direktflügen zu diesen drei Sehenswürdigkeiten. Die meisten Besucher landen in **Sydney**, an der Südostküste. Diese lebendige Hafenstadt besitzt schöne Strände, darunter den berühmten Bondi Beach, interessante historische Bezirke und Attraktionen wie die Sydney Harbour Bridge und das Opera House. Fliegen Sie nach einigen Tagen Sydney nach Norden nach **Cairns** und machen Sie mit dem Schiff einen Tagesausflug zum **Great Barrier Reef**. Das Riff ist herrlich – fantastische Korallen und farbenprächtige Fische zwischen tropischen Inseln. Wenn Sie noch ein, zwei Tage in Cairns oder **Port Douglas** (64 km an der Küste entlang) bleiben, können Sie mit einem Leihwagen die Regenwälder des **Daintree National Park** besuchen, die Berge von **Kuranda**, die **Atherton Tablelands** oder die nördlichen Strände.

Von Cairns bringt Sie ein dreistündiger Flug zum **Uluru** (Ayers Rock), den Sie mit einem Aborigine-Führer umrunden können; in der Nähe liegt die Felsformation **Kata Tjuta** (die Olgas).

Wenn mehr Zeit bleibt

Sie brauchen zwei Wochen (oder besser noch mehr), um Australien wirklich zu erkunden. Wenn Sie lange Fahrten genießen, gibt es im ganzen Land Autoverleihfirmen; doch wahrscheinlich kommen Sie besser voran, wenn Sie einige Strecken fliegen.

Vermutlich haben Sie nicht die Zeit, alle Regionen Australiens zu sehen. Hier ist eine Auswahl, aus der Sie das herausgreifen können, was Sie am meisten interessiert.

Ein Einwohner Australiens

Sydney & Umgebung: Erkunden Sie nach dem Besuch von Sydney die **Blue Mountains** im Westen. Sie können auch nach Südwesten fahren und erreichen in ein paar Stunden **Canberra**, die geplante Hauptstadt des Landes. Weitere 160 Kilometer südlich lässt sich in den **Snowy Mountains** im Winter gut Ski fahren und im Sommer gut Wandern. Doch die meisten Besucher fahren von Sydney aus über den **Pacific Highway** nach Norden, entlang der wunderbaren Surfstrände. Das **Weinanbaugebiet** des **Hunter Valley** liegt gut zwei Stunden nördlich von Sydney. Von den Badeorten an der Küste ist **Byron Bay** besonders beliebt.

NICHT VERSÄUMEN

Sydney, eine der großen Hafenstädte der Welt 73

Einen Segeltörn um das unglaubliche Great Barrier Reef 160

Die Feuchtgebiete des Kakadu National Park 188–191

Den beeindruckenden Uluru, „den Felsen" im Herzen des Outback 204–208

Das Barossa Valley mit seinen Weingütern 267–268

Eine Fahrt auf der faszinierenden Great Ocean Road 310–315

Port Arthur, die Hölle der Sträflinge, die zur malerischen Sehenswürdigkeit wurde 350–351

Queensland & Northern Territory: Queensland, wo das Great Barrier Reef liegt, ist die wichtigste Touristenregion des Landes. Die Küste ist himmlisch, das Wetter ganzjährig warm bis heiß. Im Süden reihen sich an der **Gold Coast** Hotels, Themenparks und Surfstrände fast bis zur Hauptstadt **Brisbane** (590 km von Sydney). Weiter nördlich ist die **Sunshine Coast** noch weniger erschlossen, hier liegt der elegante Badeort **Noosa Heads**. **Fraser Island** ist die größte Sandinsel der Welt, die mit Regenwald bedeckt ist.

Vor der Küste erstreckt sich das Great Barrier Reef über 2100 Kilometer Richtung Norden. Cairns, Port Douglas und die **Whitsunday Islands** (500 km südlich von Cairns) sind die besten Ausgangsbasen für die Erkundung des Riffs, doch werden Touren von allen Städten an der Küste angeboten. Die Küstenberge sind von Regenwald überzogen.

Viele Reisende fliegen von Cairns aus drei Stunden nach Westen über die riesigen Viehstationen im Inneren von Queensland zum **Northern Territory**. **Darwin** (4000 km von Sydney) im Norden des Gebiets ist die tropische Hauptstadt und Ausgangspunkt für Touren in den **Kakadu National Park**. Feuchtgebiete, Tiere, Wasserfälle und Felsmalereien der Aborigines machen diesen Park zu einem Muss. Fahren Sie von Darwin nach Süden durch das **Red Centre** mit

Koalas

Koalas zählen zu den beliebtesten Touristenattraktionen Australiens, doch sie in der Wildnis zu entdecken, ist nicht einfach. Zoos und Wildparks sind die bessere Lösung. Sie können auch am Abend durch die am Rand des Buschs gelegenen Vororte von Sydney, Melbourne oder Brisbane spazieren, doch die Chancen, einen Koala zu treffen, sind auf Kangaroo Island vor Südaustralien oder auf Phillip Island in Victoria besser.

Trinkgeld

Trinkgelder, die in Australien lange weitgehend unüblich waren, sind heute häufiger. Es muss nicht sein, aber in guten Restaurants schätzt man ein Trinkgeld von fünf bis zehn Prozent für aufmerksamen Service. Bei Taxifahrten wird der Fahrpreis aufgerundet, bis zu zehn Prozent extra, und in Tophotels können Sie Trägern 2 A$ für das Tragen Ihres Gepäcks geben.

Schluchten, Felsformationen und Wüste. **Katherine Gorge** im **Nitmiluk National Park**, etwa 240 Kilometer südlich von Darwin, ist eine Reihe von Schluchten, die tief in den Sandstein eingeschnitten sind. Weitere 1250 Kilometer südlich liegt Alice Springs, eine Oase in der Wüste und Ausgangspunkt für Touren zu den Schluchten der **MacDonnell Ranges**, dem **Kings Canyon** und natürlich Uluru sowie Kata Tjuta.

Western Australia: Sie können von Darwin aus auch nach Südwesten, nach Western Australia und in die **Kimberley-Region** fahren. Nehmen Sie die **Gibb River Road**, eine der abenteuerlichen Strecken, oder den Haupt-Highway mit einem Umweg zu den Felsformationen des **Purnululu National Park**. Beide Strecken enden in **Broome** (1960 km von Darwin). Western Australia ist riesig und zum Großteil Wüste. Die Küstenstraße von Broome führt in die Hauptstadt Perth – eine Fahrt von 2255 Kilometern – vorbei an Stränden, entlegenen Orten und dem **Ningaloo Reef**, Australiens zweitem Wallriff mit Tauch- und Schnorchelplätzen. Weiter südlich kommen Delfine bis ins Flachwasser bei **Monkey Mia**.

Perth (3950 km von Sydney) im grünen Südwesten des Staates ist eine der abgelegensten Städte der Welt. Direkt dabei liegt der Hafen **Fremantle**, eine Tagestour bringt Sie zum **Margaret River**, einem wichtigen Weinbaugebiet an einer malerischen Küste. Dort liegt auch der alte Walfängerhafen Albany. Von Perth führt der Haupt-Highway nach Osten durch die Goldminenstadt **Kalgoorlie** und über die **Nullarbor Plain** nach Adelaide, eine lange (2700 km) Fahrt durchs Outback.

South Australia & Victoria: Adelaide – 1400 Kilometer von Sydney –, die Stadt der Kirchen, ist die hübsche Hauptstadt von Südaustralien, von

Reisezeit

Winter (Juni–Aug.) ist die beste Zeit, um Queensland, das Northern Territory und Western Australia zu besuchen. Das Wetter ist warm und trocken. In südlicheren Breiten liegen die Temperaturen niedriger, vor allem in den Australischen Alpen und im Landesinneren, wo es Nachtfröste geben kann.

Die Küstenregion erwacht im Sommer (Dez.–Feb.) zum Leben, wenn die Temperaturen hoch und die Tage lang sind. Ab Weihnachten bis über Neujahr, in der Hauptferienzeit Australiens, steigen die Preise. Die Regenzeit im Norden dauert von Oktober bis März und reicht bis ins südöstliche Queensland und das nördliche New South Wales.

Der Herbst (März–Mai) ist kühler und in weiten Teilen des Landes angenehm, das Gleiche gilt für den Frühling (Sept. bis Nov.), allerdings fällt im Süden etwas mehr Regen. September und Oktober bieten den besten Kompromiss für eine Tour durch das Land.

Aborigines am Katherine River legen die traditionelle Gesichtsbemalung auf

Stränden, Hügeln und Weinbergen umgeben. Das **Barossa Valley** mit seinen Weingütern sollten Sie unbedingt besuchen. Die Stadt ist auch Abfahrtsort des Outbackzugs **Ghan**. Auch der **Stuart Highway** führt nach Norden durch die Wüste, vorbei an **Coober Pedy**, der Opalminenstadt.

Im Osten schließt Victoria an South Australia an, der kleinste aller Festlandstaaten. Der Reichtum des Goldrauschs prägte die elegante Hauptstadt **Melbourne**, eine Gartenstadt mit viel schöner viktorianischer Architektur. Grüne Berge, Weingüter, Strände und Pinguinkolonien liegen nur einen Tagesausflug entfernt. Hauptattraktion in Victoria ist die **Great Ocean Road**, eine faszinierende Küstenstraße zu den **Twelve Apostles**, großen Sandsteinsäulen. Weitere Sehenswürdigkeiten sind die historischen Goldstädte und Nationalparks wie **Wilsons Promontory**.

Tasmanien: Eine Nacht auf der Fähre oder ein kurzer Flug ab Melbourne bringen Sie auf die Insel Tasmanien mit dichter Wildnis, Wandermöglichkeiten und einer interessanten Sträflingsvergangenheit. Die Insel ist leicht in ein paar Tagen zu erkunden, eine Rundfahrt von 960 Kilometern führt über **Stanley**, wilde Flüsse im Westen, die Hauptstadt **Hobart** und **Port Arthur**.

Währung

Die Währungseinheit ist der Australische Dollar, der 100 Cent umfasst. Er wurde 1966 eingeführt, als die Dezimalwerte Pfund, Shilling und Pence ersetzten. Es gibt Noten zu 5, 10, 20, 50 und 100 Dollar, sie sind aus Polymerpropylen, einem festen, bunten und schwer zu fälschenden Kunststoff. Münzen gibt es zu 5, 10, 20 (alle silbrig) und 50 (eckig) Cent sowie 1 und 2 Dollar (goldfarben). Etwas verwirrend ist, dass die Zwei-Dollar-Münze kleiner ist als die Ein-Dollar-Münze.

Geschichte & Kultur

In Australiens Nationalflagge ist der britische Union Jack integriert, eine Erinnerung an die Geschichte des Landes
Gegenüberliegende Seite: Gorgonie, Great Barrier Reef

Australien heute

Australien fasziniert mit seinen einzigartigen Beuteltieren, den farbenprächtigen Vögeln und dem endlosen Outback seit über zwei Jahrhunderten. Es ist Heimat einer der ältesten menschlichen Kulturen, es ist berühmt für den beeindruckenden Monolithen Uluru, die tropischen Feuchtgebiete von Kakadu und das Great Barrier Reef.

Australien ist der kleinste Kontinent und die größte Insel der Welt, eine 7,5 Millionen Quadratkilometer große Landmasse, die sich vor 65 Millionen Jahren auf den Weg in die Isolation im Südpazifik machte. Einige australische Landschaften zählen zu den ältesten des Planeten, sie sind bis zu 3,5 Milliarden Jahre alt. Lebende Exemplare der frühesten Lebensformen der Welt, der Stromatoliten, findet man noch immer an der Küste des Hamelin Pool in Western Australia. Primitive Palmfarne wachsen in Schluchten des Outback.

Die Aborigines kamen auf Flößen und kleinen Booten vor mehr als 50 000 Jahren aus der asiatischen Inselwelt. Jene Zeit ist bei ihnen als Traumzeit bekannt. Die magischen Ereignisse jener Zeit werden mit Liederzyklen gefeiert und sind in Felsmalereien in tausenden von Höhlen und Felsunterständen im ganzen Land verewigt. Die Lieder und Zeremonien bilden die Grundlage für die Gesetze und Bräuche der Aborigines. Seit über 170 Jahren lockt das faszinierende Land Touristen an. Schon Charles Darwin äußerte sich, als er 1836 durchreiste, zu Sydneys hohen Grundstückspreisen. Der englische Schriftsteller Anthony Trollope war in die viktorianische Architektur der Goldstadt Ballarat verliebt. Mark Twain wunderte sich über Tasmaniens Schönheit und seine gewalttätige, schäbige Vergangenheit.

Auch in einer kleiner werdenden Welt wird Australien noch immer mit Fernweh und Weite verbunden.

Zum Glück ist Australien heute viel einfacher zu erreichen als in den Tagen der Dampfschiffe und Qantas-Empire-Flugboote, die für die Reise von London nach Sydney „nur" fünf Tage brauchten. Heute dauert ein Nonstopflug von Europa aus mindestens 22 Stunden. Flugreisende kommen in eine andere Tageszeit, einen anderen Tag, eine andere Jahreszeit. Die Sterne sind fremd, und in der Stadt kann man vom Kreischen der Kakadus geweckt werden. Auch in einer kleiner werdenden Welt wird Australien noch immer mit Fernweh und Weite verbunden.

Das echte Australien

Fragen Sie irgendeinen Australier, wo das echte Australien sei – er wird wohl auf die unermessliche Weite aus Staub und Himmel weisen und

Australien hat mehrere Surfprofis von Weltrang, darunter der Surf-Star Taj Burrow

FOSTER'S
webber
globe

das Porträt eines von der sonnengebräunten Viehhüters mit Akubra-Hut zeichnen, der eine Schafherde treibt. Das ist ein beschauliches Fantasiegemälde – die Wahrheit sieht anders aus. Das echte Australien ist eher ein Meer aus Ziegeldächern in den Vororten der Städte. Typische Australier arbeiten in Büros und sitzen am Computer. 90 Prozent der „Aussies" leben in Küstenstädten, höchstens eine halbe Autostunde vom nächsten Strand entfernt. Die Kinder wachsen auf zwischen den Warnflaggen der Rettungsschwimmer und auf Bürgersteigen, die von libanesischen, chinesischen, italienischen, griechischen und vietnamesischen Läden gesäumt sind. Sie streben ein Ziegelhaus in einem komfortablen Vorort an. Obwohl Grundstücke teuer sind – besonders in Sydney –, hat Australien die weltweit höchste Rate an Hauseigentümern. Die Städte dehnen sich in die Breite aus. Sydneys Fläche ist fast so groß wie die von Los Angeles. Es gibt zwar raue Viertel, aber wenig Slums. Im Großen und Ganzen ist Australien

Das Wasser des berühmten Hafens reflektiert die Lichter von Sydneys Skyline

ein sicheres Land: Mit einem Mord pro 100 000 Einwohner liegt die Mordrate etwas höher als in Deutschland.

Australier verbringen normalerweise ihr ganzes Leben in oder nahe dem Viertel, in dem sie aufgewachsen sind. Auch wenn es immer mehr Einkaufszentren, Fastfood-Ketten und Supermärkte gibt, wird noch viel auf traditionelle Weise eingekauft: Man geht die Hauptstraßen entlang und schaut beim Metzger, beim Bäcker, beim Fisch- und Gemüsehändler rein. Oder geht auf einen Markt, auf dem die Verkäufer lautstark ihre Ware anpreisen.

Dies ist eine unkomplizierte, im Allgemeinen tolerante Gesellschaft, die die Auffassung vertritt, dass jeder das Recht hat, nach seiner Fasson zu leben.

Dies ist eine unkomplizierte, im Allgemeinen tolerante Gesellschaft, die die Auffassung vertritt, dass jeder das Recht hat, nach seiner Fasson zu leben. Über 160 Nationalitäten leben im Land – und jeder kommt gut damit zurecht. Sydney hat einen höheren Prozentsatz an Homosexuellen als San Francisco, und sein Mardi Gras für Schwule und Lesben ist die größte Party in Australien, die jedes Jahr über 500 000 homo- wie heterosexuelle Teilnehmer und Zuschauer anlockt.

Umfragen zufolge glauben zwei Drittel der Australier an Gott, doch am Sonntagmorgen besuchen nur 20 Prozent die Kirche. Die meisten schlafen lange, lesen die Wochenendzeitung oder machen sich fertig, um irgendeinen Sport auszuüben (oder dabei zuzusehen). Die Fernsehnachrichten am Wochenende sind voll von Pferderennen, Football und Kricket, oft gefolgt von Berichten über die Hubschrauberrettung eines Wanderers aus einer Schlucht oder über einen Fischer, den eine Riesenwelle von einem Felsen gespült hat.

Nur an Wochenenden und in den Ferien kommen die Australier in den „Busch" (australische Bezeichnung für ländliche Gebiete). Und auch dann sind sie sehr wählerisch, wohin sie gehen: Kakadu, Uluru, Great Barrier Reef, Flinders Range und Snowy Mountains (für Skifahrer) sind am beliebtesten, außerdem die Dandenong Ranges für die Melbourner und die Blue Mountains für die Sydneysider.

Abenteuerlustige junge „Aussies" reisen normalerweise nach Europa, ein paar fahren auch zu den Goldminen oder den abgeschiedenen Eisenerzhäfen an Australiens Nordwestküste.

Abenteuerlustige Rentner begeben sich schon mal mit ihren Caravans auf eine mehrmonatige Fahrt durch den Kontinent. Doch im Allgemeinen lassen die Australier den Busch einen schönen, aber entlegenen Ort sein, der in den Büchern von Henry Lawson oder Banjo Patterson (siehe S. 56 und 58) gefeiert wird. Bei einem Vorort-footy-Spiel an einem verregneten Wintertag in Melbourne tragen die meisten „Driza-Bone"-Kleidung, das traditionelle Ölzeug der Viehhüter. Auf dem Parkplatz stehen glänzende, voll ausgerüsteter Allrader mit Kängurufänger und Funkgeräten. Es ist nicht so, dass die Australier ihren Busch nicht lieben: Sie schätzen ihn sehr. Aber sie leben lieber in der Stadt oder in den Vororten.

Outback-Viehstationen

Wenn Sie mit Viehzüchtern im Outback sprechen und von Buschfeuern, Überschwemmungen und Dürren hören, verstehen Sie, warum die meisten Australier die Vorstadt bevorzugen. Das Outback ist oft sehr windig und unfruchtbar. In die nächste Stadt sind es vielleicht 400 Kilometer. Die Arbeit ist hart, schmutzig und kann gefährlich sein: Wilde Bullen und Motocross-Unfälle beim Zusammentreiben der Herden machen Farmarbeit zum gefährlichsten Job Australiens. Die Arbeitstage sind lang, manchmal von Sonnenaufgang bis -untergang und darüber hinaus. Doch hat man einmal die Kameradschaft und den Lärm eines Stalls beim Scheren erlebt, mit einem Team von Scherern, die wie die Teufel arbeiten, während Familie und Freunde als Sortierer einspringen und die Kinder mit Wollbällen spielen, kann man sich nichts Besseres mehr denken.

Es ist nicht so, dass die Australier ihren Busch nicht lieben: Sie schätzen ihn sehr. Aber sie leben lieber in der Stadt oder in den Vororten.

Die australische Wirtschaft braucht ihre 190 000 Farmer, die etwa 49 Milliarden Australische Dollar im Jahr einbringen. Australien ist mit einem Viehbestand von etwa 30 Millionen Rindern der weltweit größte Exporteur von Rind- und Kalbfleisch. Es gehört auch zu den Hauptproduzenten von Weizen. Aber Wolle ist das wichtigste Exportgut. Seit 1795 die ersten Merinos importiert wurden, baute Australien eine Herde von 100 Millionen Schafen auf – die Zahl verändert sich je nach Dürreperioden und Verkaufspreis – und liefert etwa 25 Prozent der Wolle für die Kleidungsindustrie der ganzen Welt. Das Goldene Vlies aus der Legende scheint etwas weniger bemerkenswert, wenn man die extrem feinen Vliese, die in spezialisierten Farmen in Victoria und Tasmanien produziert werden, betrachtet. Diese können mehr wert sein als ihr Gewicht in Gold und werden von erstrangigen Modehäusern für leichte Kleidung verwendet. Schafe mit so feiner Wolle sind verhätschelte Kreaturen, die kleine Mäntel tragen, um sie vor Kletten zu schützen, und denen die Haare eher geschnitten denn geschoren werden. Der Rest der australischen Schafe wird im Frühjahr von Wanderteams aus Auftragsscherern geschoren. Dies ist harte Akkordarbeit. Da Scherer pro

ERLEBNIS: Aussie-Sprache

Australisches Englisch – nach der verknappten Aussprache von „Australian" Strine genannt – ist gekennzeichnet durch nasale Vokale, abgekürzte Wörter und das Anhängen von Endungen. So wird aus „utility" „ute" und aus „tin" „tinnie". Australier haben einige eigene Wörter:

agro – aggressiv
arvo – Nachmittag
barbie – Barbecue
billabong – Wasserloch oder Altarm eines Flusses
blowie – Schmeißfliege
bludger – arbeitsscheue Person
boomer – großes Kängurumännchen; alles, was groß oder erfolgreich ist
chook – Hähnchen
cobber – siehe „mate"
crikey – Ausruf des Erstaunens
crook – krank, schlecht, minderwertig
digger – siehe „mate"; auch Soldat aus dem Ersten Weltkrieg
drongo – Narr
dunny – Toilette
fair dinkum – echt, authentisch
g'day – Begrüßung, oft gefolgt von „mate"
galah – Narr; Rosakakadu
grog – Alkohol
hoon – Rüpel, Angeber
mate – Kumpel; Ausdruck der Vertrautheit
milk bar – Lebensmittelladen
no worries – kein Problem, okay, gut
ocker – Stereotyp des unkultivierten Australiers, Prolet
piker – Drückeberger
ratbag – Gauner, Exzentriker
ripper – großartig, fantastisch
roo – Känguru
sheila – Frau
snag – Wurst
swag – Schlafsack, wie er im Outback gebraucht wird
thongs – Flip-Flops
troppo – verrückt, wie in „gone troppo" (zu lang in den Tropen)
tucker – Essen
two-up – traditionelles Glücksspiel mit Münzen
walkabout – nomadisches Herumziehen, wie in „gone walkabout"
Woop Woop – entlegener Fantasieort
yonks – lange Zeit

Vlies bezahlt werden, wollen sie so viele wie möglich bearbeiten. Ein *gun shearer* schert über 150 Tiere am Tag, Spitzenleute schaffen noch mehr. Ende des 19. Jahrhunderts verwendete man rohe Eisenscheren. 1892 schor Big Jackie Howe an einem Arbeitstag mit gewerkschaftlich vorgeschriebenen 7 Stunden und 40 Minuten 321 Mutterschafe. Dieser Rekord wurde von Hand nie gebrochen. Moderne elektrische Scherkämme änderten dies etwas.

Jeder, der „Die Dornenvögel" gelesen oder gesehen hat, weiß, dass australische Ranches, *stations* genannt, riesig sein können. Die mit 24 000 Quadratkilometern größte der Welt ist die Anna Creek Cattle Station der Familie Kidman im Outback von South Australia. Die weltweit größte Schaffarm, Mount Margaret bei Quilpie in Queensland, ist über 600 000 Hektar groß und wechselte vor Kurzem für zwölf Millionen Australische Dollar den Besitzer. Manchmal sind die Ausmaße für Ausländer schwer vorstellbar. In Europa braucht man keine 20 Hektar, um eine Kuh zu ernähren, in der Great Sandy Desert schon.

Das Leben in Viehstationen ist einzigartig. Will man in die Stadt, kann das eine eintägige Fahrt in einem Fahrzeug mit Vierradantrieb oder einen unruhigen Flug in der Thermik über dem heißen Outback bedeuten. Vorräte werden von Lastzügen, die bis zu 50 Meter lang und 170 Tonnen schwer sind, geliefert. Das Vieh wird mit dem Hubschrauber zusammengetrieben. Fliegende Priester verleihen die Sakramente in Stationen und abgelegenen Aborigines-Gemeinden. Der Royal Flying Doctor Service sichert die medizinische Versorgung. Kinder zwischen sechs und elf Jahren bedienen sich einer weiteren einzigartigen Outback-Institution: der School of the Air. Sie empfangen ihre Lektionen via Funk und schicken die Hausaufgaben per Post ein. Ein paarmal im Jahr treffen sie in der Stadt ihre Lehrer und Klassenkameraden. Ältere Kinder sind im Internat untergebracht.

Aborigines & Europäer

1788, als die First Fleet aus England ihr Ziel erreichte und der ungleiche Wettkampf um die Kontrolle über den Kontinent begann, lebten in Australien rund 300 000 Aborigines. Anfangs war es kein einseitiger Kampf. Die Soldaten hatten zwar Gewehre, hungerten aber in dem fremden Land, und die unfreiwilligen Sträflingssiedler waren fern der Heimat demoralisiert. Die Aborigines dagegen waren hier daheim.

Zwei Jahre nach Ankunft der Flotte vereinigte der Aborigines-Führer Pemulwuy einige Stämme und startete einen Guerillakampf gegen die Eindringlinge. Auf ihn wurden hohe Kopfgelder ausgesetzt. 1802 wurde Pemulwuy getötet, sein Kopf wurde gepökelt und nach England geschickt. Sein Sohn führte die Widerstandsbewegung einige Jahre weiter, bis die fragile Allianz der Stämme zusammenbrach. Da es so viele, weit verstreut lebende Stämme gab – mit etwa 400 verschiedenen

Fliegende Ärzte

Seit 1928 stellt der Royal Flying Doctor Service die medizinische Versorgung für entlegene Gemeinden im Outback und auf einsamen Inseln sicher. 50 Flugzeuge starten von 21 Flugplätzen und legen jährlich mehr als 22 Millionen Kilometer zurück, um Patienten vor Ort zu verarzten, ins Krankenhaus zu bringen oder Ärzte und Schwestern an entlegenen Kliniken abzusetzen. Der vom presbyterianischen Pfarrer John Flynn gegründete Service vertraute auf Funk (heute Telefon oder Satellitenkommunikation), um medizinische Hilfe zu leisten. Bis in die 1990er Jahre war er auch für Schüler in abgelegenen Gegenden zuständig.

Ein Viehhüter treibt eine Herde durch den Busch

Sprachen –, war es für die Aborigines schwierig, eine vereinte Front gegen die Eindringlinge aufzubauen. Diese gewannen im Kampf Gewehre gegen Speere bald die Oberhand. In Tasmanien erschossen Farmer alle Aborigines, die sie erblickten. Um 1830 wurden die wenigen noch hier lebenden nach Flinders Island in der Bass Strait verfrachtet.

Als die Siedler mit ihren Schafen und Rindern tiefer in den Kontinent vordrangen und riesige Landflächen beanspruchten, wurden die Aborigines in immer entlegenere Gebiete zurückgedrängt. Stämme, die nichts gemeinsam hatten, wurden, mehrere Tagesreisen von ihrem angestammten Land entfernt, zusammengewürfelt. Alte Traditionen und Kulturen, die in über 50 000 Jahren entstanden waren, gingen zugrunde.

Einige Aborigines bekamen von kirchlichen Missionen Lebensmittel, andere arbeiteten auf den Viehstationen für die neuen Landbesitzer. Obwohl Tierzucht und Reiten nie zu ihrer Kultur gehört hatten, wurden sie schnell hervorragende Viehhüter. Ihr Lohn bestand im Allgemeinen aus

Nahrung und Tabak. Um 1930 führten die Autoritäten ein Assimilationsprogramm ein, um Halbblut-Aborigines in die Gesellschaft einzugliedern. Man raubte Aborigines-Müttern ihre Babys und ließ diese von weißen Pflegeeltern aufziehen.

Die 1960er Jahre waren eine Zeit radikaler Veränderungen überall auf der Welt, so auch im Outback. Es gab Sit-ins, einen Streik der Aborigines-Viehhüter in der Wave Hill Cattle Station im Northern Territory, freedom-

Einige Aborigines haben sich ihre Traditionen und Sozialstrukturen erhalten können

Busse fuhren durch das Outback von Queensland. Aborigines und ihre Unterstützer errichteten vor dem Parliament House in Canberra eine Zelt-Botschaft. Ein Verfassungsreferendum gab 1967 den Aborigines volle Bürger- und Wahlrechte. Ein Vierteljahrhundert verging, ehe der nächste große Schritt hin zur Anerkennung von Aborigines-Rechten folgte. 1992 entschied der Oberste Gerichtshof Australiens, dass der Kontinent nicht *terra nullus* (Niemandsland) gewesen war, als Captain Cook ihn 1770 beanspruchte, dass vielmehr die eingeborenen Stämme zu Unrecht enteignet worden waren. Die Verfügung wurde als „Mabo Ruling" bekannt, nach dem Torres-Strait-Insulaner Eddie Mabo, der die Klage vorbrachte. Die Aborigines, die ununterbrochenen Kontakt mit ihrem Land vorwiesen, konnten demnach Land von der Krone beanspruchen.

Bumerangs

Captain James Cook hielt sie für hölzerne Schwerter und ein populärer Mythos betrachtet sie als Jagdwaffen, die wie durch Magie die Beute treffen und zum Werfer zurückkehren. In Wirklichkeit war der zurückkehrende Bumerang oft nur ein Spielzeug. Wirkungsvollere Bumerangs, die nicht zurückkehrten, wurden dazu verwendet, um fliehende Kängurus und andere Tiere zu jagen. Die Form von Bumerangs kann sehr unterschiedlich sein, oft ist ein Ende länger als das andere. Man verwendete sie beim Fischen, Jagen, Kämpfen oder bei Zeremonien. Nicht alle wurden geworfen, manche dienten auch als Nahkampfwaffen.

1996 bestimmte eine weitere wegweisende Verfügung des Obersten Gerichtshofs, die „Wik Decision", dass der Landanspruch der Aborigines auch bei Bergbau- und Weideverpachtungen seine Gültigkeit behält. Dies löste einen Tumult aus: Farmer und Bergbauunternehmer verlangten ein Gesetz, das ihre Rechte und Investitionen schützen sollte, und die Aborigines bestanden darauf, dass die Regierung die Verfügung ihres eigenen Obersten Gerichtes befolgt. Die Debatte hält noch an, aber jedem in Australien ist klar, dass man nicht länger die Vergangenheit ignorieren kann.

Doch nach wie vor ist es hart, Aborigine zu sein. Zwei Jahrhunderte der „Zivilisation" bedeuteten für Australiens eingeborene Völker einen tiefen Sturz. Ihre Säuglingssterblichkeitsrate ist dreimal so hoch wie die der restlichen Australier, ihre Lebenserwartung um 15 Jahre geringer, Alkohol- und Drogenmissbrauch sowie Fastfood fordern ihren Tribut. Ihre Arbeitslosigkeit liegt bei über 16 Prozent.

Statistiken erzählen jedoch nicht die ganze Geschichte. Einige Aborigines-Gemeinden erhalten ihr kulturelles und musikalisches Erbe sowie das unvergleichliche Wissen über das Land. Viele dieser Gemeinden findet man in entlegenen Regionen. Immer öfter öffnen sie jedoch ihre Türen, um Außenstehenden einen Blick auf ihre althergebrachte Kultur zu ermöglichen und um Brücken zwischen den Rassen zu bauen.

Diese Brücken gerieten 2007 ins Wanken, als ein Bericht Details über sexuellen Missbrauch von Kindern und Alkoholismus in Aborigines-Gemeinden lieferte. Die vorherige Regierung ignorierte die Empfehlungen des Berichts und entsandte Polizei und Militär in die Gemeinden. ■

Essen & Trinken

Es gab eine Zeit, da verhieß die Bezeichnung „australische Küche" nichts Gutes. Aussie-Mahlzeiten bestanden aus Vegemite-Sandwiches, knorpeligen Schweinefleischpasteten oder schwer verdaulichen Menüs aus Lammfleisch, zerkochtem Gemüse und einer Schüssel Eiscreme als Dessert.

Frische Meeresfrüchte sind fester Bestandteil der australischen Küche

Dann kamen die 1970er und 1980er Jahre, als Einwanderer sich auf Straßenmärkten versammelten. Die Australier wurden neugierig auf die Kräuter, Gewürze und exotischen Nahrungsmittel, die ihre neuen Nachbarn zubereiteten, und fanden clevere Methoden, sie in ihre eigene Küche aufzunehmen. Aus diesem kulturellen Mischmasch entwickelte sich eine einzigartige Küche – eine Kombination aus asiatischen und mediterranen Stilen, ergänzt um einige der besten Weine der Welt. Heute sind Australiens große Küchenchefs Berühmtheiten, und die lebhafte Restaurantszene gehört zu den Highlights des Landes.

Asiatische & mediterrane Einflüsse

Asien dominiert in der neuen australischen Küche. Australien hat dank seiner großen Bevölkerungsgruppe aus den Mittelmeerländern und seiner fruchtbaren Weinberge eine hervorragende Weinkultur. » Wir verwenden asiatische Gewürze und Zutaten in ungewöhnlicher Weise, was Asiaten, die unser Land besuchen, oft überrascht«, sagt Neil Perry, einer der berühmtesten Küchenchefs Australiens und Besitzer von Sydneys Restaurant Rockpool und Wockpool. »Dieser Stil ist echt australisch.« Australien hat zudem hervorragende Produkte zu bieten: Felsaustern aus Sydney, Käse von Kings Island, Olivenöl von den Adelaide Hills, Wild aus Tasmanien, Hähnchen von Kangaroo Island, Muscheln und Seeohr aus der Coffin Bay und so weiter.

Einheimische Küche

In den letzten Jahren taucht einheimische Kost – z. B. Känguru – öfter auf den Speisekarten auf. Kängurufleisch, einst von weißen Australiern als „Buschfressen" verschmäht, das man zu Zeiten der Depression essen musste, wird jetzt beim Barbecue als magere Alternative zu Rind und Lamm geschätzt. Manchmal servieren es auch trendige Stadtrestaurants. Auch wenn es noch lange dauern wird, bis Aborigine-Delikatessen wie *goanna* (Eidechse), Bogong-Motten oder *witchety grubs* (Raupen) regelmäßig auf Speisekarten erscheinen, gibt es andere wie Quandong-Beeren, wilde Buschtomaten und Akaziensamen neben Kardamom, Wasabipaste, Zitronengras und Taboulé im Supermarkt zu kaufen.

Essen im Restaurant

Australiens Restaurantszene ist unbeschreiblich vielseitig, sie reicht vom singapurischen Imbissstand über die japanische Sushi-Bar hin zum eleganten französischen Restaurant und dem libanesischen Straßenverkauf. In Australien leben über 160 Nationalitäten, und beim Bummel über eine *eat street* gewinnt man den Eindruck, dass jede davon ihre eigene Küche mitgebracht hat.

In der Melbourner Lygon Street gibt es italienische Restaurants, Cafés und Eisdielen, der Vorort Richmond ist voller griechischer Restaurants und vietnamesischer Imbissstände in Hausmauern. Adelaide hat Australiens höchste Konzentration an Restaurants, allein in der vielsprachigen Gouger Street gibt es über 40. Sydney ist bekannt für Seafood und hat elegante Restaurants in The Rocks und am Hafen, aber auch asiatische, indische, italienische, griechische und libanesische Restaurants in den Vororten Newton, Glebe und Paddington.

Sogar Sandwich-Läden spielen eine wichtige Rolle. Hier gibt es Foccacia-Sandwiches, griechische Salate und Wildpasteten. Und wie wär's mit einem traditionellen Aussie-Barbecue mit Lammkoteletts, Würstchen und Kartoffelsalat?

ERLEBNIS:

Vegemite genießen

Es sieht aus wie Schmieröl und sein Geschmack wird mit unaufgelöstem Brühwürfel verglichen, doch Vegemite gilt vielen als Nationalspeise, obwohl es vom amerikanischen Kraft-Konzern hergestellt wird. Vegemite ist beliebt als Aufstrich auf den Frühstückstoast. Grundlage ist Bierhefe; es ähnelt stark dem britischen Aufstrich Marmite.

Wenn Sie es in Australien gekostet haben und nicht mehr ohne leben können, ist die Bestellung nur einen Mausklick entfernt unter *aussiecatalog.com, about-australia-shop.com* oder *simplyoz.com*.

Das Land

Durch den Pazifik auf der einen und den Indischen Ozean auf der anderen Seite scheint Australien kleiner als es ist. Mit 7,8 Millionen Quadratkilometern ist Australien ungefähr so groß wie die Kontinental-USA, doch leben hier nur 23 Millionen Einwohner.

Klima & Landschaften

Die niedrige Einwohnerzahl hat einen Grund. Mit Ausnahme des fruchtbaren Streifens entlang der Ostküste ist fast der ganze Kontinent trockenes, unwirtliches Buschland, wenn nicht sogar Wüste. Die zerklüfteten Küsten im Nordosten sind von salzigen Mangrovensümpfen gesäumt, in denen Krokodile leben und tropische Wirbelstürme wüten.

Der beeindruckende Sandsteinmonolith des Uluru im Northern Territory

Australien ist der trockenste bewohnte Kontinent. Der tropische Norden hat sonnige, trockene Winter und heiße Sommer, unterbrochen von Monsunregen und Wirbelstürmen. Im knochentrockenen Zentral-Australien ist es im Sommer sehr heiß und in Winternächten sehr kalt. Am meisten Regen fällt an der Ostküste, wo die Berge von Regenwald flankiert sind, und in Tasmanien, dessen Wetter von den Breiten der Roaring Forties bestimmt ist. Perth und Adelaide genießen sonniges, mediterranes Klima. Die Snowy Mountains in New South Wales, die Victorian Alps und das Hochland von Tasmanien erhalten regelmäßige Schneefälle. Was die meisten Besucher anzieht, ist die Sonne, und die Mehrheit genießt sie am Meer. Australien hat über 7000 Strände an 59 533 Kilometern Küste.

Australien ist eine 7,5 Millionen Quadratkilometer große Landmasse, die sich vor 65 Millionen Jahren auf den Weg in die Isolation im Südpazifik machte.

Wie das Land entstand

Vor ungefähr 65 Millionen Jahren brach Australien vom riesigen Superkontinent Gondwana ab und begann die langsame Wanderung zu seinem abgeschiedenen Platz im südlichen Indischen und Pazifischen Ozean. Es war schon damals geologisch uralt. Einige Formationen an der Nordwestküste gehören mit über drei Milliarden Jahren zu den ältesten des Planeten. 3,4 Milliarden Jahre alte Felsen, die man nahe der entlegenen Stadt Marble Bar fand, enthalten Stromatoliten, primitive blaugrüne Algen, die als die älteste Lebensform der Erde gelten. Spuren im roten Sandstein des Kalbarri National Park in Western Australia stammen von zwei Meter langen amphibischen Skorpionen und noch längeren Wasser-Hundertfüßlern, die vor ca. 420 Millionen Jahren an Land kamen. Das Fossil eines 1,52 Zentimeter langen, einer Schabe ähnlichen Tieres namens *Kalbarria*, das man in der Nähe fand, ist bei weitem das älteste seiner Art und vielleicht Urahn aller Insekten.

Australien ist der flachste aller Kontinente; Wind und Regen erodierten im Laufe der Jahrmillionen einst turmhohe Berge zu Höckern. Die signifikanteste Bergkette ist die Great Dividing Range, die sich an der Ostküste von Victorias Grampian Ranges zu den Bergen im Norden Queenslands zieht. Zu dieser Kette gehört der höchste Punkt des Kontinents, Mount Kosciuszko (2230 Meter) in New South Wales. Westlich des Gebirgszugs bis zum Indischen Ozean ist der ganze Kontinent flach. Ausnahmen sind die Flinders Ranges in South Australia, die felsigen Berge von Western Australias zerklüftetem Nordwesten und die weltberühmten Felsformationen Uluru und Kata Tjuta (Ayers Rock und Olgas). Auch wenn es hier und da Anzeichen seismischer Aktivität gibt, gehört Australien zu den tektonisch stabilsten Landmassen. Geologisch gesehen sind die Prozesse in Australien abgeschlossen.

Der größte und einzige schiffbare Fluss ist der Murray-Darling, der über 2655 Kilometer von den Bergen Victorias zur Küste von South Australia durch vier Bundesstaaten fließt. Er bewässert ein Siebtel des Kontinents und die fruchtbarsten Bereiche des Ackerlandes. Obwohl das Outback rau und trocken ist, liegt es doch auf dem Great Artesian Basin, einer riesigen Wasserquelle, die Australiens Schafe und Rinder versorgt.

Exportboom

Während Australiens verarbeitende Industrie in asiatische Billigländer verlegt wird und Dürre sowie fallende Weltmarktpreise die Farmwirtschaft trafen, hat sich der Bergbau als Retter der Wirtschaft des Landes etabliert. Selbst in der weltweiten Wirtschaftskrise 2008/2009 hielt in Australien das Wachstum an, dank Bodenschatzexporten nach China, Japan, Korea und Indien.

Melbourne war einst der wichtigste Hafen des Landes. Heute sind das Dampier und Port Hedland, von denen aus das Eisenerz aus Western Australia verschifft wird, gefolgt von Kohlehäfen an der Ostküste.

Das wichtigste Exportgut ist Eisenerz (Exporte im Wert von 48 Milliarden Euro jährlich), gefolgt von Kohle (32 Mrd. Euro), Gold (9 Mrd. Euro), Erdöl (8 Mrd. Euro), Erdgas (7,5 Mrd. Euro), Aluminiumoxid (4 Mrd. Euro) und Aluminum (3,4 Mrd. Euro). Weitere wichtige Bodenschatzexporte sind Kupfer, Nickel, Zink, Blei, Mangan, Titan, Uran und Diamanten.

Bodenschätze

Die wankelmütige Geologie ließ Australien allein in einer der abgeschiedensten Ecken der Erde, und noch dazu zu großen Teilen unbewohnbar, doch sie hat diese Nachteile mehr als wettgemacht, indem sie das Land zu einem wahren Schatzkästlein an Edelmetallen, Kohle, Erdgas, Diamanten, Uran und Opalen machte. Der berühmte Goldrausch in Victoria in den 1950er Jahren des 19. Jahrhunderts veränderte das Gesicht des Landes. Vom Gold angelockt, strömten Zehntausende von Schürfern aus der ganzen Welt nach Australien. Manche fanden riesige Mengen, die meisten jedoch nichts, doch sie blieben und gründeten Familien, Farmen, Geschäfte und Städte. Dem Goldrausch Victorias folgten Funde in Western Australia und Queensland. Bis heute ist Australien eine der reichsten Goldlagerstätten mit einer Jahresproduktion von über 200 Tonnen. Viel davon kommt aus Tagebau-Minen in Western Australia, Nord-Queensland und der entlegenen Tanami Desert im Northern Territory. Die Super Pit Mine nahe Kalgoorlie in Western Australia gehört zu den weltweit größten Goldminen mit einer Jahresproduktion von über 800 000 Unzen (22 676 kg). Man plant, sie auf über eine Million Unzen zu steigern. Die Mine kann auf Führungen besichtigt werden.

Die „Chinesische Mauer", eine vom Wind geformte Dünenkette im Mungo National Park

1883 stolperte ein Cowboy in Broken Hill im äußersten Westen von New South Wales über den größten je gefundenen Erzgang (mehr als 7 km lang) mit Silber-, Blei- und Zinkvorkommen. Dieser einzelne Klotz enthielt mehr als 280 Millionen Tonnen Metall. Australiens größte Bergwerksunternehmen schöpfen die Ressourcen noch immer aus. Die fröhliche alte Bergbaustadt mit schönen Pubs und großartiger Architektur ist bei Touristen, Künstlern und Filmcrews beliebt, die im klaren Wüstenlicht Werbespots und Filme drehen. Es gibt Führungen durch zwei Minen unter der Erde und für Klaustrophobe eine nachgebaute Mine in der Stadt.Mount Isa im Nordwesten Queenslands ist eine weitere Lagerstätte von Silber, Blei, Zink und Kupfer, die seit 1923 abgebaut wird. Besucher können auch hier unter die Erde gehen. Noch unberührt sind weitere Zinkressourcen etwa 320 Kilometer nordwestlich von Mount Isa.

South Australia machte sein erstes Vermögen mit Kupfer, das man in Kapunda, Burra und um die Halbinsel York fand. Später entdeckte man in der riesigen Olympic Dam Mine in der Wüste von South Australia so große Kupfer- und Uranlager, dass der Abbau noch mehrere hundert Jahre fortgesetzt werden könnte. Auch hier können Touristen die Mine besichtigen. Coober Pedy am Stuart Highway, etwa 850 Kilometer nördlich von Adelaide, fördert fast 70 Prozent aller Opale weltweit. Läden verkaufen Opale, Führungen durch die Abbaufelder werden arrangiert.

Western Australia ist vermutlich das mineralienreichste Gebiet der Erde, mit riesigen Vorkommen an Gold, Nickel und Mineralsand.

Western Australia ist wahrscheinlich das mineralienreichste Gebiet der Erde, mit riesigen Vorkommen an Gold, Nickel und Mineralsand. Das eisenreiche Pilbara macht Australien zu einem der größten Eisenerzexporteure weltweit. Die Argyle Diamond Mine in der Kimberley-Region ist die viertgrößte Diamantenmine der Welt. Sie produziert rund 8 Millionen Karat im Jahr, darunter einen Großteil der sehr

Nebel steigt aus dem Regenwald im Daintree National Park in Queensland auf

ERLEBNIS: Opale kaufen

Die feurigen Opale Australiens sind wunderbare Souvenirs, doch ihr Kauf in den Schmuckläden von Coober Pedy (Australiens Opalhauptstadt, siehe S. 280f) erfordert Sorgfalt. Sie müssen wissen, wonach Sie suchen.

Opal besteht aus feinen Schichten Kieselgel, die das Licht wie ein Prisma reflektieren und dem Stein sein typisches Funkeln geben. Wie andere Edelsteine werden auch Opale nach Größe, Reinheit und Glanz der Farbe und Klarheit bewertet. Flecken und Risse mindern den Wert. Je leuchtender und reiner ein Stein ist, desto höher ist sein Wert.

Schwarzer und Crystal-Opal sind am seltensten und wertvollsten, milchige Opale sind zwar auch schön, aber besitzen den geringsten Wert, weil ihnen das spezielle Feuer fehlt. Auch die Form ist sehr wichtig. Es gibt drei Kategorien. Ein „Cabochon" hat eine flache und eine gewölbte Seite; er ist am kostbarsten. Weniger wert ist ein „Doublet", eine flache Scheibe Opal vor einem dunklen Hintergrund, während ein „Triplet" auch noch einen Quartzkern hat und am preiswertesten ist.

Wenn Sie sich nicht sehr gut mit Opalen auskennen, sollten Sie sich nicht auf Geschäfte mit Typen, die Sie in einem Pub getroffen haben, einlassen, wie aufregend so ein Geschäft auch erscheint. Halten Sie sich an Händler mit gutem Ruf und fragen Sie während der Auswahl sehr viel.

In Coober Pedy gibt es zahlreiche Geschäfte, die sich dem Verkauf von Opalen widmen. In Sydney bietet die **National Opal Collection** *(60 Pitt St., Tel. 02/9247-6344)* sowohl Opalschmuck als auch Steine; **Opal Fields** *(119 George St., The Rocks, Tel. 02/9251-8353)* verkauft Opale und zeigt in einem Museum verschiedene Opale und Fossile. Weitere Informationen auf S. 387.

seltenen rosa Diamanten, die in den Handelsräumen in Antwerpen schon mal eine Million Dollar pro Karat einbringen.

Der Meeresboden vor der Küste von Western Australia ist Heimat unzähliger Perlenaustern. Der historische Perlenfischerhafen Broome fungiert als Zentrum einer modernen Perlenindustrie mit einem Jahresumsatz von 200 Millionen A$. In dem Wasser der Timorsee vor Australiens Nordwestküste lagern in Sandsteinformationen Milliarden von Kubikmetern Erdgas.

In den felsigen Gebirgsketten der einsamen Pilbara-Region in Western Australia, etwa 1600 Kilometer nördlich von Perth, gibt es einige der weltweit größten Eisenminen. Sie produzieren jährlich 120 Millionen Tonnen Eisen, das von den längsten Güterzügen der Welt zu den Häfen von Port Hedland und Karratha transportiert wird. New South Wales und Queensland haben große Kohleflöze – von hoher Qualität und in bequemer Nähe zu den Küsten.

Vor der Küste Victorias im Nord-West-Schelf liegen riesige Erdöl- und Erdgasfelder. Tasmanien verfügt über Zink-, Gold-, Zinn- und Kupferlagerstätten, und einige der weltweit reichhaltigsten Ablagerungen von Bauxit befinden sich nahe Weipa auf der Halbinsel Cape York am Golf von Carpentaria. ■

Australien damals

Die ersten Bewohner kamen vor 50 000 Jahren – manche sagen vor 120 000 Jahren – im Zuge einer Völkerwanderung aus Asien. Sie kamen zu Fuß und in kleinen Booten. Da der Meeresspiegel etwa 122 Meter niedriger war als heute, konnte man die Torres Strait von Neuguinea nach Australien trockenen Fußes überqueren.

Niemand weiß, warum die Menschen herkamen. Weitere Völkerwanderungen folgten, die letzte vor circa 5000 Jahren. Mindestens zwei Menschentypen machten diese Wanderung: eine kräftige Rasse, die die Anthropologen „robust" nennen, und eine schlankere, „grazile" Rasse. Die Aborigines

Aborigines-Felsenmalerei am Obiri Rock in Arnhemland

sind Nachkommen der „Grazilen". Sie verteilten sich weitflächig auf dem Land, auf dem in jenen Tagen so bizarre Tiere wie bis zu drei Meter große Kängurus und Wombats lebten. Archäologen fanden nahe Melbournes Tullamarine Airport 40 000 Jahre alte Camps, im Nepean Valley bei Sydney 45 000 Jahre alte Steinwerkzeuge und in einer Höhle bei Hobart 35 000 Jahre alte Knochen. Vieles von dem, was wir über diese frühen Australier wissen, stammt von Steinwerkzeugen, Lagerresten und Felsenkunst. Der Zugang zu einigen heiligen Stätten, Friedhöfen und Höhlengalerien ist Nicht-aborigines verboten, aber es gibt Felsenmalereien, vor allem in Kakadu und auf Cape York, die Touristen offen stehen.

Die ersten Bewohner kamen vor mindestens 50 000 Jahren im Zuge einer großen Völkerwanderung aus Asien.

Vor etwa 8000 Jahren begann die Erde sich zu erwärmen. Das Eis schmolz, der Meeresspiegel stieg, und die Ebenen, auf denen sich viele Generationen von Aborigines niedergelassen und gejagt hatten, wurden seichtes Wasser – Golf von Carpentaria, Torres Strait und Bass Strait. Große Felsenkunstgalerien im Kakadu National Park im Northern Territory und in der rauen Kimberley-Region erzählen die Geschichte jener Tage. Wüstenszenen wichen einer Küstenlandschaft voller Bäume, tanzende Figuren wichen speerschwingenden Menschen. Vielleicht repräsentieren diese Szenen den Konflikt, als Tieflandbewohner vom steigenden Wasser auf das höher gelegene Land ihrer Nachbarn getrieben wurden. Als das Wasser nicht mehr stieg und Australien seine jetzige Form annahm, saßen die Aborigines auf ihrer Insel fest – ungestört, bis 1788 eine Flotte aus elf englischen Schiffen, bekannt als „First Fleet", in die Botany Bay segelte. Die ersten aufgezeichneten Worte eines Aborigine zu einem Weißen waren *„Warra Warra!"* – „Geh weg!".

Frühe Seefahrer

Australiens „Entdeckung" durch Captain Cook 1770, seine britische Vergangenheit und der Union Jack in der Flagge lässt einen leicht übersehen, dass die Engländer recht spät die Antipoden erforschten. Andere waren vor ihnen hier, auch wenn sie nur Schiffswracks und Ortsnamen hinterließen. Auf einer modernen Karte Australiens können Sie lesen, welche

Die Routen europäischer Händler und Forscher rund um Australien

Europäer den Kontinent besuchten. Tasmanien, Cape Leeuwin (in Western Australia) und Groote Island (in Queensland) sind holländische Bezeichnungen aus dem 17. Jahrhundert, als der Kontinent als Neu-Holland bekannt war. Der Bonaparte-Archipel im Northern Territory und die Fleurieu-Halbinsel in Southern Australia wurden von den Franzosen getauft. Der Name der Houtman Abrolhos Islands (in Western Australia), wo man frühe Wracks fand, ist von dem portugiesischen Begriff für »Halte deine Augen offen« abgeleitet. Die Torres Strait, die Cape York von Papua-Neuguinea trennt, ist nach dem Spanier Luis Torres benannt, der die Meerenge 1607 durchsegelte und es irgendwie schaffte, den Kontinent zu übersehen.

Das große Land im Süden

Seit Jahrhunderten rätselt man über Australien. Der griechische Geograph Ptolemäus sann über die Existenz eines großen Landes im Süden nach, das

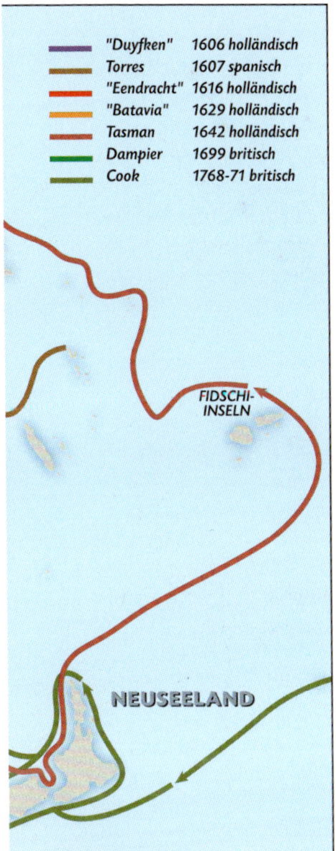

er als für das Gleichgewicht der Weltkugel erforderlich erachtete. Frühe arabische Kaufmänner ruderten vielleicht im 13. Jahrhundert in australische Gewässer, als sie in Indonesien den Islam verbreiteten. Chinesische und malayische Schiffe kamen möglicherweise zur selben Zeit, als sie *trepang* (Meeresschnecken), eine Delikatesse auf den Märkten von Kanton, fischten. Fischer aus Macassar auf der indonesischen Insel Sulawesi fingen hier seit dem frühen 16. Jahrhundert Bootsladungen voll *trepang*.

Auch wenn es dafür keine Beweise gibt, könnten die Portugiesen die ersten Europäer in Australien gewesen sein, irgendwann im späten 15. oder frühen 16. Jahrhundert. 1516 hatten die Portugiesen auf Timor, weniger als 480 Kilometer vor der australischen Küste, eine Festung errichtet. Von dort aus trieben sie im ganzen indonesischen Archipel Handel: Sie kauften Pfeffer, Muskatnüsse und Sandelholz und verbreiteten den katholischen Glauben. Es ist unwahrscheinlich, dass sie nicht auch im Süden ihr Glück versuchten. Wenn sie schon nicht ihre Neugier trieb, so doch das launische Wetter. Von Januar bis März wehen starke Monsunwinde aus dem Norden. Früher oder später musste ein Schiff auf dem Weg nach Timor vom Kurs abgetrieben und in Sichtweite Australiens gekommen sein. Beweise dafür sind unter anderem eine Messingkanone, die man bei Broome im Nordwesten Australiens fand, und die Dieppe-Karten. Diese Karten wurden, so glaubt man, 1536 von portugiesischen Vorlagen kopiert und legen nahe, dass die Portugiesen Australiens Ostküste kannten.

Die Ehre der ersten unumstrittenen Sichtung des Kontinents durch Europäer geht an die Holländer. 1606 segelte Willem Jansz mit der „Duyfken" (Taube) von Java aus durch den Golf von Carpentaria zur Westküste der Halbinsel Cape York. Wie alle, die im Auftrag der Niederländischen Ostindien-Kompanie segelten, war auch Jansz auf der Suche nach Profit. Auf Elfenbein, Seide und Gewürze hoffend, fand er stattdessen einen in der Hitze schimmernden Horizont und „wilde, grausame schwarze Barbaren". Er segelte unbeeindruckt wieder ab.

Die Direktoren der Niederländischen Ostindien-Kompanie missbilligten unnütze Erkundungen. Sie verlangten ein klares Profitpotenzial, ehe sie

Gelder oder Schiffe zur Verfügung stellten. Dies schloss auf Grund der früheren Berichte das große Land im Süden, oder Neu-Holland, wie es die Holländer nannten, aus. Doch gerade diese Profitausrichtung ließ sie schließlich große Teile der Westküste kartografieren.

Seefahrer der Ostindien-Kompanie hatten entdeckt, dass man am schnellsten nach Java kam, wenn man in die Roaring Forties südlich von Afrika segelte, sich von den Winden über den Indischen Ozean treiben ließ und dann im richtigen Augenblick gen Norden drehte, um nach Indonesien zu segeln. Aber Stürme und heftige Westwinde trieben Schiffe oft ab, an die westaustralische Küste. Das erste dieser Schiffe war Dirk Hartogs *Eendracht,* die 1616 nahe der Shark Bay landete. Hartog nagelte eine Zinntafel an einen Baum, um den Vorfall zu dokumentieren. 1627 fand sich ein Kapitän plötzlich nahe der Klippen der Great Australian Bight, über 1600 Kilometer von seinem Kurs entfernt. Zwei Jahre später erlitt die „Batavia" vor den Houtman Abrolhos Islands, nahe dem heutigen Geraldton in Western Australia, Schiffbruch. Während der Kapitän François Pelseart mit ein paar Männern in einem Boot nach Java ruderte, um Hilfe zu holen, meuterte die zurückgelassene Besatzung und tötete 125 ihrer Kameraden und Passagiere. Sie wollten sich aller Rettungsschiffe bemächtigen und eine Piratenlaufbahn einschlagen. Stattdessen verhängte der zurückgekehrte Pelseart drastische Urteile. Zwei junge Meuterer wurden ausgesetzt, was ihnen die zweifelhafte Ehre einbrachte, die ersten Exilsträflinge Australiens gewesen zu sein.

Die Direktoren der Niederländischen Ostindien-Kompanie beschlossen, Neu-Holland eine zweite Chance zu geben, obwohl die Kapitäne nur von Klippen, trostlosen Küsten und vom Rauch der Aborigines-Lagerfeuer erzählten. 1642 ließen sie Abel Tasman den Kontinent umrunden. Er segelte

Captain Cook

James Cook (1728–79) wurde in einfachen Verhältnissen in Yorkshire geboren; er bewies seine Seetauglichkeit bei der Handelsmarine, bevor er sich der Royal Navy anschloss und dort während des Siebenjährigen Krieges in Nordamerika Karriere machte.

Nachdem Cook 1769 für die Royal Society den Durchgang des Planeten Venus beobachtet hatte, las er den geheimen Auftrag der Admiralität, die Terra Australis incognita zu suchen. Er fand zwar das mythische große südliche Land nicht, kartierte aber Neuseeland und Australiens Ostküste bei einer legendären Reise, bevor er zwei Jahre später als Held nach England zurückkehrte. Zwei weitere Pazifikexpeditionen (1772–75 und 1776–79) festigten Cooks Ruf als großer britischer Entdecker. Man feierte ihn als aufgeklärten Führer, als Wissenschaftler und als Chronist der pazifischen Kulturen. Doch sein klares Urteil verließ ihn 1779, als er wegen eines Streits über ein gestohlenes Boot den hawaiianischen König zu entführen versuchte und daraufhin erstochen wurde.

Cook wird in Australien mit Denkmälern und Ortsnamen geehrt. Cook's Cottage, das Haus seiner Eltern, steht heute in Melbourne und ist eine beliebte Touristenattraktion.

an der rauen Küste Tasmaniens entlang, entdeckte die Küste Neuseelands und segelte weiter zu den Fidschi-Inseln. Die Direktoren waren nicht beeindruckt. Sie wollten Gewürze, Märkte oder Gold. 1644 schickten sie Tasman erneut los, doch als er bei seiner Rückkehr wieder von Wellen, Klippen, Wäldern und Wilden erzählte, hatten sie genug. Die nächsten hundert Jahre blieb Australien von den Holländern unbehelligt – mit Ausnahme einiger abgetriebener Schiffe.

Captain Cook beanspruchte Possession Island (Nord-Queensland) 1770 für Großbritannien

Der englische Seeräuber und Forscher William Dampier kam 1688 und 1699 in der Absicht, Neu-Holland als Etappenposten mit Wasserstelle für englische Schiffe im Pazifik zu machen. Er landete an der baumlosen Küste Nordwest-Australiens, und wie die Holländer vor ihm segelte er kopfschüttelnd wieder ab.

Reise der „Endeavour"

1768 beschlossen britische Admiralität und Royal Society, eine Expedition nach Tahiti zu schicken, um den Durchzug der Venus über die Sonnenoberfläche festzuhalten. Das für den Morgen des 3. Juni 1769 vorausgesagte Durchwandern der Venus würde das letzte für 105 Jahre sein. Ein ausgezeichneter 41-jähriger Leutnant der Royal Navy namens James Cook war ausersehen, die 334-Tonnen-Barke „Endeavour" zu navigieren. Cook war seit seinem 18. Lebensjahr auf See, zunächst auf einem Nordsee-Kohlenschiff, dann in der Royal Navy. Er war ein ernster Mann mit Pflichtbewusstsein und Gerechtigkeitssinn. Die Wissenschaftsabteilung leitete

Kricket-Spiel – im Hintergrund die Ruinen des Straflagers Port Arthur auf der Insel Tasmanien

der 25-jährige Joseph Banks – bald Sir Joseph Banks –, ein wohlhabender junger Mann, ausgebildet in Harrow, Eton und Oxford und auf dem Weg, der beste Botaniker Englands zu werden. Er brachte seinen schwedischen Kollegen Daniel Solander, die Künstler Sydney Parkinson und Alexander Buchan sowie vier Assistenten mit auf das voll besetzte Schiff. Am 25. August 1768 segelten sie von Plymouth zur Südspitze Südamerikas und über den Pazifik. Sie sollten die Venus beobachten, den Südpazifik und den legendären Südkontinent erforschen. Nachdem sie ihren astronomischen Auftrag in Tahiti erfüllt hatten, verbrachten sie sechs Monate mit der Kartografierung der neuseeländischen Küste. Von dort kehrten sie zur unbekannten Ostküste Neu-Hollands zurück. Am 28. April 1770 sichteten sie Land. Sie setzten in einer Bucht Anker. Hier entdeckten sie viele neue

Pflanzen, Farne, Kräuter, Büsche und Bäume, sodass Cook den Ort Botany Bay nannte. Sie fanden auch fruchtbaren Boden und Bäche, die eine Mühle antreiben konnten. Die *Endeavour* segelte weiter und lief zwar am Great Barrier Reef auf Grund, füllte jedoch die Lücken auf der Karte. Nach der Reparatur nahe dem heutigen Cooktown erhob Cook im Namen von George III. Anspruch auf die Osthälfte des Kontinents und nannte sie New South Wales.

Trotz aller Anstrengungen Cooks wäre Australien vielleicht noch immer verlassen, wären auf der anderen Seite der Erdkugel nicht gewisse Dinge passiert. Die 13 amerikanischen Kolonien erklärten am 4. Juli 1776 ihre Unabhängigkeit. England konnte seine Gefangenen nicht mehr nach Georgia, Virginia, South und North Carolina verschiffen. 1779 schlug Sir Joseph Banks, der mit Cook unterwegs gewesen war, vor, mit den Sträflingen Botany Bay zu kolonisieren. Die Verschiffung von Verbrechern um die halbe Welt schien eine teure Art, die Gefängnisse zu säubern. Doch französische Ambitionen lieferten London einen Grund zu handeln. Da Amerika verloren war, musste man sich auf die Kolonien im Osten konzentrieren. Der alte Feind Frankreich dehnte seinen Einflussbereich aus, errichtete Häfen in Madagaskar, durchkämmte den Indischen Ozean und segelte an der australischen Küste entlang. Eine britische Kolonie in Botany Bay könnte ein nützliches Standbein sein. Das Timing war perfekt: Kurz nach der Landung der First Fleet segelten zwei französische Schiffe unter dem Comte de la Perouse vorbei.

[1770] erhob Cook im Namen von George III. Anspruch auf die Osthälfte des Kontinents und nannte sie New South Wales.

Die First Fleet

Was in Amerika eine rhetorische Floskel im Fundament der Freiheitsstatue ist, war *down under* brutale Realität: Diese Nation wurde buchstäblich von zusammengedrängten Menschenmassen errichtet, die sich danach sehnten, frei zu atmen. Wer würde sich nicht danach sehnen – nach acht Monaten im Frachtraum eines Schiffs angekettet? Doch mit dem ersten Atemzug an frischer Luft und dem Blinzeln in die Sonne Australiens begann der Schrecken des Unbekannten und die Gewissheit, dass das Leben hier hart sein würde. Am 18. Januar 1788 landete eine Flotte aus elf Schiffen, die First Fleet, in Botany Bay. An Bord waren 778 Gefangene und 250 Soldaten und Kolonialverwalter unter dem Kommando von Captain Arthur Phillip, dem ersten Gouverneur von New South Wales. Ein Blick sagte den Neuankömmlingen, dass in Botany Bay keine Siedlung möglich war. Cook war im Herbst hier gewesen, wenn Regen den Ort abkühlte, aber jetzt war Sommer, und Botany Bay war alles andere als grün und üppig. Die Bäche waren trocken, die Bucht lag brach, die Wiesen waren Gestrüpp. Die Flotte segelte 19 Kilometer gen Norden und zwischen zwei Sandsteinzungen, an denen Cook vorübergefahren war, in eine Bucht. Dort fanden sie »den schönsten Hafen der Welt, in dem tausend Linienschiffe in größtmöglicher Sicherheit liegen könnten«, wie Phillip zu Lord Sydney sagte, nach dem er die neue Siedlung benannte. Man schrieb den 26. Januar – heute bekannt als Australia Day. Phillip sandte ein Schiff weiter nach Norfolk Island, um dort einen englischen Stützpunkt und eine Strafkolonie zu errichten.

Die Zeiten waren hart. Der Boden war dünn, der Saatweizen war an Bord schimmelig geworden, das Vieh lief weg oder starb. Viele Sträflinge kamen aus Londons Slums und hatten keine Ahnung von Landarbeit. Andere waren zu alt, krank oder geschwächt für harte Arbeit. Ein Schiff

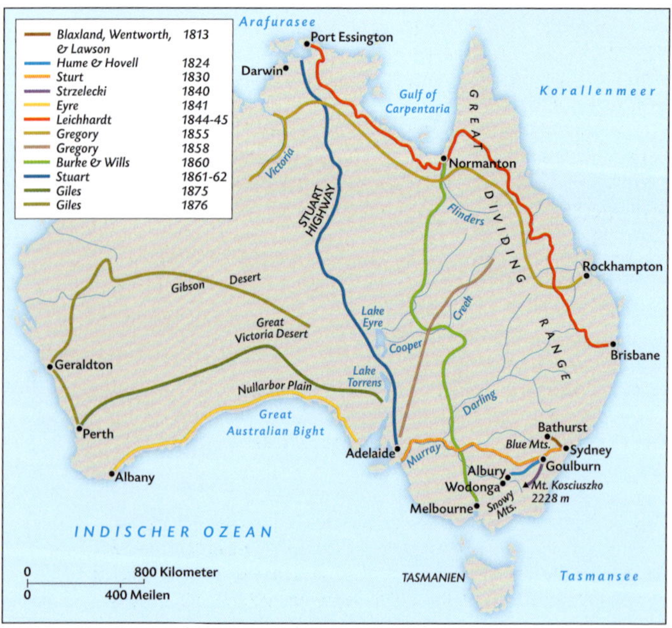

Die Routen von Australiens Erforschern füllten langsam die Landkarte

musste nach Kapstadt geschickt werden, um Vorräte zu holen. Die Aborigines machten ihre Gefühle deutlich, indem sie Phillip einen Speer in die Schulter bohrten. Die Zeit verging, aus England kamen keine Vorräte, und mehr und mehr Gefangene wurden nach Norfolk Island verschifft, wo der Boden besser und die Fischnetze voller waren. 1791 kam die Second Fleet, und Sydney Town wuchs.

Wer waren diese Sträflinge? Diebstahl war die häufigste Anklage, und die meisten Gefangenen waren Kleinkriminelle, doch brachte die irische Rebellion von 1798 auch ein paar echte politische Gefangene. Etwa die Hälfte hatte Haftstrafen von sieben Jahren zu verbüßen, doch der Transport nach Australien bedeutete angesichts der Kosten einer Rückkehr lebenslänglich. Mit Talent, Glück, Geld oder guter Führung konnten sich Häftlinge bald Bewährung verdienen. Ihnen wurden Farmen oder ein Geschäft zugesprochen. Andere hatten eine wirklich harte Zeit. Prügelstrafen, Fußketten und Schwerstarbeit waren an der Tagesordnung. Härtefälle schickte man nach Norfolk Island, Van Diemen's Land (Tasmanien) oder Moreton Bay (Brisbane). Mit Fesseln, die das Fleisch von den Knochen schabten, mussten die Sträflinge dort bei geringer Verpflegung 16 Stunden täglich im Regen arbeiten, und manche der von Läusen und Krankheiten geplagten Menschen begingen einen Mord, um durch den Galgen von ihrem Leiden erlöst zu werden.

Die meisten Gefangenen waren Kleinkriminelle, doch brachte die irische Rebellion von 1798 auch echte politische Gefangene.

Eine Flucht war recht einfach. Doch es gab keinen Ort, wohin man hätte fliehen können. Einige Häftlinge gingen in Richtung Blue Mountains – im falschen Glauben, China läge gleich dahinter. Die meisten, denen die Flucht gelang, starben an Hunger, Erfrieren oder durch den Speer eines Aborigines. Eine Frau, Mary Bryant, führte eine Gruppe von Flüchtlingen in einem Boot gen Norden. Sie erreichten Indonesien, wurden jedoch ergriffen und nach England zur erneuten Gerichtsverhandlung gebracht. Ihr Heldentum berührte die Engländer. Sie wurden begnadigt, und Bryant kehrte in ihre Heimat Cornwall zurück.

Mit Ausnahme South Australias wurden alle australischen Staaten durch Sträflingsarbeiter gegründet. Die Transporte endeten 1868; 160 000 Sträflinge wurden nach Australien geschickt. Noch Generationen danach befleckte Sträflingsblut einen Stammbaum. Heute ist man stolz darauf.

Besiedlung

Bengalischer Rum war die Währung im frühen Sydney, das Anfang des 19. Jahrhunderts als einer der rausten Häfen im Pazifik galt. Die meisten der Unternehmen in der Kolonie wurden von einer Militärmafia, bekannt als Rum Corps, kontrolliert. Alkoholismus griff um sich. Viele Beamte waren korrupt oder inkompetent oder beides. Sträflinge arbeiteten als Sklaven für eine Elitegruppe von Profitjägern und Landbesitzern, die sie durch

Rum oder die »neunschwänzige Katze« gefügig machten. New South Wales hatte nicht die Atmosphäre, die anständige Menschen anlockte – aber genau die brauchte diese unentwickelte Gesellschaft, um sich von der unzüchtigen Strafkolonie in eine blühende Siedlung zu entwickeln. Und sie brauchte einen Gouverneur, der mit einem schwankenden Schiff umgehen konnte, doch der Auserwählte war Captain William Bligh, dessen Besatzung auf der „Bounty" so legendär gemeutert hatte. Er wurde nach Sydney geschickt, um aufzuräumen. Bligh war nicht der harte Vorgesetzte der Legende, sondern einfach ein Marineoffizier der alten Schule, der einen besseren Presseagenten gebraucht hätte. Er arbeitete in Sydney gegen die Rum-Mafia. Doch diese bestand aus hervorragend integrierten Armeeangehörigen – er dagegen war Neuling und Marineoffizier. Am 26. Januar 1808, dem 20. Jahrestag der Koloniegründung, sah sich Bligh mit der zweiten Meuterei in seiner Laufbahn konfrontiert. Die folgenden zwei Jahre wurde New South Wales vom Militär regiert. Dann kam ein neuer Gouverneur – der Schotte Lachlan Macquarie. Er brach die Macht des Rum Corps und richtete die ersten Banken ein. Außerdem schuf er eine eigene Währung. Macquarie förderte Exkursionen über die Blue Mountains, begann eine Reihe von öffentlichen Projekten für die junge Kolonie und schlug einen Namen für das Land vor. Er erzählte den Vorgesetzten in London von seinen Plänen, »die Küsten des Kontinents Australien« zu erkunden.

Noch Generationen danach befleckte Sträflingsblut einen Stammbaum. Heute ist man stolz darauf.

Erkundung des Landesinneren

Anfang des 19. Jahrhunderts konnten Kartografen nur einen groben Umriss Australiens zeichnen. Matthew Flinders und George Bass hatten 1799 bewiesen, dass Tasmanien eine Insel ist; zwischen 1801 und 1803 umsegelten sie den Kontinent. Doch was im Inneren der 7,8 Millionen Quadratmeter großen Landmasse war, wusste niemand.

In Sydney und Van Diemen's Land waren Siedlungen errichtet worden, doch ins Landesinnere war außer einer Hand voll geflohener Sträflinge niemand vorgedrungen. Man hoffte auf einen Binnensee und Bodenschätze. Ein geflohener Sträfling stolperte nördlich von Sydney über eine oberirdische Kohlelagerstätte; um 1895 exportierte die Kolonie bereits kleine Ladungen Kohle nach Indien. Das erste große Hindernis waren die Blue Mountains, steile, bis zu 984 Meter hohe Gipfel westlich von Sydney. Heute sind die Berge Sydneys ein Erholungsgebiet, doch vor 200 Jahren waren die Berge unüberwindbare bewaldete Hindernisse. Mehrere Versuche wurden unternommen, sie zu überwinden, ehe es schließlich 1813 Gregory Blaxland, William Wentworth und William Lawson gelang.

Nachdem eine Route durch die Berge gefunden war, folgten bald Siedler, die sich auf dem offenen Weideland dahinter niederließen. 1815 wurde 209 Kilometer westlich von Sydney die Stadt Bathurst gegründet: 1824

„South Brisbane from the North Shore, Moreton Bay, Australia" (1868) von Thomas Baines

erkundeten Hamilton Hume und William Hovell die Snowy Mountains im Süden und trafen beim heutigen Albury-Wodonga auf den Murray River. Der Anblick des gen Westen, anscheinend ins Zentrum des Kontinents fließenden Flusses entfachte erneut die Träume von einem Binnensee und einem fruchtbaren Landesinneren. Diese platzten 1830, als Charles Sturt dem Fluss über 1600 Kilometer, von der Quelle bis zum Ende in einem Salzwassersee an South Australias Küste, folgte.

Wüste im Landesinneren: Große weiße Flächen auf den Karten warteten nach wie vor auf die Erforscher. Edward Eyre durchquerte 1841 den Kontinent von Ost nach West über die Nullarbor Plain. Der 1287 Kilometer lange Weg war eine brutale Konfrontation mit Australiens Binnenland. Eyre und einer seiner Aborigine-Führer, Wylie, überlebten. Sie kamen nach vier Monaten in Albany, Western Australia, an. Weniger Glück hatte 1848 der Preuße Ludwig Leichhardt, der nach einem 4800 Kilometer langen Marsch zwischen Brisbane und dem heutigen Darwin beim Versuch, das Rote Zentrum zu durchqueren, spurlos verschwand. 1855 kam Augustus Gregory von der Victoria-River-Region im Northern Territory um den Golf von Carpentaria nach Rockhampton und schließlich Brisbane. Drei Jahre später zogen er und sein Bruder Francis durch Queensland, um herauszufinden, was mit Leichhardt geschehen war. Das Schicksal des Deutschen blieb ein Rätsel, aber die Brüder fanden bei ihrer Suche nach Leichhardt eine Passage durch die grellen Salzseen und weiter nach Adelaide.

Heute sind die Blue Mountains ein Erholungsgebiet, doch vor 200 Jahren waren sie unüberwindbare bewaldete Hindernisse.

Burke & Wills: Australiens berühmteste Inlandsexpedition verließ Melbourne an einem Wintertag 1860. Robert O'Hara Burke und William John Wills leiteten sie, und die Regierung finanzierte sie in der Hoffnung, dass sie im Norden Weideland finden würde. Ziel war der Golf von Carpentaria, über 4000 Kilometer entfernt. An einem Platz namens Copper Creek im Outback South Australias trennte sich die Gruppe. Vier Männer blieben als eine Art Basislager zurück, während Burke und Wills mit zwei Begleitern, John King und Charles Grey, ungeduldig dem Ruhm entgegeneilten. Sie erreichten den Golf im Februar – in der größten Sommerhitze, wenn der Monsunregen das von Krokodilen bewohnte Feuchtgebiet getränkt hat. Gegen Ende kamen sie nur sehr langsam voran.

Nach ihrer Ankunft kehrten sie sofort wieder um, ihre Spuren zurückverfolgend. Grey starb, die anderen eilten schwach weiter durch die Wüste. Sie gingen bei Mondschein und warfen ihre Vorräte weg, um schneller im Lager zu sein. Sie kamen sieben Stunden zu spät. Eine in einen Eukalyptusbaum eingeritzte Nachricht wies sie an, nach einem Vorratslager zu graben, das ihnen die Kameraden hinterlassen hatten. Sie fanden die Vorräte, hatten aber keine Kraft, nach Melbourne zu wandern. Burke und

Wills kamen um, King wurde von Aborigines gesund gepflegt. Den berühmten „Dig Tree" sieht man bei Expeditionen auf dem Strzelecki Track.

Stuart & andere Forscher: Etwa zur selben Zeit versuchte ihr Rivale, der Schotte John McDouall Stuart, eine Kontinentdurchquerung. Er startete von Adelaide aus gen Norden. Ziel war das heutige Darwin. Krankheit, feindliche Aborigines und Hitze hielten ihn auf, doch am 24. Juli 1862 erreichte er die Arafura Sea. Burke und Wills hatten zwar als Erste die Süd-Nord-Passage geschafft, Stuart aber den wichtigeren Weg gefunden. Doch er überlebte nur knapp, taumelte blind zurück. Seine Wanderung beantwortete die Frage nach einem Süßwassersee: Es gab keinen. Seiner Route folgte 1872 die Telegrafenlinie, später auch der Stuart Highway, die Lebensader zwischen Adelaide und Darwin.

In den 1870er Jahren kämpften sich Expeditionen durch die Wüsten Western Australias. Ernest Giles erkundete 1875 die Great Victorian Desert und 1876 die Gibson Desert. Zehn Jahre später war fast der ganze Kontinent erkundet, auch wenn ein paar isoliert liegende Regionen weitere 50 Jahre unberührt blieben. Noch in den 1980er Jahren führten dort Klans von Wüsten-Aborigines den traditionellen Lebensstil wie seit 50 000 Jahren.

Gold

Gold trug wesentlich dazu bei, Australien von einer kleinen Anzahl Siedlungen am Rand der Welt zu einer der reichsten Kolonien Britanniens zu machen. Der erste echte Goldrausch begann im Mai 1851, als Edward Hargraves mit einem Goldfund in Ophir bei Bathurst in New South Wales prahlte. Über Nacht entstand eine Zeltstadt mit mehreren Tausend Schürfern, und noch viele Tausend weitere Glücksritter kündigten ihre Jobs und eilten zu den Fundstätten. Diese menschliche Stampede war so enorm, dass Unternehmer in Melbourne – einerseits alarmiert durch den Verlust von Arbeitskräften und andererseits neidisch auf den plötzlichen Reichtum des Nachbarn New South Wales – eine Belohnung für denjenigen aussetzten, der in der Nähe ihrer Stadt ebenfalls Gold fände. Sie mussten nicht lange warten. Innerhalb weniger Wochen entdeckte man Gold in Clunes und um Ballarat. Überall in Victoria

Burke & Wills

Von allen Erforschern Australiens feiert man Burke und Willis trotz des katastrophalen Endes ihrer Expedition am meisten. Obwohl der irischstämmige Robert O'Hara Burke keine Forschungserfahrung hatte, wählte man ihn als Führer und unterstützte die Expedition mit hohen Summen. Kamele wurden aus Indien importiert und vier indische Kameltreiber schlossen sich den 19 Männern, 26 Kamelen, 23 Pferden, 6 Wagen und 20 Tonnen Proviant (genug für zwei Jahre) an.

15 000 Menschen versammelten sich am 20. August 1860 in Melbourne, um die Forscher zu verabschieden, die der Kolonie Ruhm bringen sollten. Als die Nachrichten vom Scheitern der Expedition kamen, verfasste eine Enquête-Kommission einen vernichtenden Bericht, aber lobte den Mut von Burke und Willis, die mit Staatsbegräbnissen geehrt wurden.

schien es Gold zu geben. Noch vor Jahresende machte man Funde in Castlemaine und Bendigo, und 20 000 Schürfer suchten in den umliegenden Hügeln. Die Nachricht von den riesigen Goldfunden auf dem australischen Kontinent erreichte schnell auch die Nationen in Übersee, und schon bald strömten chinesische, englische, irische und amerikanische Goldsucher – jedes Jahr etwa 90 000 Menschen.

Eureka Stockade: Zum ersten Mal in der Geschichte Australiens hatte der „kleine Mann" die Chance auf Reichtum. Es gab keine großen Bergwerksgesellschaften, nur kleine Betreiber. Um das Geschehen zu kontrollieren, führte die Regierung eine Lizenzgebühr von 30 Schilling im Monat für Schürfer ein, egal, ob sie etwas fanden oder nicht. In den Camps schwelte Unmut, der sich im November 1854 in einem Aufstand in der Eureka Stockade, einem Fort nahe der irischen Grabungsstätten östlich von Ballarat, entlud. Dies war das einem Bürgerkrieg am nächsten kommende Ereignis in der australischen Geschichte. In den Goldsuchern gärte der Zorn über den Mord an einem der ihren – die Autoritäten hatten den Hotelier, der ihrer Meinung nach verantwortlich war, freigesprochen. Unter den Schürfern waren deutsche und italienische Revolutionäre, irische Republikaner und heißblütige Amerikaner. Bei einer Versammlung verbrannten sie ihre Lizenzen, erklärten ihre Auflehnung gegen das Gesetz und errichteten eine Barrikade. Sie hissten eine Flagge – ein weißes Kreuz des Südens auf blauem Grund (ohne Union Jack). Die Regierung reagierte unwirsch, und am 3. Dezember brach die Rebellion aus. Bei dem zehnminütigen Kampf kamen sechs Soldaten und 30 Schürfer ums Leben. Einige Goldgräber wurden inhaftiert und des Hochverrats beschuldigt. Doch das Melbourner Geschworenengericht weigerte sich, sie zu verurteilen. In der Folge der Eureka-Rebellion erhielten die Goldgräber viele der Rechte, um die sie gekämpft hatten: Abschaffung der gehassten Lizenzen und das Wahlrecht. 1855 wurde ihr Anführer Peter Lalor ins Parlament gewählt.

Gold trug wesentlich dazu bei, Australien ... zu einer der reichsten Kolonien Britanniens zu machen.

Heute symbolisiert die Flagge der Eureka Stockade den Widerstand gegen eine anmaßende Regierung, und ein Museum steht auf dem

„Australian Gold Diggings" (um 1855) von Edwin Stocqueler (1829 bis circa 1880)

Schauplatz des Kampfes. Der Reichtum, den die Goldfunde brachten, verwandelte schlammige Hüttendörfer bald in elegante Städte mit Gärten, breiten Straßen, Herrenhäusern und großartigen öffentlichen Gebäuden. Victorias Goldrausch war der größte, zwischen 1860 und 1870 fand man Gold in New South Wales. Queensland hatte die weißen Quarzriffe von Gympie und reichhaltige Lagerstätten in Charters Town, Palmer River und Cape York. Schürfer gingen nach Pine Creek im Northern Territory, ins abgeschiedene Kimberley im Nordwesten und zu Fundstätten in Western Australia. Der letzte große Goldrausch fand in den 1890er Jahren in Coolgardie und Kalgoorlie statt. Die meisten Fundstätten sind gekennzeichnet und die eleganten Bauten der Boomtowns, die von Optimismus und Reichtum geprägt sind, stehen als Denkmäler für diese frühe Zeit.

Australier gingen in die Geschichte ein – und durch einen Kugelhagel in Gallipoli (Türkei)

Föderation

An Neujahr 1901 versammelte sich eine Menschenmenge in Sydneys Centennial Park, um der Geburt einer Nation beizuwohnen: des Australischen Staatenbunds. Bis dahin war der Kontinent ein Flickwerk aus Kolonien, von denen jede ihre eigene Zeitzone, eigene Briefmarken und eigene Zollabgaben hatte. Sie konnten sich nicht einmal auf eine Spurweite der Eisenbahnschienen einigen.

Nach jahrelanger sorgfältiger Diplomatie – von einer besonders verheerenden Dürre und Rezession vorangetrieben – stimmten die Kolonien 1901 einer Föderation zu. Die neue Verfassung war nicht gerade radikal. Königin Viktoria blieb Staatsoberhaupt, der Repräsentant der Krone war nach wie vor ein königlich ernannter Gouverneurgeneral, und der britische Parlamentsstil war bestimmend. In der Tat konnte das britische Parlament noch immer jede Gesetzesvorlage umstoßen, und in Rechtsstreits war die oberste Instanz der Staatsrat in London. Im Grunde hatten die sechs australischen Kolonien des Mutterlandes England nur zugestimmt, ihre Geschwisterrivalität einzustellen. Edmund Barton, ein Anwalt aus Sydney, wurde der erste Premierminister. Er zog nach Melbourne, der vorläufigen Hauptstadt, bis man sich auf eine neutrale Stadt einigen konnte. Einig waren sich die sechs Staaten in ihrer Vision von Australien: stabil, wohlhabend, durch Zölle und Wohlfahrtsgesellschaft geschützt – und weiß. Eines der ersten erlassenen Gesetze war die Beschränkung asiatischer Immigration, der Anfang der berüchtigten White-Australia-

Politik, die bis 1970 andauern sollte. Der zweite Premierminister, Alfred Deakin, sagte in einem ehrlichen Moment: »Es sind nicht die schlechten Eigenschaften dieser fremden Rassen, die sie für uns gefährlich machen, sondern die guten. Ihre unermüdliche Energie, ihre Kraft, sich selbst zu neuen Aufgaben anzuspornen, ihre Ausdauer und ihre geringen Bedürfnisse machen sie zu solchen Konkurrenten.« Und so wurden Asiaten, die nach Australien immigrieren wollten, einem Lese-Schreib-Test – in einer beliebigen europäischen Sprache unterzogen, besonders beliebt war Gälisch. Natürlich bestanden nur wenige. Die übrigen wurden abgewiesen und zurückgeschickt.

Weil man sich auf keine Stadt als Hauptstadt einigen konnte, beschloss die junge Regierung, diese am Reißbrett zu erschaffen. 1909 entschied man sich für die Monaro Tablelands, etwa 320 Kilometer südwestlich von Sydney. Zwei Jahre später überließ die Regierung von New South Wales die 25 000 Quadratkilometer große Fläche dem Bund. Architekt Walter Burley-Griffin sollte die Stadt planen; sie sollte nach einem Aborigine-Begriff, der sowohl „Treffpunkt" als auch „weibliche Brust" bedeutet, Canberra heißen.

An Neujahr 1901 versammelte sich eine Menschenmenge in Sydneys Centennial Park, um der Geburt einer Nation beizuwohnen: des Australischen Staatenbunds.

Erster Weltkrieg & Gallipoli

Nach vielem bürokratischen Schachern erlangte Australien schließlich durch einen königlichen Federstrich die nationale Selbstständigkeit. Es hatte keinen Tod-oder-Ruhm-Kämpfer für die Freiheit gegeben. Doch allzu lange mussten die Australier auf diese Chance nicht mehr warten. Im August 1914 zog Großbritannien gegen Deutschland in den Krieg – und Australien mit. In einem Anfall von Patriotismus meldeten sich in den ersten zwei Monaten über 20 000 Aussies für das „Abenteuer" in Übersee. Das bekamen sie um 4.30 Uhr des 25. April 1915 an einer von Klippen gesäumten Küste in der Türkei, nahe der Stadt Gallipoli. Winston Churchill, damals Oberster Befehlshaber der Admiralität, hatte beschlossen, eine neue Front zu eröffnen, indem er die Dardanellen einnahm – mit einer multinationalen Armee, die vom Meer aus angreifen sollte. Die Türken wussten, was auf sie zukam, und waren vorbereitet. Die nächsten acht Monate hingen die alliierten Truppen am vorgelagerten Brückenkopf fest.

Beide Seiten erlebten verheerende Kämpfe und schreckliche Blutbäder. Obwohl Australier im Sudan-Feldzug und im Burenkrieg schon für Britannien gekämpft hatten, war dies das erste Mal, dass sie dies als Australier taten. Australiens Nationallegenden wurden in Gallipoli geboren – aus Heldengeschichten wie der von John Simpson Kirkpatrick, der mit einem Esel Verletzte rettete. Insgesamt verloren 8587 Männer aus dem Australian and New Zealand Army Corps (ANZAC) ihr Leben.

ERLEBNIS: Gedenken am Anzac Day

Die erste Parade zum Anzac Day fand einige Jahre nach dem Ersten Weltkrieg statt, und die Feierlichkeiten gewannen im Lauf der Jahre immer mehr an Bedeutung. Das Motto dieses Tages lautet: »Damit wir nicht vergessen.« Die Feierlichkeiten beginnen im ganzen Land in der Morgendämmerung mit einem feierlichen, trotz der Kälte zu früher Stunde immer gut besuchten Gottesdienst.

An der anschließenden Parade nehmen neben Militärkapellen vor allem ordengeschmückte Veteranen verschiedener Kriege im Sonntagsanzug und mit Regimentskrawatte teil. Menschenmassen sammeln sich auf dem Bürgersteig, schwenken Flaggen und tun ihren Dank kund. Manchmal hört man nur das Geräusch von Lederschuhen und das Klappern von hunderten von Orden. Später treffen sich die ergrauten Veteranen im örtlichen Pub, trinken und erinnern sich.

Die morgendlichen Zeremonien zum Beginn des Anzac Day finden an den Kriegerdenkmälern des Landes statt. Bekannt sind die Zeremonien am **Australian War Memorial** in Canberra, am **Shrine** in Melbourne und am **Cenotaph** an Sydneys Martin Place. Der Gottesdienst ist eigentlich nur für Veteranen und geladene Würdenträger, doch in den letzten Jahren ermutigte man die Familien der Veteranen zu kommen. Das Gleiche gilt für die Parade; als Zuschauer auf der Straße ist jeder willkommen. Die Zeitungen veröffentlichen die Wege der Paraden, und die **Returned Services League** (*rsl.org.au*) ist wesentlich an der Organisation beteiligt.

Weitere Informationen finden sich auf den Websites *dva.gov.au*, *awm.gov.au* und *defence.gov.au*.

Zweiter Weltkrieg

Der Zweite Weltkrieg markierte einen Wendepunkt in Australiens Weltsicht. »Ohne Hemmung gebe ich zu, dass Australien auf Amerika schaut, frei von allem Schmerz über unsere traditionelle Verbindung oder Verwandtschaft mit der britischen Krone«, sagte Australiens Premierminister John Curtin, nachdem im Februar 1942 Singapur an die Japaner gefallen war und japanische Flugzeuge Darwin und später Broome bombardierten. Australien sah sich von einer japanischen Invasion bedroht. Für die USA bot Australien die letzte Chance eines Stützpunktes im Pazifik nahe Asien. Drei Monate später stoppte eine vereinte amerikanisch-australische Seemacht die japanische Flotte im Korallenmeer. Australische Infanteristen führten dann im Hochland von Papua-Neuguinea einen Guerillakrieg, um Australiens Vorposten Port Moresby zu retten. Sein Fall hätte für die Japaner ein Sprungbrett auf das australische Festland bedeutet.

Obwohl die Japaner bis auf 48 Kilometer an die Stadt herankamen, trieben die Australier sie zurück an die Nordküste. Unterstützt wurden sie von Bewohnern Papua-Neuguineas, die als „Fuzzy Wuzzy Angels" bekannt wurden. In Thailand starben Tausende australischer Kriegsgefangener, während sie die Burma-Eisenbahn bauten. Andere wurden von Edward „Weary" Dunlop, einem Mitgefangenen und Stabsarzt, der zum Symbol für Australiens entschlossenes Heldentum wurde, gerettet.

Neu-Australier

Bei einer der größten Einwanderungswellen des 20. Jahrhunderts strömten über zwei Millionen Immigranten ins Land. Laut Volkszählung von 1947 waren 98 Prozent der Australier Angelsachsen. Danach kamen „Neu-Australier" aus dem kriegsgebeutelten Europa, aus Italien, Deutschland, Jugoslawien, Griechenland und dem Baltikum. Solange sie weiß waren, übernahm die Regierung die Kosten ihrer Passage. Die Neuankömmlinge ließen sich mit wenig Problemen nieder. In den Nachkriegsjahren gab es

In den 1950er und 1960er Jahren kamen über zwei Millionen neue Australier in den Häfen an

Brandungsboote dienten ursprünglich der Lebensrettung, doch bald wurden sie Sportgeräte

überall viele Jobs, sodass sich niemand betrogen fühlte. Fabriken schossen aus dem Boden, Stahl- und Kohlebergwerke hatten reichlich zu tun, und die Regierung gab viel Geld für öffentliche Projekte wie das Snowy Mountains Hydroelectric Scheme aus. Es mussten auch Tausende neuer Vororthäuser für die wachsende Bevölkerung gebaut werden. Mit dem Land assoziierte man Wohlergehen und gute Laune. Australiens Tennisspieler gewannen in Wimbledon, und die Schwimmer waren die Besten der Welt. Als 1956 Melbourne die Olympischen Spiele ausrichtete, heimste Australien 35 Medaillen ein – ein unerhörter Erfolg für die kleine Bevölkerung.

Zugleich war jene Epoche intellektuell arm. Heutige Australier zucken zusammen, wenn sie alte Wochenschauen mit chauvinistischen, sexistischen und rassistischen Bemerkungen hören. Kerle waren Kerle, und die

Frauen gehörten ins Haus. Aborigines waren keine Bürger und durften bis 1967 nicht wählen. Trotz der vielen Einwanderer nach dem Krieg blieb Australien kulturell ein schwerfälliger Teil des Britischen Empire.

Zeit des Wandels

Doch die australische Nation war trotz ihrer sonnigen, isolierten Lage fern ab von anderen Ländern politisch nicht gänzlich vom Rest der Welt abgeschnitten. Immer seinen Verbündeten verpflichtet, trat Canberra in den Koreakrieg und bei Konflikten in Malaysia und Borneo ein. Es ließ Großbritannien ein Stück Wüste in South Australia für Atombombentests benutzen und erlaubte den USA, Aufzeichnungsposten für Spionagesatelliten überall im Land aufzustellen. Im Jahr 1962 folgte Australien den USA nach Vietnam. Doch als die Toten zurückgebracht wurden – Australien verlor circa 500 Soldaten –, entstand eine lautstarke Antikriegsbewegung. In Australien entwickelten sich die späten 1960er Jahre wie überall zu einer Zeit der Liberalisierung, des kritischen Hinterfragens und der Proteste. Australien veränderte sich ungeheuer schnell. Ein charismatischer Riese, Gough Whitlam, führte die australische Labor Party 1972 mit dem Slogan »Es ist Zeit« zum Sieg. Die Zeit brachte Reformen im Gesundheitssystem, kostenlose College-Ausbildung, das formelle Ende der White-Australia-Politik, Sozialprogramme und Unterstützung der Künste.

Nach dem Zweiten Weltkrieg erfuhr Australien enorme Veränderungen. Über zwei Millionen Immigranten strömten ins Land.

Wie Amerikas Camelot dauerte Australiens Version etwa drei Jahre und endete abrupt im November 1975 – wenn auch weniger brutal. Whitlams Partei konnte die Haushaltsgesetze nicht durchsetzen, die zur Aufrechterhaltung der Regierung nötig waren. Am 11. November 1975 wandte der Generalgouverneur Sir John Kerr ein selten benütztes und stark umstrittenes Vorrecht an: Er entließ die Regierung und setzte Neuwahlen an. Whitlam verlor die Wahl vier Wochen später erdrutschartig, und Malcolm Fraser, ein konservativer Schafzüchter aus Victoria, wurde neuer Premierminister.

Pazifikrand & Republik

In ganz Australien schrillten im September 1983 morgens um vier Uhr die Wecker, und eine verschlafene Nation kletterte aus den Betten, um im Fernsehen die Live-Übertragung einer Segelregatta am anderen Ende der Welt anzusehen. Die Australier hielten kollektiv den Atem an, als ihre Yacht, die „Australia II", das Wasser vor Rhode Island durchschnitt. Eine amerikanische Yacht fuhr irgendwo achtern. Eine Hupe ertönte. Das Rennen war zu Ende. Australien hatte den America's Cup gewonnen.

In Sydney tanzten die Menschen auf den Straßen, in den Pubs floss Freibier, und Bob Hawke, der neue Labor-Premierminister, setzte sich im Fernsehen dafür ein, dass an diesem historischen Tag jeder frei hatte. Für die Australier war dies eine seelische Wohltat, die alle Zweifel, ob ihr abgeschiedenes Land mit seiner kleinen Arbeiterbevölkerung und seinen Sträflingswurzeln es in die Oberligen schaffen könnte, zerstreute. Ein zuversichtliches, nach außen gerichtetes Australien betrat die Bühne der Welt als eigenständiger Mitspieler, nicht als Englands Kolonialvetter.

Dies war die Zeit der weltweiten Hausse, und Australien handelte mit Eifer. Der Dollar war gut im Geschäft, Handelsbeschränkungen wurden gelockert, und ausländische Banken errichteten Filialen in Australien. Inzwischen gingen Australier nach Übersee, kauften 20th Century Fox, die London *Times* und die nationale Telefongesellschaft Chiles. Crocodile Dundee, Foster-Lagerbier und *barbie* (Barbecue) gehörten bald zum weltweiten Sprachschatz.

Die Uhren konnten nun nicht mehr zurückgedreht werden. 1988, als das Land ins dritte Jahrhundert seit seiner Kolonisierung eintrat, begannen sich die Australier Fragen zu stellen: Wer sind wir, und wo gehören wir hin? Nach 200 Jahren der engen Verbundenheit mit Europa erkannten sie plötzlich, dass sie Logenplätze in dem Teil der Welt hatten, in dem die Wirtschaftsaktivitäten des 21. Jahrhunderts stattfinden würden: Asien. Sie sahen sich mehr im asiatischen Zusammenhang denn als entlegenes Anhängsel Englands.

Die meisten australischen Exporte gingen bereits in asiatische Länder, viele Asiaten wanderten ein und auf australische Initiative wurde das Asian-Pacific Economic Cooperation Forum gegründet. Die Laborregierung ermahnte die Australier zum Blick nach Osten und propagierte Multikulturalismus, um der Fremdenfeindlichkeit Herr zu werden,

Poms

Pom oder Pommy ist ein Slangwort für Briten, wie in »thrash the Poms«, einem üblichen Schlachtruf bei Kricket- oder Rugbyspielen. Es ist als liebevoller Spitzname gedacht, doch viele Briten sehen Pom als abfälligen Begriff; dies spiegelt die Hassliebe zwischen Australiern und Briten. Da Australien zuerst von Sträflingen und dann von britischen Immigranten besiedelt wurde, betrachteten sich die Australier bis in die 1950er Jahre als britische Untertanen, obwohl sie als ungehobelte Kolonialisten betrachtet wurden. Die Einwanderung nach dem Zweiten Weltkrieg führte zu einer vielfältigeren Identität, doch starke Bindungen halten noch immer an. Der Ursprung des Wortes Pom ist umstritten, kommt aber wohl von „pomegranate" (Granatapfel), einem Slangreim auf „immigrant".

doch in den Vororten der Großstädte kam es wegen der raschen Verschiebungen bei der nationalen Identität zu Unruhen.

Mit dem Versprechen, das Klima der *political correctness* zu beenden, kam die konservative Regierung von John Howard an die Macht und veränderte die politische Landschaft in den folgenden zehn Jahren – mit einem härteren Kurs gegen Flüchtlinge, Gewerkschaften, Aborigines und Sozialfürsorge. Gleichzeitig wandte sie sich vom Multikulturalismus ab und stärkte die Bindungen an Großbritannien und die USA. Viele Australier fragten sich allerdings, weshalb der Union Jack noch immer auf der Flagge

Bier aus „tinnies" oder „stubbies" in einer Bar im William Creek Hotel, nahe Oodnadatta

war. Umfragen ergaben, dass die Mehrheit der Australier sich eine Republik wünschten, doch ein Referendum gegen die Krone scheiterte, weil die Anhänger der Republik sich nicht auf ein Modell einigen konnten.

Doch der Handelsschwerpunkt in Asien ließ sich nicht aufhalten. Der Boom in China half der wieder auflebenden australischen Wirtschaft ins 21. Jahrhundert, als das Land verstärkt Kohle, Eisenerz und andere Minerale förderte.

Ein blühendes Australien sprüht vor Optimismus. 2007 versprach die neue Labor-Regierung unter Kevin Rudd, der fließend Chinesisch spricht, eine neue Richtung. 2010 wurde Rudd durch die erste Premierministerin Australiens, Julia Gillard, abgelöst, übernahm aber 2013 erneut das Ruder, um nach den Parlamentswahlen desselben Jahres durch den Konservativen Tony Abbott abgelöst zu werden. ■

Kunst & Kultur

Wer noch immer glaubt, Australier seien nichts als sportverrückte Kulturbanausen, sollte wissen, dass Kunstausstellungen oft mehr als 500 000 Besucher anziehen. Oder hören Sie sich die Diskussionen darüber an, welches Bild den Archibald Prize (Australiens renommiertesten Kunstpreis) denn wirklich verdient hätte.

Literatur

Aborigines waren mit ihren Traumzeit-Sagen die ersten Geschichtenerzähler auf dem Kontinent. Ihre Tradition wurde mündlich am Lagerfeuer überliefert. Der erste Aborigine, der etwas veröffentlichte, war David Unaipon: Sein Buch „Native Legends" erschien 1929. Seitdem kamen mehrere Übersetzungen von Traumzeit-Legenden, wie etwa „Joe Nangans Dreaming: Aboriginal Legends of the Northwest" (1976), und viele von Aborigines-Künstlern illustrierte Kinderbücher heraus. Eine gute Quelle für moderne wie alte Aborigines-Literatur ist der Verlag Magabala Books in Broome. Paul Marshalls „Raparapa: Stories from the Fitzroy River Drovers" (1995) stellt die Aborigines-Perspektive vom Leben in den einsamen Kimberley-Stationen dar. Zu den besten Büchern über Aborigines gehören Thomas Kenneallys „Chant of Jimmie Blacksmith" (1972), Bruce Chatwins „Songlines" (1988) und David Maloufs „Remembering Babylon" (1994).

Aborigines waren mit ihren Traumzeit-Sagen die ersten Geschichtenerzähler auf dem Kontinent.

Weiße australische Literatur begann mit den Berichten von Forschern wie Edward Eyre, Charles Sturt und Ernest Giles. Erst in der zweiten Hälfte des 19. Jahrhunderts waren die bizarre Landschaft und die Sträflingsvergangenheit Themen in der Literatur. Marcus Clarkes „For the Term of His Natural Life" (1874) erzählt die Geschichte von Rufus Dawes, einem wohlhabenden jungen Gentleman, der fälschlicherweise des Mordes angeklagt und zur Verschiffung nach Australien verurteilt wird. Er landet in Strafkolonien in Port Arthur und Macquarie Harbour, doch am Ende erhält er Ansehen und Geld zurück. Goldrausch und Buschranger sind der Stoff für Rolf Boldrewoods „Robbery Under Arms" (1888), einen weiteren Klassiker.

In den 1890er Jahren ersannen Journalisten und Dichter Australiens Nationalmythen. Der wohl bekannteste Schreiber war der Balladendichter und Humorist Andrew Barton Paterson. Seine Buschballaden und Abenteuergeschichten über Räuber, Scherer, Geächtete und Schafzüchter sangen von Freiheit. Am bekanntesten sind von ihm „The Man from Snowy River" (1890), „Clancy of the Overflow" (1889) und der Text von Australiens inoffizieller Nationalhymne „Waltzing Matilda". Henry Lawson, ein

Der Sänger der Aborigines-Rockband Yothu Yindi, Mandawuy Yunupingu

Zeitgenosse Patersons, war wohl Australiens bester Kurzgeschichtenautor. Arthur Hoey Davis, der um 1890 unter dem Namen Steele Rudd schrieb, schuf in „On Our Selection" (1899) zwei der beliebtesten australischen Figuren: Dad und Dave. Die zwei naiven Tölpel wurden durch eine Radioserie, Stücke und Filme noch berühmter. Später begründeten sie, zusammen mit C. J. Dennis' Gedicht „The Sentimental Bloke", das beliebte Bild vom gutherzigen Aussie-*battler* (mit *battler* wird im australischen Jargon ein Mensch bezeichnet, der hart kämpfen muss, um finanziell über die Runden zu kommen).

Dichter, Essayist und Liederschreiber Andrew Barton „Banjo" Paterson (1864–1941)

Australiens Outback-Landschaften fanden um 1920 den Weg in die Literatur, vor allem durch den brillanten englischen Romanautor D. H. Lawrence, der 1923 „Kangaroo" veröffentlichte. 15 Jahre später kam Xavier Herberts Epos „In Capricornia" (1938) über Australiens hohen Norden heraus. Der Nobelpreisträger Patrick White nahm das Outback als Kulisse für große Werke wie „Voss" (1957), einen Roman über einen verrückten Forscher, der die Wüste durchqueren will.

Wenn Sie etwas leichtere Lektüre suchen, nehmen Sie Nevil Shutes Klassiker „A Town Like Alice" (1950) oder Colleen McCulloughs „Thornbirds" aus dem Jahr 1979.

Unter den Sachbüchern ist Robert Hughes „The Fatal Shore" (1987) eine spannende Geschichte über Australiens Jahre als Sträflingskolonie. Sarah Murgatroyds lebhafte Schilderung in „The Dig Tree" (2002) liest sich wie ein Roman und erzählt die Geschichte der unglücklichen Expedition von Burke und Wills. In der zerklüfteten Kimberley-Region schrieb Mary Durack 1959 die Geschichte von drei Generationen ihrer Familie nieder – „Kings in Grass Castles" –, 1983 folgte „Sons in the Saddle" als zweiter Teil. 1981 schrieb der 87-jährige A. B. Facey seine Autobiografie, die mit seiner frühen Jugend beginnt. Mit acht Jahren arbeitet er auf einer Farm im Outback, er schildert seine Abenteuer in Gallipoli und sein Leben in Western Australia. „A Fortunate Life" wurde über 600 000 Mal verkauft.

In den letzten 55 Jahren richteten die Australier ihr literarisches Augenmerk mehr auf die (Vor-)Städte, in denen sie lebten, als auf das Outback. Ruth Parks „Harp in the South" (1948) und „A Poor Man's Orange" (1949) spielen in den Slums von Sydney. Helen Garners Roman „Monkey Grip" (1984) handelt von Sex und Drogen in Melbournes Vorort Carlton in den 1970er Jahren. Unter den australischen Schriftstellern, die international erfolgreich waren, ist besonders der Nobelpreisträger Patrick White (1912–90) hervorzuheben; der Preisträger von 2009, der in Südafrika geborene J. M. Coetzee (geb. 1940), lebt heute in Adelaide und ist australischer Staatsbürger. Peter Carey (geb. 1943) hat zweimal den renommierten Booker Prize gewonnen; in Romanen wie „Oscar und Lucinda" (1988) und „Die wahre Geschichte von Ned Kelly und seiner Gang" (2000) behandelt er australische Themen. Ein weiterer Booker-Prize-Sieger ist Thomas Keneally (geb. 1935), bekannt durch sein von Steven Spielberg verfilmtes Buch „Schindlers Liste" (1982). Die australische Gesellschaft erkunden Autoren wie Christos Tsiolkas (geb. 1965) mit „Nur eine Ohrfeige" (2008), einem wenig schmeichelhaften Porträt der modernen australischen Mittelschicht.

Theater & Tanz

Die längste Zeit seiner Geschichte war Australien als kulturelles Brachland betrachtet worden. Dieser Komplex war zum Teil ein Relikt aus Kolonialtagen, als Kultiviertheit als etwas galt, das mit größerer Entfernung von Europa schwand. Australier, die an Theater oder Oper Karriere machen wollten, mussten nach Übersee gehen. Die Opernsängerinnen Dame Nellie Melba und viel später Dame Joan Sutherland taten dies.

Heute hat Australien in Sydney nicht nur ein weltberühmtes Opernhaus, sondern kann auch etwas auf dessen Bühne bringen. Die Australian Opera Company, das Australian Ballet und die Sydney Dance Company – New South Wales' erste professionelle Balletttruppe wurde 1971 gegründet – treten hier auf. Jenseits der Bucht bietet das Aboriginal Islander Dance Theatre traditionellen und modernen Tanz der Aborigines. Melbourne konkurriert mit Sydney um den Titel der Theaterhauptstadt des Landes, und das Festival Centre von Adelaide soll eine bessere Akustik haben als das Sydney Opera House. Das alle zwei Jahre stattfindende Festival in Adelaide ist eine riesige Veranstaltung. Das National Institute for Dramatic Arts (NIDA) wurde als Ausbildungsstätte für Schauspieler, Regisseure und Bühnenbildner eingerichtet und verhalf Mel Gibson und anderen internationalen Stars zum Debüt. In Melbournes Vorort Carlton geben die Experimentaltheater La Mama und Pram Factory neuen Autoren eine Chance. Zu den ehemaligen Studenten gehört David Williamson (geb. 1942), Australiens erfolgreichster Dramatiker, von dem z. B. „Don's Party", „The Club" und das Drehbuch zum Film „Gallipoli" (1981) stammen.

Rockstars

Australien hat zum globalen Talente-Pool mächtig beigetragen, von Johnny O'Keefe in den 1950er Jahren bis zu Rockbands wie INXS, AC/DC, Silverchair, Men at Work, Little River Band, Bee Gees und Midnight Oil und Popstars wie Olivia Newton-John, Kylie Minogue und Gotye. Doch nicht jeder suchte den Erfolg in Übersee. Cold Chisel, eine populäre Band der 1970er und frühen 1980er Jahre, ist zwar außerhalb Australiens kaum bekannt, gilt dort aber als bedeutendste Rockgruppe. Die Aborigines-Rockgruppe Yothu Yindi brachte alte Aborigines-Rhythmen und das Didgeridoo in die Mainstream-Musik, mit politisch aufgeladenen Stücken wie „Treaty".

Musik

Australier mögen vor allem amerikanischen Rock und Pop, und die Radiosender spielen meist eine Mischung von Top-40-Hits und Oldies. Bemühungen der Regierung, dies zu ändern, indem sie Sender aufforderte, zu mindestens 20 Prozent einheimische Musik zu spielen, führten zu nichts.

Country: Countrymusik ist in Australien so tief verwurzelt wie in den USA. Und obwohl Australier auch von amerikanischer Countrymusik beeinflusst wurden, entwickelten sich doch dank einer Dosis Outback-Humor und Buschthematik eigenständige Countrystile. Tamworth, eine Kleinstadt, etwa 320 Kilometer nordwestlich von Sydney gelegen, ist eine Art australisches Nashville. Alljährlich im Januar findet hier ein beliebtes Countryfestival statt, bei dem die Golden Guitar verliehen wird. Ein früherer Gewinner mit einer erfolgreichen Karriere in Nashville ist Kasey Chambers. Der wohl bekannteste Countrystar Australiens war Slim Dusty, der 2003 im Alter von 76 Jahren starb, nachdem er ein Leben lang durch Outbackstädte und Aborigines-Gemeinden getourt war. Er schrieb hunderte von Songs über das Leben im Busch.

Der Konzertsaal mit 2679 Plätzen ist das Herz des Sydney Opera House

Jazz & Klassik: Australien hat Weltklasse-Jazzmusiker wie die Trompeter James Morrison und Bob Barnard, den Pianisten Graeme Bell und Allroundtalent Don Burrows. Barry Tuckwell, einer der besten Horn-Virtuosen der Welt, ist Australier, und ebenso die Komponisten Richard Meale, Peter Sculthorpe, Nigel Butterley und Anne Boyd. Die Australian Broadcasting Corporation unterhält sechs Symphonieorchester im Land.

Film

Australiens Filmindustrie legte einen Schnellstart hin. 1896 – nur ein Jahr, nachdem die Brüder Lumière in Paris das erste Kino der Welt gegründet hatten – öffnete ein Filmtheater in Sydneys Pitt Street. Vier Jahre später produzierte der Heilsarmee-Offizier Joseph Perry „Soldiers of the Cross". Er hatte 1901 in der Melbourne Town Hall Premiere. 1906 wurde der erste Spielfilm der Welt, „The Story of the Kelly Gang", ebenfalls in Melbourne produziert.

Australien hatte in der Stummfilmära eine blühende Filmindustrie, über

250 Filme wurden produziert. Der beliebteste war eine Verfilmung von C. J. Dennis' Gedicht „The Sentimental Bloke" von 1919. Hollywood überstrahlte in den 1930er Jahren die australische Filmindustrie und verhalf Amerika zur Vorherrschaft in Sachen Film, Popmusik und Fernsehen.

Cineastische Höhepunkte im Zweiten Weltkrieg waren z. B. Charles Chauvals „Forty Thousand Horsemen" (1940) und der Dokumentarfilm „Kokoda Frontline" (1942). Für Letzteren bekam der Kameramann Damien Parer einen Oscar. Erst 1968 förderte die Gründung des Australian Film Institute das australische Kino, sodass einheimische Produktionen eine Renaissance erlebten, die bis heute andauert. In den 1970er Jahren lag der Schwerpunkt auf beschaulichen Produktionen wie Peter Weirs „Picknick am Valentinstag" (1975) und „Meine brillante Karriere" (1979), womit die internationale Karriere von Judy Davis begann. In den 1980er Jahren wurden australische Filme kommerzieller. Es entstanden „Gallipoli" (1981), „Der Fall des Lieutenant Morant" (1980), „The Man from Snowy River" und „Mad Max" (1979). 1986 wurde Paul Hogans „Crocodile Dundee" Australiens erster internationaler Filmerfolg.

In den letzten Jahren bauten die Filmemacher auf den typisch australischen Humor, mit Filmen wie „Strictly Ballroom" (1992), „Priscilla, Königin der Wüste" (1994), „Muriels Hochzeit" (1994), „Ein Schweinchen namens Babe" (1995) und „The Castle" (1997). Ein bewegender Film von 2002, „Long Walk Home", erzählt die Geschichte von drei Aborigines-Kindern, die ihren Weg zurück nach Hause finden, nachdem man sie ihren Eltern weggenommen hat. „Japanese Story" (2003) mit Toni Collette in der Hauptrolle ist eine Romanze, die in der Pilbara-Region spielt. Doch der größte Erfolg in australischen Kinos in den letzten Jahren war Baz Luhrmanns „Australia" (2008). Teils sozialkritischer Film, teils Western, dazu eine innige historische Romanze, zeigte es Nicole Kidman und Hugh Jackman vor der faszinierenden Kulisse in der Kimberley-Region.

Aussiewood

Australien ist sehr stolz auf die vielen Schauspieler, Regisseure, Kameraleute und anderen Techniker, die in Hollywood erfolgreich sind. Die ganze Nation ist stolz, wenn Nicole Kidman, Russell Crowe, Cate Blanchett, Naomi Watts, Hugh Jackman, Eric Bana, Geoffrey Rush oder Mel Gibson – scherzhaft The Gumleaf Mafia genannt – bei der Oscarverleihung auftreten. Viele bekannte Schauspieler, wie Gibson, erhielten ihre Ausbildung am National Institute of Dramatic Arts in Sydney. Absolventen von Filmschulen im ganzen Land halten auch weiterhin ihren Blick auf Hollywood gerichtet.

Fernsehen

Das erste Fernsehbild Australiens zeigte Brisbanes alte, von Sträflingen erbaute Windmühle und wurde 1934 nach Ipswich in Queensland gesendet. Es war nur ein Experiment – richtiges Fernsehen begann erst 1956. Das Farbfernsehen erreichte Australien sogar erst 1974.

Von Beginn an dominierten amerikanische Produktionen das australische Fernsehen, etwa Serien wie *Lassie, Vater ist der Beste* und *Hopalong*

Cassidy. So ist es noch heute. Gastgeber in Latenight-Shows kopieren schamlos David Letterman oder Jay Leno, und Krankenhausserien erinnern fatal an *Emergency Room*. Die australischen Versionen von *60 Minutes, Glücksrad* oder *Big Brother* sind Kopien ihrer amerikanischen Vorbilder.

Jahrelang war den Australiern die eigene Fernsehproduktion peinlich. Doch das ist vorbei. Professionell gemachte australische Shows wie *Packed to the Rafters* gewinnen an Beliebtheit; allerdings dominieren billigere Lifestyle- und Reality-TV-Sendungen wie die Kochshow *MasterChef* das Programm. Die Reality-TV-Serie *Bondi Rescue* über die Lebensrettungsschwimmer am Bondi Beach wird inzwischen in die ganze Welt exportiert. Weitere beliebte australische TV-Exporte sind die Kindersendung *Bananas in Pajamas* sowie die Seifenopern *Home & Away* und *Nachbarn,* in der die Sängerin Kylie Minogue ihre Karriere begann. Australiens bekanntester TV-Star war Steve Irwin alias Crocodile Hunter, dessen Tiersendungen in aller Welt gesehen wurden.

Australien ist eine junge Nation. Ein Gebäude aus dem 19. Jahrhundert gilt hier als alt, Bauwerke aus dem 18. Jahrhundert gibt es kaum.

Die Australier sind recht freimütig und scheuen sich nicht, offen über Sexpraktiken zu diskutieren oder nackte Brüste zu zeigen. Die Episode von *Ellen,* die in den USA zu heftigen Diskussionen führte, weil die Titelheldin bekennt, dass sie lesbisch ist, führte hier nur zu einem müden Lächeln. Im australischen Fernsehen gab es in der Seifenoper *Number 96* schon in den 1970er Jahren eine homosexuelle Figur.

Doch das australische Fernsehen ist nicht eine einzige unzüchtige Kavalkade. Vor ein paar Jahren lief auf *Channel Nine* eine Show namens *Australia's Naughtiest Home Videos.* Als der Besitzer des Senders, der Milliardär Kerry Packer, sah, was auf seinem Fernsehschirm geschah, berief er die Produzenten zu sich und befahl ihnen, die Show sofort aus dem Programm zu nehmen. Kerry Packer bekam viele Gratulationen und wurde gefragt, ob er nicht Premierminister werden wolle.

Fernsehsender: Australien hat drei große kommerzielle Sender, *Seven, Nine* und *Ten*, die über den Löwenanteil der Zuschauer verfügen. Dahinter rangiert die staatliche *Australian Broadcasting Corporation (ABC)*. Ihr gehören jedoch einige der besten einheimischen Fernsehfilme. All diese Anbieter haben seit der Einführung des Digitalfernsehens zusätzliche Sender. Es gibt auch einen Kabel- und in ländlichen Zentren kleinere Sender. Auf Aborigines-Themen ist der Sender *NITV* spezialisiert.

Architektur

Australien ist eine junge Nation. Ein Gebäude aus dem 19. Jahrhundert gilt hier als alt, Bauwerke aus dem 18. Jahrhundert gibt es kaum. Ein Sträflings-Schmied namens Francis Greenway legte das Fundament für Australiens Architektur. Er kam 1814 nach New South Wales und wurde zwei Jahre später von Lachlan Macquarie, dem Gouverneur, der ein ambitioniertes öffentliches Arbeitsprogramm durchführte, zum offiziellen Architekten ernannt. In den nächsten sechs Jahren entwarf Greenway 40 Gebäude, unter anderem Hyde Park Barracks, St. James Church und den Gerichtshof in Windsor. Seine klassischen georgianischen Linien waren klar und harmonisch, doch Greenway selbst war streitlustig und temperamentvoll; er wurde von Gouverneur Brisbane 1822 entlassen.

Die meisten öffentlichen Bauten im 19. Jahrhundert sind in europäischem Neogotik-, Renaissance- und Klassikstil gehalten. Die University of Sydney ist nach dem Vorbild Oxfords gestaltet. In Melbourne und den

Die Straßen von Ballarat, Victoria, zeigen einen Querschnitt australischer Stadtarchitektur

Goldstädten Ballarat und Bendigo bediente man sich des grandiosen Stils des viktorianischen Englands. Privathäuser dagegen reflektierten bald ihre einzigartige Umgebung. Im tropischen Queensland erhöhten Siedler ihre Häuser und gestalteten sie offen, um die Luft zirkulieren zu lassen. Überall wurden Veranden angebaut, so auch im zwei- oder dreistöckigen Aussie-Pub mit Doppeldecker-Veranda und Schmiedeeisen. Reihenhäuser – mit einfachen schmiedeeisernen Verzierungen – schossen in den Innenstädten wie Pilze aus dem Boden. In den Vororten kam um 1920 der Bungalow in Mode.

Um diese Zeit begannen australische Architekten mit Stilen zu experimentieren. Die Sydney Harbour Bridge von 1932 war das erste echte

Wahrzeichen Australiens. Sie sollte die weltweit längste einbogige Brücke werden, doch zum Zeitpunkt der Eröffnung hatte New Yorks Bayonne Bridge sie um 60 Zentimeter geschlagen. Jenseits ihres südlichen Endes auf dem Bennelong Point befindet sich das andere australische Architekturwunder: das 1955 vom Dänen Jørn Utzon entworfene Sydney Opera House. Weitere bedeutende Bauten finden sich am neuen Federation Square in Melbourne am Ufer des Yarra River; dort sind die National Gallery of Victoria, Theater, Galerien und Museen untergebracht.

Der Hauptentwurf für die Olympiastätten stammt von Phillip Cox, der auch Darling Harbour, das Sydney Football Stadium und das Yulara Resort am Uluru (Ayers Rock) entwarf.

Die alte Elizabeth Farm

Das älteste Gebäude Australiens ist die Elizabeth Farm, ein Bauernhaus aus Backstein, das 1793 in Parramatta westlich von Sydney für die MacArthur-Familie gebaut wurde. (Die Familie war für die Entwicklung von Australiens Wollindustrie verantwortlich.) Das Haus mit schlichten Linien und breiter Veranda kann besichtigt werden *(Tel. 02/9635-9488, hht.net.au)*.

Malerei

Australiens erste europäische Künstler wussten mit der prähistorischen Landschaft vor ihnen nicht recht etwas anzufangen und taten, was im 19. Jahrhundert Europäern natürlich schien: Sie zeichneten Arkadien – mit netten Eingeborenen und von Gummibäumen gesäumten Wegen, die nach englischen Dorfstraßen aussahen.

Ende der 1880er Jahre begannen australische Künstler, sich den rauen, weiten Flächen ihres Landes und der blendenden Sonne zu stellen. Eine Gruppe von Melbourner Künstlern trug, beeinflusst von den französischen Plein-air-Malern und der japanischen Ästhetikbewegung, die Staffeleien hinaus in die Sonne. Sie gingen oft in nahe gelegene Dörfer wie Box Hill und Heidelberg (heute Vororte). Hier malten sie den australischen Busch. Sie wurden als Heidelberg-Schule bekannt – nach dem Dorf im Yarra-Tal, nicht nach der deutschen Stadt –, obwohl sie auch in anderen Gebieten malten. Tom Roberts, Arthur Streeton, Charles Condor und Frederick McCubbin sind ihre berühmtesten Vertreter. Ihre Bilder, die man in den meisten großen Galerien des Landes findet, gehören zu Australiens Meisterwerken. Tom Roberts' „Shearing the Rams", das er 1890 in Brocklesby (New South Wales) malte, ist eine australische Ikone. Ähnlich bedeutend ist Charles Condors „A Holiday at Mentone", eine Strandszene in einem Ferienort bei Melbourne. Besser als jedem anderen Maler gelang es ihm, die Hitze Australiens im Bild einzufangen.

Zu den größten Malern zählen Sidney Nolan (der eine klassische Porträtserie von *bushranger* Ned Kelly anfertigte), Arthur Boyd, Clifton Pugh, Lloyd Rees und Fred Williams. Albert Namatjira, Aborigine und Aquarellmaler, der 1959 in Armut starb, hatte mit das beste Auge für das grelle Licht in der australischen Wüste.

Die National Gallery in Canberra beherbergt Australiens größte Kunstsammlung. Das Gebäude wurde 1982 eröffnet, doch die Sammlung wurde bereits 1968 begonnen. In der Anfangszeit gab es einige Kontroversen über spektakuläre Neuerwerbungen – etwa angesichts der Summe von einer Million Dollar für „Blue Poles" des Amerikaners Jackson Pollock. Schließlich schafften auch australische Künstler ihren Weg hin zu siebenstelligen Erträgen. Rupert Bunny, ein Landschaftsmaler der 1920er Jahre, schaffte dies 1988, als seine „Nuit de Canicule" bei einer Auktion 1,25 Millionen A$ einbrachte. Leider können Sie dieses Bild nirgends mehr besichtigen – es wurde durch einen Brand zerstört. Der Rekord für ein australisches Gemälde liegt derzeit bei 5,4 Millionen Australischen Dollar. Diese Summe wurde 2010 für Sidney Nolans „First-Class Marksman" gezahlt.

Wer ist Australiens bekanntester moderner Künstler? Das kommt ganz drauf an. Die Koryphäen der Kunstzirkel in Sydney werden Brett Whiteley nennen, der 1992 an einer Überdosis Heroin starb. In Sydneys The Rocks dagegen verkauft eine große Galerie die klecksigen Werke des sehr viel lebendigeren Ken Done. Von der so genannten „ernsten" Kunstwelt Australiens werden die Werke als Kitsch verunglimpft, jedoch in Japan hoch geachtet. Dortige Ausstellungen mit Werken Dones ziehen so viele Menschen an wie Rockkonzerte. ■

Das Art-déco-Gemälde „Australian Beach Pattern" (1940) von Charles Meere

Flora & Fauna

Über Millionen von Jahren ungestört von äußeren Einflüssen, entwickelten sich in Australien einige der ungewöhnlichsten Arten der Erde. Nur hier gibt es Kloakentiere – Schnabeltier und Schnabeligel. Es gibt prähistorische Landschaften mit bis zu 15 Meter hohen Termitenhügeln, Affenbrotbäumen und uralten Zykadeen.

Die meisten Säugetiere Australiens sind Beuteltiere. Ein Weibchen bringt einen Embryo zur Welt, der seine Entwicklung in einem Beutel am Bauch (oder Rücken, je nach Art) der Mutter fortsetzt. Wenn er älter und größer wird, kann er in den und aus dem Beutel klettern. Es gibt 150 Beuteltierarten, von winzigen Kängurumäusen bis zu Westlichen Graukängurus,

Ein einsamer Affenbrotbaum im Busch von Kimberley bei Wyndham, Western Australia

die über 1,80 Meter groß werden. Koalas und Wombats sind ebenfalls Beuteltiere. Kängurus und Koalas sind Vegetarier. Wie die Fauna scheint auch die Flora ein Thema mit Variationen zu sein: Es gibt etwa 600 Eukalpytus- und genauso viele Akazienarten. Australien ist voller Überraschungen. 1994 fand ein Parkaufseher in einer engen, 600 Meter tiefen Schlucht im Wollemi National Park eine uralte Kiefernart, von der man dachte, sie sei seit 170 Millionen Jahren ausgestorben. Bis dahin war sie nur durch Fossilien bekannt. Nur einen Monat später fand man einen einzigartigen Bestand von Huon-Kiefern, von denen man annimmt, dass sie älter als 10 000 Jahre sind, am Mount Read auf Tasmanien. Die Kiefern sind alle männlich und klonten sich anscheinend die ganze Zeit selbst, indem ihre gekrümmten Äste die Erde berührten und neue Bäume wachsen ließen – mit der gleichen DNA. Obwohl kein einzelner Baum älter als 1100 Jahre alt ist, ergibt die DNA-Analyse, dass diese identisch mit der von 10 000-jährigem, fossiliertem Blütenstaub ist, den man in der Nähe fand, dass es sich hierbei um den ältesten lebenden Organismus der Welt handelt.

Ungestört von äußeren Einflüssen, entwickelten sich in Australien einige der ungewöhnlichsten Arten der Erde.

In den Wäldern Tasmaniens soll man manchmal den Beutelwolf sehen, bekannt als Tasmanischer Tiger, von dem man glaubte, er sei seit etwa 1920 ausgestorben. Während dieses Mysterium die Fantasie gefangen hält, fanden Wildhüter in der Wüste Zentral-Australiens mehrere ausgestorben geglaubte, mausgroße Beuteltiere – weitgehend unbemerkt von der Öffentlichkeit. Wer im Norden im Outback unterwegs ist, hört vielleicht etwas über den Nachtsittich. Man nahm an, er sei seit über 100 Jahren ausgestorben, doch dann fand man vor gut zehn Jahren an einer Straße in Queensland ein totes Exemplar. Lebende Tiere wurden jedoch noch nicht gesichtet.

Kängurus & Koalas

Obwohl seit der Ankunft der First Fleet vermutlich17 Säugetierarten ausgestorben sind, glaubt man, dass es heute mehr Kängurus als vor 200 Jahren gibt. Ihr Bestand wird auf 35–50 Millionen geschätzt. Der Grund dafür liegt darin, dass Viehzüchter sehr viel mehr Wasser in die Prärien brachten. Farmer betrachten Kängurus als Plage, und die Regierung erlaubt die Tötung von drei Millionen jährlich. Viele werden als Nahrung geschossen. Um sie zu sehen, fahren Sie bei Dämmerung ins Weideland abseits der Küsten.

Australiens berühmte Rote Kängurus können bis zu 1,80 Meter groß und 66 Kilo schwer werden

Koalas in freier Wildbahn zu finden, ist nicht so einfach. Die meisten Australier haben nie einen wild lebenden Koala gesehen. Schätzungen über den Koalabestand schwanken zwischen 40 000 und 100 000 – in den 1920er Jahren wurden über drei Millionen wegen ihres Fells geschossen. 1927 wurden sie schließlich unter Naturschutz gestellt, doch die Ausdehnung der Vororte vernichtete ihren Lebensraum. Heute werden Koalas von Chlamydien-Infektionen geplagt, teilweise durch Stress hervorgerufen, die zu Unfruchtbarkeit und Blindheit führen. Die größte Chance, sie wild zu sehen, haben Sie auf Kangaroo Island. Schauen Sie in die Astgabeln der Blauen oder Manna-Eukalypten – zwei ihrer Lieblingsbäume – an den Flussufern. Oder gehen Sie in Zoos oder Wildparks wie Cleland bei Adelaide, Healesville bei Melbourne oder Eastern Creek Wildlife Park bei Sydney. Private Wildparks ließen Besucher die kuscheligen kleinen Gesellen streicheln, aber viele verbieten es heute, da es für die Tiere Stress bedeutet.

Australiens andere besondere Tiere, Wombat, Beutelteufel, Schnabeligel und Schnabeltier, werden Sie außerhalb eines Zoos oder Wildparks nicht sehen. Nicht, dass sie so gefährdet oder selten wären, es sind vielmehr scheue Nachttiere.

Vögel

Es gibt über 750 Vogelarten in Australien und viele sind endemisch. Rosakakadus, Brolgakraniche, Jabirus und Papageien flattern durch den Busch, und im Sommer sieht man Eukalypten ganz in Weiß – voller Gelbhaubenkakadus. Dass Liebhaber in Übersee bereit sind, Tausende von Dollar für ein Pärchen bezahlen, macht Wilderei und Schmuggel zum Problem.

Die bekanntesten australischen Vögel sind Kookaburra (Lachender Hans) und Emu. Das laute Gelächter des Kookaburra benutzt Hollywood, um Dschungelaffen akustisch zu „doubeln". Emus sind ein toller Anblick vor der untergehenden Sonne. Wie das andere Wappentier, das Känguru, finden auch sie den Weg auf den Esstisch. Emu und Känguru finden sich auf dem australischen Nationalwappen.

Gefährliche Tiere

In Australien leben auch tödliche Schlangen, giftige Spinnen und Meerestiere, Salzwasserkrokodile und der große Weiße Hai. Alle können töten, auch wenn Todesfälle selten sind. Der Taipan, die giftigste Landschlange der Welt, lebt in den Wüsten Nord-Australiens und hat genug Nervengift, um 100 000 Mäuse zu töten. Östliche Braunotter, Todesotter und Tigerotter gehören ebenfalls zu den tödlichen Schlangen und sind verbreiteter, aber Sie werden sie wohl kaum sehen. Generell sind Schlangen scheu. Betrachten Sie jedoch alle, die Sie sehen, als giftig, und machen Sie einen weiten Bogen um sie. Wenn Sie zu den rund 300 Menschen im Jahr gehören, die gebissen werden, bleiben Sie ruhig, umwickeln Sie die Wunde fest, und suchen Sie das nächste Krankenhaus auf. Waschen Sie die Wunde nicht selbst aus – der Arzt braucht eine Probe des Gifts.

Die meisten tödlichen Kriechtiere wohnen in abgelegenen Buschgebieten, weit weg von den Städten, doch Australiens giftigste Spinne, die Trichternetzspinne, lebt in Sydneys Vororten. Die Verwandte der Falltürspinne lauert in Steinen und Ritzen von Mauern und springt auf ihre Beute. Trichternetzspinnen findet man in ganz Südost-Australien, die giftigsten aber nahe Sydney. Die Redback-Spinne, Verwandte der Schwarzen Witwe, gibt es im ganzen Land. Für beide gibt es Gegengifte.

Im Wasser

Northern Australia hat schöne Strände mit türkisblauem Wasser. Die Sommer sind heiß, weshalb ein Bad verlockend wäre – und die Enttäuschung ist groß, wenn man Schilder sieht, die das Schwimmen von November bis März verbieten. Es gibt dafür mehrere Gründe. Würfelquallen, eine sehr giftige Box-Jellyfish-Art mit fast unsichtbaren, bis zu drei Meter langen Tentakeln, töteten in den letzten hundert Jahren etwa 60 Schwimmer. Bluebottles, eine weitere Quallenart, sind eine schmerzhafte, aber nicht tödliche Plage. Steinfische lauern in Gezeitenbecken, ihre Dornen können tödlich sein. Den scheuen kleinen Blauring-Oktopus, der braun ist, solange er nicht geärgert wird, gibt es überall in Australien. Er knabbert nur sanft, aber sein Gift führt innerhalb von zwölf Stunden zu Atemlähmung.

Vor Queenslands Küste liegt das Great Barrier Reef, mit 2092 Kilometern das

Riesenechsen

In Australien gibt es etwa 400 Eidechsenarten, von Skinks, die auf Hinterhöfen herumhuschen, bis zum Goanna, einem Waran, der kräftig gebaut ist und mehr als zwei Meter lang werden kann. Warane sind erstaunlich schnell und haben lange, kräftige und rasierklingenscharfe Klauen. Wenn sie erschrecken, klettern sie auf das höchste Objekt, das sie sehen. In den Plains kann das auch der Mensch sein. Der Goanna ist eine Delikatesse der Wüsten-Aborigines. Australiens größte Waranart ist der Riesenwaran, den nur der Komodowaran übertrifft. In Sachen komisch-gruselige Erscheinung ist die Kragenechse kaum zu schlagen. Sie huscht auf ihren Hinterbeinen durch die Wüste – mit einer Rüsche aus lederner Haut, die ausgefahren wird, um potenzielle Angreifer zu erschrecken.

längste lebende „Bauwerk" der Welt. Es besteht aus etwa 300 Arten von Hartkorallen-Polypen. Außerdem leben hier 1500 Tropenfisch-, 4000 Schalentier- und 400 Schwammarten. Es gibt riesige Venusmuscheln, Schildkröten, Wale, Black Marlins und Dugongs (Verwandte der Sehkuh).

Den größten Hai, der jemals mit der Angel gefangen wurde, ein 1208 Kilogramm schwerer Weißer Hai, fing man 1959 vor Ceduna, South Australia. Ein noch längerer wurde nahe Albany, Western Australia, gefangen, jedoch nicht in die Statistik aufgenommen, da Walfleisch als Köder verwendet wurde. Die Live-Aufnahmen für Steven Spielbergs „Der Weiße Hai" wurden bei Port Lincoln in South Australia gemacht. Honigbienen töten dreimal so viele Australier wie Haie. Es gab – laut den Aufzeichnungen in Sydneys Taronga Park Zoo – nur 690 Haiangriffe in Australien seit der europäischen Besiedlung. Von diesen waren nur 200 tödlich. Die letzte tödliche Haiattacke in Sydney Harbour war 1937. South Australia setzte Haie 1997 auf die Liste der geschützten Arten. Touristen kommen an Orte wie Port Lincoln, um in Schutzkäfigen mit den Tieren zu tauchen.

Krokodile sind die anderen „Monster" in Australiens Gewässern. In den Shire Offices in Normanton, Nord-Queensland, steht ein Modell des mit acht Metern wohl längsten Krododils der Welt. Es wurde 1957 im Norman River, der an der rauen Outbackstadt vorbei in den Gulf of Carpentaria fließt, geschossen. Salzwasserkrokodile bewohnen in der Regel die Mündungen, Flüsse und Mangrovensümpfe an der Küste des tropischen Australien, tauchen aber manchmal bis zu 100 Kilometer landeinwärts auf. Sie sind sehr gefährlich und schleichen sich hinterhältig an ihre Beute heran. Manchmal fallen Menschen ihrem Appetit zum Opfer. Es ist unklug, in diesen Flüssen und Mündungen zu schwimmen. Manche Opfer wussten das nicht, weil Touristen Warnschilder als Souvenirs mitgenommen hatten. Um dies zu vermeiden, gibt es Kopien zu kaufen. Auch Süßwasserkrokodile gibt es in den Tropen. Sie sind kleiner und scheuer, doch manchmal greifen auch sie Menschen an. Sie haben andere Schnauzen als die Salzwasserkrokodile.

Laien teilen australische Bäume in zwei Kategorien ein: Eukalypten und Nichteukalypten.

Bäume, Büsche & Blumen

Laien teilen australische Bäume in zwei Kategorien ein: Eukalypten und Nichteukalypten. Bitten Sie Einheimische, verschiedene Bäume zu identifizieren, und Sie erfahren, dass fast alle zu insgesamt 600 Eukalyptusarten gehören: blauer, roter, Manna-, Schnee-, Mallee-Gummibaum und so weiter. Die Arten reichen vom verkümmerten Mallee-Eukalyptus bis zu turmhohen Riesen wie dem Karribaum in Südwest-Australien, mit über 90 Metern der höchste Hartholzbaum der Welt. Der Coolibah-Baum ist ein weiterer Eukalyptus. Eukalypten finden sich in ganz Australien, in der trockenen Outbackwüste ebenso wie in den verschneiten Bergen.

Australien hat auch mehr als 660 Arten von Akazien *(wattle trees)*. Eine davon, bekannt als *mulga,* wächst im Outback. Die Gold-Akazie, Australiens

Blütenemblem, inspirierte die grünen und goldenen Trikots seiner Sportteams. Sie heißen wattles, weil die frühen Siedler die biegsamen Zweige für *Daub-and-wattle*(Mörtel-und-Flechtwerk)-Hütten. Banksien, benannt nach dem Botaniker Joseph Banks, sind weit verbreitet und haben orangefarbene, rote oder gelbe Blüten. Kasuarinen sind so vielfältig wie Eukalypten, die Spanne reicht von der Wüstenkasuarine Zentral-Australiens bis zur Flusskasuarine am Murray River. Die Huon-Kiefer ist eine uralte, sehr langsam wachsende Spezies, die man nur noch in Tasmanien findet. Ihr schönes, dichtes, honigfarbenes Holz wurde lange für Vitrinen und fäulnisresistente Boote verwendet, bis die Leute realisierten, dass es bis zu 1000 Jahre dauert, bis eine große Huon-Kiefer nachgewachsen ist.

Ein mutiger Taucher am Dangerous Reef vor Australiens Südküste, wo der Weiße Hai patrouilliert

Das Blütenemblem von New South Wales ist der Waratah-Baum mit flammend roten Blüten. In der Kimberley-Region stehen bizarre Affenbrotbäume *(boab trees)*, die aussehen, als wären sie kopfüber gepflanzt. Sie werden zwar nicht sehr hoch – höchstens 18 Meter –, doch ihre knolligen Stämme haben einen Umfang von bis zu 24 Metern. Der hohle Stamm eines Boab nahe Derby in Western Australia wurde einst als Gefängnis benutzt.

Weite Teile von Australiens Landesinnerem sind von niedrigem Gras und Gebüsch bedeckt. Spinifex gibt es nördlich des Wendekreises des Steinbocks überall. Aus der Ferne sehen die dornigen Sträucher flaumig aus, doch für die ersten Wüstenerforscher waren sie eine Qual. Ihre nadelgleichen Blätter können Jeans durchbohren. Schlangen und Eidechsen lieben sie.

Vieh frisst das Mitchell-Gras, das weite Teile des tropischen Australien bedeckt. In der Regenzeit wächst es bis zu neun Meter im Monat. Im

Süden ernährt silbergrüner Salzbusch Rinder- und Schafherden in dieser hochariden Landschaft. Tausende von Wildblumen wachsen in Australien, so viele gibt es nirgends sonst. Western Australia verzeichnet allein über 7000 Arten (siehe S. 222f).

Fremde Eindringlinge

Australiens einheimische Tiere und Pflanzen hatten den Kontinent Jahrmillionen für sich und passten sich den Launen des Landes an. Dann mussten sie plötzlich mit Schafen, Rindern, Weizen, Gerste, Brombeersträuchern, Karpfen, Katzen und Füchsen in Konkurrenz treten.

Kaninchen gehören zu den schlimmsten Übeltätern (siehe Kasten unten), doch sie sind nicht die einzigen. Siedler setzten in den vergangenen 200 Jahren eine Armee von Pflanzen, Fischen, Reptilien und Säugetieren frei, die der Umwelt schwer zusetzten. Einige wie Füchse und Forellen führten Engländer aus „sportlichen" Gründen ein. Andere, wie die Agakröte, sollten Plagen eindämmen – in diesem Fall Insekten, die Zuckerrohr zerstörten –, wurden jedoch selber zur Plage (siehe Kasten S. 180).

Die Hauskatze wird für die Gefährdung vieler einheimischer Vögel und kleiner Säugetiere verantwortlich gemacht. Einige Stadträte haben veranlasst, Katzen zu kastrieren und nachts einzusperren, aber Katzenbesitzer steigen auf die Barrikaden. Die übelsten Missetäter sind die von den Hauskatzen abstammenden Wildkatzen.

Schweine, Pferde und Esel laufen ebenfalls wild im Busch umher. Daneben Kamele, die 1860 für die Expedition von Burke und Wills und später als Lasttiere für den Eisenbahn- und Telegrafenmastbau in der Wüste nach Australien gebracht wurden. Als Züge und Straßen die Kamele überflüssig machten, schickte man sie mit einem Klaps auf den Hintern in den Busch, wo sie sich seither vermehren. ■

Kaninchenplage

1859 brachte Thomas Austin, Viehzüchter in Victoria, ein Dutzend Kaninchen aus England mit, um seinen Gästen Jagdsport zu bieten. Als die Kaninchen erst einmal ausgesetzt waren, vermehrten sie sich, und bald waren es zu viele für die vornehme Jagd. Bis 1865 hatte man schon über 20 000 Kaninchen geschossen, aber es gab noch viele Tausend im Busch. Um 1930 wurde die Zahl auf eine Milliarde geschätzt. Das Knabbern der Kaninchen gefährdete einheimische Gras- und Wildblumenarten, die das intensive Grasen nicht gewöhnt waren. Nichts schien zu helfen, bis Wissenschaftler in den 1950er Jahren das Myxomatose-Virus aussetzten, das für Kaninchen tödlich ist, aber Menschen und einheimische Tiere nicht befällt. Die Zahl der Kaninchen sank, stieg aber im Lauf der Jahre erneut. Einige Kaninchen waren immun gegen Myxomatose geworden.

Anfang der 1990er Jahre hoppelten schätzungsweise 350 Millionen der Nager in Teilen des Outback herum. Wissenschaftler lösten 1996 eine neue Krankheit aus, Kaninchen-Calicivirus, die in Teilen des Outback 98 Prozent aller Kaninchen dahinraffte, aber andere Populationen nicht berührte.

Australiens älteste, größte und reichste Stadt, ausgestattet mit einem der schönsten Häfen der Welt

Sydney

Vielgestaltige Architektur in Sydneys Viertel The Rocks

Sydney

Der Landeanflug auf den Flughafen von Sydney ist wie eine Begrüßung. Schauen Sie aus dem Fenster – es ist alles da: die dramatische Skyline, das tiefblaue Wasser des Hafens dehnt sich in Buchten aus, und ein Meer aus Terrakottadächern erstreckt sich bis zum Horizont. Und dann die prächtige, schmiedeeiserne Harbour Bridge, neben der die weißen Kacheln des Opera House schimmern.

Sie sind angekommen. Das ist Australien. Und es ist, wie man es Ihnen beschrieben hat. Wenn Sie gelandet sind, sich Ihren Weg durch das Gewirr schmutziger, überfüllter Straßen bahnen und sich den Hals verrenken auf der Suche nach Wahrzeichen wie dem 293 Meter hohen Sydney Tower, merken Sie, dass diese Stadt auch ein bisschen trügerisch sein kann. Manche Australier, vor allem die bedächtigen Bewohner der Erzrivalin Melbourne, würden sagen: Sydney ist oberflächlich, grell und kalifornisch glamourös.

Ein Sydneysider dagegen wird Ihnen einfach den Weg zum Circular Quay weisen. Der Anblick ist wie ein Mantra – schon auf einer Bank beim Opera House zu sitzen bringt den Zauber zurück, während Sie das Sonnenlicht in einem der weltweit größten Häfen der Welt glitzern sehen, die Fähren beobachten und die Bungalows an der North Shore betrachten. Egal, wie oft Sie schon hier waren, wenn Sie an einem sonnigen Nachmittag den Kai entlanggehen, ist es, als sähen Sie das alles das erste Mal. Ähnliches müssen selbst die Sträflinge beim ersten

NICHT VERSÄUMEN

Eine Fahrt mit der Fähre nach Manly durch den tiefblauen Hafen **78–79**

Eine Klettertour auf die berühmte Harbour Bridge **81**

Einen Spaziergang durch das historische Viertel The Rocks **84**

Das Sydney Opera House, Unesco-Weltkulturerbe **86–87**

Darling Harbour, die modernisierte Uferpartie mit vielen Touristenattraktionen **92–93**

Am weltberühmten Bondi Beach Leute beobachten **96–97**

Blick empfunden haben, als die First Fleet 1788 zwischen den Heads durchsegelte.

Der Lockruf des Wassers

Sydneys Geheimnis ist diese prächtige Ufergegend mit ihren Palmen, den Yachten und den 70 Stränden. Wenn Sie hier spazieren gehen, ist es Ihnen, als träumten Sie von kühnen Taten und Abenteuern. Diese ansteckende, aus dem Wasser geborene Zuversicht köderte die Reichen wie

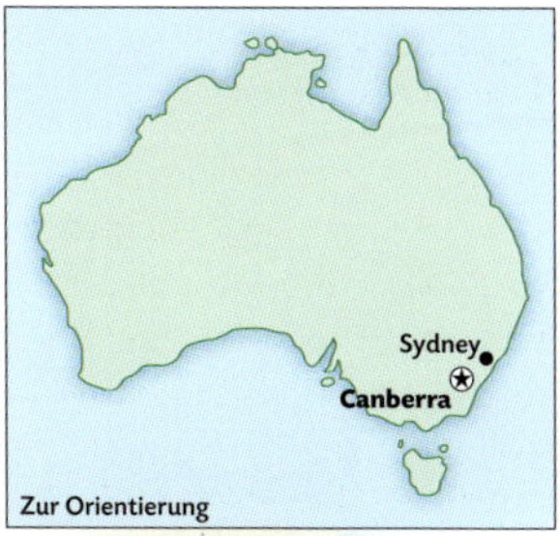

Die Skyline der Innenstadt von Sydney überragt den Hyde Park

die Möchtegern-Reichen. Ihr Kampf um Ufergrundstücke trieb die Immobilienpreise in absurde Höhen, und die Folgen spürt man in den westlichen Vororten, wo die meisten Bewohner leben. Hier kann man ein Haus schon für etwa 350 000 A$ bekommen, ein vergleichbares am Hafen kann eine achtstellige Summe kosten.

Deshalb wohnen die meisten der 4,6 Millionen Sydneysider widerwillig abseits des Wassers, bevölkern aber am Wochenende Strände, Manly-Fähre, Darling Harbour und Circular Quay.

Stadtviertel

Sydney dehnt sich aus. Trotz seiner relativ geringen Bevölkerung ist das Stadtgebiet so groß wie das von Los Angeles und siebenmal größer als Paris. Sydney hat mehr als 400 Vororte, deren entferntester rund 96 Kilometer vom Central Business District (CBD) entfernt liegt.

INSIDERTIPP

Das Fortune of War in der George Street 137 in The Rocks ist der älteste Pub von Sydney. Das winzige, aber beliebte Lokal besteht seit 1828. Am Wochenende gibt es Livemusik.

HOLLY SHALDERS
National Geographic-Mitarbeiterin

Der historische Teil der Stadt ist **The Rocks**, ein schön restauriertes Gewirr von Gassen und alten Steingebäuden, das sich unter die südliche Auffahrt der Harbour Bridge duckt.

Pitt Street und George Street sind die Hauptdurchfahrtsstraßen der Stadt. Beide beginnen am **Circular Quay** und ziehen sich durch den Stadtkern, gesäumt von glitzernden Wolkenkratzern, Kaufhäusern und alten Läden, die es irgendwie schafften, den Kampf um das begehrte Bauland zu überstehen. In den letzten zehn Jahren schossen in **North Sydney**, jenseits des Hafens, Wolkenkratzer in die Höhe; heute scheint hier eine Erweiterung der Innenstadt zu sein.

Wohnvorstädte an der North Shore und in Sydneys gehobenem Osten, wie **Point Piper**, **Double Bay** und **Vaucluse**, gehören zu den teuersten Gegenden Australiens, wo Häuser am Hafen bis zu mehrere Millionen A$ kosten. Weiter östlich liegt **Bondi Beach**, der berühmteste der Pazifikstrände nahe der Stadt.

Im inneren Ostabschnitt liegen Kings Cross, Paddington und Darlinghurst. **Kings Cross** hat Nachtclubs und Kriminalität. Die Oxford Street ist die Hauptschlagader von **Paddington** und **Darlinghurst** mit wildem Nachtleben, stilvollen Reihenhäusern und netten kleinen Cafés. Es ist Sydneys Homosexuellen-Zentrum.

Im Westen liegt **Darling Harbour**, von den meisten Plätzen der Innenstadt zu Fuß oder mit der Monorail zu erreichen. Familien kommen gern zu den Museen und Naturattraktionen. Weiter draußen liegen die inneren westlichen Vororte **Glebe** und **Balmain**, alte Arbeiterviertel, die heute in sind, etwa das liederlich-schicke **Newtown**, das früher ein Slum war. Das benachbarte **Redfern** ist noch immer ein übles Viertel.

Weiter westlich befinden sich **Homebush Bay** – Schauplatz der Olympiade 2000 – und **Parramatta**, Australiens zweitälteste Stadt. Sie können mit der Fähre ab Circular Quay dorthin fahren, eine Alternative zum Stop-and-go-Verkehr auf der Parramatta Road mit ihren aggressiven Fahrern und grellen Reklametafeln.

Asiatische Kultur

Sydney ist multikulturell – mit über 160 Nationalitäten. In den letzten 20 Jahren wurde es immer asiatischer, wenn auch Chinatown nur zwei Straßen auf der Darling-Harbour-Seite der Stadt einnimmt. Sydneys asiatische Gemeinde ist am lebhaftesten in westlichen Vororten wie **Cabramatta**: mit Verkaufsständen, asiatischen Apotheken, Bürgersteigen voller Schilder in Chinesisch, Vietnamesisch und Kambodschanisch.

»Slip, Slop, Slap«

Dieser Slogan wirbt dafür, sich gegen die Sonne – und gegen Hautkrebs – zu schützen: Ziehen *(slip)* Sie ein Shirt an, tragen *(slop)* Sie Sonnencreme auf, setzen *(slap)* Sie einen Hut auf. Australier genossen die herrlichen Strände und den Sonnenschein, bis Studien zeigten, dass Australien eine der höchsten Hautkrebsraten der Welt hat. Auch Touristen sollten dem Slogan folgen.

Verkehrsmittel

Central Railway Station und Circular Quay sind die öffentlichen Verkehrsknotenpunkte, wo regelmäßig Züge, Busse und Fähren zu allen Teilen der Stadt, in die Blue Mountains und an die Illawarra Coast fahren. Am Hafen gibt es Wassertaxis, und eine Straßenbahn verbindet die Central Station mit Chinatown, Darling Harbour und dem Inneren Westen.

Spazierengehen & Radfahren

Im Stadtkern kann man schön spazieren gehen, vor allem im Hyde Park und in den Botanic Gardens. Sydney ist keine fahrradfreundliche Stadt, aber es gibt spektakuläre Radwege über die Harbour Bridge. Sicherer fahren Radler im Centennial Park nahe Paddington. ■

Sydney Harbour

Um Sydneys einzigartige Lage auf sich wirken zu lassen, nehmen Sie die Fähre nach Manly und genießen Sie die halbstündige Überfahrt. Die Fähre bahnt sich ihren Weg vom Circular Quay, an Opera House, Botanic Gardens und Sydneys Vororten vorbei, hinaus zu den herrlichen Landzungen – den Heads – an der Hafeneinfahrt.

Blick auf den Hafen und das Geschäftsviertel hinter dem Circular Quay

Sydney

Karte S. 74–75 & 83

Besucher-information

Ecke Argyle St. & Playfair St., The Rocks; Palm Grove, zwischen Cockle Bay Wharf und Harbourside, Darling Harbour

02/9240-8788

Circular Quay Kiosk

02/9265-3333

sfha.nsw.gov.au/svc

Manly selbst ist ein flotter Strandvorort auf einer Landspitze zwischen dem Nordufer des Hafens und dem Ozean mit Norfolk-Kiefern an der Esplanade und dem Manly Corso, auf dem das Leben pulsiert. Manly ist ein eher familienorientierter Ort, anders als der andere berühmte Strand Sydneys, Bondi Beach. Die Rückfahrt mit der Fähre ist noch majestätischer, wenn Sie an Fort Denison vorbeifahren und Opera House sowie Harbour Bridge auftauchen.

Der Hafen ergießt sich in unzählige Buchten. In der **Chowder Bay** (siehe Karte S. 75) ankerten im 19. Jahrhundert Yankee-Walfänger und bereiteten ihren *chowder* (Muschelsuppe) zu. In der **Neutral Bay** dockten Schiffe verschiedener Nationen an. Die ersten Landwirtschaftsversuche der Stadt fanden in der Farm Cove statt, heute **Royal Botanic Gardens**.

In Rose Bay starteten in den 1930er Jahren die Wasserflugzeuge zu ihrer neuntägigen Reise nach London. Bei einem Rundflug mit einem Beaver-Wasserflugzeug können Sie ein bisschen in Nostalgie schwelgen. Es gibt verschiedene Touren, darunter Flüge an der Küste entlang ins schöne Pittwater mit Lunch und tollem Blick auf die Hafenbucht auf dem Rückweg *(Tel. 02/9388-1978, seaplanes.com.au)*.

Mit der Fähre

Der Verkehr zu Wasser gehört zum Leben dieser Hafenstadt. Es gibt Fähren vom Circular Quay zu den Olympiastätten in **Homebush Bay**, zum **Taronga Park Zoo**, zur **Watson's Bay** – dort können Sie in einem gepflegten Park die besten *fish and chips* von Sydney essen – und zum **Darling Harbour**. Die Hunter's Hill Ferry bietet eine nette Tour zu den versteckten Nordwestarmen des Hafens. Auf allen westlichen Fahrten haben Sie bei der Rückfahrt einen spektakulären Blick auf Opera House und Botanic Gardens, eingerahmt von der Sydney Harbour Bridge.

Auch die Hafeninseln werden angefahren. **Fort Denison** war ursprünglich ein Ort, wohin verhaltensauffällige Sträflinge geschickt wurden – Haie und starke Strömungen waren ihre Wächter. Es gibt auch Touren zur **Goat Island**, einer alten Quarantänestation und Werft.

Zu Fuß

Landratten können den Hafen zu Fuß erkunden, etwa auf dem 1,6 Kilometer langen **Hermitage Walking Track** (ab Nielson Park), der um die exklusiven Vororte Vaucluse und Rose Bay führt. Eine längere Wanderung ist auf

Sydney Harbour
- Karte S. 74–75 & 83

Manly
- Karte S. 75 F4

Besucherinformation
- Manly Wharf
- 02/9976-1430

Manly Ferry
- Circular Quay
- 30 Minuten
- $

Fort Denison Tours
- Cadmans Cottage, 110 George St., The Rocks
- 02/9247-5033
- einstündige Tour, Abfahrt von Jetty Nr. 6, Circular Quay, 2- bis 3-mal tägl.
- $$$

ERLEBNIS: Hafenrundfahrt

Neben den Fähren zur Beförderung von Pendlern gibt es noch verschiedene weitere Möglichkeiten für eine Fahrt durch den Hafen von Sydney:

Captain Cook *(No. 6 Jetty, Circular Quay, Tel. 02/9206-1111, captaincook.com.au/sydney)* bietet Fahrten mit Frühstück oder Nachmittagstee ebenso wie Wochenendtouren.

Magistic Cruises *(King Street Wharf 5, Darling Harbour, Tel. 02/8296-7222, magisticcruises.com.au)* Verschiedene Lunch- und Dinner-Rundfahrten.

Sydney by Sail *(Australian National Maritime Museum, Darling Harbour, Tel. 02/9280-1110, sydneysail.com)* Dreistündige Segelturns mit Vermittlung von Segelgrundwissen.

Sydney Harbour Tall Ships *(79 ½ George St., Tel. 02/8243-7961, sydneytallships.com.au)* Schiffe im Stil der 1850er Jahre legen von The Rocks ab.

Sydney Jet *(Cockle Bay Wharf, Darling Harbour, Tel. 02/9807-4333, sydneyjet.com)* Verbindet Hafenansichten mit dem Nervenkitzel hoher Geschwindigkeit.

dem **Manly Scenic Walk** möglich, der von Manly Cove bis Spit Bridge (9,6 km) führt *(Broschüren in Besucherzentren Sydneys und Manlys).*

Die Brücke

Die Sydney Harbour Bridge gehört zu Australiens architektonischen und technischen Wundern und war 30 Jahre lang das höchste Bauwerk der Stadt.

Scharniere am Fundament stützen das Gewicht der Brücke und erlauben eine Ausdehnung

Dorman Long and Co. entwarf die Brücke nach den Angaben ihres Chefingenieurs J. J. C. Bradfield. Der Bau wurde 1923 begonnen und während der Depression 1932 fertiggestellt.

Die Brücke hat eine Spannweite von 503 Metern, der Scheitelpunkt des Bogens liegt 134 Meter über dem Wasser. Ursprünglich sollte sie stündlich 6000 Autos tragen, heute befahren sie in der Rush-Hour bis zu 15 000. Zwei Bahngleise, ein Fußgänger- und ein Radweg befinden sich ebenfalls auf der Brücke.

Die Brückenbesteigung

Einst war die Besteigung des Brückenbogens eine Mutprobe unter Studenten, heute ist es eine touristische Attraktion für schwindelfreie Besucher. **Sydney Harbour Bridge Climb** *(Cumberland St., The Rocks, Tel. 02/8274-7777, $$$$$, bridgeclimb.com)* bietet Führungen zur Bogenspitze an. Teilnehmer werden mit einem Geschirr an Sicherheitsgeländern festgemacht, die von Instandhaltungsarbeitern benutzt werden, und von erfahrenen Führern zum besten Aussichtspunkt der Stadt gebracht. Es gibt höhere Orte in Sydney (MLC Centre mit 228 m, Sydney Tower mit 302 m), aber hier ist der Blick auf Sydneys Skyline am spektakulärsten.

Wenn Ihnen das zu aufregend ist, gehen Sie zu Fuß über die Brücke oder erklimmen den Südostmast mit dem **Pylon Lookout** *($$)* 88 Meter über dem Wasser.

(Fortsetzung auf S. 86)

Zu Fuß: Sydney Harbour

Die Strecke von sieben Kilometern eignet sich für einen flotten Spaziergang von etwa zwei Stunden ebenso wie für einen Ganztagesausflug. Auch als Joggingstrecke bietet sich die Route an.

Den Eingang zur Art Gallery of New South Wales schmücken gewaltige korinthische Säulen

Anfangspunkt des Spaziergangs ist die **Art Gallery of New South Wales** ❶ *(Art Gallery Rd., The Domain, Tel. 02/ 9225-1744, artgallery.nsw.gov.au)* im Park The Domain; nehmen Sie dorthin den Explorer Bus oder gehen Sie die 500 Meter von der St. James Railway Station zu Fuß. Das schöne Sandsteingebäude (1885) mit Säulengang trägt als Inschriften Namen großer europäischer Künstler, von denen allerdings nur wenige im Gebäude repräsentiert sind. Stattdessen sehen Sie australische Meisterwerke und eine der umfassendsten Sammlungen von Kunst der Aborigines und Torres-Strait-Insulaner.

NICHT VERSÄUMEN

Mrs. Macquarie's Point • Circular Quay • The Rocks • Sydney Harbour Bridge

An der Museumstreppe folgen Sie der engen Straße durch die Gärten Richtung **Mrs. Macquarie's Point** ❷. Die Landzunge wurde bei der Anlage der Gärten nach der Gouverneursgattin Elizabeth Macquarie benannt. Sie saß angeblich gerne hier draußen und hielt nach Schiffen aus England Ausschau.

Light Rail-Haltestelle
McMAHON'S POINT
Milson's Point Railway Station
Lavender Bay
LUNA PARK
ALFRED ST.
BRADFIELD HWY
BROUGHTON ST.
KIRRIBILLI
ELAMANG AVE.
KIRRIBILLI AVE.
McMahon's Point
Milson's Point
Kirribilli House
Admiralty House
Port Jackson
Blues Point
SYDNEY HARBOUR BRIDGE
SYDNEY HARBOUR TUNNEL
Kirribilli Point
0 500 Meter
0 500 Yards
Dawes Point
Port Jackson
Pylon Lookout
DAWES POINT
Bennelong Point
Millers Point
HICKSON ROAD
Sydney Opera House
The Merchants' House
Mrs. Macquarie's Point
Sydney Visitor Centre
MILLERS POINT
CUMBERLAND ST.
Cadman's Cottage
ARGYLE STREET
Government House
Sydney Cove
Observatory Hill & Sydney Observatory
THE ROCKS
Museum of Contemporary Art
Farm Cove
CIRCULAR QUAY
CAHILL EXPWY
National Trust Centre S. H. Ervin Gallery
Customs House
Justice & Police Museum
Conservatorium of Music
MACQUARIE PLACE
BRIDGE STREET
SUSSEX STREET
GROSVENOR STREET
Museum of Sydney
ROYAL BOTANIC GARDENS
Darling Harbour
Wynyard Station
GEORGE STREET
PHILIP ST.
MACQUARIE STREET
THE DOMAIN
SHAKESPEARE PL.
National Herbarium
WESTERN DISTRIBUTOR
PITT ST.
State Library of N.S.W.
State Parliament House
START
Pyrmont Bay
YORK STREET
CLARENCE STREET
Sydney Hospital
Art Gallery of New South Wales
ERSKINE STREET
MARTIN PLACE
King Street Wharf
M.L.C. Centre
St. James Church
The Mint
Australian National Maritime Museum
KING STREET
THE DOMAIN
LINCOLN CRES.
Strand Arcade
Sydney Tower
Hyde Park Barracks
QUEENS SQUARE
WOOLLOOMOOLOO
SEA LIFE Sydney Aquarium, WILD LIFE Sydney Zoo, & Madame Tussauds
ELIZABETH STREET
Casino
St.Mary's Cathedral
PYRMONT BRIDGE
MARKET STREET
HYDE PARK
PALMER ST.
KINGS CROSS
State Theatre
Harbourside
COLLEGE STREET
Sydney Light Rail
Queen Victoria Building
Great Synagogue
COOK AND PHILIP PARK
PYRMONT STREET
DRUITT ST.
PARK STREET
WILLIAM STREET
Sydney Convention Centre
IMAX Theatre
Sydney Town Hall
Australian Museum
HARRIS STREET
St. Andrews Cathedral
BATHURST ST.
DARLING HARBOUR
HARBOUR STREET
EAST SYDNEY
Anzac War Memorial
TUMBALONG PARK
CHINESE GARDEN
Sydney Exhibition Centre
LIVERPOOL STREET
CROWN STREET
BOURKE STREET
OXFORD STREET
DARLINGHURST
PIER STREET
GOULBURN ST.
CHINATOWN
WATTLE STREET
WILLIAM HENRY STREET
Sydney Entertainment Centre
HAY ST.
Powerhouse Museum
Paddy's Market & Market City
BELMORE PARK
HAYMARKET
RAWSON PL.
MARY ANN STREET
Central Railway Station
Siehe auch Karte S. 74–75
Art Gallery of NSW
2 Stunden bis 1 Tag
7 Kilometer
Nordende der Brücke

Die **Royal Botanic Gardens** eignen sich für ein Picknick. Es gibt Zierbäume, Ententeiche, Rasenflächen und Blumenbeete sowie eine gläserne Pyramide mit einer sehenswerten Sammlung von tropischen Pflanzen.

INSIDERTIPP

Machen Sie es wie die Büroangestellten und nehmen Sie einen Drink vor dem Abendessen in der Opera Bar, vor der Fassade des spektakulären Opernhauses.

PETER TURNER
NATIONAL GEOGRAPHIC-Autor

Von Mrs. Macquaries Platz aus sehen Sie über die Farm Cove zum Opera House. Der Weg führt am Ufer entlang, Sie können aber auch einen Abstecher zum **Government House** ❸ *(Tel. 02/9931-5222, Mo–Do geschl.)* im Botanischen Garten machen. Das zweistöckige Wohnhaus im neogotischen Stil wurde 1843 für den Gouverneur von New South Wales gebaut, doch die Labour-Regierung übergab es 1996 der Öffentlichkeit. Sie können im Garten umherwandern oder an einer Führung durch das Haus teilnehmen, in dem australische Meisterwerke zu sehen sind.

Der Küstenweg führt zum **Sydney Opera House** (siehe S. 86f) und weiter über die Sydney Cove zum **Circular Quay** ❹. Der Fußweg ehrt mit Gedenktafeln australische Literaturgrößen.

Circular Quay ist Ankunftspunkt Tausender Büroangestellter, die täglich mit der Fähre in die Stadt fahren. Auch kommen viele Besucher hierher, die Besichtigungstouren per Boot machen oder einfach spazieren gehen wollen. Dies ist – mit Börsenmaklern, Sekretärinnen, Straßenreinigern und Touristen aus aller Welt, Pennern, Hippies und Landpomeranzen – vielleicht der beste Platz zum Leutebeobachten in Australien. Meist treffen Sie hier auf Jongleure und Straßenmusikanten. Direkt dahinter steht das **Museum of Contemporary Art** ❺ *(George St., Tel. 02/9245-2400)*, ein restauriertes Art-déco-Gebäude mit trendigem Straßencafé.

Die als **The Rocks** ❻ bekannte Gegend liegt zwischen George Street und der Brückenauffahrt. Dies ist Sydneys historisches Viertel, ein Gewirr enger Straßen und alter Steinhäuser, die liebevoll renoviert wurden. Es ist weit von dem entfernt, was es in Sydneys „Dicken'scher Ära" war, als diese Gassen die schmutzigsten und gefährlichsten Australiens waren. Hier lauerten Taschendiebe und kriminelle Banden. Die Beulenpest um die Jahrhundertwende zwang die Behörden, einzuschreiten und einige der von Ratten verseuchten Gebäude einzureißen. Um 1920 folgte eine weitere Abrisswelle, um Platz für die Brückenauffahrt zu schaffen. In den 1970er Jahren wollte die Regierung alles platt machen, was von Sydneys ältesten Bauwerken noch übrig war, und es durch Büroblocks ersetzen. Nur eine ausdauernde Kampagne linker Gewerkschaften rettete das historische Viertel. Kämpferische Bauarbeiter setzten das erste ihrer „grünen Banner" an das geplante Abrisshaus und stoppten so die Arbeiten. Diese Taktik wendeten sie die ganzen 1970er Jahre hindurch an.

Heute ist The Rocks eines von Sydneys Touristenvierteln. Es gibt Boutiquen, Kunsthändler, Cafés, gute Hotels und Pubs wie das Hero of Waterloo, einer von Sydneys ältesten Pubs (1843). Am Wochenende findet der beliebte **Rocks Market** statt, mit Essen, Kunst und allerlei Schnickschnack. Freitags findet es ein Lebensmittelmarkt statt. **Cadman's Cottage** 7, das älteste Haus der Stadt (1816), befindet sich in der George Street 110 *(Tel. 02/9247-5033)*. Die Nr. 106 wurde 1864 als Sailor's Home errichtet, um den Seeleuten ordentliche Unterkünfte zu bieten.

Von der George Street können Sie über die Argyle Street einen Abstecher zum **Observatory Hill** 8 machen. Es geht steil hinauf, doch der Blick auf die Harbour Bridge, über North Sydney und hinab zu The Rocks ist spektakulär. Oder Sie gehen die Treppe an der Cumberland Street hoch zum Fußweg der Sydney Harbour Bridge.

Der Weg über die Brücke nach Norden ist 1,2 Kilometer lang, und jeder Schritt zeigt Sydney und die Schmiedeeisenarbeiten der Brücke in einer neuen Perspektive. Ein Museum im Südmast erzählt die Geschichte des Brückenbaus und bietet grandiose Sicht auf die Skyline und den Hafen, wenn Sie den **Pylon Lookout** 9 erklimmen. Wagemutige Besucher nehmen alternativ den Bridge Climb (siehe S. 81).

Der Spaziergang endet am Nordende der Brücke, und für den Rückweg in die Stadt haben Sie zwei Möglichkeiten: Sie können vom nahe gelegenen Milson's-Point-Bahnhof mit dem Zug zur Wynyard-Station fahren. Oder Sie gehen ein paar Hundert Meter weiter zum Luna Park oder Milson's Point und nehmen die Fähre zurück zum Circular Quay.

Circular Quay, wo Fähren zu den Ufervororten ablegen und Ozeandampfer vor Anker liegen

Opera House

- Karte S. 75 E2
- Bennelong Point
- 02/9250-7111, Reservierungen 02/9250-7777
- Führungen: $$$

sydneyopera house. com

Sydney Opera House

Sydneys Opernhaus mit seinen Segeldächern und der sagenhaften Lage am Hafen gehört zu Australiens Wahrzeichen. Seine Entstehungsgeschichte ist selber einer Oper würdig. In der Tat führte die Australian Opera Company kürzlich solch ein Stück mit dem Titel „The Eighth Wonder" auf.

Alles fing 1955 mit einem Wettbewerb zum Entwurf eines Opernhauses an der Stelle der alten Straßenbahn-Endstation am Bennelong Point an. Nach dem Begutachten der 233 eingereichten Pläne wählte man das innovative Design des dänischen Architekten Jørn Utzon aus. Sein Gebäude, das sieben Millionen A$ kosten sollte, ähnelte Segeln – perfekt für die Hafenstadt Sydney. (Utzon sagte später, ihn hätten Orangenspalten inspiriert ...)

1959 begann man mit dem Bau, und fast unverzüglich

Sydney Opera House

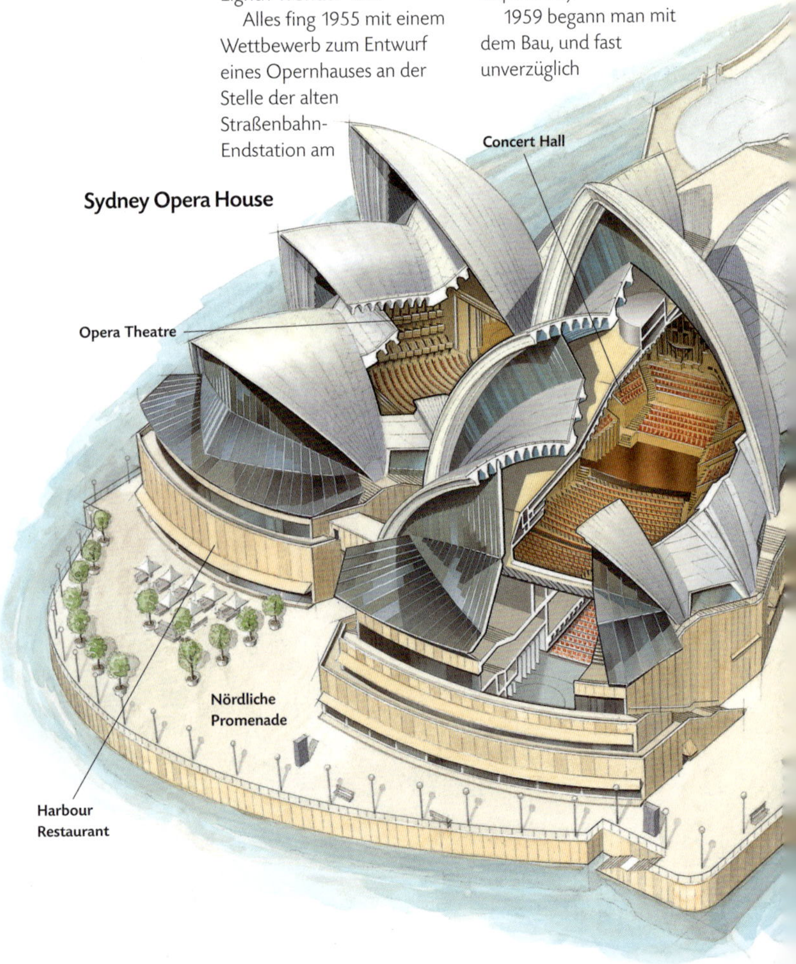

tauchten Probleme auf. Kontroversen über das radikale Design und technische Schwierigkeiten verzögerten die Arbeiten. Die Kosten summierten sich und schürten die Kontroversen. 1966 hatte Utzon genug. Er zog sich vom Projekt nach Dänemark zurück.

Die Regierung von New South Wales schien glücklich über seine Abreise und übergab das Projekt einem einheimischen Architektenteam. Der Staat finanzierte den Bau mit einer Lotterie. Als Königin Elizabeth II. das Gebäude 1973 eröffnete, waren die Kosten auf das Zehnfache gestiegen und die Bauzeit um zehn Jahre überschritten.

Beide Seiten näherten sich 30 Jahre nach der Abreise des Architekten wieder an. Utzon wurde gebeten, eine Umgestaltung vorzunehmen. 2003 verlieh ihm die University of Sydney den Ehrendoktor. Utzon starb 2008 90-jährig.

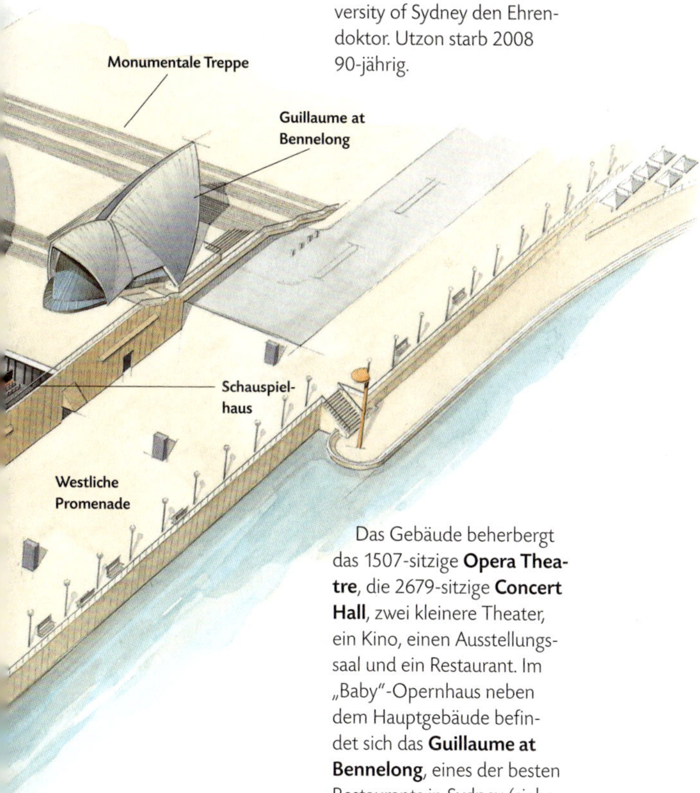

Das Gebäude beherbergt das 1507-sitzige **Opera Theatre**, die 2679-sitzige **Concert Hall**, zwei kleinere Theater, ein Kino, einen Ausstellungssaal und ein Restaurant. Im „Baby"-Opernhaus neben dem Hauptgebäude befindet sich das **Guillaume at Bennelong**, eines der besten Restaurants in Sydney (siehe S. 368). ■

Innenstadt

Abseits des Ufers finden sich Beton-Glas-Schluchten und verstopfte Straßen ebenso wie in jeder anderen Stadt. Kräne und Baugruben zwischen den Gebäuden sprechen von Veränderung. Nichtsdestotrotz führt Sie ein Bummel durch Sydneys Zentrum in eine einzigartige australische Stadt.

Ein guter Ausgangspunkt ist die viktorianische **Sydney Town Hall** *(Tel. 1300-651-301)* Ecke George und Druitt Street (siehe Karte S. 83). Das 1874 aus goldenem Sandstein erbaute Gebäude hat einen kunstvollen Konzertsaal. Daneben steht die **St. Andrews Cathedral** *(Tel. 02/9265-1661)*, etwa genauso alt, aber schlichter gehalten. Sie ist die älteste Kathedrale Australiens, und Freitagmittag gibt es hier kostenlose Orgelkonzerte. Die U-Bahn-Station Town Hall liegt unter den beiden Gebäuden.

Der 1981 erbaute Sydney Tower wurde rasch zu einem Wahrzeichen der Stadt

Das hübsche **Queen Victoria Building** wurde 1898 für den Obst- und Gemüsemarkt der Stadt gebaut. Das extravagante dreistöckige Sandsteingebäude nimmt einen ganzen Straßenblock ein. Die gemeißelte Fassade ist beeindruckend, mehr noch das Innere. Das QVB beherbergt über 200 edle Boutiquen sowie Cafés. Etwas pompöser speist man gegenüber in der Victorian **Marble Bar** in der **Strand Arcade** unter dem Hilton Hotel.

Am Ende des QVB nehmen Sie rechts die Market Street und gehen am **State Theatre** *(49 Market St., Tel. 13-6100)* vorbei zum **Sydney Tower** *(100 Market St., Tel. 02/9333-9222, $$$)* an der Ecke Pitt Street. Der 1981 eröffnete, 293 Meter hohe Turm mit goldenem Minarett ist das höchste Bauwerk

Die Sträflingskasernen

In den Hyde Park Barracks am Nordende des Hyde Park waren einst 800 Sträflinge untergebracht. Sie marschierten jeden Morgen in Ketten zur Arbeit heraus. Nachdem 1848 die Abschiebung nach New South Wales ein Ende fand, dienten die Kasernen als Einwanderungsbehörde und als Gerichtsgebäude. Der Sträflingsarchitekt Francis Greenway (siehe S. 62f) entwarf das dreistöckige Bauwerk 1819 in griechischem Stil. Heute ist es ein Museum über Sydneys Geschichte als Strafkolonie. Australier können an einem Computer Stammbäume durchforsten, um zu sehen, ob unter ihren Vorfahren Sträflinge waren.

der südlichen Erdhalbkugel. Oben befinden sich ein Observatorium und zwei Drehrestaurants. Mutige können auf den Glasboden des **Skywalk** *($$$$$)* fast 275 Meter über der Straße gehen.

Hyde Park & der Norden

Weiter die Market Street hinunter liegt der Hyde Park mit Blumenbeeten und Brunnen. Er ist Sydneys zentraler Park. 1803 wurde hier das erste Kricketmatch Australiens gespielt, und mittags ist der Park voller Büroangestellter. Das **Anzac War Memorial** für die Toten des Ersten Weltkriegs am Südende des Parks wurde 1934 errichtet. Einen Abstecher lohnt das **Australian Museum** an der Südostecke. Das massive Sandsteinbauwerk beherbergt die größte naturgeschichtliche Sammlung des Landes, außerdem Kunst der Aborigines.

Nördlich des Parks, direkt neben den Hyde Park Barracks (siehe Kasten oben) steht **The Mint** *(10 Macquarie St., Tel. 02/8239-2288, $$)*, 1814 als Rum Hospital erbaut. Nach Goldfunden in den Kolonien wurde es die Royal Mint, die von 1854 bis 1927 Goldmünzen prägte. Heute beherbergt die Mint den Historic Houses Trust.

Direkt daneben steht das **State Parliament House** *(Macquarie St., Tel. 02/9230-2111)* von New South Wales. Die Publikumsgalerie ist bei Parlamentssitzungen geöffnet, ansonsten während Führungen zu besichtigen. In der benachbarten **State Library of New South Wales** befinden sich historische Aufzeichnungen Australiens, z. B. die Logbücher der Kapitäne Cook und Bligh. In der Vorhalle ist ein Mosaik von Captain Abel Tasmans Karte der australischen Gewässer (17. Jahrhundert) eingelassen.

Gehen Sie am **Museum of Sydney** vorbei zum von Francis Greenway entworfenen **Conservatorium of Music** *(Tel. 02/9351-1263)*, in dem mittwochmittags Gratiskonzerte stattfinden, und von dort weiter zum Circular Quay. ■

Hyde Park Barracks
✉ Queens Sq., Macquarie St.
☎ 02/8239-2311
$ $$

Australian Museum
✉ 6 College St. (gegenüber Hyde Park)
☎ 02/9360-6000
$ $$
australianmuseum.net.au

State Library of New South Wales
✉ Macquarie St.
☎ 02/9273-1414

Museum of Sydney
✉ 37 Philip St.
☎ 02/9251-5988
$ $$
hht.net.au/museums/mos

Kricket

Kricket ist im Sommer praktisch ein australischer Lebensstil. Man spielt es im Park, am Strand und sogar im Büro, wo Angestellte spielerisch geknülltes Papier mit einer zusammengerollten Zeitung um den Wasserkühler schlagen. Flugzeugpiloten geben es per Durchsage während des Fluges bekannt, wenn ein Tor fällt oder ein Schläger seinen „Jahrhundertschlag" macht.

Lee Carseldine von den Queensland Bulls bei einem Kricketmatch in Perth, 2009

Diese Faszination für eines der langsamsten Spiele der Welt erstaunt die meisten Besucher – wenn sie nicht aus Südafrika, England, Indien, Pakistan, Sri Lanka, Neuseeland oder der Karibik kommen. Immerhin dauert ein „Testmatch" fünf Tage, in der Regel unter einer brennenden Sonne, und sehr oft endet es unentschieden. Die ganze Zeit scheint niemand allzu viel zu tun, außer einem Kerl, der übers Feld läuft und den Ball einem anderen gut gepolsterten Kerl zuwirft, der ihn mit einem paddelförmigen Schläger zu erwischen versucht. Vielleicht trifft er ihn und läuft. Vielleicht nicht. So vergehen Stunden. Als „Baseball unter Valium" tun es manche Amerikaner ab. Aber so übersieht man all das Drama und die Strategie des Spiels.

Ein Oberliga-Kricketmatch können Sie auf dem Sydney Cricket Ground (SCG) nahe dem Centennial Park sehen. Darin haben über 40 000 Zuschauer Platz. Der beste Sitzplatz ist im eleganten Members' Pavilion von 1886, doch da dieser nur Mitgliedern offen steht, müssen Sie wohl mit einer der regulären Tribünen Vorlieb nehmen. Der stimmungsvollste Platz war der berüchtigte Hill, eine Grasfläche gegenüber dem Members' Pavilion. Er wurde ersetzt von seelenlosen, aber bequemeren Sitzplätzen.

Es gibt verschiedene Arten von Kricket: die fünftägigen Testspiele alten Stils und das neuere, von Traditionalisten als vulgär abgetane eintägige Kricket. Letzteres wird heutzutage zur guten Einnahmequelle, und ein internationales Match hat die spannendste Atmosphäre. Wenn Sie einen Blick auf das Spiel werfen wollen, gehen Sie am Spätnachmittag, wenn man oft ohne Eintritt reinkommt, zu einem Sheffield-Shield-Spiel (zwischen den Bundesstaaten) auf den Sydney Cricket Ground (SCG).

Spielregeln

Die Regeln sind etwas schwer zu erklären, aber wenn Sie einen Aussie auf der Tribüne bitten, wird er es sicher gern versuchen. Kricket wird mit einem breiten, flachen Schläger aus Weidenholz und einem roten Ball gespielt, der in der

Mitte eine Linie mit Muster hat. Das Spielfeld ist ein Oval. Jede Mannschaft hat elf Spieler, und jeweils ein Team schlägt beziehungsweise wirft.

Der Schläger („batman") muss mit seinem Schlagholz einen Holzrahmen hinter ihm, das Tor („the stumps" oder „wicket"), auf dem zwei Holzstücke („bales") balancieren, bewachen. Wenn der Werfer („bowler") einen Ball hinter ihn platzieren kann und diese Stücke herunterfallen, ist der Schläger draußen. In der Kricketterminologie heißt das, „he lost his wicket".

Werfer schleudern den Ball mit gestrecktem Arm und lassen ihn vor den Füßen des Schlägers aufprallen. Sie wenden Tricks an, um ein Tor zu erzielen, lassen den Ball seltsam wirbeln oder vertrauen einfach auf Kraft und Einschüchterung, indem sie den Ball mit voller Wucht werfen, sodass er ins Gesicht des Schlägers springt. Kricket kann gefährlich sein. Strategisch platzierte Fänger warten, um einen getroffenen Ball zu fangen. Wie beim Baseball ist alles, was im Flug gefangen wird, im Aus. Der Fänger hinter dem Tor (der Torwart) trägt als Einziger Handschuhe. Kricket ist ein Spiel für Männer, die sich nicht um einen gebrochenen Finger scheren.

INSIDERTIPP

Falls ein Kricketball auf der Tribüne landet, gebietet es der faire Sportsgeist, ihn aufs Spielfeld zurückzuwerfen.

JUSTIN KAVANAGH
Redakteur, National Geographic International Editions

Schläger müssen versuchen, den Ball zu treffen und Runs zu erzielen. Das Duell zwischen Schläger und Werfer kann Stunden dauern. Ein Ball auf der Begrenzungslinie ist vier Runs wert, einer über dem Zaun sechs. Ansonsten hetzt der Schläger zurück ans Tor. Schließlich verliert ein Team sein Tor, und ein neuer Schläger kommt. Wenn ein Team zehn Tore kassiert hat, wechseln die Seiten. In einem Testmatch muss jedes Team zweimal antreten.

Kricketprofis sind zwar alles andere als Chorknaben – den Rekord im Biertrinken hält mit 56 Dosen auf dem Flug von Sydney nach London natürlich ein Australier –, doch es gibt keine Wutausbrüche auf dem Spielfeld: Der Stolz der Nation beruht auf dem Anstand ihrer Spieler.

Sir Donald Bradman

Wenn der bedeutendste australische Kricketspieler nominiert werden soll, führt Donald Bradman (1908–2001) regelmäßig die Liste an. Er war nicht nur der führende Kricketspieler seiner Zeit, Australier betrachten ihn als größten Sportler aller Zeiten.

In Bowral, New South Wales, aufgewachsen, zeigte sich sein Talent schon früh. Der junge Bradman spielte in einem Spiel gegen England 1928 erstmals für Australien und sammelte rasch Erfolge an. Als er 1948 zum letzten Mal als Kapitän in England war, hatte sich sein Ruf als größter Schläger aller Zeiten gefestigt. Seine durchschnittliche Punktzahl von 99,94 liegt fast doppelt so hoch wie die jedes anderen Kricketspielers.

„The Don" lebte nach seinem Abschied in Adelaide und hielt Vorträge vor jungen Kricketspielern ebenso wie vor Politikern. Das Wort „Bradmanesque" ist in die australische Sprache eingezogen und bedeutet „weit besser als alle anderen".

Darling Harbour

Wo einst Anlegeplätze waren, stehen heute Freizeiteinrichtungen im Hafengebiet westlich der Innenstadt. 1988 wurde das Viertel zu Australiens 200-Jahr-Feier eröffnet. Wolkenkratzer schossen in der Nähe aus dem Boden, ebenso ein Hotel, ein Kasino und viele Geschäfte. Aber Darling Harbour wurde für die Familie entworfen – und erfüllt auch diesen Anspruch.

Im SEA LIFE Sydney Aquarium erleben Besucher die Unterwasserwelt aus nächster Nähe

Darling Harbour
Karte S. 75 E2
Besucherinformation
02/9240-0111
darlingharbour.com

SEA LIFE Sydney Aquarium
Darling Harbour
02/8251-7800
$$$$
sydneyaquarium.com.au

Die zwei größten Familienattraktionen sind das Powerhouse Museum und das SEA LIFE Sydney Aquarium, beide haben auf ihre Art Weltklasse. Das **Powerhouse Museum** ist in einem alten Kraftwerk für die Stromversorgung von Sydneys Straßenbahn untergebracht – daher der Name. Es ist eigentlich ein Museum für angewandte Industrie (denn es zeigt funktionierende Dampfmaschinen), bietet aber auch Sammlungen über australische Rockmusik, Schmuck, Züge und mehr. Der Schwerpunkt liegt auf interaktiven Ausstellungen.

Darling Harbours andere Hauptattraktion ist das **SEA LIFE Sydney Aquarium** (die Fähre hält hier). Seine durchsichtigen Unterwassertunnel erlauben es, zwischen Haien und Stachelrochen umherzugehen. Das Aquarium beherbergt Tiere aus verschiedenen maritimen Lebensräumen, vom Great Barrier Reef bis zu den Binnenwasserwegen Australiens und zum Sydney Harbour. Der kleine **WILD LIFE Sydney Zoo** *(Tel. 02/9333-9288, wildlifesydney.com.au, $$$$)* neben dem Aquarium zeigt Wallabys, Koalas, nachtaktive Säugetiere, Schlangen, Vögel und Krokodile – praktisch für Besucher, die nicht so viel Zeit im Land verbringen. **Madame Tussauds** *(Tel. 02/ 9333-9240, madametussauds.com.au, $$$$)*, ein Ableger der berühmten Londoner Institution am Aquarium Pier, bietet die üblichen historischen und Pop-Ikonen, mit Schwerpunkt auf australischen Promis. Für die drei Museen gibt es Online-Rabatte und Kombitickets.

INSIDERTIPP

Bei einer abendlichen Fährfahrt von Darling Harbour bieten sich spektakuläre Ausblicke auf die Harbour Bridge und die Innenstadt von Sydney.

DAVID KENNEDY
NATIONAL GEOGRAPHIC-Autor

Rund um den Hafen

Am Aquarium beginnt ein Rundgang. Gehen Sie über die **Pyrmont Bridge**, die 1902 als weltweit erste elektrisch betriebene Drehbrücke gebaut wurde. Sie wird nur von Fußgängern benutzt.

Gegenüber steht rechts das **Australian National Maritime Museum**, das sich mit Australiens Beziehung zum Meer seit den Kanus der Aborigines befasst. Vor dem Museum liegen Schiffe aus dem Zweiten Weltkrieg, ein vietnamesisches Flüchtlingsboot und ein Nachbau von Cooks „Endeavour" vor Anker. Auf der Nordwestseite von Darling Harbour befindet sich der glamouröse Kasino-Hotel-Komplex **The Star**.

Links von der Pyrmont Bridge wartet das riesige **Harbourside** aus Glas und Stahl mit Imbisshalle, Restaurant und Geschäften. Tatsächlich ist es wenig spektakulär.

Rund 800 Meter westlich liegt der **Sydney Fish Market** *(Bank St., Tel. 02/9004-1100)* an der Blackwattle Bay, der wichtigste Fischmarkt der Stadt und ein guter Platz für ein Mittagessen. Neben den Großhandelsauktionen gibt es Einzelhandelsgeschäfte für frischen Fisch und Meeresfrüchte, die auch preiswerte üppige Fischgerichte anbieten.

Am **Sydney Exhibition Centre** vorbei kommen Sie zum **Chinese Garden** *(Harbour Rd., Tel. 02/9281-6863, $)* am Südende von Darling Harbour. Die ummauerte Enklave mit dem Lake of Brightness und dem Courtyard of Welcoming Fragrance sperrt die Hektik der Stadt aus. Es gibt chinesischen Tee und Kuchen.

Ganz in der Nähe liegt inmitten von Schnellstraßen das riesige **IMAX Theatre**. ■

Powerhouse Museum
✉ 500 Harris St.
☏ 02/9217-0222
$ $$
powerhousemuseum.com

Australian National Maritime Museum
✉ Darling Harbour
☏ 02/9298-3777
$ $–$$$
anmm.gov.au

IMAX Theatre
✉ Southern Promenade, Darling Harbour
☏ 02/9281-3300

Boheme in Sydney

In einer Stadt, die für ihr Strandleben und ihre Lässigkeit bekannt ist, scheint die Boheme (mit Shorts, Flip-Flops und Sonnenbrillen) überall zu sein. Paddington und Darlinghurst jedoch haben mit ihrer Mischung aus Zwielichtigkeit und Kultiviertheit besonderen Anspruch darauf. Die Oxford Street ist voller Retro-Cafés, Buchläden, Galerien mit ultracoolem Kitsch, Sex-Shops und schwarzem Leder.

Höhepunkt des Gay and Lesbian Mardi Gras ist die spektakuläre Parade auf der Oxford Street

Es gibt kein eigentliches Zentrum. Am Samstag dienen jedoch die **Paddington Markets** *(10–16 Uhr)* als Treffpunkt. Ein Kennzeichen des inneren Ostens der Stadt sind die eleganten viktorianischen Reihenhäuser, deren Schmiedeeisenverzierung an den Balkonen als „Paddington-Spitze" bekannt wurde.

Darlinghurst

Die Stanley Street östlich vom Hyde Park ist der hiesige Szenetreffpunkt und eignet sich gut, um bei einem Espresso die Atmosphäre zu genießen. **Kings Cross** etwas nördlich ist Sydneys Rotlichtviertel – eine verrückte Mischung aus Prostitution, Kriminalität, Striplokalen, Nachtclubs, Fastfood und harten Drogen, mit Nobelrestaurants und internationalen Hotels dazwischen. The Cross, wie man es nennt, war während des Vietnamkriegs beliebt bei Truppen auf Heimaturlaub, und es zieht noch immer eine Menge Soldaten an – neben neugierigen Touristen, Ausreißern, Landstreichern, Studenten, die was erleben wollen, und Junggesellenabschieden. El Alamein

ERLEBNIS: Priscilla-Touren

Stephan Elliotts Film von 1994, „The Adventures of Priscilla, Queen of the Desert" („Priscilla – Königin der Wüste"), erzählt die Geschichte von Transvestiten aus Sydney, die ihre Show ins Outback bringen. Der Film, der einen Oscar für die besten Kostüme bekam, lieferte die Vorlage für ein Musical. Heute ist er das Thema einer City-Tour, die von der professionellen Diva Portia Turbo, die im Film mitwirkte, angeboten wird. Bustouren *(Tel. 02/9310-0200, toursbydiva.com.au)*, mit Champagnerpause führen zu den üblichen Sehenswürdigkeiten (Opera House, Harbour Bridge), aber auch zu den Schwulentreffs am Oxford Strip.

Fountain in Fitzroy Gardens ist der Mittelpunkt.

Östlich liegt **Elizabeth Bay** – entschieden ruhiger und unendlich modischer – direkt neben The Cross. Dies war in den 1920er Jahren Sydneys erstes Boheme-Viertel, und die stilvollen Wohnblöcke aus jener Zeit sind noch immer bei Schriftstellern, Entertainern und Journalisten beliebt.

Glebe & Balmain

Die Vororte Glebe und Balmain waren einst raue *neighbourhoods* für Werftarbeiter, heute sind die Häuser liebevoll restauriert. Balmain hat viktorianische Hafenpubs und schöne Läden, während Glebe aus einer Ansammlung von sogenannten „hole-in-the-wall eateries" („Hauswand-Imbissen"), Cafés und Bistros besteht. *(Balmain erreicht man per Fähre vom Circular Quay oder Bus 442 vom Queen Victoria Building, Glebe wird von Bus 431 und 434 über George St. und Glebe Point Rd. angefahren.)*

Newtown

Im an den Campus der Sydney University grenzenden Newton (an der Liverpool–City-Bahnlinie) finden sich Studenten, Schwule, Lesben, Intellektuelle ebenso wie Künstler. Es gilt heute als schick, auch wenn es nach wie vor Undergroundflair besitzt.

INSIDERTIPP

Balmain kann man wunderbar mit dem Kajak erkunden. Natural Wanders *(Tel. 0427/225-072, kayaksydney.com.au)* bietet am Wochenende Touren ab der Lavendar Bay beim Luna Park nach Balmain.

PETER TURNER
NATIONAL GEOGRAPHIC-Autor

Die King Street hat trendige Cafés, ethnische Restaurants und Second-Hand-Buchläden. Die Pubs sind der Mittelpunkt von Sydneys schwindender Livemusik-Szene. ■

Oxford Street

Bus 333 oder 380 ab Circular Quay befahren die komplette Oxford St.

Paddington Markets

Ecke Oxford & Newcombe Sts.

Kings Cross

Bus 323, 324, 325 oder 326 ab Circular Quay. Bahnhof an der Darlinghurst Rd.

Strände

Um Sydney gibt es über 70 Strände am Hafen und am Meer. Der zur Innenstadt nächstgelegene Meeresstrand ist Bondi Beach, der zum Synonym für australische Surfkultur wurde. An Wochenenden wird sein goldener Halbmond acht Kilometer westlich der Stadt zu einem Kaleidoskop aus bunten Badetüchern, gebräunten Schwimmern, Surfern und Sonnenanbetern.

Sydneys berühmter Bondi Beach

Bondi Beach

Der Vorort Bondi (gesprochen Bondei) erinnert an einen in die Jahre gekommenen Urlaubsort. Bondis glorreiche Tage waren die 1920er und 1930er Jahre, nach dem Bondi Hotel im Art-déco-Stil und dem protzigen Bondi Pavilion im spanischen Stil (1928 als luxuriöser Umkleideraum gebaut) zu schließen. In den vergangenen Jahren gab die Stadt viel Geld dafür aus, verblichene Fassaden herzurichten, die Strandpromenade zu gestalten und die Campbell Street, eine viel befahrene Straße mit Eisdielen, Surfläden und Cafés, aufzumöbeln. Bondi ist eher ein Tummelplatz für Backpacker und ein Mekka für Strandjünger und bietet einen entspannten sonnigen Tag am Meer. Es gibt einen guten Sonntagsmarkt, und ein Fünf-Kilometer Spaziergang führt um Klippen zu weiteren Stränden.

Weitere Strände

Südlich von Bondi ist **Tamarama Beach**, bekannt als Glamarama, da sich hier die Schönen der Stadt treffen. Weiter im Süden liegen **Bronte** und **Coogee Beach**, kleinere Kopien von Bondi. **Manly Beach** im Norden des Hafens ist Sydneys zweitbekanntester Strand. Manly (siehe S. 78) liegt auf einer Landspitze, die in dramatischen Sandsteinklippen an der Hafeneinfahrt endet.

Der innere Hafen hat viele hübsche Strände. Einer der schönsten ist **Balmoral** an der Hunter's Bay. Er bietet eine vornehme Atmosphäre, Palmen und einen alten Musikpavillon beim Bather's Pavilion, der heute ein elegantes Restaurant beherbergt. ■

INSIDERTIPP

Machen Sie es wie die Einheimischen und lernen Sie an einem der Strände Sydneys surfen. Aber Achtung: Sie werden am folgenden Tag Muskelkater haben. Die besten Surfstrände sind Bondi und Manly.

FARNOUSH AFARINESH
National Geographic Channels International

Surf-Rettungsschwimmer

Sydney – das ist blauer Himmel, goldener Sand und die gebräunten Körper der legendären Rettungsschwimmer mit ihren gelb-roten Badekappen. Der erste Surf-Rettungsschwimmer-Club der Welt wurde 1907 im Bondi Pavilion gegründet. Grund war die steigende Zahl an Ertrunkenen, als mehr und mehr Leute sich für das damals neue Bodysurfing begeisterten. Nur wenige wussten etwas über die Strömungen, da die Behörden um1900 Schwimmen bei Tage als öffentliches Ärgernis verboten hatten.

In ganz Australien gründete man weitere Clubs, heute sind es 305, mit 25 000 aktiven Mitgliedern, die jährlich um die 13 000 Schwimmer retten. Surf-Rettungsschwimmen wurde ein Sport für sich, mit farbenfrohen Karnevals.

Bondis Lebensretter, die Australiens berühmtesten Strand bewachen, holen jedes Jahr über 1000 Menschen aus der Brandung. Um diese Zahl nicht zu erhöhen, schwimmen Sie besser zwischen den gelb-roten Flaggen. Wenn Sie von einer Strömung ins offene Meer getrieben werden, kämpfen Sie nicht dagegen an. Schwimmen Sie an die Seite und heben Sie die Hand, um einen Rettungsschwimmer aufmerksam zu machen.

Silvester in Sydney

Wer in den Weihnachtsferien nach Sydney kommt, sollte am 26. Dezember den Start der Segelregatta von Sydney nach Hobart nicht versäumen. Der Hafen füllt sich mit Dutzenden der schnellsten Hochseeyachten der Welt, die auf den Startschuss zum alljährlichen 1014 Kilometer langen Rennen nach Hobart auf Tasmanien warten.

Der Anblick des lebhaften Treibens im Hafen von Sydney ist unvergesslich – nur übertroffen vom Feuerwerk am Silvesterabend. Die Feiern sind weltweit zu sehen; Hunderte von Feuerwerkskörpern fliegen vom Bogen der Harbour Bridge, der Himmel erstrahlt hell über den Yachten, die sich zu diesem Anlass im Hafen sammeln.

INSIDERTIPP

Ein Vorsatz fürs neue Jahr, der sich leicht in die Tat umsetzen lässt, ist, spät am Abend in das historische Harry's Cafe de Wheels (*harryscafedewheels.com.au*) zu gehen.

CATHERINE PEARSON
National Geographic-Mitarbeiterin

Das neue Jahr einläuten

Australien gehört zu den ersten Weltgegenden, wo das neue Jahr begrüßt wird, und Sydney tut das mit Stil. Jede Silvesterfeier bekommt ein Thema: 2007 etwa den 75. Geburtstag der Harbour Bridge, bei dem die Brücke als Abschussrampe für das Feuerwerk genutzt wurde. 2013 wurden bei zwei gewaltigen Shows pyrotechnische Bienen, Koalas und Tintenfische abgefeuert, erst familienfreundlich um 21 Uhr und dann noch einmal um Mitternacht.

Die insgesamt sieben Tonnen Feuerwerkskörper werden computergesteuert von Booten im Hafen abgefeuert. Es dauert Monate, die über 7500 Einsätze aufeinander abzustimmen.

Die Feier planen

Wenn sich mehr als eine Million Menschen auf den besten Plätzen drängen, ist es nützlich, vorher zu wissen, wo man hin will. Die offizielle Website *(sydneynewyearseve.com)* bietet eine Liste der Aussichtspunkte. Beliebte Punkte gibt es in The Rocks. Alkohol ist meistens verboten, doch in den Royal Botanic Gardens finden zwei Events mit Verpflegung statt *(rbgsyd.nsw.gov.au, Tickets sind Wochen vorher ausverkauft)*, und es gibt zwei Aussichtsareale. Einen schönen Silvesterabend für Familien bereitet der Taronga Zoo *(taronga.org.au)*; man kann sich ein Picknick mitbringen oder vor Ort Speisen und Getränke kaufen.

Tolle Aussichtspunkte fürs Feuerwerk sind auch die Inseln in der Hafenbucht; Fort Denison bietet ein exklusives Paket inklusive Abendessen. Tickets für andere Inseln und Parks im Sydney Harbour National Park werden ab Ende November verkauft. Oder man campt – allerdings sehr teuer – auf Cockatoo Island; Hotelbetten sind zu Silvester Mangelware.

Toll ist auch die Aussicht vom Wasser. Sydney Ferries verkauft ab Anfang November Tickets für Rundfahrten *(sydneyferries.info)*, und es werden auch teurere Touren geboten.

Das Silvesterfeuerwerk leuchtet über der Harbour Bridge

Zoos & Wildparks

Der Busch ist in Sydney nie allzu weit entfernt – Opossums kommen bis in die Vororte, und über den Wolkenkratzern kreisen in der Nacht Dutzende von Flughunden. Einen umfassenden Blick aus der Nähe auf Australiens einzigartige Fauna bieten Sydneys Zoos und zahlreiche Wildparks.

Der Taronga Park Zoo liegt herrlich am Sydney Harbour

Taronga Park Zoo
- Karte S. 75 E3
- Bradleys Head Rd., Mosman
- 02/9969-2777
- $$$$$
- Fähre ab Circular Quay

taronga.org.au

Taronga Park Zoo ist von Sydney aus am besten erreichbar. Er liegt in Mosman mit Blick auf Sydney Harbour. Vom Circular Quay sind Sie per Fähre (kombinierte Zoo-Fähren-Tickets an der Anlegestelle) in einer Viertelstunde dort.

Der Zoo hat Weltniveau; die Gehege sind der natürlichen Heimat der jeweiligen Spezies nachempfunden. Nachthäuser und Dämmerlichtgehege reduzieren den Stress von nachtaktiven Tieren. Der Gorilla-Regenwald und der Schimpansenpark sind beliebt; Besucher aus Übersee zieht es zu den Gehegen der Kängurus, Wombats und anderer einheimischer Tiere. Der Fußweg im Koalagehege windet sich zu den Tieren in den Baumwipfeln hoch.

Zwei Wildparks in Sydneys Westen bieten nähere Begegnungen mit der Fauna Australiens. Der **Featherdale Wildlife Park** *(217 Kildare Rd., Doonside, Tel. 02/9622-1644, featherdale.com.au, $$$$)* lohnt einen Halt auf dem Weg zu den Blue Mountains, um Koalas, Kängurus, Wallabys, Wombats, Krokodile, Tasmanische Beutelteufel und viele Vögel zu sehen. **Koala Park Sanctuary** *(84 Castle Hill Rd., West Pennant Hills, Tel. 02/9484-3141, $$$)* ermöglicht Begegnungen mit niedlichen Koalas und anderen Beuteltieren sowie australischen Vögeln.

Doch auch Australiens Flora hat Außergewöhnliches zu bieten. Bei einer der größten botanischen Entdeckungen des 20. Jahrhunderts fand man 1994 rund 160 Kilometer von Sydney eine Gruppe von 37 Wollemien, einem Baum aus der Jurazeit, der nur aus Fossilien bekannt war. Ein Programm widmet sich dem Schutz: Details unter *wollemipine.com.* ■

Subtropischer Regenwald, alpines Grasland und staubiges Outback jenseits der glitzernden Metropole Sydney

New South Wales

Im Kosciuszko National Park, Snowy Mountains

New South Wales

New South Wales gilt als „Premier State" – weil es Australiens erste Kolonie war, aber auch weil es heute den Rest des Landes in fast allen Belangen übertrifft, wenigstens nach Ansicht seiner stolzen Einwohner. Sydney ist Australiens Finanz- und Kunsthauptstadt sowie sein größtes Ballungsgebiet.

Doch der Bundesstaat ist mehr als Sydney. Er bietet vielfältige Landschaften, von winterlichen Schneefeldern auf dem höchsten Berg des Landes (dem 2228 Meter hohen Mount Kosciuszko) bis zu Bananenplantagen an der Nordküste und staubigem Outback im Westen.

Der mächtige Murray bildet seine südliche Grenze und nährt das landwirtschaftliche Kernland. Broken Hill, eine der großartigen alten australischen Bergwerksstädte, ist heute eine bekannte Künstlerkolonie.

Australienbesucher, die nicht viel Zeit haben, verbringen den ganzen Urlaub hier. In New South Wales hat fünf von Australiens Welterbestätten – die Gondwana Rainforests, die Seebetten des Willandra National Park (wo Aborigines seit 40 000 Jahren leben), Lord Howe

Island, 692 Kilometer vor der Küste, die Blue Mountains südwestlich von Sydney und das Sydney Opera House. In New South Wales liegt auch Tamworth, Australiens Kapitale der Country-Music.

Etwa eine Autostunde nördlich von Sydney liegt das Hunter Valley, Austra-

NICHT VERSÄUMEN

- Die spektakulären Ausblicke in den Blue Mountains **104–105**
- Line Dancing beim Tamworth Country Music Festival **109**
- Eine Tour durch die Weingüter des Hunter Valley **110–111**
- Eine Reittour oder eine Wanderung in den Snowy Mountains **114–115**
- Byron Bay, den unkonventionellsten Badeort an der Nordküste **121**
- Eine Seefahrt zur üppigen tropischen Lord Howe Island, weit abgelegen, unternehmen **122–124**

liens älteste Weinregion. Cessnock, die größte Stadt im Tal, ist von über 120 Weingütern umgeben. Auf dem New England Highway kommen Sie nach Scone, Heimat einiger der besten Rennpferdgestüte Australiens und großer Polo-Turniere. Am Pacific Highway weiter nördlich wachsen die Regenwälder des Dorrigo National Park. ■

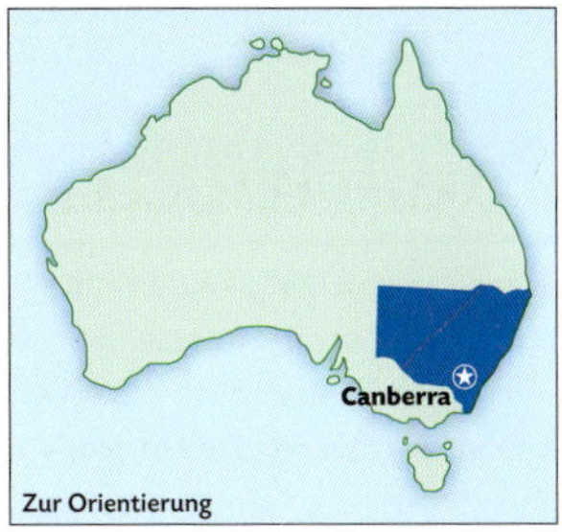

Blue Mountains

Aus der Ferne erinnern die Blue Mountains an ein altes Ölgemälde mit dunstigen Blautönen. Der blaue Schleier ist ein Nebel aus Eukalyptusöl, den die Wälder ausscheiden. Die Tröpfchen brechen das Sonnenlicht und vermitteln den Eindruck, als sei der Horizont gemalt. Obwohl nur etwas über 915 Meter hoch, erwiesen sich die Blue Mountains als Barriere für die ersten Siedler.

Erst 1813 fand ein Forschertrio – Lawson, Blaxland und Wentworth – einen Weg zum weiten, ebenen Grasland auf der anderen Seite. 1868 baute man die Eisenbahn, und plötzlich konnten gut betuchte Sydneysider vor der Hitze an der Küste in die kühle Bergluft fliehen. 1900 waren Katoomba, Wentworth Falls und Mount Victoria elegante Ferienorte mit gehobenen Restaurants, Läden und Hotels geworden. Der Höhepunkt wurde in den 1920er Jahren mit Familienpensionen und dem Hydro Majestic (im Art-déco-Stil) in Medlow Bath für die Reichen erreicht.

Die herrlichen Ausblicke in den Blue Mountains zählen zu den Highlights der malerischen Gegend

Die Berge bieten Wanderwege und Touristen-Juwelen wie die Scenic Railway, die wohl steilste Eisenbahnstrecke der Welt, die in eine Schlucht führt. Hier schneit es im Winter sogar ein bisschen. Im Juli findet in der Region das Yuletide Festival mit knisterndem Feuer, Rinderbraten, Yorkshire Pudding und Glühwein statt. Nachmittagstee im **Lilianfels Blue Mountain Hotel** (siehe S. 369) in Katoomba ist eine feste Tradition.

Katoomba ist die größte Stadt in den Blue Mountains am Rand des Jamison Valley und bietet spektakuläre Blicke über die Wildnis unterhalb. Hier kann man sein Basislager aufschlagen, wenn man sich gegen die Autofahrt im Verkehrschaos der westlichen Vororte Sydneys und für den Zug entschieden hat. Katoomba hat Hotels, Pensionen und B&Bs, fast alles liegt in Fußnähe zum Bahnhof; auch Busse verkehren in der Region. Bei einem 20-minütigen Spaziergang die Katoomba Street hinab gelangen Sie an Antiquitätenläden, Galerien und Cafés vorbei zum **Echo Point**. Die Aussicht von hier ist fantastisch. Links stehen die **Three Sisters**, eine bis 23 Uhr abends angestrahlte Felsformation honigfarbener Kalksteinknubbel. Der Name geht auf eine Traumzeit-Legende der Aborigines zurück und erzählt von einem Stammesführer, der seine Töchter in Felsen verwandelte, damit sie nicht von Feinden geraubt würden. Unglücklicherweise fiel er und konnte den Zauber nicht rückgängig machen. Kurz vor dem Aussichtspunkt können Sie sich im **Koomurri Aboriginal Centre** *(Tel. 02/4782-1979, koomurriaboriginalcentre.com.au)* Tänze der Aborigines anschauen.

Leichte, markierte Wege führen am Rand des Tals an Felsen entlang. Sie können aber auch die **Giant Staircase** – eine steile, in Fels gehauene Treppe – 300 Meter zum Talgrund nehmen. Von hier lassen sich Wanderungen unternehmen, z. B. zur Felsformation **Ruined Castle** oder zu den 42 Kilometer entfernten **Jenolan Caves** (siehe S. 108). Oder wandern Sie im Tal nach **Orphan Rock** und fahren Sie mit der **Scenic Railway** zurück nach Katoomba. Die Eisenbahn gehört zur **Scenic World** *(Violet St. & Cliff Dr., Tel. 02/4780-0200)*, mit dem Scenic Skyway oberhalb des Jamison Valley, dem Scenic Cableway, einer ins Tal führenden Seilbahn, dem Scenic Walkway und sogar einem Scenic Cinema.

Leura, 3,2 Kilometer östlich, hat eine friedliche Dorfatmosphäre, die an seine Anfangszeiten um 1920 erinnert, mit Cafés, Kunst- und Antiquitätengalerien. Wanderwege führen zu den Leura Cascades, Bridal Veil Falls und Gordon Falls und auf den Klippen entlang nach Katoomba.

INSIDERTIPP

Sehr erholsam ist eine gemächliche Buschwanderung in den Blue Mountains. Versäumen Sie keinesfalls die legendären Three Sisters.

DANIELLE WILLIAMS
National Geographic Television

Acht Kilometer nordwestlich von Katoomba liegt der alte Kurort **Medlow Bath**. Da der eukalyptusgetränkten Luft Heilkräfte zugeschrieben wurden, hofften Hoteliers um 1900, dass auch das Wasser Gäste anziehen würde. Das **Hydro Majestic Hotel** *(hydromajestic.com.au)* hat noch immer seine auffällige Art-déco-Fassade. Der Speisesaal bietet eine der besten Aussichten übers Tal. ■

Blue Mountains

Karte S. 103 E3

Besucherinformation

Hamment Pl., Glenbrook

1300-653-408

Katoomba

Karte S. 103 D3

Besucherinformation

Echo Point

1300-653-408

Buschfeuer

Am 7. Februar 2009 nach einer langen Dürre und einer starken Hitzewelle brachen mehr als 400 Buschfeuer im Bundesstaat Victoria aus. Angefacht durch starke Winde wüteten bis zu 30 Meter hohe Flammen, töteten 173 Menschen, zerstörten 2200 Häuser und machten 7500 Menschen obdachlos.

Ein Buschfeuer wütet bei Alice Springs in Australiens Red Centre

Selbst die an Buschfeuer gewöhnten Australier wurden nur schwer mit dieser Tragödie, der schlimmsten Naturkatastrophe in der Geschichte des Landes, fertig. Das waren nicht vereinzelte Feuer im Outback, sondern Infernos, die die Vororte von Melbourne, Australiens zweitgrößter Stadt, bedrohten. In der Folgezeit suchte das Land Strategien gegen solche Feuer zu entwickeln, die immer wieder auftreten. So brachen während einer Rekordhitzewelle 2012/13 im gesamten Südosten des Landes verheerende Brände aus, die die Städte in Rauch hüllten.

Die Journale früher Entdeckungsreisender enthalten zahlreiche Berichte von Buschfeuern. Viele der geschilderten Brände waren auf die Blitze der Sommergewitter zurückzuführen, die in das staubtrockene Gras einschlugen. Andere Brände wurden von den Aborigines absichtlich gelegt, um das Unterholz zu lichten, das Wild zu treiben und altes Land zu erneuern.

Obgleich der Anblick verbrannter Erde nicht erfreulich wirkt, ist ein solches periodisches Auslöschen und Neuentstehen für den australischen Busch lebenswichtig. Viele darin beheimatete

Spezies, wie Banksien, Grasbäume und Zykadazeen, zählen zu den Feuerklimaxgewächsen – Pflanzen, deren Samenkapseln nur unter der großen Hitze eines Buschfeuers heranreifen und aufspringen. Der Eukalyptus stellt das Brennmaterial zu seiner eigenen Vernichtung bereit, indem er seine trockene, papierartige Rinde regelmäßig abwirft. Das Feuer macht dann Raum für eine neue Generation von Bäumen.

Geschichte der Verwüstung

Dieses Geschehen, ein Teil der natürlichen Ordnung, kann auf die Menschen in Australien verheerende Auswirkungen haben, vor denen auch die urbanen Gebiete des Landes nicht gefeit sind, wie die Einwohner von Melbourne 1994, jene von Sydney und Canberra 2003 erfahren mussten. Auch 1939 wüteten riesige Buschbrände in South Australia, Victoria und New South Wales. Am Aschermittwoch des Jahres 1983 erlebten die Südaustralier einen der verheerendsten Buschbrände, der die Adelaide Hills in Flammen setzte, zahlreiche Todesopfer forderte und Häuser zerstörte.

Gefahr & Erneuerung

Die Australier mussten lernen, mit dem Feuer zu leben. In den Abendnachrichten werden neben dem Wetterbericht mögliche Brandgefahren genannt. Hausbesitzer bereiten sich auf die von Bränden begleitete Sommersaison vor, indem sie buschiges Unterholz in ihren Gärten entfernen, Regenrinnen von Laub reinigen und sich vergewissern, dass ihre Gartenschläuche intakt sind. Viele von ihnen schließen sich der freiwilligen Feuerbrigade (Country Fire Service, C. F. S.) an und nehmen an Übungswochenenden teil. In einigen Gemeinden, die mit dem C. F. S. und dem meteorologischen Dienst zusammenarbeiten, werden kontrollierte Brände gelegt, um vorsorglich trockenes Gebüsch zu vernichten, das vor allem nach regenreichen Wintern üppig wächst.

Kaum etwas ist so erschreckend wie die fauchenden Flammenwände eines australischen Buschfeuers. Angefacht von den entzündlichen ätherischen Ölen in den Blättern und Zweigen der Eukalyptusbäume breitet sich das Buschfeuer rasend schnell von einem Baum zum anderen aus; es stürmt schneller einen Hang hinab, als ein Mensch laufen oder ein Pferd galoppieren kann – manchmal sogar zu schnell für einen Fluchtversuch mit dem Auto. Die Fähigkeit des Buschlands zur Erneuerung ist wundervoll. In der geschwärzten, noch warmen Erde und der vom Eukalyptusduft erfüllten Luft schimmern Streifen vom Grün widerstandsfähiger Sträucher, die den Feuersturm überlebt haben. In wenigen Wochen sprießen Gräser, und die ersten Schösslinge der kommenden Generation von Bäumen strecken ihre Spitzen hervor.

Löschflug 2006 in Perth, Western Australia

Jenolan Caves

Die Jenolan Caves sind 300 Kalksteinhöhlen in den Hügeln etwa 80 Kilometer südwestlich von Katoomba. In den 1920er Jahren war dieser Ort bei abenteuerlustigen australischen Flitterwöchnern beliebt, die in ihren Autos über viele Haarnadelkurven hierher kamen.

Jenolan Caves
- Karte S. 103 D3
- 02/6359-9311
- $$$–$$$$$
- Die Abfahrt zu den Höhlen liegt 28 km westlich von Katoomba Richtung Lithgow am Great Western Highway

jenolancaves.org.au

Die Höhlen befinden sich am Rand des Kanagra-Boyd National Park. In den 1830er Jahren waren sie ein Versteck von James McKeown, einem entflohenen Sträfling, der Kutschen überfiel, die durch die Berge fuhren.

Nach seiner Gefangennahme wurden die Höhlen zur Touristenattraktion; einige entlegene Teile blieben unerforscht.

INSIDERTIPP

Das letzte Wegstück von Katoomba ins Jenolan Valley ist von 11.45 bis 13.45 Uhr nur in einer Richtung befahrbar. Es gibt Ausweichstrecken – planen Sie voraus.

ROFF SMITH
NATIONAL GEOGRAPHIC-Autor

Insgesamt elf Höhlen sind öffentlich zugänglich, und jede halbe Stunde gibt es interessante Führungen.

Die Höhlen haben grandiose Namen wie beispielsweise **Temple of Baal**, **Pool of Cerberus** und **Imperial Diamond** und sind nach der Anzahl der Stufen in unterschiedliche Schwierigkeitsgrade unterteilt.

Eine „schwierige" Höhle hat bis zu 1575, eine leichte vielleicht 300. Es gibt zwei- bis sechsstündige Touren, inklusive Abseilen und Klettern. Auch für Anfänger, Overalls und Schutzhelme werden gestellt.

Es gibt kein öffentliches Verkehrsmittel zu den Jenolan Caves, aber einige organisierte Touren ab Katoomba schließen sie mit ein. Die kurvenreiche Fahrt durch steilen, dichten Wald ist nichts für Ängstliche, aber die Abgründe bieten weite Sicht über das idyllische Land westlich der Berge.

In der Gegend gibt es gute Wanderwege, vom kurzen malerischen Carlotta Arch Track bis zum dreitägigen **Six Foot Track.** Der bereits im Jahr 1884 als Reitweg angelegte 42 Kilometer lange Pfad beginnt beim Explorers Tree am Highway in Katoomba (beim Besucherzentrum in Katoomba bekommt man Kartenmaterial).

Es gibt zwei empfehlenswerte Campingplätze und geführte Touren (*lifesanadventure.com.au*) mit einer Übernachtung. ■

Tamworth

Tamworth ist Australiens Country-Musik-Hauptstadt, eine Art antipodisches Nashville. Falls Sie das noch nicht wussten, weist Sie eine zwölf Meter große goldene Gitarre darauf hin. Im Tamworth Country Centre neben der Riesengitarre sehen Sie Stars – zumindest abgebildet: Chad Morgan und Slim Dusty etwa.

Wenn Sie auf der 400-Kilometer-Fahrt von Sydney gen Norden (auf Pacific und New England Highway) das Radio einschalten, hören Sie Country-Musik.

Die Liebesbeziehung begann 1965, als der lokale Radiosender 2TM erstmals das abendliche *Hoedown*-Programm sendete und in der Town Hall Live-Auftritte stattfanden. Diese Shows zogen australische Country-Musiker und viel Publikum an.

1973 gab es zum ersten Mal die Country Music Awards, aus denen sich bald das jährliche **Tamworth Country Music Festival** entwickelte. Zehn Tage im Januar steigen in Tamworth über 50 000 Fans, Musiker, Manager, Talentsucher, Agenten und Buschpoeten ab. Buchen Sie lange im Voraus für diese Zeit. Das Festival erreicht am Wochenende um den Australia Day (26. Jan.) mit der Verleihung der Golden Guitars seinen Höhepunkt. Jedes Jahr wird der **Roll of Renown** beim Entertainment Centre ein Name hinzugefügt.

An der Kable Avenue finden Sie die **Hands of Fame**: die Abdrücke der Hände von mehr als 300 Country-Stars. Toll für Musikfans ist auch die Ausstellung **Walk A Country Mile** im Tamworth Visitor Information Centre. Die **Australian Country Music Hall of Fame** *(93 Brisbane St., Tel. 02/6766-9696)* und das **Gallery of Stars Wax Museum** präsentieren einige der beliebtesten Country-Musiker Australiens.

Die Touristeninformation hält eine Karte für einen Rundgang durch die Stadt bereit. Außerhalb der Festivalzeit hört man hier nicht so viel Country-Music, es kann jedoch ein Aufnahmestudio besichtigt werden. ■

Das Musikfestival von Tamworth zeigt großartige Auftritte bekannter Bands wie der Pigs

Tamworth

Karte S. 103 E4

Besucher-information

Ecke Peel & Murray St.

02/6767-5300

Big Golden Guitar

2 Ringers Rd. (beim New England Hwy.)

02/6765-2688

biggoldenguitar.com.au

Hunter Valley

Das Hunter Valley ist eine seltsame Mischung aus Kohlebergbaustädten, Rennpferdgestüten und einigen der bekanntesten und ältesten australischen Weingüter. Die ersten Reben pflanzte man um 1830, heute gibt es über 150 Weingüter im Tal. Die Region liegt dreieinhalb Autostunden von Sydney entfernt.

Das Hunter Valley, eine der bekanntesten australischen Weinregionen

Hunter Valley
Karte S. 103 E3
Besucherinformation
455 Wine Country Dr., Pokolbin
02/4990-0900
winecountry.com.au

Singleton
Karte S. 103 A4
Besucherinformation
Townhead Park, New England Hwy.
1800-449-888

Die alte Bergbaustadt **Cessnock** an der Route 82 ist das Tor zum **Lower Hunter Valley**. Das Herz der Weinregion liegt um **Pokolbin**, knapp zehn Kilometer nordwestlich von Cessnock an der McDonalds Road.

In Pokolbin liegt das Besucherzentrum des Hunter Valley Wine Country, eine Quelle für Infomaterial über die Weingüter der Region. Einige Weingüter sind sehr bekannt – wie Rosemount Estate und Lindemans.

Dutzende von Weingütern, wie Lindemans und Tyrells, liegen in engem Umkreis. Fast überall gibt es kostenlose Verkostungen. Einige Güter verfügen über Barbecue- und Picknickplätze sowie Weinmuseen; andere wie McWilliams, Tyrells und Hunter Estate bieten Führungen an.

Wein-, Gourmet-, Blumen-, Musik- und Kunstfestivals füllen den Kalender im Hunter Valley. Highlights sind der **Hunter Valley Wine & Food Month** im Juni sowie **Jazz in the Vines** und **Opera in the Vines** im Oktober.

Auch wenn die Kellereien im Lower Valley bekannt sind, ist die Landschaft eher flach und unspektakulär. Das **Upper Hunter Valley**

80 Kilometer nördlich hat nur etwa ein halbes Dutzend Weinkellereien, aber die Szenerie ist schöner – und weniger überlaufen.

In der schönen Umgebung von **Scone** *(Besucherinformation Tel. 02/6545-1526)* finden Sie einige der besten Rennpferdgestüte und wohlhabendsten Züchterfamilien Australiens. Einige Gestüte kann man besichtigen (Infos im Besucherzentrum), z. B. das **Segenhoe Stud**. Das **Scone Horse Festival** Mitte Mai ist die beste Besuchszeit.

Etwa 16 Kilometer nordöstlich von Scone liegt der Poloplatz Gundy, wo Australiens Reiche spielen. Einen Eindruck dieses Lebensstils bekommen Sie in der **Belltrees Station** *(Tel. 02/6546-1123)*, einst Familienanwesen des Schriftstellers Patrick White. Die Gäste übernachten im Farmhaus oder in der Berghütte in der kühlen Luft der Great Dividing Range. Östlich von Belltrees ist der **Barrington Tops National Park**, Teil einer Weltnaturerbe-Region (siehe S. 120). ■

ANFAHRT ZUM HUNTER VALLEY: Der New England Highway ist die wichtigste Zufahrtsroute ins Hunter Valley, man kann aber auch auf der Old Putty Road fahren, einer gewundenen Straße, die sich 160 Kilometer durch den dichten Wald der Great Dividing Range zwischen Windsor in Sydneys äußerem Westen und Singleton windet.

Die Top-Weinregionen Australiens

Australien, der viertgrößte Weinexporteur der Welt, besitzt mehr als 60 Weinbaugebiete, vor allem in Südaustralien, New South Wales, Victoria und Westaustralien.

New South Wales: Hunter Valley (siehe S. 110f), 160 Kilometer nördlich von Sydney, ist die älteste Weinregion Australiens und eine der größten, die vor allem für ihren Semillon bekannt ist. Daneben gibt es Shiraz, Chardonnay, Verdelho und andere.

Südaustralien: Barossa Valley (siehe S. 267f), eine Stunde nordöstlich von Adelaide, ist die größte Weinregion Australiens. Shiraz ist die wichtigste Rebe, doch auch Cabernet Sauvignon, Grenache, Merlot, Riesling, Semillon und Chardonnay gedeihen hier.

Die Region McLaren Vale (siehe S. 263), nur 40 Kilometer südlich von Adelaide, liefert ausgezeichneten Shiraz, Cabernet Sauvignon, Merlot, Chardonnay, Sauvignon Blanc und Riesling.

130 Kilometer nördlich von Adelaide ist das Clare Valley (siehe S. 266) die malerische Heimat von Qualitätsriesling.

Coonawarra (siehe S. 266), 400 Kilometer südöstlich von Adelaide, ist bekannt für seinen intensiven Cabernet Sauvignon; aber die Region produziert auch Shiraz, Merlot und Chardonnay.

Tasmanien: Die Insel erzeugt aromatische Weine, die sich von denen des wärmeren Festlands unterscheiden. Weingüter wie Pipers Brook und 9th Island im Tamar Valley (siehe S. 332) produzieren Pinot Noir, Riesling, Pinot Grigio und andere Sorten.

Victoria: Yarra Valley (siehe S. 308), 50 Kilometer nordöstlich von Melbourne, bringt eleganten Pinot Noir und Chardonnay hervor, außerdem Shiraz, Cabernet Sauvignon, Marsanne, Sauvignon Blanc und Semillon.

Westaustralien: Die malerische Region Margaret River (siehe S. 226f) 280 Kilometer südlich von Perth liefert vielerlei ausgezeichnete Weine, ist aber vor allem bekannt für Cabernet Sauvignon, Shiraz, Verdelho und Australiens besten Sauvignon Blanc.

Die South Coast entlang

An der Küste gen Süden zu fahren bedeutet, der Hektik der Stadt zu entfliehen. Die Küste südlich von Sydney hat nicht die abwechslungsreiche Szenerie des Pacific Highway Richtung Norden, aber auch nicht dessen Tempo. Der Princes Highway verläuft durch sanftes Farmland und friedliche Küstenstädte.

Der Hafen von Wollongong an der Illawarra Coast südlich von Sydney

Royal National Park
Karte S. 103 E3
Besucherinformation
Audley Rd., Audley
02/9542-0648

Wollongong
Karte S. 103 E3
Besucherinformation
93 Crown St.
02/4267-5910

Kiama
Karte S. 103 E2
Besucherinformation
Blowhole Point Rd.
02/4232-3322

Der 1879 gegründete **Royal National Park**, 32 Kilometer südlich von Sydney, ist der zweitälteste der Welt. Der Park ist bei Buschwanderern und Cross-Country-Läufern aus Sydney sehr beliebt, doch kommen überraschend wenige Ausländer – obwohl der Park einige der schönsten Klippenwanderungen und Wildblumenwiesen in New South Wales bietet und Vogelliebhaber hier 200 Arten beobachten können. Einige Wege beginnen an den Bahnhöfen der Kleinstädte am Princes Highway – **Engadine**, **Loftus**, **Heathcote**, **Otford** und **Waterfall**. Für eine Tour auf dem Hacking River können Sie im Bootshaus in Audley *(Tel. 02/9545-4967)* Kanus mieten.

48 Kilometer südlich von Audley liegt **Wollongong**, die drittgrößte Stadt in New South Wales, ein einstiges Industriezentrum, das sich gerade als Touristenziel neu erfindet, mit nettem Hafenbereich mit Fischereiflotte und Leuchtturm, guten Cafés (z. B. an der Keira St.) und einigen tollen Stränden.

Kiama, 32 Kilometer weiter, ist eine windige Küstenstadt. 1797 hörte der Forscher George Bass einen „furchtbaren Lärm" von den Klippen über der Bucht. Er entsteht, wenn eine große

Welle durch einen Felsspalt, bekannt als **Blowhole**, kracht und wie ein Geysir bis zu 61 Meter hoch spritzt. Westlich der Stadt führt eine steile Straße zum **Mount Saddleback Lookout** mit Ausblick über die Küste. **Jamberoo** ist ein historisches Dorf acht Kilometer im Landesinneren.

Acht Kilometer südlich von Kiama können Sie die Abzweigung zum **Seven Mile Beach** nehmen. 1933 startete hier Charles Kingsford Smith zu seinem Pionierflug über die Tasmansee nach Neuseeland. Die Straße trifft in Nowra auf den Princes Highway. Nördlich von Nowra führt ein schöner Umweg auf Route 79 zum 24 Kilometer nördlich gelegenen **Kangaroo Valley**.

Jervis Bay, 32 Kilometer südlich von Nowra, besitzt schöne Strände und Dörfer wie den Hauptort Huskisson. Den Großteil nimmt der **Booderee National Park** mit schroffen Klippen, Sandstränden, guter Brandung und einem botanischen Garten ein.

Südlich von Bermagui (siehe Kasten) liegt am Princes Highway die Käsestadt **Bega**, nahe der Abzweigung zum Snowy Mountains Highway. Im Winter können Sie hier morgens surfen und nachmittags auf den 160 Kilometer entfernten Pisten von New South Wales Ski laufen.

Auf dem Princes Highway kommen Sie nach **Eden**, Australiens erstem, 1818 gegründetem Walhafen. Walfang war bis in die 1920er Jahre Haupterwerbszweig der Stadt. Das faszinierende **Killer Whale Museum** *(184 Imlay St., Tel. 02/6496-2094, $)* erzählt die Geschichte jener Tage. Buckel- und Schwertwale sind im Frühling vor der Küste zu sehen.

Im nahe gelegenen **Ben Boyd National Park** *(National Parks & Wildlife Service, Tel. 02/6495-5000)* gibt es noch Reste des herrlichen gemäßigten Regenwaldes. Ein 3,2 Kilometer langer Wanderweg zum **Mount Imlay** belohnt Wanderer mit Blicken auf die Küste. Der Highway führt von hier landeinwärts zu den Wäldern von Victorias Gippsland und weiter nach Melbourne. ■

Angeln in Bermagui

Bermagui liegt rund 160 Kilometer südlich des Booderee National Park, am Highway südlich von Tilba. Es ist bei Hochseefischern beliebt, seit Zane Grey, Westernautor und berühmter Marlinangler, in den 1930er Jahren hierher kam. Wettangelbewerbe werden abgehalten und Angeltrips organisiert. Gefangen werden z. B. Schwarzer Marlin und Gelbflossen-Thunfisch.

Booderee National Park
Karte S. 103 D2
Besucherinformation
☎ 02/4443-0977

Bega
Karte S. 103 D2
Besucherinformation
✉ Lagoon St.
☎ 02/6491-7645

Eden
Karte S. 103 D1
Besucherinformation
✉ Ecke Mitchell & Imlay St.
☎ 02/6496-1953

Snowy Mountains

Die Snowy Mountains sind die höchsten Berge der Great Dividing Range, eines Bergrückens, der sich an der Ostküste von Queensland zu den Grampian Ranges in Victoria zieht. Der höchste Gipfel ist mit 2228 Metern der Mount Kosciuszko. Sie sind in Wirklichkeit nicht schneereich, aber wegen der riesigen Ausdehnung haben sie im Winter größere Schneefelder als die Schweiz.

Cooma

Karte S. 103 D2

Besucher-information

119 Sharp St.

02/6455-1745 oder 1800-636-525

An der New-South-Wales-Seite der Berge liegt der über 650 000 Hektar große **Kosciuszko National Park** mit Gipfeln, Gletscherseen, Hochlandwiesen und dichten Wäldern. Hier liegt der **Mount Kosciuszko**, den der polnische Bergsteiger Paul Edmund de Strzelecki 1840 bestieg und zu Ehren des polnischen Freiheitskämpfers General Tadeusz Kosciuszko benannte.

Cooma, etwa 400 Kilometer südwestlich von Sydney, ist eine gute Basis für einen Besuch der Snowy Mountains. Der Ort war das Konstruktionszentrum der Snowy Mountains Hydroelectric Scheme, eines von Australiens großen öffentlichen Arbeitsprojekten, das 1949 begann. Über 100 000 Menschen arbeiteten an dem umfangreichen Projekt, das 16 große Dämme, sieben Kraftwerke und ein Wunderwerk aus Tunnels, Seen und Pipelines umfasste. Als all dies 1974 fertiggestellt war, lieferten die Flüsse Tumut, Snowy und Upper Murrumbidgee vier Millionen Kilowatt Strom. Das **Snowy Hydro Discovery Centre** *(Monaro Hwy., Tel. 02/6453-2888)* bietet Filme und Ausstellungen über die Arbeit des Wasserkraftprojekts.

Die neu entstandene Ferienstadt Jindabyne, 64 Kilometer südlich, wurde an einem See gebaut, der sich beim Aufstauen des Snowy

Langläufer auf den Loipen bei Thredbo im südostaustralischen Schnee der Snowy Mountains

ERLEBNIS: „Man from Snowy River"-Reittouren

Eines der beliebtesten Gedichte Australiens, „The Man from Snowy River" (1890) von Banjo Paterson, verewigt die hart arbeitenden Hirten des Hochlands. Heute gibt es zwar kaum mehr Hirten, doch man kann immer noch „down by Kosciuszko – where air is clear as crystal, and the white stars fairly blaze" reiten.

Jindabyne Equestrian Resort *(Tel. 02/6456-7333, equestrianresort.com.au)* **in Jindabyne bietet ein- oder zweistündige Ritte, Übernachtungscamps und verschiedene Unterkünfte. In den Wintermonaten fungiert es darüber hinaus als beliebtes Skiresort.**

Reynella Kosciuszko Rides *(Tel. 02/6454-2386, reynellarides.com.au)* **in Adaminaby, 50 Kilometer nordwestlich von Cooma, organisiert Mehrtagestouren in den Kosciuszko National Park (Oktober bis April).**

Snowy River Horseback Adventure *(Tel. 02/6457-8385, snowyriverhorseback adventure.com.au)* **in Jindabyne hat von September bis Mai zwei- bis fünftägige Reittouren auf alten Herdenwegen im Angebot.**

River Anfang der 1960er Jahre bildete. Die ursprüngliche, 140 Jahre alte Stadt liegt heute unter Wasser. Das **Snowy Region Visitor Centre** in Jindabyne vertreibt Karten und Führer über Flora und Fauna des Kosciuszko National Park.

Skifahren & Wandern

Von Mitte Juni bis Anfang Oktober ist in den Snowy Mountains Skisaison. Hier gibt es die besten Pisten Australiens. Sie sind sanft und der Schnee sehr nass. Wer zwischen Schnee-Eukalyptus Ski fahren möchte, sollte lange im Voraus buchen. **Thredbo**, 32 Kilometer südwestlich von Jindabyne besitzt die längste Piste in Australien – drei Kilometer lang mit 670 Metern Höhenunterschied. Auch in Perisher Valley, Charlotte Pass und Smiggin Holes wird alpiner Skisport betrieben, alle Pisten liegen an der Koscziuszko Road im Süden des Parks. Auch Skilanglauf und Schneeschuhwandern erfreuen sich zunehmender Beliebtheit.

Für die meisten sind Frühjahr und Sommer die besten Zeiten für einen Besuch. Wanderungen im Hochland, von Tagesausflügen bis zu Mehrtageswanderungen, sind angenehm, die Bergblumenwiesen spektakulär, und Forellenangler haben die Wahl zwischen klaren Seen und Gebirgsbächen. Viele Skilifte werden im Sommer betrieben und bieten Zugang zum Hochland. Der Gipfel des Mount Kosciuszko ist via Kosciuszko Road von Charlotte Pass zu erreichen, alternativ können Sie den Kosciuszko Express Chairlift *($$$ einfach)* von Thredbo zu einem der Bergkämme nehmen und von hier bis zum Gipfel und zurückwandern (13 Kilometer). ■

Snowy Region Visitor Centre
✉ Kosciuszko Rd., Jindabyne
☎ 02/6450-5600

Australian Ski Areas Association
☎ 02/9326-4069
asaa.org.au

Broken Hill

Wer einen Eindruck vom Leben im Outback bekommen will, geht nach Broken Hill, auch als Silver City bekannt. Seit über einem Jahrhundert lebt die Stadt 1200 Kilometer westlich von Sydney von einer acht Kilometer langen Erzader mit den reichsten Silber-, Blei- und Zinkvorkommen der Welt.

Das alte Silverton Hotel, ein klassischer Outback-Pub

Broken Hill
Karte S. 102 A4
Besucherinformation
Ecke Blende & Bromide Sts.
08/8080-3560
brokenhillaustralia.com.au

Broken Hill ist voller großartiger Architektur wie der reich verzierten **Trades Hall** *(Sulphide St.)* von 1898 mit Eisendecken und einer eindrucksvollen Halle. Die **Town Hall** von 1891 steht an der **Argent Street**, der Hauptstraße der Stadt.

Alles fing im September 1883 an, als der Cowboy Charles Rasp an einer felsigen Erhebung, die als Broken Hill bekannt war, auf einen riesigen bumerangförmigen Erzkörper stieß. Im Glauben, das Erz enthielte Zinn, kratzten er und ein paar Kameraden das Erz ab. Erst später erfuhren sie, dass die 280 Millionen Tonnen schwere Masse aus Bleierz bestand, das unvorstellbar reich an Silber, Blei und Zink war. Es war die größte je gefundene Erzader, und hier entstanden Australiens größte Bergwerksunternehmen: B. H. P., C. R. A. und North Broken Hill. Die Stadt wuchs auf 35 000 Einwohner im Jahr 1915 an, mit 61 Kneipen, Hotels und Grog-Shops.

Heute ist „The Hill" eine vergleichsweise harmlose Stadt mit etwa 20 000 Bewohnern und im Gegensatz zu den meisten Outback-Minenstädten leicht zu erreichen. Züge und Busse verkehren regelmäßig, und es gibt täglich Flugverbindungen zu den größeren australischen Städten.

Filmemacher entdeckten das schöne Licht und die durchschnittlich 320 Sonnentage im Jahr. „Priscilla – Königin der Wüste" und „Mad Max II" wurden hier gedreht.

Doch erwarten Sie kein Nachtleben. Hier herrscht nach wie vor der Bergbau vor, obwohl das Erz langsam knapp wird. Eine riesige Schlackenhalde erhebt sich über der Stadt, und die Straßen tragen Namen wie Oxide, Sulphide und

Chloride. Broken Hill ist die Geburtsstätte der australischen Bergwerks-Reiche, und hier schrieben militante Bergarbeiter Geschichte. Auf der Schlackenhalde steht das bewegende **Miners Memorial**, das an Hunderte von getöteten Bergleuten erinnert.

Die steigenden Metallpreise führen dazu, dass einige alte Minen wiedereröffnet wurden, auch die Delparts Mine, die jetzt nicht mehr für Besucher geöffnet ist. Führungen gibt es (um 10 und 11.30 Uhr) durch die **Day Dream Mine** *(Tel. 08/8088-5682)*, eine der ältesten Minen (von 1881), 32 Kilometer nördlich der Stadt an der Silverton Road. Unter den vielen Bergbau- und anderen Museen der Stadt besitzt das **White's Mineral Art Gallery & Mining Museum** *(1 Allendale St., Tel. 08/8087-2878)* des ehemaligen Bergmanns Kevin „Bushy" White einen begehbaren Nachbau einer Mine.

19 Kilometer nördlich von Broken Hill liegt die Geisterstadt **Silverton**, wo Werbespots und Filme gedreht wurden. Das hübsche alte **Silverton Hotel** wird oft für Filme umbenannt.

Der am häufigsten besuchte Platz sind jedoch die **Living Desert Sculptures** – riesige Werke von 14 Bildhauern aus Australien und der ganzen Welt auf einem Hügel außerhalb der Stadt *(Kaolin St. aus der Stadt heraus gen Nordwesten, dann Schildern folgen)*. Bei Sonnenuntergang ist dies ein magischer Ort.

Broken Hill ist ein guter Ausgangspunkt für Touren ins Outback und die Wüste (Liste mit Anbietern bei der Touristeninformation). Für Selbstfahrer führt ein zweitägiger Rundkurs 130 Kilometer nach Nordosten zum **Mutawinji National Park** mit roten Felsen und Felskunst der Aborigines. Dann geht es weiter nach **White Cliffs**. In der faszinierenden Opal-Bergbaustadt können Sie im Underground Motel *(Tel. 08/8091-6677)* übernachten, bevor Sie über **Wilcannia** am Darling River zurück nach Broken Hill fahren. ■

Kunst des Outback

Broken Hill besitzt eine blühende Künstlerkolonie. Die Stadt zog einige der besten Maler des australischen Outback an, darunter Hugh Schultz, John Pickup, Jack Absalom und, am bekanntesten von allen, der verstorbene Pro Hart, dessen Galerie *(108 Wyman St., Tel. 02/8087-2441)* besucht werden kann. In der Stadt gibt es Wandmalereien, Kunst in den Pubs und Dutzende Galerien.

Silverton

Karte S. 102 A4

Mit dem Auto: Pacific Highway

Für Sydneys Büroarbeiter ist der Pacific Highway die Straße zu Abenteuer und Sonnenschein. Er windet sich an der Küste Richtung Norden zum tropischen Queensland mit beliebten Stopps wie Port Macquarie, Coffs Harbour und Byron Bay. Von allem gibt es hier etwas – üppigen Regenwald, leere Strände, lebhafte Ferienstädte, Hippie-Kommunen und friedliche Bauerndörfer.

Der Pacific Highway kann eng, verstopft, eintönig und teils geradezu gefährlich sein. Sie werden auf Lastzüge nach Brisbane und Familien auf dem Weg zu den Vergnügungsparks an der Gold Coast Queenslands treffen. Der Highway 1 wird immer weiter teils autobahnartig ausgebaut.

Der Weg ist leicht zu finden: Überqueren Sie die Syndey Harbour Bridge, und halten Sie sich 800 Kilometer weit nordwärts auf der Route 1 zur Queensland-Grenze. Nach dem malerischen Hawksbury River, einem Mekka für Bootsfreunde, erreichen Sie **Newcastle** ❶ *(Besucherinformation: 3 Honeysuckle Dr., Tel. 02/4929-2588)*, die zweitgrößte Stadt in New South Wales, etwa 160 Kilometer von Sydney. Sie ist eines von Australiens wichtigsten Industriezentren und Heimat der riesigen B. H. P.-Stahlwerke. Der größte Kohlehafen der Welt boomt noch immer, doch die Stadt ist sauberer und grüner geworden und hat beeindruckende alte Gebäude, eine blühende Restaurant- und Kulturszene sowie gute Strände. Nach der Besichtigung von **Fort Scratchley** *(Fort Dr., Tel. 4974-5000)* können Sie auf dem Nobbys Beach einen Spaziergang unternehmen. Zu den Weingütern des **Hunter Valley** ❷ und den Gestüten um Scone (siehe S. 110f) führt die Route 15, der New England Highway.

Der Highway 1 führt hier etwas landeinwärts, da die Küste so zerklüftet ist. Die meisten interessanten Ort erfordern kleine Umwege. Zu den lohnendsten gehört die Fahrt zum **Barrington Tops National Park** ❸, Teil der Gondwana Rainforest World Heritage Area *(Tel. 02/6538-5300; biegen Sie vom Pacific Hwy.*

NICHT VERSÄUMEN

Barrington Tops National Park • Bellingen • Dorrigo National Park • Byron Bay

ERLEBNIS: Hausboote auf dem Hawkesbury

Eine Fahrt auf einem voll ausgerüsteten Hausboot ist idyllisch und ein beliebter Kurzurlaub von Sydneysiders. Trotz hoher Preise sind die Schiffe in den Ferien meist ausgebucht, doch ansonsten sind die Preise vernünftig. Es beginnt bei 500 A$ für zwei Nächte auf einem Hausboot mit zwei bis vier Kojen und 1000 A$ mit acht bis zehn Kojen. Zu den Anbietern zählen:

Able Hawkesbury House Boats *(River Rd., Wisemans Ferry, Tel. 02/4566-4308, hawkesburyhouseboats.com.au)*

Luxury Afloat Houseboats *(Kangaroo Point Cruise Terminal, Pacific Hwy., Brooklyn, Tel. 02/9985-7344, luxuryafloat.org).*

Ripples Houseboat Holidays *(87 Brooklyn Rd., Brooklyn, Tel. 02/9985-5555, ripples.com.au)*

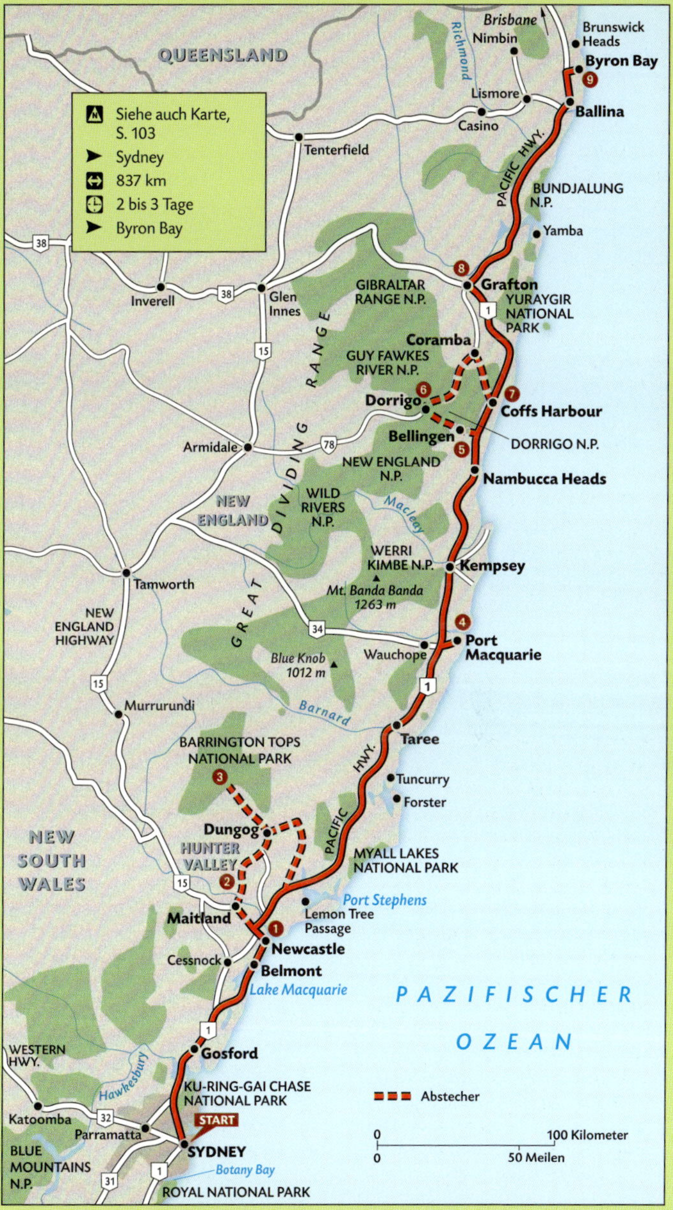
Siehe auch Karte, S. 103
Sydney
837 km
2 bis 3 Tage
Byron Bay
QUEENSLAND
Brisbane
Richmond
Nimbin
Brunswick Heads
Byron Bay
Lismore
Ballina
Casino
Tenterfield
PACIFIC HWY.
BUNDJALUNG N.P.
Yamba
Inverell
Glen Innes
GIBRALTAR RANGE N.P.
Grafton
YURAYGIR NATIONAL PARK
Coramba
GUY FAWKES RIVER N.P.
Dorrigo
Coffs Harbour
Bellingen
DORRIGO N.P.
Armidale
GREAT DIVIDING RANGE
NEW ENGLAND N.P.
Nambucca Heads
NEW ENGLAND
WILD RIVERS N.P.
Macleay
WERRI KIMBE N.P.
Kempsey
Tamworth
Mt. Banda Banda 1263 m
NEW ENGLAND HIGHWAY
Port Macquarie
Blue Knob 1012 m
Wauchope
Murrurundi
Barnard
Taree
BARRINGTON TOPS NATIONAL PARK
Tuncurry
Forster
Dungog
NEW SOUTH WALES
HUNTER VALLEY
MYALL LAKES NATIONAL PARK
Port Stephens
Maitland
Lemon Tree Passage
Newcastle
Cessnock
Belmont
Lake Macquarie
PAZIFISCHER OZEAN
Gosford
WESTERN HWY.
Hawkesbury
KU-RING-GAI CHASE NATIONAL PARK
Abstecher
Katoomba
START
Parramatta
SYDNEY
BLUE MOUNTAINS N.P.
Botany Bay
ROYAL NATIONAL PARK
0 100 Kilometer
0 50 Meilen

nach Gloucester ab, und nehmen Sie die Barrington Tops Rd.). Sie durchqueren gemäßigten Regenwald und hoch gelegene Plateaus mit Schnee-Eukalypten und Bergsümpfen. Diese Straße ist größtenteils nicht geteert – und nach heftigen Regenfällen nur mit einem Allradfahrzeug befahrbar.

Zurück an der Küste können Sie im Busch um Lemon Tree Passage nahe Port Stephens wilde Koalas sehen. Weiter nördlich befindet sich in der Touristen- und Pensionärsstadt **Port Macquarie** 4 *(Besucherinformation: Clarence St., Tel. 1300-303-155)* das von der Koala Preservation Society of Australia betriebene **Koala Hospital** *(von der Lord St. abfahren).* Etwa 200 kranke und verletzte Koalas werden jährlich hierher gebracht. Sie können sie täglich besuchen.

145 Kilometer nördlich von Port Macquarie ist die Ausfahrt nach **Bellingen** 5 *(Besucherinformation: Tel. 02/6655-1522)*, elf Kilometer auf der Route 78 ab dem Highway. Das malerische Dorf liegt im Regenwald am Fuß eines 300 Meter hohen Hangs. Die einstige Holzfällerstadt ist Schlupfwinkel für Schriftsteller, Handwerker und Künstler, die dem Stadtleben entfliehen, und hat eine Reihe guter Galerien.

Die Landschaft ist übersät von Bio-Bauernhöfen und Öko-Kommunen. Australien hat nicht viel ländliche Idylle zu bieten, aber hier gibt es sie. Wenn Sie Zeit haben, überqueren Sie den Bellingen River am Stadtrand, und fahren Sie 16 Kilometer flussaufwärts durch Farmland zu einem zauberhaften Picknickareal am Fluss, bekannt als Promised Land.

Ähnlich zauberhaft, wenn auch nervenaufreibender, ist die 32 Kilometer lange Fahrt auf die Anhöhe via Route 78 von Bellingen nach **Dorrigo** 6 *(Besucherinformation: 36 Hickory St., Tel. 02/6657-2486).* Aussichtsplätze bieten Blick auf den Pazifik. Auf dem Plateau stehen die zum Welterbe gehörigen Regenwälder des **Dorrigo National Park**. Er gehört zu den best geplanten Parks des Landes und hat ein Informationszentrum *(Tel. 02/6657-2309)*, einen Plankenweg mit Regenwalddach und Pfade durchs Dickicht. Zurück zum Pacific Highway kommen Sie über Bellingen oder über Coramba und dann nach Coffs Harbour.

Wenn Sie **Coffs Harbour** 7 *(Besucherinformation: Pacific Hwy., Tel. 02/6648-4990)* erreichen, sind Sie weit genug im Norden, um den klimatischen Unterschied zu bemerken. Es ist schwül, und Regenwälder und Bananenplantagen

Hippie-Paradies

An der Hauptstraße von Nimbin, 70 Kilometer westlich von Byron Bay, gibt es schlichte Holzhäuser mit psychedelischen und Hindumotiven, New-Age-Heiler und Cannabis-Cafés. Willkommen in Australiens Hippie-Hauptstadt, auf einer Zeitreise in die 1970er Jahre.

Bis zum Aquarius Festival 1973 war Nimbin eine verschlafene Stadt in den Regenwaldhügeln, die von Milchwirtschaft lebte. Bei dem Festival, organisiert von der Australian Union of Students sammelten sich Tausende zu einem Gegenkulturexperiment. Die meisten kehrten in die „normale" Welt zurück, doch ein paar Idealisten führen auch weiterhin ein Aussteigerleben in Kommunen wie Tuntable Falls.

Das Experiment lief wohl nicht ganz nach Plan; Nimbin ist für gelegentliche Drogenrazzien und das Mardigrass Hanffestival im Mai bekannt. Doch die Stadt bleibt ein Magnet für Aussteiger, Künstler und Touristen.

schmiegen sich an die Flanken der Berge, die sich bis zur Küste ausdehnen. In Coffs befindet sich die **Big Banana** *(2,5 km nördlich der Stadt an der Route 1)*, ein kitschiges „Kunstwerk", das Touristen anziehen soll und die Bananenindustrie ehrt. Die Australier haben eine besondere Vorliebe für riesige Objekte, die im ganzen Land zu finden und so furchtbar hässlich und schamlos touristisch sind, dass sie einen Fotostopp quasi erzwingen. Was natürlich genau das ist, was sie bewirken sollen. Big Crayfish (Kingston, South Australia), Big Merino (Goulburn, New South Wales), Big Pineapple (Nambour, Queensland) und Big Ned Kelly (Glenrowan, Victoria) gehören zu den bekanntesten dieser Kitschikonen. Und hier bei der Big Banana haben Sie die Möglichkeit, eine Plantage zu besichtigen, ein Bananencafé zu besuchen, in einem Bananen-Souvenirladen zu stöbern und sich einen Bananenfilm anzuschauen.

Der Highway geht nördlich von Coffs Harbour wieder ins Landesinnere. Weite Küstengebiete sind Nationalparkland, und Nebenstraßen führen zu friedlichen Stränden. **Grafton** 8, eine vornehme Kleinstadt am Ufer des Clarence River, ist im November farbenfroh, wenn die Jacaranda- und Flammenbäume in voller Blüte stehen. Sie gelangen nun in üppiges, tropisches Land, und je weiter Sie nach Norden kommen, desto mehr Häuser im Queensland-Stil sehen Sie – auf Stelzen erbaut, um die Luft möglichst optimal zirkulieren zu lassen.

Leuchtturm von Cape Byron, dem östlichsten Punkt Australiens, erbaut 1901

Byron Bay 9 *(Besucherinformation: 80 Jonson St., Tel. 02/6680-8558)* kurz vor der Grenze zu Queensland ist einer der hübschesten Orte hier. Die einstige Arbeiterstadt, deren Haupterwerbszweig die Schlachthöfe waren, ist heute eine beliebte Ferienstadt voller Galerien, vegetarischer Cafés und Märkte. Vor der Küste des Cape Byron kann man im Juni und Juli Buckelwale sehen.

Entlegene Territorien

Australien hat einige abgelegene Territorien, Vermächtnis aus den Tagen, als das Britische Empire Inselkolonien und Schutzgebiete in diesem Teil der Welt beherrschte. Am leichtesten zu erkunden sind Norfolk Island und Lord Howe Island. Unterkünfte auf diesen schwer zu erreichenden Inseln sind teuer, weshalb viele Besucher Pauschalangebote wählen.

Die vulkanische Lord Howe Island, die steil aus dem Meer aufragt, bietet gute Schnorchelmöglichkeiten in der ruhigen Lagune im Westen

Lord Howe Island
Karte S. 123
Besucherinformation
02/6563-2114
lordhoweisland.info

Weitere Territorien sind Macquarie Island (gilt als Teil von Tasmanien), in den subantarktischen Gewässern des südlichen Indischen Ozeans, und Heard Island. Canberra beansprucht fast die Hälfte der Antarktis als australisches Gebiet. Bis 1975 stand auch Papua-Neuguinea unter australischer Herrschaft.

Lord Howe Island

Die kleine vulkanische Insel Lord Howe etwa 800 Kilometer nordöstlich von Sydney ist eine von Regenwald bewachsene, bergige

Tropenidylle. Die Insel gehört zu New South Wales, Sie brauchen also keinen Pass, um sie vom Festland Australiens aus zu besuchen. Die meisten Besucher besuchen Lord Howe im Rahmen einer organisierten Tour.

Die halbmondförmige Insel wurde 1788 von Lt. Henry Lidgbird Ball auf dem Weg von Sydney nach Norfolk Island gesichtet. Die ersten Siedler kamen 1833, und die nächsten 50 Jahre war sie ein Zwischenstopp für amerikanische und britische Walfangschiffe. Aufgrund der einzigartigen Natur setzte man die Insel 1982 auf die Unesco-Welterbe-Liste.

Lord Howe Island ist heute ein beliebtes Ziel für Ökotouristen. Über 120

ANREISE NACH LORD HOWE ISLAND:
Qantas Link *(eine Tochtergesellschaft von Qantas; Tel. 13-1313)* fliegt von Februar bis Juni und September bis Dezember fast täglich ab Sydney, an Wochenden ab Brisbane sowie von Port Macquarie.

Norfolk Island

Karte S. 123

Besucherinformation

Bicentennial Centre, Burnt Pine

6723-22147 oder 1800-214-603

norfolkisland.com.au

ANREISE NACH NORFOLK ISLAND:
Air New Zealand *(Burnt Pine Travel, Taylors Rd., Tel. 6723-22195, airnewzealand.com.au)* fliegt fünfmal pro Woche von Australien (Brisbane und Sydney) und Auckland.

Vogelarten gibt es zu sehen, darunter die flugunfähige Lord-Howe-Waldralle.

Das Wasser um die Insel wimmelt von Fischen und bietet das südlichste Korallenriff der Welt – dank der tropischen Strömungen, die von Queenslands Great Barrier Reef kommen. Tauchen und schnorcheln kann man hier besonders gut. Wanderer können den dramatischen **Mount Gower** (866 m) erklimmen.

Norfolk Island

Norfolk Island ist ein selbst verwaltetes Territorium Australiens, ein Steuerparadies 1600 Kilometer nordöstlich von Sydney. Captain Cook entdeckte das Eiland 1774. Die Norfolk-Tanne (für Masten) und der wilde Flachs (für Leinensegel) machten es strategisch wichtig für die britische Marine.

Es wird gemeutert, Mr. Lettuce Leaf

Da die meisten Bewohner von Norfolk Island von den Meuterern abstammen, gibt es nur wenige Nachnamen. Am häufigsten ist Christian. Deshalb stehen im Telefonbuch auch eine Reihe von Spitznamen wie Lettuce Leaf, Dar Bizziebee, Moochie, Loppy, Smudge, Diddles, Tardy, Frenzy, Hose, Truck und Rubber Duck.

Die Insel wurde nach der Ankunft der First Fleet in Australien 1788 als Strafkolonie besiedelt. In der Hand des sadistischen Gouverneurs John Giles Price wurde Norfolk Island berüchtigt. Die Strafkolonie wurde 1855 geschlossen; im Jahr darauf wurden die Nachkommen von Fletcher Christian und anderen Meuterern der „H.M.S. Bounty" von Pitcairn Island hierher umgesiedelt. Heute sind 40 Prozent der Inselbewohner Nachkommen der Meuterer.

Der Hauptort der kleinen Vulkaninsel ist **Burnt Pine**; **Kingston**, eine historische, von Sträflingen erbaute Siedlung, die Hauptattraktion. Der Sträflingsfriedhof ist besonders eindrucksvoll. Der **Norfolk Island National Park** bietet Buschwege, gute Angel- und Tauchgründe. Flüge hierher sind Auslandsflüge – nehmen Sie Ihren Pass mit, und besorgen Sie sich ein Wiedereinreise-Visum für Australien.

Christmas Island & die Cocos Islands

Die Weihnachtsinsel und die Kokosinseln liegen im Indischen Ozean vor der Nordwestküste von Western Australia. Regelmäßige Flüge gehen ab Perth, 2560 Kilometer von der Christmas Island und 1700 Kilometer von den Cocos Islands

(Fortsetzung auf S. 126)

ERLEBNIS: Wildtiere Australiens

Nichts ist aufregender als Tiere in freier Natur zu sehen. Zu den besten Orten für Tierbeobachtung zählt der Kakadu National Park (siehe S. 188ff), vor allem zu Beginn der feuchten Zeit im November für Krokodile und Wasservögel. Viele andere Tiere sind schwieriger zu beobachten, aber Touren bieten eine gute Chance.

Auf **Kangaroo Island** (siehe S. 268ff), südlich von Adelaide, gibt es mehr Tiere – Seelöwen und andere Robben, Zwergpinguine und Wallabys (hasengroße, kletternde Kängurus) – als anderswo in Australien. Hier besteht die beste Chance, Koalas zu sehen.

Der Koalapark auf **Phillip Island** (siehe S. 307) in Victoria ist ebenfalls ein guter Ort, um Koalas zu sehen, doch die Insel ist vor allem wegen ihrer Kolonie von Zwergpinguinen berühmt.

Australiens größte Insel, **Tasmanien** (siehe S.. 330ff) besitzt eine vielfältige Tierwelt mit Wallabys, Wombats, Opossums und den berühmten Beutelteufeln: In einigen Nationalparks kann man sie beobachten.

Monkey Mia (siehe S. 229) in Western Australia ist berühmt für die Delfine, die zutraulich bis ins flache Wasser schwimmen. Delfine und andere Meeressäugetiere leben in **Rockingham** und **Bunbury** (siehe S. 226), südlich von Perth; Schwimmen mit Delfinen wird im ganzen Land angeboten.

Die **Eyre Peninsula** (siehe S. 246) in South Australia ist ein weniger besuchtes Ziel, um Delfine, Robben und Seelöwen zu beobachten. Vor Port Lincoln besteht die Möglichkeit (in einem Käfig) mit Weißen Haien zu schwimmen. Von Juni bis Oktober können an der Südküste Wale beobachtet werden; **Hervey Bay** (siehe S. 148) in Queensland ist der beste Platz für die Beobachtung von Buckelwalen.

Und dann gibt es noch die Wunderwelt des **Great Barrier Reef** (siehe S. 154ff) und des weniger bekannten **Ningaloo Reef** (siehe S. 230f) in Western Australia, wo Sie von April bis Juli mit Walhaien schwimmen können.

Wildparks

Wenn wenig Zeit ist, bieten die Wildparks im ganzen Land alle Arten von Beuteltieren, Reptilien und Vögeln, ebenso die großen Zoos. Zu den beliebtesten und am besten erreichbaren Wildparks gehört Steve Irwins **Australia Zoo** an Queenslands Sunshine Coast (siehe S. 147), das **Currumbin Wildlife Sanctuary** an der Gold Coast (siehe S. 145) mit einer farbenprächtigen Vogelwelt und das **Lone Pine Koala Sanctuary** (siehe Kasten S. 143) in Brisbane. Sydneys **Featherdale Wildlife Park** (siehe S. 100) besitzt eine große Auswahl an einheimischen Tieren und der ausgezeichnete **Taronga Zoo** (siehe S. 100) liegt nur eine Fährfahrt von der Innenstadt. Auch Melbourne hat einen Weltklassezoo und das berühmte **Healesville Wildlife Sanctuary** (siehe S. 308) ist nur eine Stunde entfernt im Yarra Valley.

Der Koala, einer der bekanntesten Bewohner Australiens

Die Hänge von Lord Howe bieten großartige Wanderwege

entfernt. Christmas Island *(Besucherinformation: Tel. 02/ 9164-8382, christmas.net.au)* ist von tropischem Regenwald bedeckt und von Korallenriffen umgeben. Fast zwei Drittel der Insel sind Nationalpark. Hochseefischen, Tauchen und Wandern sind die Hauptaktivitäten hier. Unterkünfte reichen von Motels bis Luxushotels.

Eine der größten Anlagen der Insel ist das umstrittene staatliche Lager für Einwanderer. Dazu erließ die Regierung ein Gesetz, nach dem Christmas Island nicht zu Australiens Einwanderungsgebiet gehört, sodass Flüchtlinge hier festgehalten werden können und ihnen Asyl verweigert werden kann.

Die Cocos Islands *(Besucherinformation: Tel. 08/9162-6790, cocos-tourism.cc)* sind ein Archipel aus 27 friedlichen tropischen Koralleninseln, ein Paradies für Angler und Taucher. Nur zwei sind bewohnt – Home und West Island. 1955 wurden die Inseln australisches Territorium und 1978 von der Familie Clunies-Ross für 6,25 Millionen A$ an Australien verkauft. In den 1980er Jahren stimmten die 600 Insulaner für die australische Staatsangehörigkeit statt der Unabhängigkeit.

Antarktis

Wer nur einmal schauen will, für den sind die Rundflüge von Qantas (siehe S. 358) über die Antarktis zur Weihnachtsferienzeit ideal, denn dann ist es 24 Stunden hell.

Die antarktischen Territorien Australiens zu bereisen ist ansonsten schwieriger und teurer. Touren von Neuseeland (oder von Hobart) aus führen zum McMurdo Sound und zur australischen Casey Base oder nach Macquarie Island *(Infos unter antarctica flights.com.au)*. ■

Kleiner als so manche Outback-Viehstation, Heimat von Australiens National Gallery und eines bedeutenden Kriegerdenkmals, Sitz der australischen Regierung

Australian Capital Territory

Außendetail von Canberras Civic Centre

Australian Capital Territory

Nachdem die sechs australischen Kolonien 1901 beschlossen hatten, eine Nation zu bilden, war der nächste Schritt die Einigung auf eine Hauptstadt – keine leichte Aufgabe in einem Land mit konkurrierenden Metropolen. Es folgten sieben Jahre Streit, zwei königliche Kommissionen und viele Parlamentsdebatten, in denen die verschiedenen Städte ihre Argumente vorbrachten.

Die neue Verfassung verordnete, dass die Hauptstadt irgendwo in New South Wales, aber mindestens 160 Kilometer von Sydney entfernt sein sollte, um die Rivalität zwischen Sydney und Melbourne, der provisorischen Kapitale, zu verringern.

Es fehlte nicht an Kandidaten. Das kleine Wentworth im äußersten Westen von New South Wales brachte das Argument vor, seine Lage am Zusammenfluss von Murray und Darling – zweier bedeutender Dampfschiffrouten – mache es zur natürlichen Hauptstadt.

1908 entschied sich ein Parlamentskomitee diplomatisch für eine Stelle, die zwischen Sydney und Melbourne lag. Obgleich auf Limestone Plains, wie die Stätte hieß, sonst niemals eine Stadt entstanden wäre, war die Lage akzeptabel. Umgeben von Bergen, etwa 320 Kilometer südwestlich von Sydney, liegt der Ort auf einem 608 Meter hohen Plateau, hoch genug, um kalte Winter mit gelegentlichem Schnee zu haben.

Zwei Jahre später übergab New South Wales die 2526 Quadratkilometer an den Staatenbund, und das Australian Capital Territory (ACT) wurde gebildet. Die Eingliederung von Jervis Bay an der Küste brachte dem ACT den Zugang zum Meer. Im selben Jahr rief man einen Wettbewerb aus, um einen Städteplaner für die neue Regierungshauptstadt zu finden.

Es gewann der Chicagoer Landschaftsarchitekt Walter Burley Griffin, einst Frank Lloyd Wrights Chefassistent. Seine Vision sah eine um das Parlamentsgebäude strahlenförmig angelegte Stadt vor, mit einem See als Herzstück. Der Entwurf war umstritten; Baubeginn war 1913, aber Widrigkeiten blockierten. Griffin gab schließlich 1920 auf und entwarf andere Städte: Griffith und Leeton in New South Wales, Melbournes Vorstädte Heidelberg und Eaglemont sowie Sydneys Vorort Castlecrag.

Lake Burley Griffin, 1963 durch Stauung des Molonglo River geschaffen, ist Canberras sprudelnder Mittelpunkt

Der Regierungssitz wurde 1927 in die neue Stadt verlegt, doch Canberra wuchs nur langsam. 20 Jahre später war es noch immer eine Kleinstadt mit nur 15 000 Bewohnern. Nach der Gründung der National Capital Development Commission 1958 begann die Stadt zu wachsen. Griffins ursprüngliche Vision eines künstlichen Sees als Mittelpunkt wurde schließlich 1963 realisiert, als der Molonglo River gestaut wurde, um den Lake Burley Griffin zu schaffen. Vororte gediehen, und 1967 war Canberra eine richtige Stadt mit 100 000 Einwohnern.

Heute leben hier etwa 370 000 Menschen, in der zweifellos grünsten Stadt Australiens. Die Parks geben der nun 90 Jahre alten Stadt ein respektables gewachsenes Flair. ■

NICHT VERSÄUMEN

Den weiten Blick vom Black Mountain genießen 130

Radfahren um den Stausee Lake Burley Griffin 130–131

Kostenlos einen Film am National Film & Sound Archive sehen 132

Australiens Geschichte im National Museum erforschen 132

Parliament House, das politische Herz der Nation, besuchen 132–133

Die Kunstsammlung der National Gallery betrachten 135

Das Australian War Memorial, eines der großen Militärmuseen der Welt, besichtigen 135–136

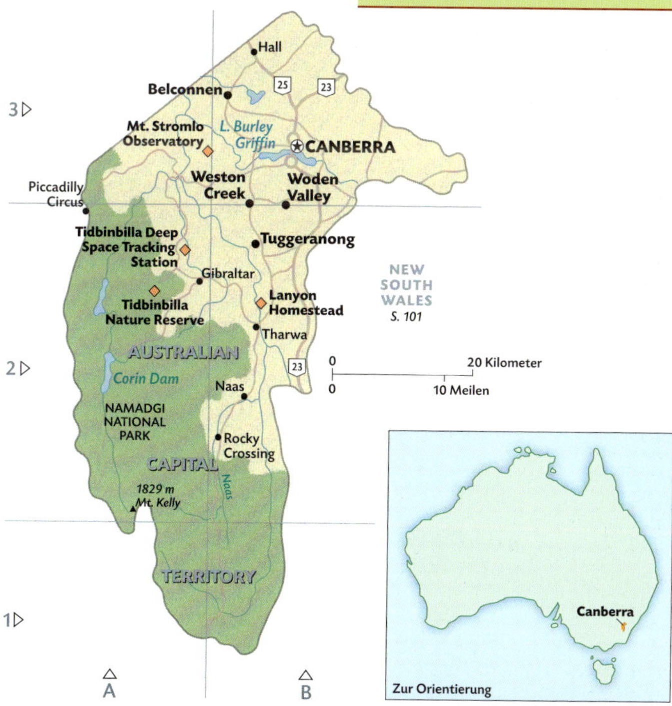

Canberra

Canberra ist jung und wohlhabend, mit vielen Restaurants, Nachtclubs und einem Kasino. Hier befinden sich auch die National Gallery und das Parliament House, wo Sie den Verbalangriffen der Politikern zuhören können – die lebhafteste Show in der Stadt. Wander- und Skimöglichkeiten sind nahe. Und es ist die einzige Stadt Australiens, wo Ihnen vielleicht ein Känguru begegnet.

Blick auf Canberra vom Aussichtspunkt am Mount Ainslie

Canberra
Karte S. 129 B3

Besucher-information
330 Northbourne Ave.
1300-554-144

Australian Institute of Sport
Leverrier St., Bruce
02/6214-1111
Führungen täglich um 10, 11.30, 13 und 14.30 Uhr
$$
Bus Nr. 7

Der Black Mountain dominiert das Stadtzentrum. Sein futuristischer Sendeturm hat Aussichtsplattformen und ein Drehrestaurant. Am Fuß des Berges liegen die **Australian National Botanic Gardens** *(Clunies Ross St., Acton, Tel. 02/6250-9540, anbg.gov.au)*, die dem Originalentwurf von Walter Burley Griffin sehr nahe kommen. Auf 51 Hektar wachsen hier ein Regenwald und 600 Arten Eukalyptus. Bus Nr. 981 fährt am Wochenende zu den Gärten, zum Gipfel des Black Mountain und zum **National Zoo & Aquarium** *(Lady Denman Dr., Weston Creek, Tel. 02/6287-8400, nationalzoo.com.au, $$$$)*. Ein Fußweg windet sich von der Frith Street den Berg hoch. Nördlich des Black Mountain liegt das **Australian Institute of Sport**. Die mehrere Millionen Dollar teure Einrichtung entstand 1981, um Weltklassesportler hervorzubringen.

Der **Lake Burley Griffin** schmückt das Zentrum Canberras, einer fahrradfreundlichen Stadt mit über 300 Kilometern Radwegen. Mr. Spokes Bicycle Hire *(nahe Fähranlegestelle Acton Park, Tel. 02/6257-1188)* am Nordufer verleiht Räder und

Tretautos. Burley Griffin Boat Hire *(Fähranleger Acton Park, Tel. 02/6249-6861)* vermietet Kanus und Tretboote. Beim Nordende der Commonwealth Avenue Bridge schießt der **Captain Cook Memorial Water Jet** eine 140 Meter hohe Fontäne in die Luft. Das **Carillon** im Südosten des Sees auf Aspen Island hat drei Türme mit 55 Glocken.

Am Parkes Place am Südufer steht die neoklassizistische **National Library of Australia**. Zu ihren Millionen von Büchern gehören die Aufzeichnungen der Entdecker Burke und Wills (siehe S. 44f) und Cooks Logbuch. Die Bibliothek stellt australische Fotografie, Kunst und ein Modell von Cooks „Endeavour" aus und bietet ein Café mit kostenlosem Internet-Zugang. **Questacon** – das nationale Wissenschafts- und Technikzentrum – steht gegenüber *(Parkes Place, Tel. 02/6270-2800, questa con.edu. au, $$$)*. Es beherbergt über 200 interaktive Objekte. Das **Gebäude des High Court** steht östlich am Parkes Place neben der **National Gallery of Australia** (siehe S. 135).

Im **Civic Centre** am Vernon Circle nördlich des Sees finden Sie Läden, Kinos, Restaurants

National Library of Australia

✉ Parkes Place

☎ 02/6262-1111

🕒 Führungen täglich um 10.30 Uhr

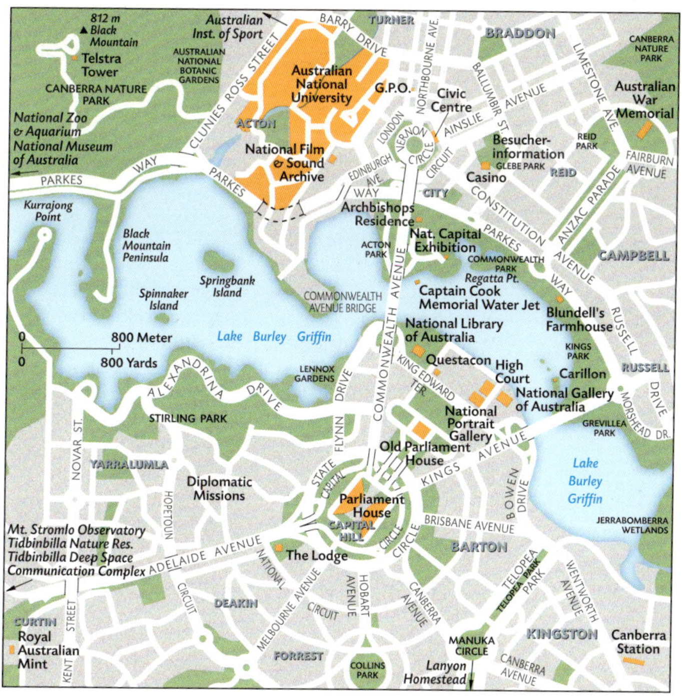

National Film & Sound Archive
✉ McCoy Circuit
☎ 02/6248-2000
nfsa.gov.au

National Museum of Australia
✉ Lawson Crescent, Acton
☎ 02/6208-5000
nma.gov.au

und die Hauptpost; das Kasino ist an der Binara Street. Die **Australian National University** *(Balmain Ave., Tel. 02/6125-5111, am Wochenende geschl., anu.edu.au)* liegt westlich des Stadtzentrums in Acton.

INSIDERTIPP

Umrunden Sie den Lake Burley Griffin zu Fuß, zu Pferd oder mit dem Rad. Auf der sechs Kilometer langen Strecke gibt es viele tolle Fotomotive.

HOLLY SHALDERS
NATIONAL GEOGRAPHIC-Mitarbeiterin

In der Nähe bietet das **National Film & Sound Archive** interaktive Ausstellungen sowie Film- und Tonaufnahmen, die bis zum Melbourne Cup von 1896 zurückreichen. Attraktiv ist auch das neue **National Museum of Australia**, das einen Überblick über die Geschichte Australiens, darunter eine große Sammlung von Rindenzeichnungen der Aborigines, gibt.

Canberras Außenbezirke

32 Kilometer südwestlich der Stadt an der Paddy's River Road liegt das 6000 Hektar große **Tidbinbilla Nature Reserve** *(Tel. 02/6205-1233, $)* mit Koalas, Kängurus und Vögeln, schönen Wegen sowie dem Sanctuary, einem beeindruckenden Feuchtgebiet. Die **Tidbinbilla Deep Space Tracking Station** *(Tel. 02/6201-7880)* etwas nördlich gehört zu den Horchstationen. Sie arbeitet mit der NASA zusammen und kann besucht werden.

Im **Lanyon Homestead** *(Tel. 02/6235-5677, Mo geschl., $)*, 19 Kilometer südlich der Stadt am Monaro Highway nahe Tharwa gelegen, dokumentiert ein Museum das Landleben.

Parliament House

Australiens eine Milliarde Dollar teures Parlamentsgebäude am Capital Hill südlich des Lake Burley Griffin wurde im Mai 1988 eröffnet. Walter Burley Griffin sah in seinem Plan das Gebäude auf diesem Hügel vor und ärgerte sich über den Beschluss der Behörden, zunächst einen „vorläufigen" Regierungssitz auf der King George Terrace zu bauen.

Das Old Parliament House von 1927 wurde tatsächlich über 60 Jahre lang benutzt. Heute beherbergt es das lohnende **Museum of Australian Democracy** *(King George Terrace, Tel. 02/6720-8222)*. Die Sitzungssäle und das Büro des Premierministers ließ man so, wie die Politiker sie 1988 verließen.

Das monumentale neue **Parliament House** mit vierbeinigem, 76 Meter hohem Fahnenmast passt gut in die Stadt. Den international ausgeschriebenen Architektenwettbewerb gewann 1980 Romaldo Giurgola aus New York. Der Bau wurde immer wieder kontrovers diskutiert.

Weite Teile des Gebäudes sind öffentlich zugänglich. Vor dem Eingang befindet sich ein Mosaik namens „Meeting Place" vom Aborigine-Künstler Michael Tjakamarra Nelson.

Den 15 Meter langen Gobelin in der Publikumsgalerie über der Great Hall schufen 500 Australier. Im Herzen des Gebäudes sehen Sie eine der vier bekannten Kopien der Magna Carta.

Die meisten der 60 diplomatischen Vertretungen in der Stadt befinden sich in Yarralumla 800 Meter weiter

Parliament House

✉ Capital Hill

☎ 02/6277-5399

🚌 Bus Nr. 2, 3, 934

„Stolen Generations"

Mehr als 100 000 Aborigines-Kinder wurden vom 19. Jahrhundert bis in die 1960er Jahre vom Staat und von der Kirche ihren Familien weggenommen. Sie sind als „stolen generations" bekannt; sie wurden in Einrichtungen oder bei weißen Familien untergebracht und sollten ihre Sprache und Kultur vergessen. Mischlinge standen besonders im Blickpunkt.

Entsprechende Gesetze ermächtigten die Regierungen Aborigines-Kinder ohne Gerichtsbeschluss in Obhut zu nehmen. Diese Politik sollte offiziell deren Schutz und Erziehung dienen, doch einige Aboriginal Protection Boards sprachen den Verdacht aus, dass man so das „Aboriginal problem" lösen wollte.

Viele Australier wussten nichts davon, bis 1997 der Bericht „Bringing Them Home" im Auftrag der Regierung erschien. Er stellte fest, dass diese Politik eine grobe Verletzung der Menschenrechte und ein »Akt des Völkermords, der indigene Familien, Gemeinschaften und Kulturen auslöschen sollte« sei.

Viele betrachteten den Bericht als ersten Schritt, um Unrecht der Vergangenheit wiedergutzumachen, andere fürchteten Schadensersatzansprüche. Der frühere Premierminister John Howard versagte eine formelle Entschuldigung, weil Australien nicht verantwortlich für die Taten früherer Generationen sei. Konservative Seiten behaupteten die Eltern hätten ihre Kinder verlassen oder freiwillig hergegeben.

2007 sprach der neue Premierminister Kevin Rudd vor dem Parlament eine Entschuldigung für die damals enstandenen Leiden der Aborigines aus.

Das Foyer hat eine Marmortreppe und grün-graue Marmorsäulen, die einen Eukalyptuswald symbolisieren.

Die Böden sind aus australischem Holz, und die Einlegearbeiten zeigen einheimische Flora. Die **Great Hall** hat einen 21 Meter langen Gobelin nach einem Gemälde von Arthur Boyd.

westlich. Die amerikanische Botschaft befindet sich in einem Kolonialgebäude im Williamsburg-Stil, die thailändische erinnert an einen Tempel, die griechische an den Parthenon und Neuguineas Botschaft an ein Geisterhaus.

Im benachbarten Vorort **Deakin** liegt die offizielle

(Fortsetzung auf S. 135)

Anzac Day

Wenn Sie am Anzac Day (25. April) im Land sind, werden Sie bald bemerken, dass dies nicht nur ein weiterer nationaler Feiertag ist. An diesem Tag gedenken die Australier jener, die in den Kriegen des Landes starben. Und sie tun dies mit ausgesprochen tiefem Gefühl.

Tausende von Namen Gefallener finden sich auf den Wänden des Australian War Memorial

Am 25. April 1915 wateten 16 000 Soldaten des Australia and New Zealand Army Corps (Anzac) an der türkischen Küste nahe der Stadt Gallipoli an Land. Die Landung war ein schlecht geplanter Teil des britischen Feldzugs, um die strategisch wichtige Dardanellen-Straße einzunehmen. Bis zur Abenddämmerung waren 2000 Australier beim Versuch gefallen, eine kleine, von Klippen und gut ausgerüsteten Türken flankierte Bucht einzunehmen. Acht Monate lang klammerten sich die Truppen an den Strand, ohne jemals richtig Fuß zu fassen. Tausende starben, ehe London den Befehl erteilte, abzuziehen.

Das Anzac verlor 8587 Männer in dieser Schlacht. In den Gedenkreden zum Anzac Day wird gerne verschwiegen, dass die Franzosen bei Gallipoli ebenso viele Soldaten verloren, England gar dreimal so viele und die Türken 86 000 Mann. Doch jene alten Nationen hatten schon viele blutige Schlachten geschlagen, Australien und Neuseeland jedoch bis dato nicht.

Der erste Anzac-Day-Marsch fand ein paar Jahre nach dem Ende des Ersten Weltkriegs statt. Seither hat der Tag an Bedeutung gewonnen und auch die Paraden nehmen an Umfang zu, weil die Kinder, Enkel und Urenkel der Kriegsteilnehmer nun an deren Stelle mitmarschieren. Im ganzen Land finden Zeremonien statt, die auch Besuchern offenstehen (siehe Kasten S. 50). Die Morgenmesse und die Parade sind besonders bewegend. 2003 starb der letzte australische Gallipoli-Veteran im Alter von 102 Jahren.

Residenz des australischen Premierministers, **The Lodge**. Einige Botschaften haben Tage der offenen Tür. Fragen Sie im Besucherzentrum der Stadt (siehe S. 130) nach.

National Gallery of Australia

Die National Gallery in Canberra liegt am Südufer des Lake Burley Griffin unterhalb des Capital Hill.

Zwölf Abteilungen sind über drei Etagen verteilt. Der Saal **Art of Aboriginal Australia and the Torres Strait Islands** beim Eingang zählt zu den beliebtesten in Australien. Die Ausstellung wechselt alle paar Monate. Typische Stücke sind Rindenmalereien aus Arnhem Land, Grabpfähle der Tiwi-Insulaner und Leinwandgemälde aus Zentral-Australien und dem Kimberley.

Die obere Ebene zeigt die Sammlung australischer Kunst, darunter frühe koloniale Aquarelle, Romantik des 19. Jahrhunderts und die patriotische Malerei von Tom Roberts, Arthur Streeton, Russell Drysdale und Charles Conder. Diese Künstler gehörten (nach 1880) zu den Ersten, die Australiens raue Landschaft und blendendes Licht einfingen.

Eine andere Ausstellung zeigt Sidney Nolans Serie aus 25 Gemälden von Ned Kelly, die er in den 1940er Jahren schuf. Es gibt außerdem Drucke, Fotos, Keramik, Textilien und einen Skulpturengarten am See. Die nahe **National Portrait Gallery** verfügt über die bedeutendste Sammlung an Porträts im Land: In unterschiedlichsten Medien werden 400 berühmte Australier präsentiert.

Australian War Memorial

Das Australian War Memorial mit byzantinischen Linien und Mosaikkuppel ist das eindringlichste Monument in Canberra und zieht mehr Besucher an als jedes andere Gebäude der Stadt. Das Monument am Fuße des Mount Ainsley wurde 1925 zum Gedenken an jene, die im Ersten Weltkrieg starben, geplant,

Kriegerdenkmäler

Praktisch jeder australische Ort besitzt ein Kriegerdenkmal. Auf den ersten Blick scheint dies etwas fehl am Platz zu sein, denn mit Ausnahme einiger weniger Luftangriffe auf Darwin und Broome 1942 blieb der Kontinent selbst von den Kriegen des 20. Jahrhunderts unbehelligt. Doch Australien war da, wenn die Pflicht rief, und schickte Soldaten zu jedem größeren Konflikt, in den Britannien seit Ende des 19. Jahrhunderts involviert war – und bezahlte dafür teuer. Über 102 000 Australier fielen dabei – verheerende Verluste in einem Land mit einer so kleinen Bevölkerung.

National Gallery of Australia
- ✉ Parkes Place
- ☎ 02/6340-6502

National Portrait Gallery
- ✉ King Edward Terrace
- ☎ 02/6102-7000

portrait.gov.au

Australian War Memorial
- ✉ Treloar Crescent, Campbell
- ☎ 02/6243-4211
- 🚌 Bus Nr. 10, 930

aber erst 1941 fertiggestellt. Zu dem Zeitpunkt steckte die Nation mitten in einem noch größeren Krieg und wurde von Invasion bedroht. Kreuzgänge, Wasserbecken und Galerien gedenken aller gefallenen Soldaten.

Das War Memorial beherbergt eines der größten Militärmuseen der Welt. Hier wird Australiens Beteiligung an Konflikten aufgezeichnet, die vom Sudan-Feldzug und Burenkrieg Ende des 19. Jahrhunderts über beide Weltkriege, Korea-, Malaya- und Borneo-Feldzüge bis Vietnam reichen. Ausgestellt sind u. a. ein Lancaster-Bomber, eine Spitfire und ein japanisches Mini-U-Boot, das im Zweiten Weltkrieg in Sydneys Hafenbucht eindrang.

Über eine Million Besucher schieben sich jährlich durch die Hall of Memory. Darin steht Australiens Grab des Unbekannten Soldaten mit den Gebeinen eines nicht identifizierten Australiers, der im Ersten Weltkrieg in Frankreich fiel und dessen sterbliche Überreste 1993 nach Australien überführt wurden.

Canberras Anzac-Day-Feier (siehe S. 134) findet beim War Memorial statt. Die regelmäßig stattfindenden Führungen sind kostenlos; Details erfahren Sie telefonisch. Zur Schließung wird der Zapfenstreich gespielt. ■

ERLEBNIS: Urlaub auf der Farm

Auf Hunderten von Farmen – von Viehstationen im Outback bis zu Obstplantagen auf Tasmanien – können Gäste das ländliche Leben kennenlernen. Obwohl das Land vorwiegend städtisch geprägt ist, sagen Australier, dass das wirkliche Australien auf einer Farm oder im Outback zu finden ist.

Die Unterkünfte reichen von luxuriösen Räumen im Bauernhof bis zu einfachen Zimmern in den Hütten der Schafscherer. Die meisten Farmen lassen Besucher gern an der Arbeit teilnehmen, andere bieten Kanufahrten, Buschwandern, Reiten und Angeln.

Mowbray Park Farmstay *(Tel. 02/4680-9243, farmstayholidays.com.au)*, eine Stunde südwestlich von Sydney, bietet Aktivitäten von Kühemelken bis zu Schafescheren. Die **Aldville Station** *(Tel. 07/4655-4814, E-Mail alanandlouise@activ8.net.au)* ist eine Rinder- und Schafstation im Outback, 125 Kilometer nordwestlich von Cunnamulla in Queensland.

Angorichina Station *(Tel. 08/8354-2362, angorichinastation.com)* in den Flinders Ranges bietet luxuriöse Farmaufenthalte und Flüge. Im südöstlichen Queensland liegt die Viehstation **Glassford Creek Farmstay** *(Tel. 07/4974-1185, gcfarmstay.com.au)*, die Ausritte anbietet. Auf **Oxley Farm** *(Tel. 08/8522-3703, oxleyfarm.com.au)* bei Adelaide gibt es Erlebnisse mit Farmtieren für die ganze Familie.

Adresslisten haben die Touristeninformationen. **Australian Farm Stay** *(australianfarmstay.com.au)* bietet eine gute Auswahl, **Help Exchange** *(helpx.net)* hat einige kostenlose Angebote. **WWOOF** *(Willing Workers On Organic Farms, wwoof.com.au)* listet Bio-Farmen auf, die gegen Arbeit Unterkunft und Mahlzeiten stellen.

Ein tropisches Paradies mit klassischem Outback als Kernland, von der Savanne im Norden bis zu den Weiden aus „Waltzing Matilda"

Queensland

Ein Schwarm Süßlippen schwimmt um ein Korallenriff

Queensland

In Queensland machen die Australier Urlaub. Strände, bewaldete Berge und tropische Inseln entlang dem Great Barrier Reef bieten Ferienparadiese. Die Gold Coast im Süden lockt mit Vergnügungsparks und Nachtclubs, während die Küstenstädte und Surfstrände der Sunshine Coast im „perfektesten" Klima der Welt liegen.

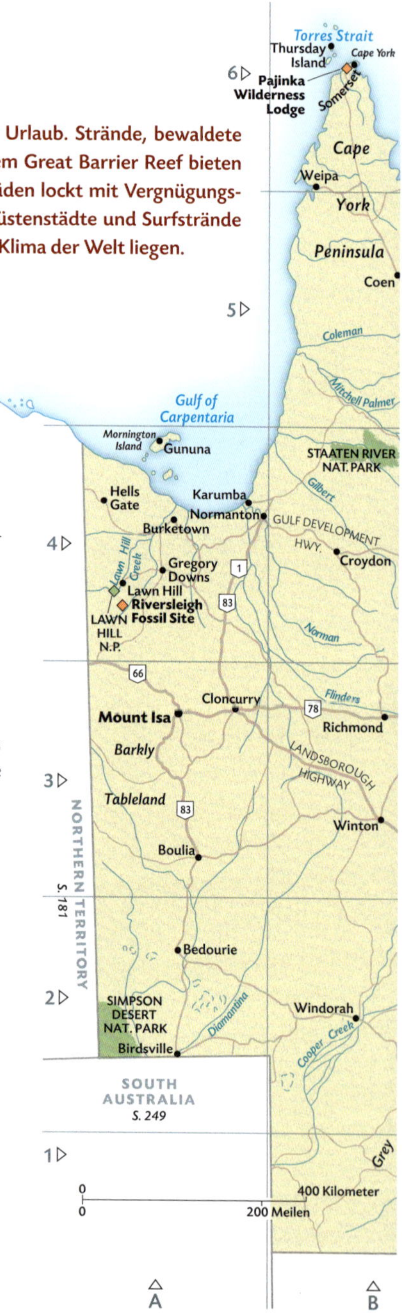

Queensland begann 1824 als Strafkolonie. Doch in den 1840er Jahren strömten im Zuge einer der größten Landbesiedlungswellen Australiens freie Siedler herein. 1859 spaltete sich Queensland von New South Wales ab. Dank Gold, Vieh und Zucker kam Wohlstand. Ab 1863, in einem der düstersten Kapitel in der Geschichte der Kolonie, ließ man Pazifik-Insulaner, die Kanaken, wie Sklaven in den Zuckerplantagen schuften. Diese als *blackbirding* bekannte Praktik wurde erst 1905 abgeschafft.

Die grausame Behandlung der Aborigines, Klientelpolitik und eine zutiefst konservative Weltanschauung hielten an, besonders während der 20-jährigen Herrschaft des erzkonservativen Premiers Sir Johannes Bjelke-Peterson. Der frühere Erdnussfarmer aus Kingaroy verhinderte in Queensland jegliche moderne Entwicklung, bis er 1989 abgewählt wurde. Es folgte eine königliche Kommission, die sich der Vergangenheit annahm; heute gehört Queensland zu den offensten und weltläufigsten Regionen der Nation. Regelmäßig fegen Wirbelstürme über Queensland, und 2010/11 wurden der Bundesstaat und seine Hauptstadt Brisbane von verheerenden Überschwemmungen heimgesucht. Doch die Queenslander sind unverwüstlich und der tropische Norden erholte sich rasch wieder.

Queensland ist ein riesiger Staat, fast viermal so groß wie Kalifornien, mit nur 4,6 Millionen Einwohnern, von denen die Hälfte in Brisbane lebt. Es hat mehr zu bieten als die südlichen Strände und das Great Barrier Reef, etwa im Norden weite Flächen staubigen Outbacks, die herbe Wildnis der Halbinsel Cape York, die uralten Regenwälder des Cape Tribulation, die üppigen Hochländer der Atherton Tablelands, Bergbaustädte und einsame Siedlungen am Golf von Carpentaria. ■

NICHT VERSÄUMEN

Die Gold Coast **144–145**

Noosa Heads, den elegantesten Badeort der Sunshine Coast **147**

Fraser Island, wo der Regenwald bis zum Strand reicht **148–149**

Segeln, Tauchen, Schnorcheln vor dem Great Barrier Reef **154–165**

Einen Segeltag zwischen den tropischen Whitsunday Islands **162**

Daintree National Park und seinen urtümlichen Regenwald **169**

Lawn Hills National Park, eine tropische Überraschung im Outback **178–180**

Brisbane

Mit Parks und Gärten, Jogging- und Radwegen, angenehmem Klima und einem offenen Lebensstil wirkt Brisbane entspannt, obwohl es mit 2,2 Millionen Einwohnern Australiens drittgrößte Stadt ist. Es erstreckt sich an einer Biegung des Brisbane River über 20 Kilometer an Queenslands Küste.

Bürotürme ragen an Brisbanes Flussufer auf

Brisbane
Karte S. 139 D1
Besucher-information
Queen Street Mall (zwischen Albert & Edward St.) & Stanley St. Plaza, Southbank
07/3006-6290
visitbrisbane.com.au

1821 sandte Gouverneur Sir Thomas Brisbane seinen Landvermessungsgeneral John Oxley von Sydney aus los, um einen passenden Ort für eine neue Strafkolonie zu suchen. Er fand ihn in der Moreton Bay, 32 Kilometer von der heutigen Stadt entfernt. 1824 kamen eine Abteilung des 40. Regiments und Sträflinge und errichteten in der Nähe des heutigen Redcliffe ein Lager. Schlechte Wasserversorgung und feindliche Aborigines zwangen sie mehrmals, das Lager zu verlegen. Schließlich errichteten sie einige Meilen den Brisbane River aufwärts eine Siedlung – das heutige Brisbane.

Mit Ausnahme der Old Windmill (1828) auf der Wickham Terrace gibt es kaum Erinnerung an jene schlechten alten Tage. Ein Brand legte 1864 die Stadt in Asche; die meisten eleganten Gebäude stammen aus den 1880er Jahren, als Gold, Wolle, Zucker und Vieh das Vermögen des Staates schufen.

Im 20. Jahrhundert döste Brisbane vor sich hin, mit Ausnahme der 1940er Jahre, als es nach dem Fall der Philippinen Hauptquartier von General Douglas MacArthur wurde. Nach dem Krieg setzte es seinen Dornröschenschlaf fort, noch 1967 war das höchste Gebäude der Stadt der Uhrturm der City Hall. Die Commonwealth Games von 1982 und die Weltausstellung von 1988, die mehr als 18 Millionen Menschen anlockte, waren ein Neubeginn.

Anfang der 1990er Jahre, als im Rest des Landes Rezession herrschte, lockte Brisbane mit Jobs, niedrigen Lebenshaltungskosten und über 300 Sonnentagen im Jahr. 2011 wurde ein Großteil des Stadtzentrums überschwemmt, doch die Stadt erholte sich schnell.

Brisbane wächst noch immer, aber es ist leicht zu

TransLink (Brisbane Transportation)
☎ 13-1230
translink.com.au

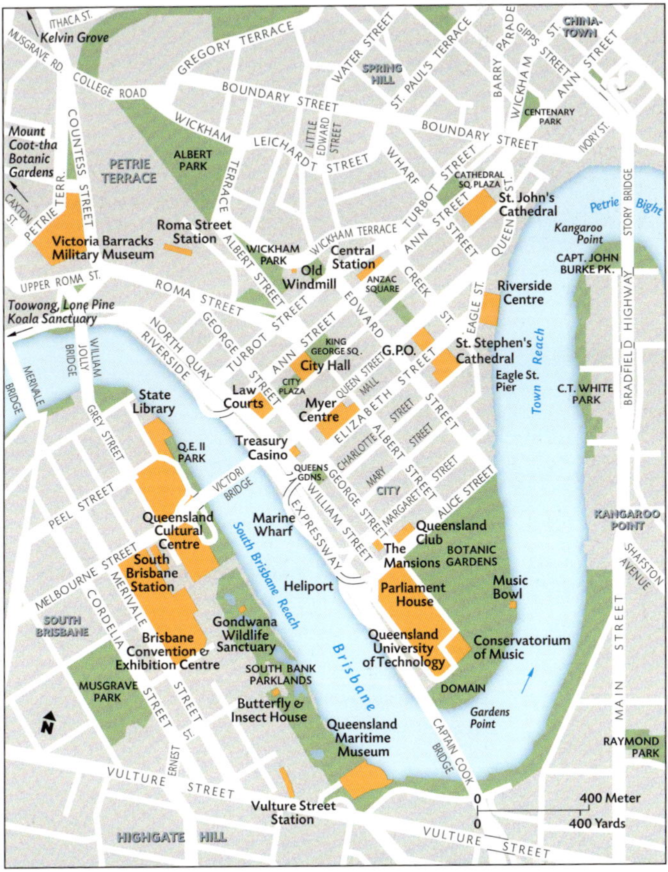

Brisbane Botanic Gardens
Mt. Coot-tha Rd., Toowong
07/3403-2535

Sir Thomas Brisbane Planetarium
07/3403-2578
$$
Mo geschl.

erkunden, da es ein gutes öffentliches Verkehrsnetz mit Zügen, Flussfähren und Bussen hat. Die typisch australische Stadt weist die übliche Mischung aus viktorianischer Architektur und modernen Büroblöcken auf. Atmosphäre schaffen Bougainvillen, Palmen und die klassischen Queensland-Häuser – erhöhte Holzbauten mit Veranden, die so konzipiert sind, dass die Luft gut zirkulieren kann.

South Brisbane

Einer der belebtesten Teile der Stadt liegt jenseits der Victoria Bridge. An Wochenenden kommen die Massen zum **South Bank Parkland** *(Stanley St. Plaza, Tel. 07/3867-2051, visitsouthbank.com.au)*, um Milchkaffee zu trinken, Inline-Skates zu fahren und am künstlichen Strand spazieren zu gehen. Es gibt auch einen Picknick- und einen Barbecueplatz.

Ein weiteres Ziel ist das **Queensland Maritime Museum** mit historischen Schiffsmodellen sowie einem Perlenlogger von 1900 und einer Fregatte aus dem Zweiten Weltkrieg. Am Wochenende findet hier ein Markt statt. In der Nähe, an der Grey Street, steht das **Queensland Cultural Centre**. Es beherbergt die Queensland Art Gallery mit Bildern, die vorwiegend von australischen Künstler geschaffen wurden. Zu dem sind hier noch das Queensland Museum, Performing Arts Complex und State Library.

Sehenswürdigkeiten

Um ein Gefühl für die Stadt zu bekommen, bietet sich der **Mount Coot-tha** an, dafür fahren Sie rund acht Kilometer westlich der Stadt auf dem Western Freeway und dann die Mount Coot-tha Road hoch. Sie können auch den Bus Nr. 471 von Ann Street nahe King George Square nehmen. Der 244 Meter hohen Hügel ist von der Stadt aus leicht zu erkennen. An klaren Tagen zeigen sich vom Gipfel im Süden die Berge hinter der Gold Coast und die seltsamen vulkanischen Kuppen der Glass House Mountains im Norden. Oben lädt ein Restaurant zur Einkehr. Es gibt auch mittelschwere Wanderwege, von denen der beliebteste zu den Slaughter Falls führt.

Die **Brisbane Botanic Gardens** am Fuß des Bergs zeigen tropische Pflanzen unter einer postmodernen Kuppel, einen Regenwald, einen japanischen Garten und eine Ausstellung mit Pflanzen aus ariden Zonen. In der Anlage steht auch das **Sir Thomas Brisbane Planetarium**, das größte in Australien und für Besucher aus der nördlichen Hemisphäre ideal, um mit dem hiesigen Sternenhimmel vertraut zu werden.

Die Innenstadt ist leicht zu Fuß zu erkunden, und in der City Hall gibt es kostenlose Broschüren über Besichtigungstouren. Das kommerzielle Stahl-Glas-Herz der Stadt und die historischen Viertel liegen zwischen Queen

Street und den **City Botanic Gardens** an der Spitze der Halbinsel.

George-, Queen- und Elizabeth Street sind von würdevollen alten Häusern gesäumt. Das Treasury Building an der Queen Street ist ein massives Renaissancegebäude von 1890, heute ist hier das **Treasury Casino** untergebracht. Am Südende der George Street steht Queenslands **Parliament House**. Es wurde 1868 im Stil der französischen Renaissance (mit tropischen Einschlägen, z. B. Fensterläden) gebaut und hat eine Kuppel aus Mount-Isa-Kupfer. Unter der Woche werden nachmittags Führungen *(Tel. 07/3406-7562)* angeboten, und Sie können von der Galerie aus die Debatten verfolgen.

Über zwei Blöcke ist die Queen Street eine Fußgängerzone, mit Blumenständen und Straßenmusikanten. Der riesige fünfstöckige **Myer-Centre-Komplex** mit Kaufhäusern, Boutiquen und Kinos dominiert die Straßenzüge. Zwei Blöcke nördlich an der Albert Street steht die opulente **City Hall**, das wohl großartigste Rathaus des Landes. Der in den Jahren der Depression in italienischem Stil errichtete Bau verfügt über einen runden Konzertsaal, eine einer Kathedrale würdige Orgel und einen 91 Meter hohen Uhrturm mit hervorragendem Blick über die Stadt.

Die elegante **Story Bridge**, auf der der Bradfield Highway über den Fluss geführt wird, entwarf John Bradfield, der Architekt der Sydney Harbour Bridge. Die Besteigung des Baus aus den 1940er Jahren wird mit großartigen Ausblicken auf die Stadt belohnt. Story Bridge Adventure Climb *(170 Main St., Kangaroo Point, Tel. 1300-254-627, storybridgeadventure climb.com.au, $$$$)* bietet zweieinhalbstündige Tag- und Nachttouren. ■

City Botanic Gardens
✉ Alice St.
☎ 07/3221-4528

City Hall
☎ 07/3403-8888

ERLEBNIS: Brisbane vom Wasser aus

Brisbane fing als Flusshafen an, der träge Brisbane River war einst die Verbindung der Stadt zur Außenwelt. Heute sind die meisten Kais unbenutzt, und der Fluss ist eher dekorativ denn funktional. Ein Schaufelraddampfer-Unternehmen im Mississippi-Stil, die „Kookaburra River Queens" *(Tel. 07/3221-1300, kookaburra riverqueens.com, $$$$–$$$$$)* **bietet Nachmittags- und Dinnerfahrten. Die blauen Pendler-Katamarane, bekannt als CityCat** *(translink.com.au)*, **sind eine billige Möglichkeit, Stadt und Fluss zu erkunden. Für etwas mehr als 3 A$ fahren Sie von Bretts Wharf zur University of Queensland.**

Ein beliebter Tagesausflug führt zum Lone Pine Koala Sanctuary *(708 Jesmond Rd., Fig Tree Pocket, Tel. 07/3378-1366, koala.net, $$$$)*, **mit über 150 Koalas und anderen Wildtieren. Nehmen Sie die M. V. „Mirimar"** *(Tel. 04/1274-9426, mirimar.com)* **flussaufwärts.**

Südostküste

Zentrum des südöstlichen Queensland ist die Gold Coast, Australiens Antwort auf Miami, ohne Art déco und ohne Miami Vice. Doch zur Region gehört auch die Sunshine Coast – Feriendörfer, weiße Sandstrände und Küstengebirge eine Stunde Fahrt nördlich von Brisbane – außerdem Fraser Island, ein üppiges Paradies mit Regenwäldern, Süßwasserseen und einer vielfältigen Vogelwelt.

In Surfers Paradise, einem internationalen Touristenziel, säumen Hochhäuser den Strand

Gold Coast

Karte S. 139 D1–E1

Besucherinformation

Cavill Ave. Mall, Surfers Paradise

07/5538-4419

goldcoasttourism.com.au

Gold Coast

Ein 40 Kilometer langer Bogen aus Stränden, Restaurants, Motels und Orten erstreckt sich von South Stradbroke Island, 56 Kilometer südlich von Brisbane, nach Coolangatta an der Grenze zu New South Wales. Das glitzernde Herz all dessen ist **Surfers Paradise**, wo Hochhäuser so dicht am Meer stehen, dass weite Teile des Strandes nachmittags im Schatten liegen. Sand und Wellen gelten zwar nach wie vor als Hauptattraktionen der Gold Coast, doch heute sind sie eigentlich nur noch Kulisse für Nachtclubs, Themenparks, Golfplätze, Boutiquen und ein riesiges Kasino.

Die Gold Coast ist seit 1884, als Kutschen von Cobb & Co. dreimal die Woche von Brisbane nach Coolangatta fuhren, Ferienort der Australier. Doch bis in die 1950er Jahre, als die ersten Hochhäuser am Strand gebaut wurden, war es ein nur von wenigen besuchter Küstenabschnitt. Heute leben hier über 580 000 Menschen, und es gibt Hunderte Hotels, Hostels und Campingplätze für jährlich über eine Million Besucher aus dem Ausland sowie mehrere Millionen Australier.

Dreamworld *(Tel. 07/5588-1111, $$$$$, dreamworld.com.au)* in Coomera, 56 Kilometer südlich von Brisbane, ist ein Vergnügungspark mit einigen der schnellsten und höchsten Fahrgeschäfte der Welt. Die benachbarte **White Water World** *($$$$$, whitewaterworld.com.au)* bietet unterschiedlichste Wasserrutschen, Fahrgeschäfte und Pools. Ein Stück weiter erwartet Sie die **Movie World** *(Tel. 07/5573-3999, $$$$$, movieworld.com.au)* mit Hollywood-Kulissen, aufregenden Stunts, Spezialeffekten und Achterbahnen. Ganz in der Nähe befindet sich **Wet 'n' Wild** *(Tel. 07/5556-1660, $$$$$, wetnwild.com.au)*, Australiens größter Wasserpark. **Sea World** in Main Beach *(Tel. 07/5588-2222, $$$$$, seaworld.com.au)* bietet Robben, Delfine und Fahrgeschäfte. Surfers Paradise hat **Ripley's Believe It or Not! Museum** *(Tel. 07/5592-0040, $$$, ripleys.com)* und das extravagante **Jupiter's Casino** *(Tel. 07/5592-8100)*.

Oder man lässt es sich an den Stränden gutgehen, lernt surfen oder stattet der australischen Tierwelt im **Currumbin Wildlife Sanctuary** *(Tel. 07/5534-1266, $$$$$, cws.org.au)* einen Besuch ab.

Nationalparks

Das Hinterland ist ein subtropisches Paradies kleiner Nationalparks mit üppigen Regenwäldern, Wasserfällen und Panoramablicken.

Der **Burleigh Heads National Park** liegt abseits des Gold Coast Highway. Der beliebte **Lamington National Park** befindet sich eine Autostunde südwestlich von Surfers Paradise. Zum Park gehören 1190 Meter hohe Berge in der schroffen MacPherson Range und dicht bewaldete Täler mit subtropischer Vegetation. Zwei der beliebtesten Abschnitte, **Binna Burra** und **Green Mountains**, sind über

Herrje!

Steve Irwin (1962–2006) wurde durch die TV-Dokumentarfilmreihe „Crocodile Hunter" bekannt, die weltweit ausgestrahlt wurde. Er wuchs im Queensland Reptile and Fauna Park seiner Eltern mit Krokodilen auf und fürchtete sich vor keinem Tier. Ganz Australien trauerte, als ihn ein Stachelrochen mit einem Stich ins Herz tötete, während er am Great Barrier Reef filmte. Er hinterließ eine Frau, Terri, und zwei Kinder, Bindi und Bob. Sein Lebenswerk wird im beliebten Australia Zoo (siehe S. 147) und durch die Stiftung Wildlife Warriors *(wildlifewarriors.org.au)* weitergeführt.

Queensland Parks & Wildlife Service

✉ Burleigh Heads National Park

☎ 1300-130-372

Lamington National Park

Karte S. 139 D1

Binna Burra

Besucherinformation

☎ 07/5533-3584

Green Mountains

Besucherinformation

☎ 07/5544-0634

Canungra zugänglich. Über 130 Kilometer Wanderwege überziehen diese Wildnisgebiete. Ein 21 Kilometer langer Weg führt vom O'Reilly's Rainforest Retreat zur Binna Burra Mountain Lodge.

Ein weiterer beliebter Nationalpark in der Nähe ist der **Springbrook National Park** mit alten Südbuchen, Schluchten und den 60 Meter hohen Purling Brook Falls.

Sunshine Coast

Die Sunshine Coast beginnt an den Glass House Mountains und erstreckt sich bis zum Rainbow Beach 56 Kilo-

Eine der vielen Buchten im Noosa National Park

meter weiter nördlich. Sie ist stiller als die Gold Coast.

Obwohl sie nicht so schillernd beginnt wie die Gold Coast, ist auch die Sunshine Coast recht dicht bebaut. Und auch hier gibt es überaus geschmacklosen Aussie-Kitsch: die 15 Meter hohe Big Pineapple in **Nambour**, den schrillen Ettamogah Pub und die riesige Big Shell in **Tewantin**. Am Ende der Küste liegt Noosa Heads, eine exklusive Küstenstadt, flankiert von Noosa National Park und Cooloola National Park. In den unteren Teilen der Sunshine Coast ist das Hinterland mit seinen Ingwer-, Ananas- und Zuckerrohrplantagen und Regenwald schöner als die Strände.

80 Kilometer nördlich von Brisbane auf dem Bruce Highway führt die Glass House Mountains Road (Steve Irwin Way) ins tropische Farmland der **Glass House Mountains**. Die dramatische Gebirgskette besteht aus 16 Vulkanhügeln, die sich bis zu 556 Meter über die Zuckerrohrplantagen erheben. Captain Cook gab ihnen 1770, als er an der Küste vorbeisegelte, beim Anblick der glitzernden Sonne auf ihrer Oberfläche diesen Namen. Viele der Berge sind Naturschutzgebiete, u. a. im Glass House Mountains National Park, wo es gute Wanderwege zu tollen Aussichtspunkten gibt. Die Berge erreichen Sie von Beerburrum aus über eine kurvenreiche Straße zum **Glass House Mountains Lookout**. Weiter nördlich, westlich des Ortes Glass House Mountains, führen Wanderungen im Nationalpark zu Gipfeln wie dem Mt. Ngungung oder den schwie-

rigeren Mt. Tibrogargan und Mt. Beerwah (der höchste).

Im Ort Beerwah liegt eine der Hauptsehenswürdigkeiten der Sunshine Coast, der **Australia Zoo** *(Steve Irwin Way, Tel. 07/5436-2000, $$$$$)*. Steve Irwin, der bekannte Dokumentarfilmer, machte diesen erstklassigen Zoo berühmt. Populär ist das Crocoseum mit den Krokodilshows.

Die Dörfer in der nahe gelegenen **Blackall Range** – z. B. Mapleton, Flaxton und Montville – sind friedliche Nester mit englischem 19.-Jahrhundert-Flair. Es gibt Cottages mit Kunsthandwerk, Teestuben, Antiquitätenläden und Obststände sowie mehrere kleine, aber sehenswerte Nationalparks.

Die 27 Kilometer lange Fahrt von Maleny nach Mapleton ist wohl die schönste in Queensland, immer wieder unterbrochen von Wasserfällen, dichtem Regenwald und Panoramablicken auf die Berge. Folgen Sie der Glass House Mountains Road nach Landsborough, und nehmen Sie dann die Straße Landsborough–Maleny. Neun kurvenreiche Kilometer später kommen Sie an die Montville Road, den Anfang der Route, aber der Umweg zum hübschen Dorf **Maleny** lohnt sich *(Besucherinformation: 23 Maple St., Tel. 07/5499-9033)*. Der Aussichtsplatz im **Mary Cairncross Park** nahe der Auffahrt zur Montville Road bietet gute Blicke auf die Glass House Mountains. In Mapleton, dem nördlichen Ende der Strecke, lohnt sich ein Stopp am **Mapleton Falls National Park**, wo ein Wasserfall 122 Meter in ein bewaldetes Tal stürzt. Von Mapleton folgen Sie acht Kilometer der Nambour Road zum Pacific Highway, dort biegen Sie in Richtung Noosa ab.

Noosa Heads ist seit den 1960er Jahren ein Treffpunkt für Surfer. Die Stadtplaner bestimmten mit bewundernswerter Voraussicht, dass kein Gebäude höher als die Bäume sein dürfe, weshalb Noosa trotz Nobelrestaurants und Luxushotels sich noch immer ein Kleinstadtflair bewahrt hat.

Noosa wird vom Vorgebirge des **Noosa National Park** mit Regenwaldpfaden, Stränden und guten Ausblicken

ERLEBNIS: Schildkröten

Den größten Eiablageplatz von Schildkröten an der Ostküste zwische Ende November und Anfang März zu besuchen ist eindrucksvoll. In Mon Repos, 13 Kilometer von Bundaberg, kriechen Unechte Karett- und andere Schildkröten auf den Strand, um ihre Eier abzulegen. Die Jungen schlüpfen später und krabbeln in Richtung Meer. Der Queensland Parks & Wildlife Service bietet Führungen, die beim Besucherzentrum in Bundaberg *(186 Bourbong St., Tel. 07/4153-8888, bundabergregion.info)* gebucht werden können.

Noosa Heads

Besucherinformation

✉ Hastings St.

☎ 07/5430-5000

Noosa National Park

Karte S. 139 D2

Queensland Parks & Wildlife Service

Besucherinformation

✉ Rainbow Beach

☎ 07/5486-3160

Fraser Island
Karte S. 139 E2 & 155

Besucher-information
Hervey Bay
1800-811-728

Rainbow Beach
8 Rainbow Beach Rd.
07/5486-3227

FÄHREN: Vom Inskip Point, Rainbow Beach: *Manta Ray Barges, Tel. 07/5486-3935, mantarayfraserislandbarge.com.au*

Von River Heads, Hervey Bay: *Fraser Venture, Tel. 07/4194-9300, fraserislandferry.com.au Kingfisher Bay Ferry, Tel. 07/4194-9300, kingfisherbay.com*

beschützt. Weiter nördlich lockt der schön kolorierte Sandstrand des **Cooloola National Park** zwischen Tewantin und Rainbow Beach. Zum Park gehört auch ein Stück Hinterland, aber interessanter sind die auffällig gefärbten Sandsteinklippen an den 32 Küstenkilometern. Man sieht roten, ockerfarbenen, gelben und braunen Sand. Nach Ansicht der Geologen, die die Klippen auf 40 000 Jahre schätzen, lassen sich 70 verschiedene Farbschattierungen differenzieren. Spektakuläre Wanderpfade führen an der Küste entlang. Das Besucherzentrum im Norden des Parks hält Infos bereit.

Fraser Island

Die Welterbestätte ist ein Paradies mit klaren Süßwasserseen. Das Wasser der 128 Kilometer langen Insel ist voller Fische, und im Winter suchen Buckelwale in der Hervey Bay Zuflucht.

Die Insel liegt 200 Kilometer nördlich von Brisbane und ist bei Buschwanderern, Allrad-Enthusiasten und Surfern beliebt. Obwohl jährlich bis zu 20 000 Fahrzeuge die Insel heimsuchen, hat sie es geschafft, sich ihre urtümliche Atmosphäre zu erhalten. Fähren zur Insel legen beim **Inskip Point** *(13 km nördlich vom Rainbow Beach)* ab und in **Hervey Bay**, einer hübschen Stadt mit 76 000 Einwohnern, abseits des Pacific Highway bei Maryborough.

Fraser Island wurde in Millionen Jahren durch Strömungen gebildet, die Sand an die Küste schwemmten, der sich am Rand des Kontinentalschelfs ablagerte. Trotz des nährstoffarmen Sandbodens trägt die Insel üppigen Bewuchs, z. B. die bis zu 40 Meter hohen Satinay-Bäume und riesige Farne.

Ein Dingo hat mein Baby gestohlen

Der Film *Ein Schrei in der Dunkelheit* (1988) mit Meryl Streep in der Hauptrolle erzählt einen der sensationellsten Kriminalfälle Australiens: das Verschwinden des Babys Azaria Chamberlain am Uluru 1980. Obwohl die Eltern erklärten, dass ein Dingo das Baby aus dem Zelt geholt hätte, wurde Lindy Chamberlain, Azarias Mutter, wegen Mordes zu einer Gefängnisstrafe verurteilt. Acht Jahre später wurde sie rehabilitiert. Eine weitere Tragödie ereignete sich im März 2001, als Dingos auf Fraser Island einen neunjährigen Jungen töteten.

Dingos, die vor 4000 Jahren aus Asien eingeführt wurden, halten sich normalerweise von Menschen fern, werden jedoch in Touristengebieten mit vielen Menschen dreister. Angriffe sind aber selten.

In manchen Gegenden steht der Dingo unter Schutz, vor allem auf Fraser Island, wo es noch reinrassige Tiere gibt. Mit dem längsten Zaun der Welt (5600 km) durch Queensland und South Australia versucht man, Dingos von den Farmen Südostaustraliens fern zu halten. Zum Wohl der Tiere und anderer Besucher Dingos keinesfalls füttern!

Fraser Island: Sonnenlicht dringt durch das Regenwalddach

Fraser Island wurde 1770 von Captain Cook erstmals erwähnt. Benannt wurde die Insel nach Eliza Fraser, der Frau eines Kapitäns, dessen Schiff 1836 etwas nördlich der Insel unterging. Aborigines töteten einige der Überlebenden – darunter auch Eliza Frasers Gatten. Eliza nahmen sie gefangen, zwei Monate später wurde sie befreit.

Der **Great Sandy National Park** bedeckt das nördliche Drittel der Insel und hat felsige Landzungen und Dünen. Die meisten der etwa 40 Seen der Insel – darunter der oft überlaufene **Lake MacKenzie** – konzentrieren sich im Süden. Die scharfe Linie des **Seventy-Five-Mile Beach** an der östlichen Flanke ist zum Spielplatz der Allradfahrer geworden.

Inseltouren legen in Hervey Bay ab. Sie können die Insel auch auf eigene Faust erkunden. Wenn Sie fahren wollen, brauchen Sie Vierradantrieb und eine Erlaubnis *(erhältlich am Fährticketschalter des Kingfisher Bay Resort in River Heads, Hervey Bay, oder in der Touristeninformation von z. B. Rainbow Beach).*

Ein guter Startplatz ist **Central Station**, ein altes Holzfällerlager im Süden der Insel. Unternehmen Sie einen kurzen Spaziergang entlang dem erstaunlich klaren Wanggoolba Creek, durch dichten Wald, prähistorischen Farn und riesige Satinay-Bäume. ■

INSIDERTIPP

Auf Fraser Island gibt es die letzten reinrassigen Dingos Australiens, daher sind hier Hunde verboten. Halten Sie sich (und Ihre Kinder) von den Dingos fern und füttern Sie sie nicht.

KENNY LING
NATIONAL GEOGRAPHIC-Autor

Mit dem Auto: Capricorn Highway

„Tropic of Capricorn" (Südlicher Wendekreis) beschwört die Romantik von weit entfernten, exotischen Orten herauf. Die Lagebezeichnung „Breitengrad 23,5 südlich des Äquators", bezeichnet die imaginäre Linie im nördlichen Drittel Australiens. In Queensland können Sie über 800 Kilometer lang daran entlangfahren.

Der Capricorn Highway führt vom südlichen Ende des Great Barrier Reef ins Herz des staubigen, sonnenverbrannten Outback in Longreach. Er beginnt in **Rockhampton** ❶ an der Küste Queenslands. Der Südliche Wendekreis verläuft eigentlich etwa 1,5 Kilometer südlich der Stadt, aber findige Einheimische haben ihn stillschweigend an einen für sie passenderen Ort direkt vor dem Capricorn-Informationszentrum am Bruce Highway drei Kilometer südlich des Stadtzentrums *(Tel. 07/4927-2055)* verlegt. Eine große Messing-Sonnenuhr befindet sich davor.

Rockhampton ist eine hübsche kleine Tropenstadt mit 62 000 Einwohnern, etwa 40 Kilometer landeinwärts am Fitzroy River gelegen. Im **Riverside Information Centre** an der Quay Street finden Sie Tipps zu Sehenswürdigkeiten *(Tel. 07/4922-5339)*. In der Quay Street findet sich noch schöne Architektur aus dem 19. Jahrhundert – zu verdanken sind die Gebäude dem Mount-Morgan-Goldrausch in den 1880er Jahren und später der Stellung als Queenslands Viehwirtschaftszentrum. Das **Cattle House** (Nr. 180) ist besonders schön.

NICHT VERSÄUMEN

Australian Workers Heritage Centre • Australian Stockman's Hall of Fame • Qantas Founders Museum

Der hiesigen Aborigines-Kultur widmet sich das **Dreamtime Culture Centre** 6,5 Kilometer nördlich der Stadt am Bruce Highway *(Tel. 07/4936-1655, $$)*. Im Süden der Stadt liegen die **Botanic Gardens** *(Spencer St.)* mit tropischen

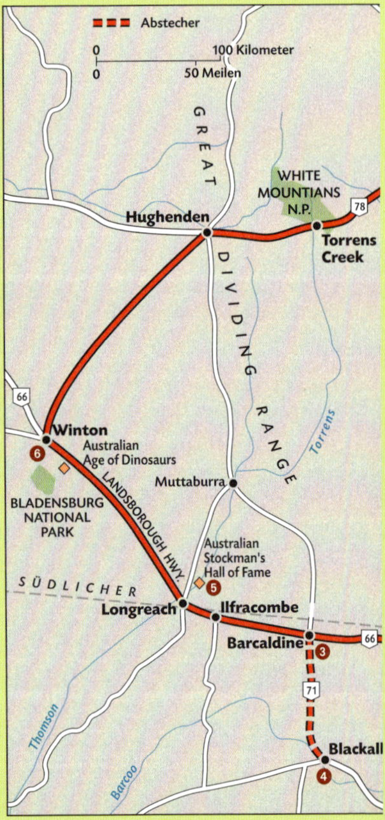

Pflanzen aus dem Norden Queenslands. Einige Dinge sollten Sie beachten, wenn Sie am Capricorn Highway dem Sonnenuntergang entgegenfahren: Dies ist ein Outback-Highway – schön, staubig und eng, mit langen Strecken Nichts zwischen den Siedlungen und Städten. Achten Sie auf die Benzinanzeige, nehmen Sie Trinkwasser und Bargeld mit, da Banken und Geldautomaten hier rar sind. Seien Sie auf Lastzüge gefasst – Trucks mit drei Anhängern und bis zu 170 Tonnen Gewicht –, die die einsamen Orte versorgen.

Der Highway beginnt am Kreisverkehr südlich von Rockhampton und führt gen Westen, an ausgedehnten Viehweiden und an der Great Dividing Range vorbei ins Outback Australiens. Sie passieren die Holzfällerstadt Dingo, die Kohlenfelder Queenslands um Blackwater und tauchen immer tiefer ins Outback hinein.

Nach 274 Kilometern kommen Sie nach **Emerald** *(Besucherzentrum, Tel. 07/4982-4142)*, einer schönen Stadt mit Feigenbäumen. Der koloniale Bahnhof steht auf der Liste des National Trust. Westlich der Stadt liegen die einst

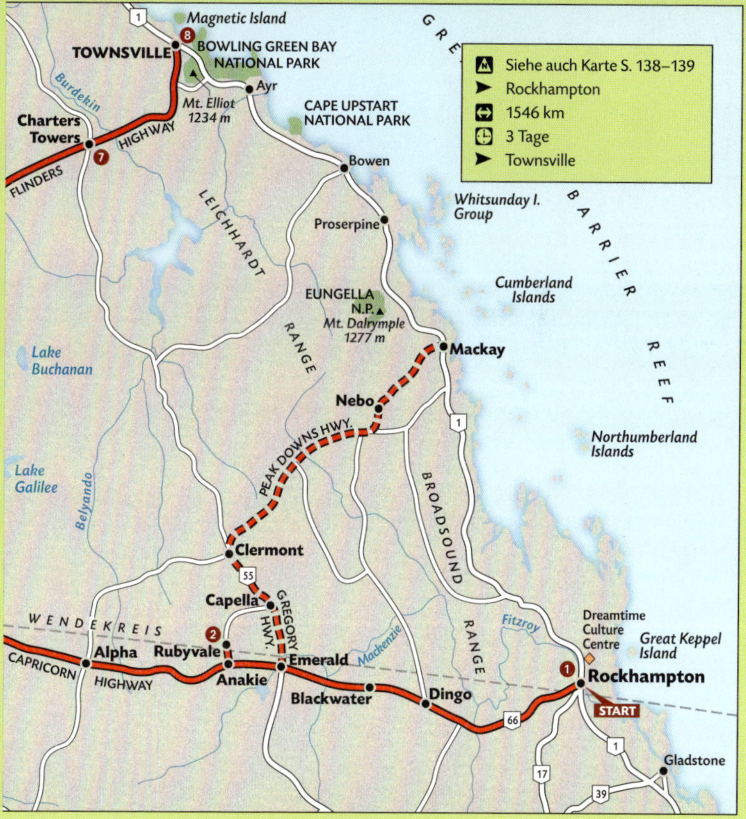

größten Saphirfelder der südlichen Hemisphäre. Der Star of Queensland, der schönste schwarze Saphir der Welt, wurde in Anakie gefunden und wird jetzt in der Smithsonian Institution in den USA gehütet. In **Rubyvale** ❷ können Sie eine Mine besichtigen; für den Versuch, selbst Edelsteine zu finden, werden Lizenzen vergeben.

Workers Heritage Centre an der Ash Street befasst sich mit der Geschichte des Kampfes. Ein Umweg führt von Barcaldine nach **Blackall** ❹, eine Stunde südlich auf dem Matilda Highway *(Besucherzentrum: Short St., Tel. 07/4657-4637)*. Blackall war Heimatstadt einer australischen Legende: Big Jackie Howe. 1892 stellte Howe in der nahe gelegenen Alice Downs Station den Rekord von 321 geschorenen Schafen in 40 Minuten auf. Eine Statue Howes steht an der Ecke Shamrock/Short Street. An der Thistle Street befindet sich eine weitere Ikone: eine Reproduktion des sogenannten Black Stump, den der Landvermesser Thomas Frazer 1886 als Grundlinie seiner Kartografierung der Region benutzte. Alles jenseits der Markierung war „Outback".

Ein Anblick, typisch für das Outback: Sattel hängen über einer Stalltür (bei Winton)

Der Highway führt von Anakie durch 290 Kilometer ödes Outback, ehe er **Barcaldine** ❸ *(Besucherzentrum: Oak St., Tel. 07/4651-1724)* erreicht. Die 1600-köpfige Stadt ist Geburtsort der Australian Labor Party. Streikende Scherer versammelten sich hier 1891, um Strategien in ihrem Kampf gegen die wohlhabenden Viehzüchter zu planen. Sie trafen sich unter einem 150-jährigen Ghost Gum *(Corymbia aparrerinja)*, der als „Tree of Knowledge" bekannt wurde. (Der Baum wurde 2006 durch Vandalismus zerstört.) Das **Australian**

Fahren Sie zum Capricorn Highway zurück und gen Westen nach **Longreach** *(Besucherinformation: Tel. 07/4658-4150)* mit der **Australian Stockman's Hall of Fame** ❺ *(Tel. 07/4658-2166, $$$)*. Sie wurde 1988 unter Fanfarenklängen und Zweifeln, ob sich jemals Besucher auf den weiten Weg machen würden, eröffnet – und es übertraf alle Erwartungen. Sie erzählt die Geschichte Australiens von der Traumzeit bis heute, der Schwerpunkt liegt auf den Outback-Siedlungen. Zu den Ausstellungen gehören Fotos, Videos und Diashows über Forscher und Pioniere, Outback-Frauen, Scherer und Viehhüter.

INSIDERTIPP

Besuchen Sie in Longreach Banjo's Outback Theatre & Woolshed *(outbacknow.com.au)* für ein Essen und eine Show mit Songs, Satiren und Schafschurvorführungen.

STEPHANIE ROBICHAUX
NATIONAL GEOGRAPHIC-Mitarbeiterin

Aber Longreach hat noch mehr zu bieten. Qantas begann hier 1920 als Queensland and Northern Territory Air Service und ist damit die zweitälteste Fluglinie der Welt. Im Original-Hangar residiert das **Qantas Founders Museum** *(Tel. 07/4658-3737, qfom.com.au, $$$)* und zeigt z. B. das erste Flugzeug der Gesellschaft, eine Avro 504K, sowie eine ausgemusterte 747. Im ursprünglichen Buchungsbüro der Fluglinie an der Ecke Duck/Eagle Street ist heute das Besucherzentrum von Longreach zu finden.

Longreach markiert das Ende des Capricorn Highway. Von hier aus schwenkt der Highway gen Norden, weg vom Südlichen Wendekreis. Die als Landsborough Highway bekannte Straße passiert 100 Kilometer hinter Longreach die Abzweigung zum interessanten neuen Museum **Australian Age of Dinosaurs** *(Tel. 07/4657-0712, australianageofdinosaurs.com)*, in dem einige der vielen in der Gegend gefundenen Fossilien gezeigt werden. Nächster Halt ist **Winton** ❻. Hier schrieb Banjo Patterson angeblich „Waltzing Matilda" (siehe Kasten). Die wahre Geschichte des Lieds ging im Lauf der Zeit verloren, doch soll es 1895 im North Gregory Hotel in Winton *(67 Elderslie St., Tel. 07/4657-1375)* das erste Mal öffentlich vorgetragen worden sein. Das **Waltzing Matilda Centre** *(Tel. 07/ 4657-1466, $$)* sammelt Aufnahmen des Liedes.

Von Winton können Sie über Hughenden zur Küste zurück und weiter auf dem Flinders Highway 385 Kilometer gen Osten zur Goldminenstadt **Charters Towers** ❼ und dann nach **Townsville** ❽ (siehe S. 166f) fahren. Wenn Sie nicht nach Winton wollen, bietet sich die Alternative, östlich von Longreach wieder auf den Capricorn Highway und bei Emerald gen Norden zu fahren, um den Highways Gregory und Peak Downs nach Mackay an der Küste zu folgen.

„Waltzing Matilda"

„Waltzing Matilda", geschrieben vom Buschpoeten Andrew B. „Banjo" Paterson, erscheint eine merkwürdige Wahl als Australiens inoffizielle Nationalhymne. Es erzählt die Geschichte eines Landstreichers, der bei einem Wasserloch campt und ein Schaf stiehlt, dann auf der Flucht in einen Fluss springt und ertrinkt. Wahrscheinlich inspirierten die Streiks der Scherer in den 1890er Jahren dazu, als Truppen gegen sie ausgesandt wurden. Die Gefühle gegen das Establishment und die Umgangssprache brachten in der australischen Öffentlichkeit eine Saite zum Klingen.

Great Barrier Reef

Das Great Barrier Reef ist Australiens berühmteste Sehenswürdigkeit in der Natur – die Kette aus Korallenriffen und üppigen Tropeninseln vor der Küste Queenslands bildet ein ganz besonderes Urlaubsland. Keine Hochglanz-Unterwasserfotos können Sie auf diese Traumwelt vorbereiten.

Unechte Karettschildkröten können bis zu 50 Jahre alt und 1,5 Meter lang werden

Das Riff beginnt bei **Lady Elliott Island** und erstreckt sich 2092 Kilometer gen Norden nach **Bramble Cay** vor der Küste Papua-Neuguineas. Auch wenn von einem Riff gesprochen wird, handelt es sich doch tatsächlich um ein 233 100 Quadratkilometer großes Mosaik aus über 2000 unterschiedlichen Riffen. Im Süden bilden sie Ketten aus Korallensand. Im Norden, wo die Korallen der Küste am nächsten liegen, formen sie lange Bänder. Durchweg ist das Riff ein Labyrinth aus scharfen Korallen und seichtem Wasser, und für Australiens frühe Erforscher war es ein navigatorischer Albtraum. Der Franzose Louis Antoine de Bougainville hätte das Festland Australiens 1768 als Eigentum beansprucht, wäre da nicht der Klang der sich an den Korallen brechenden Wellen gewesen. Er beschrieb ihn in seinem Logbuch als „Stimme

PAPUA-NEUGUINEA
Salomonensee
Golf von Papua
Torres Strait
Moa I.
Prince of Wales I.
Cape York
Shelburne Bay
GREAT BARRIER REEF
CAPE YORK PENINSULA
Cape Direction
Princess Charlotte Bay
200 m
Cape Melville
Cooks Passage
Korallenmeer
Howick I.
Lizard I.
Cape Flattery
Cooktown
Cape Tribulation
DAINTREE N.P.
Mossman
Port Douglas
Cairns
Green I.
CAPTAIN COOK HIGHWAY
Mission Beach
Flinders Reefs
Flinders Passage
Tully
Dunk I.
200 m
Cardwell
Hinchinbrook I.
Orpheus I.
Gt. Palm I.
1
Magnetic I.
Townsville
GREAT BARRIER REEF
Airlie Beach
Hook I.
Whitsunday I.
Shute Harbour
Hamilton I.
Lindeman I.
Brampton I.
200 m
QUEENSLAND
Mackay
Northumberland Isles
Cape Palmerston
Townshend I.
1
Keppel Bay Island N.P.
Gt. Keppel I.
SÜDLICHER WENDEKREIS
Rockhampton
Heron I.
Curtis I.
Lady Musgrave I.
Gladstone
Lady Elliot I.
Fraser I.
Bundaberg
NEW SOUTH WALES
Fitzroy
Hervey Bay
0
200 Kilometer
0
100 Meilen
1

Riffbildung

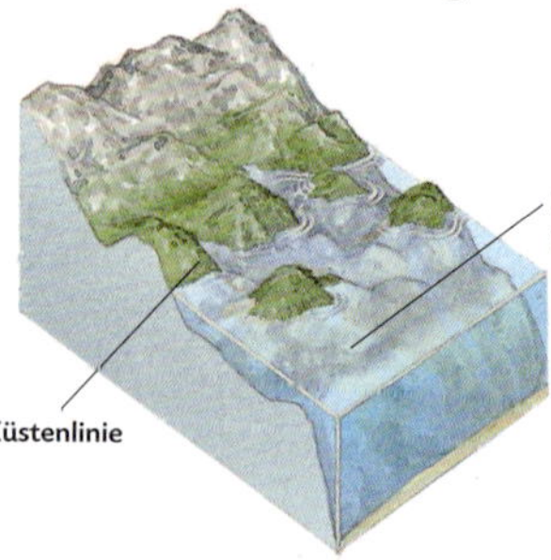

Als die letzte Eiszeit endete und sich das Erdklima erwärmte, hatte Queenslands Küste eine Reihe bewaldeter Hügel. Korallen wuchsen im seichten Gewässer des Kontinentalschelfs

Gletscher und Eiskappen schmolzen und hoben den Meeresspiegel langsam an. Wasser füllte die Täler. Neue Korallen wuchsen auf den alten, toten Korallen

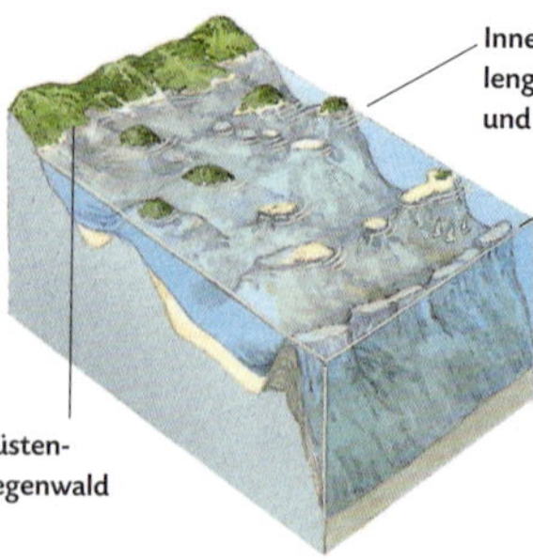

Das steigende Wasser überschwemmte Binnenland. Riffsäume wuchsen um die inneren Riffinseln; niedrige Koralleninseln entstanden auf den spektakulären Riffen des äußeren Riffs

Riffbewohner

Gottes" – und machte sich davon. 30 Jahre später verglich Matthew Flinders das Riff mit einem Nadelöhr. Im Riff liegen über 30 Wracks.

Entstehung des Riffs

Das Riff, heute Welterbestätte, wird von einem primitiven Organismus, einem Meerespolypen der Familie Coelenterata, gebildet. Milliarden von Polypen drängen sich im warmen und seichten Salzwasser zusammen und wachsen in Richtung Sonne. Wenn einer stirbt, wächst

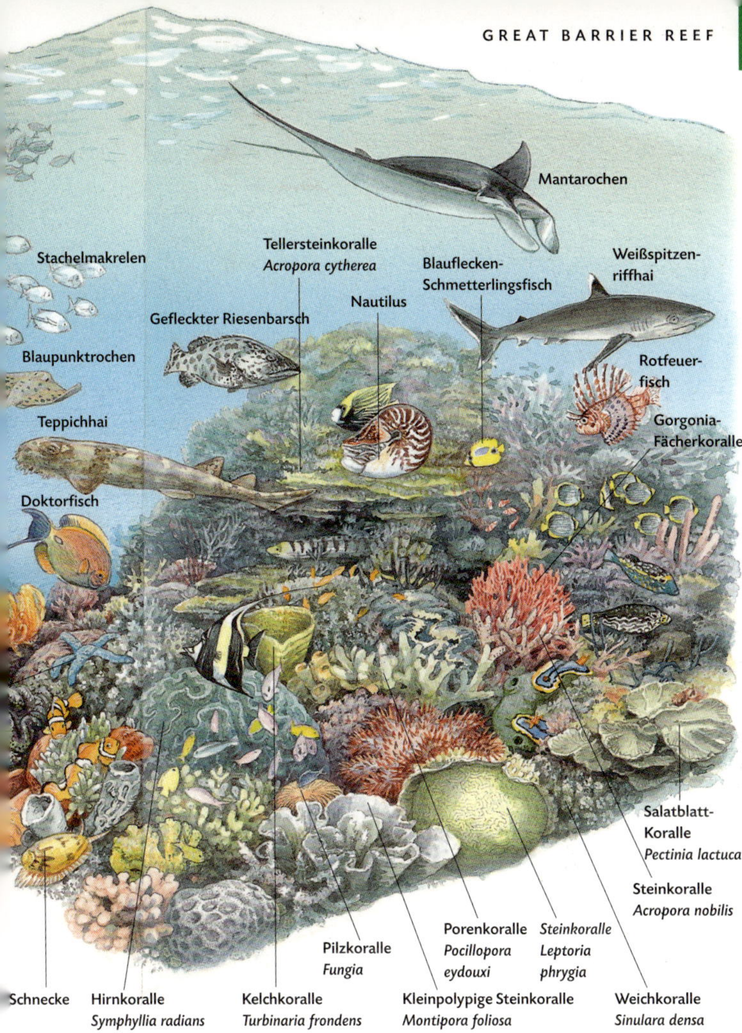

auf seinem harten Skelett ein neuer Polyp, deswegen sind sie als Steinkorallen bekannt. In Millionen von Jahren entstand so ein Riffkomplex. Einige Teile des Great Barrier Reef wachsen seit über 18 Millionen Jahren, große Teile stammen vom Ende der letzten Eiszeit, als der Meeresspiegel stieg.

Riffbewohner

Das Riff ist eine Welt für sich – die Korallenkolonien liefern Nahrung, Schutz und Jagdgründe für Milliarden anderer Tiere. Neben etwa 400 Korallenarten leben hier über 4000 Mollusken, 350 Stachelhäuter – Seeigel, Seesterne und Seegurken – sowie 4000 Schwämme.

Great Barrier Reef Marine Parks Authority
P.O. Box 1379, Townsville
07/4750-0700

Etwa 1500 Arten tropischer Fische in fast allen erdenklichen Farben schwimmen im Riff umher. Es gibt Buckelwale, Stachelrochen, Meeresschildkröten und Dugongs – Seekühe, die den Mythos der Seejungfrau nährten. Kein Ort an Land bietet solch einen Artenreichtum. Einer der spektakulärsten Anblicke ist diese Unterwasserwelt in einer Vollmondnacht im Frühling: Die Korallen stoßen Spermien und Eier aus, dann schwimmt ein Regenbogen aus Milliarden von Eiern im Wasser.

Das Riff erkunden

Jeder kann in fünf Minuten schnorcheln lernen – auch wenn Sie nur mit dem Gesicht nach unten im Wasser paddeln, sehen Sie tropische Farben und Formen. Sie müssen nicht einmal nass werden: Viele Gesellschaften haben Glasbodenboote, durch die Sie das Riff sehen können. Wenn Sie tauchen lernen wollen, gibt es dafür viele Angebote an der Küste, vor allem in Touristenorten wie **Airlie Beach** und **Cairns** (siehe S. 167f). Die Unternehmen variieren in Sachen Professionalität und Preis erheblich. Für etwa 100 A$ können Sie einen Privattauchlehrer mieten.

Inseln des Great Barrier Reef

Über 700 Inseln sind über die Leeseite des Great Barrier Reef verstreut. Viele davon sind unbewohnte, tropische Paradiese. Diejenigen mit Ferienresorts bieten für jeden Geschmack und Geldbeutel etwas. Nur wenige der Great-Barrier-Reef-Inseln liegen auf dem Riff selbst. Die meisten sind Kontinentalinseln, also

Fächergorgonien und Crinoiden wachsen dort, wo die Strömung ihnen Nährstoffe bringt

Gipfel alter Küstenhügel, die erst am Ende der letzten Eiszeit vor ca. 15 000 Jahren mit dem Meeresspiegelanstieg zu Inseln wurden. Herrliche Korallenriffe enstanden um diese Inseln herum, die oft bewaldet sind und hohe Berge sowie spektakuläre Blicke auf das tropische Meer und andere Inseln bieten. Drei der derzeitigen Insel-Resorts sind tatsächlich Koralleninseln; bei Ebbe kann man auf dem Riffkörper gehen. Die Inseln werden in drei große Gruppen eingeteilt: die südlichen Inseln, die Whitsunday Islands im Zentrum (siehe S. 161ff) und die tropischen nördlichen Inseln (siehe S. 164f).

Südliche Inseln: Die meisten südlichen Inseln befinden sich vor der Capricorn-Küste zwischen Bundaberg und Rockhampton. **Lady Elliott Island**, an der Südspitze des Great Barrier Reef, ist eine Koralleninsel, an der Taucher auf Karettschildkröten und Mantarochen treffen können. Nach außergewöhnlich vielen Schiffsunglücken baute man hier 1866 einen Leuchtturm. Heute gibt es das Lady Elliott Resort *(Tel. 1800-072-200)* und tägliche Flüge aus Bundaberg und Hervey Bay.

Gefahren für das Riff

Das Great Barrier Reef steht seit 1975 unter Naturschutz. Es wird von der Great Barrier Reef Marine Parks Authority (GBRMPA) verwaltet, die versucht, die wachsenden Ansprüche des Tourismus gegen das Bedürfnis das Ökosystem zu schützen abzuwägen. Eine natürliche Bedrohung stellen Dornenkronenseesterne dar, die Korallen fressen und zeitweilig großen Schaden anrichten – doch der Schaden durch Menschen ist weit größer. Jede tote oder abgebrochene Koralle wurde wahrscheinlich direkt durch den Menschen oder durch die Anker von Tourbooten beschädigt. Schauen Sie, aber berühren Sie nichts.

Lady Musgrave Island, etwa 40 Kilometer nördlich davon, ist eine kleine unbewohnte Insel, die wegen ihrer türkisfarbenen Lagune bei Seglern sehr beliebt ist. Auf der flachen Insel wachsen Gräser, Schraubenbäume, Pisonia-Bäume und Kasuarinen. Anfang des 20. Jahrhunderts verwüsteten auf Lady Musgrave und Lady Elliott ausgesetzte Ziegen die Inseln. Ab den 1970er Jahren wurde neu angepflanzt. Heute eignet sich Lady Musgrave gut zum Campen, auch wenn leichte Schläfer vielleicht von Seeschwalben und anderen Seeraubvögeln gestört werden. *(Zelterlaubnis über parks.nprsr.qld.gov.au oder Tel. 13-7468. Nur 40 Camper dürfen sich gleichzeitig auf der Insel aufhalten.)* Lady Musgrave Cruises *(Tel. 07/4974-9077,* *lmcruises.com.au)* bietet Tagesausflüge von der Town of 1770, nicht weit von Gladstone, auf die Insel.

Heron Island, eine weitere Koralleninsel, 112 Kilometer von Gladstone entfernt, zählt zu den bekanntesten Riffinseln – zu Recht. Korallen und Fische machen sie zu einem Paradies für Taucher und Schnorchler, zugleich ist die Insel Brutplatz tausender Vögel und Schildkröten. Heron Island wurde in den 1920er Jahren erstmals besiedelt, als man eine Schildkröten-Konservenfabrik baute. 1932 schloss die Fabrik; es entwickelte sich eine lebhafte Tourismusindustrie. 1943 erklärte man die Insel zum Nationalpark. Unterkünfte gibt es im Heron Island Resort *(Tel. 07/4972 9055)*. Die Insel ist so klein, dass man sie zu Fuß in einer Stunde umrunden kann.

Great Keppel Island wartet mit weißen Sandstränden, Hütten und Campingplätzen auf. Great Keppel ist eine von den 19 Inseln des **Keppel Bay Islands National Park**. Die hügeligen, regenwaldbestandenen Inseln sind Über-

ERLEBNIS: Fahrten zum Great Barrier Reef

Cairns/Port Douglas und die Whitsunday Islands sind die beliebtesten Ausgangspunkte für Touren durch das Riff, doch Fahrten gibt es auch von Küstenorten wie Mission Beach, Townsville und Bundaberg aus. Es gibt eine Fülle von Segel-, Tauch- und Schnorcheltouren, von einem Tag bis zu einer Woche. Die meisten Besucher machen eine Tagestour.

Zu allen Tagestouren gehören Schnorchelausflüge und ein Mittagessen, Extras sind Glasbodenboote und Tauchgänge. Ganztagestouren kosten von 150–250 A$ pro Person. Zu den wichtigsten Anbietern zählen:

Cairns

Great Adventures Cruises *(Reef Fleet Terminal, 1 Spence St., greatadven tures.com.au)*: Große Schiffe fahren nach Green Island oder zu einer Plattform am äußeren Rand des Riffs.

Passions of Paradise *(Reef Fleet Terminal, passions.com.au)*: Mit kleineren Katamaranen besucht man Michaelmas Cay und Paradise Reef.

Sunlover *(Reef Fleet Terminal, sunlover.com.au)*: Schnelle Katamarane ankern für vier Stunden beim Moore Reef.

Port Douglas

Quicksilver Connections, *(Marina Mirage, Tel. 07/4087-2100, quicksilvercruises.com.au)*: Luxuskatamarane besuchen eine Plattform am äußeren Riff und die näher gelegenen Low Isles.

Whitsundays

Cruise Whitsundays *(Abel Point Marina North, Airlie Beach, Tel. 07/4946-4662, cruisewhitsundays.com)*: Fahrten ab Airlie Beach zu einem Ponton an der Knuckle Reef Lagoon; für Eilige gibt es Flüge per Hubschrauber und Wasserflugzeug. Das Unternehmen betreibt außerdem Fähren ab Airlie Beach und Shute Harbour nach Daydream, Hamilton und zu weiteren Inseln.

reste der früheren Küste Queenslands. Man kann hier hervorragend tauchen, wandern und zelten. Von Rosslyn Bay südlich Rockhamptons fahren Boote hierher *(Tel. 07/4933-6888)*, alternativ fliegen Flugzeuge von Rockhampton. Andere Keppel-Bay-Inseln können per Wassertaxi ab Keppel Bay Marina *(Tel. 07/4933-6244)* besucht werden. Viele davon sind unbewohnt, z.B. **Middle Island** und **Miall Island**. Camper müssen allen Proviant, auch Trinkwasser, mitbringen.

Whitsunday Islands: Whitsunday Islands erhielten ihren Namen von Captain Cook, der vermeintlich am Pfingstsonntag (Whit Sunday) 1770 zwischen den Inseln und der Küste segelte. Denn er hatte die internationale Datumsgrenze nicht berücksichtigt und lag in Wahrheit einen Tag daneben.

Die etwa 100 Whitsunday Islands sind die vielleicht prächtigsten von Queenslands tropischen Paradiesen. Die Kontinentalinseln bildeten sich, als der Meeresspiegel nach der letzten Eiszeit stieg, und sie ähneln noch immer den Berggipfeln, die sie einst waren. Sie sind steil und mit dichtem Kiefernwald bewachsen. Obwohl fast 50 Kilometer vom Riff entfernt, sind sie von Korallen gesäumt. Viele von ihnen wurden in den 1930er Jahren zu Nationalparks ernannt; heute bilden sie eine Reihe von Nationalparks, darunter Whitsunday Islands, Molle Island, Lindeman Island und Repulse Island. Manche Inseln haben Ferienresorts, doch die meisten sind unbewohnt, auf einigen kann man auf den Stränden zelten. Das wichtigste Tor zu den Whitsundays ist der hübsche

Whitehaven Beach auf Whitsunday Island, einer der schönsten Strände des Great Barrier Reef

Whitsunday Islands

Karte S. 139 D3 & 155

Besucherinformation

259 Shute Harbour Rd., Airlie Beach

07/4946-5299

tourismwhitsundays.com.au

ERLEBNIS: Um die Whitsundays segeln

Das Leben kann kaum schöner sein als bei einem Segeltörn mit Freunden und Familie um die Whitsundays Islands. Segeln Sie durch die ruhigen, vom Great Barrier Reef geschützten Gewässer, werfen Sie Anker in einer Bucht, tauchen, schwimmen oder schnorcheln Sie und bereiten Sie in der Kombüse Meeresfrüchte zu. Sie haben keine Yacht? Macht nichts. Die Whitsundays sind ideal, um ein Boot zu mieten. Eine Reihe von Vermietern bietet voll ausgestattete Yachten, Katamarane oder Motorboote von zwei bis zwölf Kojen.

Segelerfahrung wird gern gesehen, aber Neulinge, die sich ans Steuer wagen, bekommen eine dreistündige Einführung. Wer möchte, kann einen Skipper anheuern (zusätzliche Kosten), gewöhnlich zumindest für den ersten Tag. Vorausbuchung empfohlen.

Cumberland Charter Yachts *(Shop 2 Shingley Beach Rd., Abel Point Marina, Airlie Beach, Tel. 07/4946-7526, ccy.com.au)*
Queensland Yacht Charters *(Abel Point Marina, Airlie Beach, Tel. 07/4946-7400, yachtcharters.com.au)*
Sunsail Australia *(Front Street, Hamilton Island, Tel. 1800-803-988, sunsail.com.au)*
Whitsunday Rent A Yacht *(6 Bay Ter., Shute Harbour, Tel. 07/4946-9232, renta yacht.com.au)*

Mackay
Karte S. 139 D3 & 155

Besucher-information
Nebo Rd.
07/4952-2677

Queensland Parks & Wildlife Service
Ecke Mandalay & Shute Harbour Rd., Airlie Beach
07/4967-7355

Badeort **Airlie Beach**, ein guter Ausgangspunkt für Tagestouren zu den Inseln. Vom Bootshafen im Ort und vom nahen Shute Harbour fahren Fähren und Ausflugsboote.

Brampton Island ist die südlichste der Whitsundays, nur 32 Kilometer nordöstlich von **Mackay** gelegen, dem Hauptort der Region, einem boomenden Kohlehafen. Die Insel ist zum größten Teil Nationalpark, mit sieben Korallenstränden und Regenwald mit Regenbogenloris und Schmetterlingen. Sie können den Gipfel Brampton Peak (einstündige Wanderung, sehr steil; Wasser mitnehmen) erklimmen – der Blick ist einmalig! Bis das Resort wiedereröffnet, verkehrt allerdings keine Fähre.

Whitsunday Island ist mit fast 12 150 Hektar die größte der Inseln und sieht wohl noch so aus wie zu der Zeit, als Captain Cook 1770 vorbeisegelte. Es gibt keine Resorts, nur Tropenwald, Fjorde und den unverfälschten Whitehaven Beach – der wohl schönste aller Inseln. Cid Harbour an der Westküste war Ankerplatz für die US-Flotte vor der Schlacht im Korallenmeer (1943). Boote auf dem Weg von Airlie Beach nach Whitehaven

INSIDERTIPP

Whitsundays Whitehaven Beach mit seinem weißen Sand gilt zu Recht als schönster Strand der Region. Kommen Sie früh und bleiben Sie lang.

CATHERINE PEARSON
National Geographic-Mitarbeiterin

können Sie hier absetzen. Das Nationalparksbüro in Airlie Beach informiert über Zeltplätze und die mitzubringenden Dinge.

Hook Island nördlich von Whitsunday Island ist die zweitgrößte Insel der Gruppe. Es gibt ein Unterwasser-Observatorium und das schlichte Hook Island Wilderness Resort *(Tel. 07/4946 9380)*. Per Glasbodenboot geht es zu den herrlichen Korallenriffen.

Lindeman Island ist eine weitere große Insel – 2025 Hektar –, zur Hälfte Nationalpark. Man kann schnorcheln und Vögel beobachten. Im Butterfly Valley gibt es Regenbogenloris und spektakuläre blaue Monarch-Schmetterlinge. Vom 213 Meter hohen Mount Oldfield hat man tolle Aussicht. Das hiesige Club Med Resort ist derzeit geschlossen.

Die Airlie Beach am nächsten gelegene Insel, **Daydream Island**, ist die kleinste der erschlossenen Inseln, nur fünf Kilometer von Shute Harbour. Über das Nordende der Insel erstreckt sich das familienfreundliche Daydream Island Resort *(Tel. 07/4948-8426)*. Die nahe **South Molle Island** bietet neben einem heruntergekommen Resort schöne Strände. Wie **Long Island** mit seinen gehobenen Resorts ist es ein gutes Ziel für einen Tagesausflug.

Hamilton Island und **Hayman Island** sind die am weitesten erschlossenen Inseln der Whitsundays mit den luxuriösesten Unterkünften.

Fast 5000 Arten von Weichtieren leben am Great Barrier Reef, darunter die Riesenvenusmuschel

Hamilton, etwa16 Kilometer südöstlich von Shute Harbour, ist die am stärksten bebaute von allen, mit Apartmenthochhäusern, Restaurants, Marina, Jetport, Boutiquen und Sportkomplex *(Tel. 13-7333)*. Fähren nach Hamilton Island fahren ab Shute Harbour, oder man fliegt direkt ab Sydney, Melbourne oder Brisbane. Hayman Island ist die luxuriöseste Urlaubsinsel *(Tel. 1800-122-339)* der Whitsundays. Die beeindruckende Ferienanlage umfasst drei Swimmingpools, tropische Gärten und eine Meerwasserlagune. Die Insel darf nur von Resortgästen betreten werden; Tagesbesuche sind nicht möglich.

Nördliche Inseln: Im äußersten Norden Queenslands liegt das Riff der Küste am nächsten. **Magnetic Island** wurde so von Captain Cook getauft. Dieser hatte hier im Jahr 1770 große Probleme mit seinem Kompass, als er an der Insel vorbeisegelte und vermutete, die Insel müsse magnetisch sein. Sie können von Townsville in 20 Minuten übersetzen. Auf der Insel leben über 2500 Bewohner, von denen einige zur Arbeit aufs Festland pendeln. Umgeben ist die Insel von weißen Sandstränden; die Hälfte ist Nationalpark mit Wanderwegen, Aussichtsplätzen und Koalas.

Orpheus Island, ein kleiner vulkanischer Hügel mit kaleidoskopischen Korallenriffen, liegt 80 Kilometer nordöstlich von Townsville. Die Insel ist ein Nationalpark.

Weiter die Küste hoch zeichnet sich die baumbe-

Schnorchler gleiten in der Watson's Bay vor Lizard Island durchs Wasser

standene **Hinchinbrook Island** ab, von Cardwell auf dem Festland nur durch einen engen Kanal getrennt. Sie ist mit 624 Quadratkilometern die größte Insel vor diesem Küstenabschnitt, wurde jedoch nie besiedelt und ist heute Nationalpark. Bis zu 914 Meter hohe Berge beherrschen die Wildnis mit Mangroven und weißen Sandstränden. Mit Ausnahme des Cape Richards Resort *(zurzeit geschl.)* ist die Insel noch so erhalten wie vor 200 Jahren. Sie können von Cardwell einen Tagesausflug unternehmen, doch schöner ist eine Wanderung auf dem East Coast Trail oder Thorsborne Trail (siehe Kasten).

Dunk Island liegt nur fünf Kilometer vor der Küste nahe Tully, 200 Kilometer nördlich von Townsville. Die Insel bietet Vogelreichtum, dichte Wälder und tropische Schmetterlinge und bot ein beliebtes Ferienresort, bis 2011 Wirbelsturm Yasi zuschlug. Bis das Resort wiedereröffnet, können Sie nur per Wassertaxi von Mission Beach herkommen. Das kleine **Bedarra Island** wartet mit einem Luxusresort auf, das derzeit renoviert wird, und einer exklusiven Privatvilla *(Tel. 07/4067-5311)*.

Auch **Green Island**, 24 Kilometer von Cairns, gehört zum Riff. Die Koralleninsel ist kaum einen Kilometer lang, den größten Teil nimmt das Green Island Resort *(Tel. 1800-673-366)* ein. **Lizard Island**, eine der nördlichsten Inseln des Riffs (96 km nördlich von Cooktown), hat einige der schönsten Korallenriffe. Captain Cook landete hier 1770 und taufte die Insel nach den Waranen *(monitor lizards)*, die sich hier immer noch sonnen. Neben dem luxuriösen Lizard Island Resort *(Tel. 07/4043-1999)* gibt es einen Zeltplatz *(Buchung beim Queensland Parks & Wildlife Service in Cairns, siehe S. 167)*. ■

Thorsborne Trail

Dieser schwierige, 32 Kilometer lange Weg auf Hinchinbrook Island bietet Strände, Regenwald, Wasserfälle und eine reiche Vogelwelt. Wassertaxis ab Cardwell setzen Wanderer am Beginn des Wegs ab und holen sie am Ende am George Point ab; Details im Rainforest & Reef Information Centre *(Tel. 07/4066-8601)* in Cardwell. Die drei- bis fünftägige Wanderung führt über Hügel, Sümpfe und Bäche. Achten Sie in Küstengebieten auf Krokodile! Bringen Sie Nahrungsmittel, Zelt und Kochausrüstung mit. Es gibt sieben Campingplätze (Permit erforderlich). Den Weg dürfen nur 40 Personen gleichzeitig begehen; Reservierung weit im Voraus erforderlich, für Schulferien bis zu einem Jahr *(Tel. 13-1304 oder epa.qld.gov.au)*.

Nord-Queensland

In Nord-Queensland liegen Townsville, das Industriezentrum der Region und Australiens größte tropische Stadt, sowie Cairns, bester Ausgangspunkt zum Great Barrier Reef und Magnet für Leute, die das Abenteuer in Freizeitaktivitäten suchen. Es gibt aber auch ruhige Strände, hinreißende Fahrten und eine der wildesten Ecken Australiens, die Cape York Peninsula.

Am Hafen von Cairns starten Ausflüge zum Great Barrier Reef

Townsville
Karte S. 139 C4 & 155
Besucherinformation
Flinders Mall
07/4721-3660

Townsville

Die beiden Unternehmer Melton Black und Robert Towns legten den Grundstein von Townsville. 1863 bauten sie hier einen Anlegeplatz und eine Anlage für Viehmäster, die den Hafen von Bowen nicht erreichen konnten, wenn der Burdekin River Hochwasser führte. Der Goldrausch von Cape River (1867), Ravenswood (1869) und Charters Towers (1871) verhalf der Stadt zum Aufstieg. Im Zweiten Weltkrieg war Townsville ein strategischer Posten für amerikanische und australische Streitkräfte und wurde dreimal von den Japanern bombardiert. Heute ist es Australiens wichtigster Militärstützpunkt und Heimat der James Cook University.

Zwar ist Townsville das Verwaltungs- und Handelszentrum Nord-Queenslands, doch bevorzugen die Touristen Cairns und Port Douglas weiter nördlich. Townsville bietet elegante Architektur und am **Strand** stattliche Feigenbäume, außerdem ein Kasino und ein hervorragendes Aquarium mit Riffkorallen, Anemonen und tropischen Fischschwärmen, Teil des **Reef HQ Aquarium** *(2-68 Flinders St. East, Tel. 07/4750-0800, $$$).*

Vom **Castle Hill** bieten sich tolle Blicke auf die Stadt, und das **Billabong Sanctuary** *(Bruce Highway, Nome, Tel. 07/4778-8344, $$$),* 18 Kilometer südöstlich der Stadt, bietet Tiershows und Fütterungen. Townsville ist zugleich Basis für Ausflüge zum Great Barrier Reef und der einzige Fährhafen nach **Magnetic Island** (siehe S. 164).

Cairns

Die tropische Stadt am Fuße einer regenwaldbestandenen Bergkette lebt vom Meer. Die kürzlich neu gestaltete Promenade lässt den Ort frischer wirken.

Um 1860 war Cairns ein Lager für Trepang-Fischer, doch Gold- und Zinnfunde in den Atherton Tablelands (siehe S. 170f, 174) lockte Siedler an, und 1876 gründete man die Stadt. 1924 endete hier die Eisenbahn von Brisbane.

Vor dem Touristenboom in den 1980er Jahren war Cairns eine verschlafene Zuckerrohrstadt und ein bei Marlinfischern beliebter Schlupfwinkel. Scheinbar über Nacht wurde es zum pulsierenden Touristenort, was aber viel vom Charme zerstörte. Heute ist das ruhigere Port Douglas beliebter.

Trotzdem ist Cairns eine gute Basis für die Erkundung der Region. Sie können Tagesausflüge zum Great Barrier Reef machen oder Hochseefischerboote chartern. Ein weiterer beliebter Tagestrip ist die Eisen- oder Seilbahnfahrt nach Kuranda (siehe S. 171). Zu den Sehenswürdigkeiten in der Stadt selbst zählen das **Cairns Historical Society Museum** *(Lake & Shields St., Tel. 07/4051-5582),* die tropischen **Botanic Gardens** beim Flughafen und der **Tjapukai Aboriginal Cultural Park** *(Kamerunga Rd., Tel. 07/4042-9900, $$$$)* im

ERLEBNIS: Kanuwandern auf dem Meer

Zwischen Townsville und Cairns liegt der populäre Mission Beach, ein aufblühender Badeort mit herrlichen Stränden und Inseln vor der Küste.

Ein wunderbarer Ausflug führt mit dem Kanu zur mit Regenwald bewachsenen Dunk Island, 4,5 Kilometer vor der Küste. Sie können ein Kajak mieten und selbst losziehen; auf dem Weg sehen Sie vermutlich Delfine und Meereesschildkröten, können an den Riffs der Insel schnorcheln oder im schicken Voyages Dunk Island Resort essen. Für Unerfahrene ist es am einfachsten, eine geführte Tour über Coral Sea Kayaking ***(Tel. 07/4068-9154)*** **zu buchen, einschließlich Shuttle-Service, Essen und Schnorchelausrüstung.**

Cairns
Karte S. 139 C4 & 155
Besucherinformation
51 Esplanade
07/4051-3588

Queensland Parks & Wildlife Service
5B Sheridan St., Cairns
07/4222-5478

ERLEBNIS: Tauchen in Australien

Das Great Barrier Reef ist Australiens unbestrittenes Tauchparadies, mit unzähligen Tauchplätzen für Erfahrene und Tauchschulen für Anfänger, die in vier bis fünf Tagen ihren Tauchschein erwerben möchten. Cairns, Port Douglas, Townsville und Airlie Beach sind die Haupttauchzentren und die Preise sind günstig.

Ab Cairns oder Port Douglas sind die besten Tauchziele: **Lizard Island**, bekannt für seine Riesenvenusmuscheln, und **Cod Hole**, wo man den Gefleckten Zackenbarsch füttern kann. **Osprey Reef** hat fantastische Weichkorallen und riesige Fische, darunter viele Riffhaie.

Bei Townsville, 90 Kilometer südlich, wimmelt es am **Yongala Wreck** von Tieren, darunter Haie, Mantarochen und Schildkröten. Das perfekt runde **Wheeler Reef** bietet auch vielfältige Großfische.

Bei den Whitsundays zählen **Bait Reef** und **Hardy Reef** zu den Spitzenzielen. Weiter südlich bietet **Heron Island** großartige Schnorchel- und Tauchplätze, ebenso **Lady Elliot Island**, die südlichste der Inseln.

Das zweite herausragende Tauchrevier Australiens ist das **Ningaloo Reef**, ein weniger bekanntes, aber nicht weniger spektakuläres 260 Kilometer langes Riff vor der Küste von Western Australia. Tauch-Shops gibt es in Exmouth und Coral Bay. Die Navy Pier in Exmouth am Ende der Halbinsel gilt als eine der besten Tauchküsten des Landes.

Unter *australia.com* finden Sie Information zu allen Tauchplätzen und Clubs.

Port Douglas

Karte S. 139 C4 & 155

Besucherinformation

23 Macrossan St.

07/4099-5599

Quicksilver Catamarans: Cairns & Port Douglas

Marina Mirage

07/4087-2100

Bietet schnelle Katamaranverbindung nach Cairns, auch Tagestouren zum Riff

nördlichen Vorort Smithfield, mit informativen Führungen und am Abend kulturellen Darbietungen mit Dinner.

Von Port Douglas zum Cape Tribulation

Die schicke Ferienstadt Port Douglas liegt 64 Kilometer nördlich von Cairns am Captain Cook Highway, einer der schönsten Straßen Australiens, die an einsamen Stränden und üppigen tropischen Hügeln entlangführt.

Port Douglas, fünf Kilometer abseits des Highways, war bis in die 1980er Jahre ein verschlafenes Fischerdorf an der Coral Sea. Dann entdeckten es Touristen und Hotel-Bauträger. Das kleine Dorf im Regenwald schien fast jedermanns Vorstellung eines tropischen Verstecks zu entsprechen. Doch hat die Erschließung den Ort grundlegend verändert, und zu den Hauptferienzeiten vervierfacht sich die Einwohnerzahl, die sonst bei rund 2000 liegt.

Port Douglas ist für Fünf-Sterne-Luxus-Resorts wie das Sheraton Mirage *(Davidson St., Tel. 07/5577-0000)*, den Golfplatz, die Marina und den noblen Shopping-Komplex bekannt. Obwohl die Stadt am oberen Ende der Beliebtheitsskala steht, gibt es auch günstige Unterkünfte und Restaurants. An Aktivitäten mangelt es nicht: Wandern in der Mossman Gorge, Ausflüge in den Daintree-Regenwald oder die Erkundung des nördlichen Great Barrier Reef bieten sich an.

Mossman liegt am Captain Cook Highway 14 Kilometer nördlich von Port Douglas. Es ist eine kleine Zuckerrohrstadt mit der tiefgrünen **Mossman Gorge** als Hauptattraktion. Mitglieder des Kuku-Yulanji-Volks führen Besucher durch die Schlucht, oder Sie nehmen vom großen neuen Besucherzentrum einen Shuttlebus *($)*.

Das friedliche Dorf **Daintree**, 35 Kilometer weiter, liegt am Rand des 76 000 Hektar großen **Daintree National Park**. Hier reicht der Regenwald bis ans Meer. Es gibt Bootsfahrten auf dem mächtigen **Daintree River** – eine gute Gelegenheit, Salzwasserkrokodile, die sich am Ufer sonnen, zu beobachten. Eine große Schifffahrtsgesellschaft ist Daintree River Trains *(Tel. 07/4090-7676, $$$)*.

Cape Tribulation liegt 35 Kilometer nördlich von Daintree. Nehmen Sie die Fähre, die den Daintree River knapp zehn Kilometer südlich von Daintree überquert. Die Fähre legt von 6 bis 24 Uhr alle paar Minuten ab *(Tel. 07/4098-7788, Hin- und Rückfahrt 20 A$)*.Die Straße jenseits des Flusses ist bis Cape Tribulation asphaltiert.

Das **Daintree Discovery Centre** *(Tel. 07/4098-9171, $$$$)* acht Kilometer nach der Anlegestelle ist einen Stopp wert. Es bietet informative Ausstellungen, einen Weg durch den Wald und einen 23 Meter hohen Aussichtsturm. Kostenlose Ausblicke über den Park und die Küste bietet der **Mount Alexandra Lookout**. Einige schöne Wanderungen führen

Daintree

Karte S. 139 C5

Besucherinformation

5 Stewart St.

07/4098-6133

Der Daintree National Park ist eines der letzten Gebiete mit altem Regenwald

durch Regenwald und Mangroven. Nicht versäumen sollten Sie den **Jindalba Boardwalk**, einen leichten Weg, auf dem gute Chancen bestehen, Kasuare zu sehen.

Cape Tribulation („Mühsal") und Mount Sorrow („Sorge") wurden so von Captain Cook getauft, nachdem sein Schiff auf ein Korallenriff aufgelaufen war und er sich gezwungen sah, es beim heutigen Cooktown reparieren zu lassen. In den folgenden 200 Jahren wurde der einsame Küstenabschnitt selten besucht.

INSIDERTIPP

Tauchen Sie am Wrack der 1911 gesunkenen S. S. „Yongala" zusammen mit Meeresschildkröten und Seeschlangen. Dies ist einer der besten Tauchplätze am Great Barrier Reef.

PETER FUNCH
NATIONAL GEOGRAPHIC-Feldforscher

Der Teil von Cape Tribulation im Daintree National Park ist ein spektakuläres Paradies nebelverhangener Berge, die zum Korallenmeer hin abfallen. Der Park ist eine der feuchtesten Ecken der Erde und bietet Tropendschungel und Korallenriffe nebeneinander. Er ist das Juwel von Queenslands 9065 Quadratkilometern Feuchttropen. In den triefenden Wäldern wachsen primitive Pflanzen, z. B. Angiospermen, die die Vorfahren aller Blütenpflanzen sind. Regelmäßig entdeckt man neue Farnarten. Hinzu kommen 120 Vogelarten, vom Regenbogen-Honigfresser bis hin zum flugunfähigen, bis zu zwei Meter großen Kasuar. Unter den Schmetterlingen findet man den kobaltblauen Ulysses und den riesigen Hercules-Nachtfalter.

In den 1980er Jahren waren Queenslands Tropen Schauplatz der Konfrontation zwischen Umweltschützern und der Holzindustrie. Streitobjekt war der Bau des **Bloomfield Track**, einer allradtauglichen, 160 Kilometer langen Straße zwischen Cape Tribulation und Cooktown. Die Umweltschützer verloren den Kampf, aber die weltweite Aufmerksamkeit brachte die Bundesregierung dazu, einen Antrag auf Aufnahme der Wälder in die Welterbeliste zu stellen. Mittlerweile ist hier Holzfällen verboten und der Ökotourismus ein wichtiger Wirtschaftszweig.

Atherton Tablelands

Der Weg zu diesem vulkanischen Hochland oberhalb von Cairns ist ebenso schön wie die Erkundung selbst. Die dschungelbewachsene Bergkette oberhalb der kühlen, feuchten Höhen der Atherton Tablelands erklimmt die Kuranda Scenic Railway, 1891 als Verbindung zwischen den Herberton-Zinnminen und der Küste gebaut und heute eine der schönsten Bahnstrecken der Welt.

Der von einer 125-jährigen Dampflok gezogene Zug fährt zunächst die Küste entlang und erklimmt dann die Berge. Die Strecke führt an der 183 Meter tiefen **Barron River Gorge** entlang sowie durch 15 in den Stein getriebene Tunnel. Die 32-Kilometer-Fahrt endet in **Kuranda**, einer Stadt im Regenwald mit einem bekannten Handwerksmarkt. Wer Ruhe sucht, dem empfiehlt sich eine Wanderung in den Regenwald: Ein Weg führt von der kolonialen Bahnstation in die Wildnis des **Barron Gorge National Park**. Von Cairns' nördlichen Außenbezirken führt eine acht Kilometer lange Seilbahn, der **Skyrail Rainforest Cableway** *(Tel. 07/4038-1555)*, ebenfalls nach Kuranda.

Wer mit dem Zug unterwegs ist, sollte sich ein Auto mieten, um die Schönheiten des Tafellands zu erkunden. Regenwaldstädte wie Atherton und Ravenshoe ziehen Künstler an. Das kleine Dorf **Yungaburra**, 13 Kilometer östlich von Atherton, bietet sich als Ausgangspunkt für die Erkundung der Region an. Zwei wunderschöne Kraterseen – **Lake Eacham** und **Lake Barrine** – liegen östlich des Gillies Highway. Beide sind Nationalparks und haben schöne Badeplätze und Uferwege. Südlich von Yungaburra steht der **Curtain Fig Tree**, ein viel fotografiertes Gewirr aus Wurzeln und Klettertrieben.

Etwas südlich von Atherton am Kennedy Highway liegt der **Mount Hypipamee**

(Fortsetzung auf S. 174)

In den hohen kühlen Regenwäldern der Atherton Tablelands gibt es seltene Orchideen, Farne und tropische Schmetterlinge

Atherton Tablelands

Karte S. 139 B4–C4

Besucherinformation

Silo Rd. & Main St., Atherton

07/4091-4222

Kuranda Scenic Railway

07/4032-3964

Kuranda

Karte S. 139 C4

Besucherinformation

Therwine St.

07/4093-9311

Nationalparks

Australien besitzt mehr als 500 Nationalparks und Tausende von Naturschutzgebieten, die die ganze Vielfalt australischer Naturlandschaften wie Regenwälder, Wüsten, Inseln, Gebirgsketten und Küsten schützen sollen. Einige liegen extrem abgelegen – um zu ihnen zu gelangen, müssen Besucher dürre Wüsten durchqueren, Fahrten, die für Unerfahrene sehr gefährlich werden können.

Nicht alle ursprünglichen Orte Australiens erfordern eine expeditionsgleiche Planung. Einige der schönsten Nationalparks liegen am Rand von Städten, so etwa der Royal National Park an der Küste gleich südlich von Sydney. Der üppige Dandenong Ranges National Park ist nur eine kurze Bahnfahrt von Melbourne entfernt.

Wasserfälle stürzen von den Felsen im Kakadu National Park, Northern Territory

14 der australischen Nationalparks sind auf der Unesco-Welterbeliste gelistet, darunter das Great Barrier Reef und der Kakadu National Park im Northern Territory. Das tropische Feuchtgebiet, etwa drei Autostunden südöstlich von Darwin, ist der größte Touristenmagnet im Norden. In der Trockenzeit sammeln sich asiatische Zugvögel an Wasserstellen. Kakadu steht auch aus kulturellen Gründen auf der Welterbeliste: Die Aborigines-Kultur ist über 50 000 Jahre alt, und Tausende von Felsmalereien schmücken seine Schluchten, Felsvorsprünge und Höhlen.

Die weltbekannten Monolithen des Uluru-Kata Tjuta National Park, Ayers Rock und Olgas, befinden sich ebenfalls als kulturelle wie natürliche Besonderheiten auf der Unesco-Liste. Weitere Welterbestätten sind z. B. Shark Bay in Western Australia, beliebt bei Touristen wegen der freundlichen Delfine. Die Bucht steht aber vor allem wegen der primitiven blaugrünen Algen, die die Felsen am Hamelin Pool bedecken, unter Schutz. Die Stromatolithen sind lebendige Fossilien aus der Zeit vor 3,5 Milliarden Jahren.

Einige andere Welterbestätten sind Inseln: Fraser Island vor Queensland ist die weltweit größte Sandinsel, auf der einzigartige Dschungelpflanzen wachsen. Lord Howe Island ist ein Tropenparadies 692 Kilometer vor der Küste von

Die zehn schönsten Nationalparks

Cradle Mountain-Lake St. Clair NP: Der in Zentraltasmanien gelegene Park besitzt Australiens ersten Wanderweg, den 65 Kilometer langen Overland Track, vorbei an verschneiten Gipfeln sowie Bergwiesen und -seen. Siehe S. 344f.

Daintree NP: 160 Kilometer nördlich von Cairns gibt es alte Regenwälder, Mangroven, Krokodile und die weißen Sandstrände von Cape Tribulation. Siehe S. 169.

Fraser Island (Great Sandy) NP: Die größte Sandinsel der Welt vor der Küste von Queensland bei Hervey Bay bietet Regenwald, Dünenseen, Dingos und lange unberührte Strände. Siehe S. 148f.

Freycinet NP: Die Wineglass Bay ist das Juwel dieses faszinierenden Parks an Tasmaniens sonniger Ostküste, mit wunderbaren Stränden und rosafarbenen Granithügel. Siehe S. 348.

Kakadu NP: Dieser Park, 170 Kilometer von Darwin, steht auf der Welterbeliste; er bietet spektakuläre Klippen und Wasserfälle, Felsenmalereien und Feuchtgebiete. Siehe S. 188ff.

Kosciuszko NP: Skifahren im Winter, Wandern im Sommer und Australiens höchster Berg sind die Highlights dieses alpinen Wunderlandes in den Snowy Mountains von New South Wales. Siehe S. 114.

Nambung NP: The Pinnacles, 250 Kilometer nördlich von Perth umfassen Hunderte von eigenartigen Kalksteinsäulen, die in der Wüste aufragen. Siehe S. 216.

Port Campbell NP: Hier warten die beeindruckenden Twelve Apostles, riesige Bögen und Inseln, die das Meer aus den Sandsteinklippen schliff; 280 Kilometer von Melbourne. Siehe S. 313.

Purnululu NP: In der Kimberley-Region von Western Australia bieten die gestreiften „Bungle-Bungles" spektakuläre Sandsteinkuppeln, -klippen und-schluchten. Siehe S. 236f.

Uluru–Kata Tjuta NP: Der majestätisch aufragende Monolith des Uluru und die benachbarten Felskuppeln der Kata Tjuta liegen tief im Landesinneren, 400 Kilometer südwestlich von Alice Springs. Siehe S. 204, 206ff.

New South Wales. Auf der Südwestecke Tasmaniens werden einige der letzten Bestände ursprünglichen gemäßigten Regenwalds geschützt.

Als Gondwana Rainforests of Australia werden 15 Parks mit 265 000 Hektar in den Küstenhochländern von New South Wales zusammengefasst. Die „Australian Fossil Mammal Sites" liegen weit auseinander: Eine befindet sich in Riversleigh in Western Australia, die andere fast 3000 Kilometer entfernt in den Narracoorte Caves von South Australia. Beide Parks schützen die Fossilienfunde, die die Geschichte von Australiens einzigartiger Fauna dokumentieren. Die obskurste Welterbestätte ist der Willandra National Park, eine Reihe trockener pleistozäner Seebetten nordwestlich von Griffith in New South Wales.

Nationalparkbesuche

Jeder Nationalpark wird vom jeweiligen Bundesstaat verwaltet, entsprechend variieren die Einrichtungen. Oft gibt es Unterkünfte in oder bei den Parks, etwa in Flinders Range in South Australia und in Watarrka (Kings Canyon) im Northern Territory. Andere Parks haben Toilettenhäuschen und Picknicktische, manche nicht mal das. Rufen Sie vor einem Aufenthalt im Park an, da es in manchen Parks eine Besucherbeschränkung gibt und Sie Zimmer oder Zeltplatz reservieren müssen. *(Die Nationalpark-Agentur jedes Staates hat Informationen. Adressen und Telefonnummern, siehe S. 366.)*

Cape York Peninsula

Karte S. 138–139 B5–B6

Natures Powerhouse Visitor Information Centre

Finch Bay Rd., Cooktown

07/4069-6004

National Park, Heimat von über 300 Vogelarten. Ein Weg führt 400 Meter am Dinner Creek entlang zu einer recht finsteren, 61 Meter tiefen vulkanischen Höhle. Die 16 Kilometer lange „Wasserfall-Rundfahrt" um **Millaa Millaa** (südlich von Malanda) zeigt die schönsten Wasserfälle der Gegend. Fahren Sie ab Palmerston Highway auf der Theresa Creek Road Richtung Millaa Millaa Falls, dann durch dichten Regenwald und Farmland nach Zillie, Mungali und Elinja.

30 Minuten von Millaa Millaa über den Palmerston Highway in Richtung Küste bietet der **Mamu Rainforest Canopy Walkway** *(Tel. 07/4064-5294, $$)*, ein 350 Meter langer Weg durch die Wipfel des Regenwaldes, ein Erlebnis.

Cape York Peninsula

Eine Fahrt zu „The Tip", wie sie die Aussies nennen, ist ein Allrad-Abenteuer, eine 800 Kilometer lange Strecke zum nördlichsten Punkt des Festlands. Die Straßen und Wege sind alle unbefestigt und werden von vielen Flüssen gekreuzt. Während es für ein herkömmliches Fahrzeug unter guten Bedingungen noch möglich ist, bis zur

ERLEBNIS: Tour zum Kap

Die Cape York Peninsula ist das Höchste für Abenteurer mit Geländewagen. Viele kommen hierher, doch nur gut ausgerüstete Fahrzeuge schaffen es – und sie fahren meist im Konvoi. Je nach Straßenzustand sind ein Wagenheber, Ketten und sehr viel Erfahrung im Durchqueren von Flüssen nötig. Die Ufer können steil und schlammig sein. Die Hauptstraße – die Peninsula Development Road durch Laura nach Coen und Weipa – ist unbefestigt, aber gut zu befahren, wenn es trocken ist. Ernsthafte Off-Roader wählen schwierigere Strecken, wie den Umweg über Cape Melville. Hinter Weipa ist ein Fahrzeug mit Allradantrieb bereits unerlässlich. Wer es wirklich hart mag, wählt den Old Telegraph Track. Es besteht auch die Möglichkeit, eine Kombination aus Fahrt, Flug und Schiff zu buchen.

Cape York mit dem Jeep:
Die folgenden Unternehmen in Cairns bieten eine Reihe von Touren mit Geländewagen zum Cape York an. Dauer zwischen sieben Tagen und zwei Wochen.

Heritage Tours *(Tel. 07/4054-7750, heritagetours.com.au)*

Oz Tour Safaris *(Tel. 1800-079-006, oztours.com.au)*

Wilderness Challenge *(Tel. 07/4035-4488, wilderness-challenge.com.au)*

Cape York per Flugzeug:
Qantas *(Tel. 13-1313)* bietet tägliche Flüge von Cairns nach Weipa und Horn Island, während **Skytrans** *(Tel. 1300-759-872)* von Cairns nach Bamaga, Coen, Lockhart River und Arukun fliegt.

Cape York mit der Fähre:
M.V. „Trinity Bay" *(Tel. 07/4035-1234, seaswift.com.au)*, ein Frachtschiff, nimmt Autos und bis zu 38 Passagiere in Kabinen mit auf die Strecke von Cairns zum Cape York über Horn Island, Thursday Island und Bamaga.

Am Cape York können regenlose Gewitter den Busch in Flammen setzen

Bergwerksstadt **Weipa** zu kommen, etwa auf zwei Drittel des Weges, ist der letzte Abschnitt nur für Vierradantrieb geeignet. Während der Monsunregen – vergessen Sie's! Es gibt auch geführte Allradtouren zur Spitze; auch Flugzeuge und Boote aus Cairns landen hier.

Ausgangspunkt zum Cap ist **Cooktown**, die nördlichste Stadt an der Ostküste. Am von Krokodilen bevölkerten Endeavour River gelegen, besitzt es noch einen ursprünglichen Charme, doch der Tourismus ist auf dem Vormarsch, seit die Straße von Cairns 2006 asphaltiert wurde. Die meisten Besucher kommen allerdings über den malerischeren Bloomfield Track von Cape Tribulation.

Ab 1848 wurde die Halbinsel erkundet. 1863 gründete der Abenteurer John Jardine nahe der Kapspitze einen Hafen namens Somerset. Sein kleines Reich wollte mit Singapur rivalisieren. Aber schon 1877 wurde Somerset aufgegeben.

Das Treiben auf Cape York fand dann weiter südlich am Palmer River statt, wo ein Goldrausch Tausende von Schürfern anlockte. Zwischen australischen und chinesischen Goldgräbern brach ein Kampf aus, zusätzlich griffen die Aborigines Eindringlinge in ihrem Territorium an.

Laura, ca. 320 Kilometer nördlich von Cairns, lag im Zentrum; auf dem Höhepunkt des Booms kamen hier jährlich 20 000 Menschen durch. Laura liegt an der Peninsula Development Road, auf die Sie in **Mareeba** am Kennedy Highway stoßen. Es ist eine leichte Fahrt, außer nach heftigem Regen. Von

ERLEBNIS: Pferderennen im Staub

Südlich von Cape York in der südwestlichen Ecke von Queensland nahe der Grenze zu South Australia liegt Birdsville, das in Australien ein Synonym für Abgeschiedenheit und das Outback ist. Es ist ein Mekka für Geländewagenliebhaber. Doch alljährlich in der ersten Septemberwoche herrscht in dieser Siedlung am Rand der Simpson Desert reges Leben, wenn mehr als 6000 Besucher zu den berüchtigten Pferderennen *(birdsvilleraces.com)* kommen und hier Party machen. Die Stadt ist zu erreichen über den Birdsville Track in South Australia oder ab Charleville in Queensland, beides Strecken für gut ausgerüstete Fahrzeuge.

Alternativ fliegt **Skytrans** *(Tel. 1300-759-872, skytrans.com.au)* auf der Strecke Brisbane-Mount Isa Birdsville an. Das **Birdsville Hotel** *(Tel. 07/4656-3244)*, das gleich beim Flugfeld steht, bietet Unterkunft.

Gulf of Carpentaria

Karte S. 138–139

Besucherinformation

Caroline St., Normanton

07/4745-1065

FELSKUNSTTOUREN: Trezise Bush Guide Service, Tel. 07/4060-3236

Laura selbst steht nicht mehr viel, aber es ist die nächste Ortschaft zu den **Quinkan Reserve Aboriginal Rock Art Galleries** nahe Split Rock. Die Galerien gehören mit Zehntausenden Malereien zu den weltweit größten Felsenkunstsammlungen und sind bis zu 13 000 Jahre alt. Am eindringlichsten sind die Quinkans – finstere, eckige Figuren mit starrem Blick, von denen die Aborigines glauben, sie lauerten in Felsritzen. Touren zu den Galerien können beim Quinkan Reserves Trust *(Tel. 07/4060-3214)* arrangiert werden. Das **Aboriginal Dance Festival**, das in Laura im Juni aller ungeraden Jahre stattfindet, ist ein faszinierendes Spektakel. Die Ang-Gnarra Aboriginal Corporation in Laura *(Tel. 07/4060-3214)* informiert über Felsenkunst und das Festival.

Viele Menschen zieht es nach **Thursday Island** vor der Kapspitze, nur weil dieser kleine Platz in der Torres Strait den nördlichsten Punkt Australiens darstellt. Die rund 60 Bewohner sind Nachfahren von Aborigines, Melanesiern, Malaien, Papuas, Chinesen und japanischen Perlentauchern, aus der Zeit, als die Insel Perlenzentrum war. Das Leben geht hier recht gemächlich vonstatten, und es gibt nur einige wenige Unterkünfte. Peddel's Ferry Service *(Tel. 07/4069-1551)* bietet die Überfahrt von Seisia an der Spitze von Cape York zur Insel an.

Gulf of Carpentaria

Der Golf von Carpentaria und Queenslands zerklüfteter Nordwesten sind nicht nach jedermanns Geschmack. Dies ist ungeschminktes Outback, mit Minenstädten, abgelegenen Häfen und rauen Pubs. Die blendend heiße Savanne ist von achsbrechenden Termitenhügeln durchsetzt. Krokodile bewohnen die Flüsse und Mangroven am Rand des Golfs, und die einsamen Städte können während des Monsuns wochenlang von der Außenwelt abgeschnitten sein. Trotz alledem: Die Region hat Charme.

Von Cairns nach Normanton fährt man 720 Kilometer auf dem einsamen **Gulf Developmental Highway**, der die Flanke der Atherton Tablelands hinunter und in die Savanne führt. 240 Kilometer südwestlich von Cairns kommen Sie zu den **Undara Lava Tubes**, einer Reihe hohler Basaltkammern, durch die vor 200 000 Jahren bei einem Vulkanausbruch enorme Lavamassen flossen. Sie sind die weltweit größten Formationen dieser Art und einen Besuch wert.

Normanton ist ein rauer alter Flusshafen, der über Jahrzehnte die umliegenden Viehstationen, die Goldfelder um Croydon und die Silberminen in Cloncurry versorgte. Der Norman River ist voller Barramundis.

Wenn Sie angeln oder Boot fahren wollen, denken Sie daran, dass es hier Salzwasserkrokodile gibt. Sehen Sie sich unbedingt beim grell bemalten Purple Pub das Modell des angeblich größten Krokodils an, das 1957 im Norman River geschossen wurde.

Morning Glory

Das atmosphärische Phänomen namens Morning Glory – eine bizarre röhrenförmige Wolke am Morgenhimmel im Frühling – ist von September bis November oft über dem Golf von Carpentaria zu sehen.

INSIDERTIPP

Erwägen Sie eine Geländewagensafari von Cairns zum abgelegenen Cape York und zum Gulf of Carpentaria (siehe Kasten S. 174).

ROFF SMITH
National Geographic-Autor

Eine 72 Kilometer lange Fahrt von Normanton gen Norden bringt Sie nach **Karumba**, einem Garnelenfischerhafen am Golf. In den 1930er Jahren war dies der Tankstopp für die Qantas Empire Flying Boats, die zwischen Großbritannien und Australien flogen. Heute kommen Angel-Enthusiasten hierher, um ihr Glück zu versuchen. Der Golf wimmelt von Grunzerfischen, Lachsen und Barramundis – und natürlich Salzwasserkrokodilen.

Außer zu angeln gibt es hier nicht viel zu tun. Die Sonnenuntergänge über Karumba Point sind großartig. Der Strand ist auch grandios, aber verschwenden Sie

Undara Lava Tubes

Karte S. 139 B4

Lava Lodge Undara

Unterkunft und Touren zu den Lava Tubes: 07/4097-1900 oder 1800-990-992

Mount Isa
Karte S. 138 A3
Besucher-information
Marian St.
07/4749-1555
outbackisa.com.au

keinen Gedanken an ein Bad, wenn Sie nicht gegen Krokodile kämpfen wollen.

Eine 240 Kilometer lange, unbefestigte Straße führt westlich von Normanton nach **Burketown**, einen der einsamsten Orte Australiens, vor allem in der Regenzeit (Oktober bis April), wenn er oft wochenlang von der Außenwelt abgeschnitten ist. Die Straße ist zwar holprig, doch normalerweise braucht man in der Trockenzeit keinen Allradantrieb. Der Weg führt durch raues Land an den schönen Leichhardt Falls vorüber.

Wenn Sie abenteuerlustig sind, fahren Sie von Burketown auf dem **Gulf Track** (nur in der Trockenzeit befahrbar) nach **Darwin**. Von Burketown sind es 480 Kilometer unbefestigten Weges zur nächsten richtigen Straße bei Borroloola, und von hier weitere 960 Kilometer bis Darwin. Weniger anspruchsvoll ist die **Wills Developmental Road**, ebenfalls unbefestigt, die von Burketown 120 Kilometer gen Süden zur Viehstation **Gregory Downs** führt. Hier können Sie in Richtung Lawn Hill National Park (siehe unten) abbiegen oder auf dem Wills Highway die 145 Kilometer nach Cloncurry fahren.

Der **Flinders Highway** führt von Cloncurry gen Osten nach Townsville und an die Küste. Westlich von Cloncurry führt die Straße zur Bergwerksstadt **Mount Isa**, mit 22 000 Einwohnern (nur wenig kleiner als Alice Springs) eine der größten Outback-Städte Australiens und mit 43 348 Quadratkilometern die flächenmäßig größte Stadt der Welt. Der Haupterwerbszweig ist die riesige Silber-Blei-Zink-Mine, ebenfalls eine der größten der Welt. Im August findet hier Australiens größtes Rodeo statt.

ERLEBNIS: Minen-Tour in Mount Isa

Die große Attraktion in Mount Isa ist Outback at Isa *(19 Marian St., Tel. 07/4749-1555, outbackatisa.com.au, $$$$$)* mit einer Multimedia-Ausstellung und einem Outback-Park, der Mount Isas Natur- und indigenes Erbe zeigt; dazu das faszinierende Riversleigh Fossil Centre. Highlight sind die Touren in die Hard Times Mine. Ausgestattet mit Overall, Helm und Lampe geht es mit erfahrenen Bergleuten in die Tiefe, um zu erfahren, wie es gemacht wird und auch selbst sein Glück zu versuchen.

Lawn Hill (Boodjamulla) National Park

Lawn Hill National Park, eine unerwartete tropische Oase in einer unendlichen schwarzen Ebene, gehört zu Australiens Juwelen. Einheimische und viele Besucher sagen, er sei spektakulärer als Kakadu (siehe S. 188ff), da seine Üppigkeit in der heißen Ödnis, die ihn umgibt, so überraschend ist. Er ist das Vermächtnis einer Zeit, als ganz Nord-Australien mit dichtem Regenwald bedeckt war. Als das Klima wärmer und trockener wurde, zog sich der Wald zurück.

Die von Fächerpalmen, Feigenbäumen und Farnen gesäumten Schluchten, die von Quellen in den Kalksteinhügeln an der nahen Northern-Territory-Grenze gespeist werden, sind die letzten Überreste des einstigen Regenwaldes.

Das Wasser zieht viele Säugetiere, Vögel und Reptilien wie Wasserwarane, Schildkröten und scheue Süßwasserkrokodile an. Der Waanyi-Stamm lebt seit 30 000 Jahren hier; im Park gibt es viel Felskunst, und Pfade und Plankenwege führen zu den Stätten **Wild Dog Dreaming** und **Rainbow Dreaming**.

Der Park hat etwa 24 Kilometer Wanderwege, doch die meisten Besucher ziehen Kanu oder Gummireifen vor, mit denen man im klaren, lindgrünen Wasser umherstreifen und die bunten Kalksteinwände der Schlucht (bis zu 60 Meter hoch) von unten bewundern kann. Auch wenn im unteren Teil der Schlucht viele Krokodile leben, ist das Wasser dennoch sicher zum Schwimmen. Süßwasserkrokodile sind kleiner und viel ängstlicher als ihre Salzwasser-Vettern.

Im Süden des Parks erzählen die Fossilien im Kalkstein der **Riversleigh Fossil Site** die Geschichte der letzten 20 Millionen Jahre. Sie dokumentieren, dass sich hier einst ein kleiner Dschungel voller Fleisch fressender Kängurus, Beutellöwen,

Lawn Hill National Park

Karte S. 138 A4

1300-1303-72

Die Lawn Hill Gorge ist eine versteckte Oase mit Fächerpalmen, Papageien und Krokodilen

Wombats in Nashorngröße und Verwandter des ausgestorbenen Beutelwolfs befunden hat. Außerdem gab es hier Vögel, Fledermäuse und prähistorische, über sieben Meter lange Pythons. Die Fundstätten sind ehemalige Seen, zu denen die Tiere zum Trinken kamen. Einige fossilierte Überreste der Tiere sprengte man aus dem harten Kalkstein.

Lawn Hill ist ein verstecktes Juwel und nicht leicht zu erreichen, denn der Park befindet sich mitten im Nirgendwo; der letzte Teil der Wegstrecke ist eine lange Fahrt über einen rauen, unbefestigten Weg, der nach heftigem Regen unpassierbar ist. Vierradantrieb ist empfehlenswert, auch wenn ein herkömmlicher Wagen es in der Trockenzeit schaffen kann, wenn der Fahrer Buscherfahrung hat. Der Park liegt etwa 400 Kilometer nordwestlich von Mount Isa, am einfachsten über die Burke Developmental Road zu erreichen. Von Cloncurry führt die Straße Richtung Norden zum Burke and Wills Roadhouse, dann nordwestlich auf den Wills Highway. Nach 145 Kilometern sind Sie am Gregory Downs Hotel *(Tel. 07/4748-5566)*, einem alten Pub. Hier können Sie Proviant und Benzin kaufen und auch übernachten.

Die Zufahrt zum Park führt über einen Weg neben dem Pub, und diese letzte Strecke (113 Kilometer) ist die härteste. Es wäre schön zu sagen, dass die Landschaft hier toll sei – aber sie ist es nicht. Die Ödnis ist höchstens apokalyptisch. Und eben dies macht Lawn Hill selbst so einmalig. 9,6 Kilometer östlich des Parkeingangs treffen Sie auf Adel's Grove Kiosk *(Tel. 07/4748-5502)*, wo Sie Proviant kaufen und Kanus mieten können. Hier liegt einer der zwei Nationalpark-Zeltplätze, der zweite im Park selbst. Sie sind oft ausgebucht – erkundigen Sie sich rechtzeitig bei der Parkverwaltung nach freien Plätzen. ■

Agakröte

Die große, warzenübersäte, giftige Agakröte *(Bufo marinus)* wurde auf die Zuckerrohrfelder im nördlichen Queensland 1935 eingeführt, um den Schädling *Dermolepida albohirtum*, einen Käfer, zu bekämpfen. Die Kröte breitete sich rasch aus und bedroht heute die Biodiversität in einem großen Bereich vom Kakadu National Park im Northern Territory bis nach Port Macquarie bei Sydney. Ihr Gift tötet einheimische Amphibien, Reptilien und Säugetiere, einschließlich Süßwasserkrokodilen und Beutelmardern. Die wirksamste Abwehr ist das gemeinschaftliche Zusammentreiben der Kröten.

Liebevoll „Never Never Land" genannt und Heimat zweier bekannter Sehenswürdigkeiten: Uluru und der Feuchtgebiete von Kakadu

Northern Territory

Punktmalerei: eine traditionelle Kunstform der Aborigines

Northern Territory

Mit 1 359 750 Quadratkilometern ist das Northern Territory etwa so groß wie Alaska, aber mit nur 220 000 Bewohnern eines der dünnstbesiedelten Gebiete der Erde. Etwa die Hälfte aller Menschen lebt in Darwin, im tropischen Norden. Alice Springs, im Red Centre, ist der zweite dichter besiedelte Ort, der Rest wohnt in Aborigines-Gemeinden, Bergbaucamps oder Viehstationen.

In den 1820er Jahren gründeten die Briten die ersten Siedlungen auf Melville Island und Coburg Peninsula, um sich damit vor Franzosen und Holländern die Herrschaft über die Nordküste zu sichern. Doch erst mit der Gründung von Palmerston (später Darwin) 1869 konnten Europäer hier Fuß fassen.

Im Northern Territory sind 32 Prozent der Einwohner Aborigines; mehr als in jedem anderen Staat Australiens. Rund die Hälfte des Landes gehört den Aborigines, und für den Besuch braucht man eine Genehmigung. Es gibt jedoch Aborigines-Gemeinden, die Tourismus zulassen und eigene Unternehmen gegründet haben.

Viele Besucher kommen nur, um Uluru und das Feuchtland in Kakadu zu sehen. Sehenswert sind jedoch auch Kata Tjuta (die Olgas, nahe Uluru), die Schlucht von Watarrka, die McDonnell Ranges bei Alice Springs und die Nitmiluk-Schlucht bei Katherine.

Im tropischen Norden gibt es zwei Jahreszeiten, nämlich die Regen- und die Trockenzeit. Zur Regenzeit im Sommer machen die Hitze, die hohe Luftfeuchtigkeit und der Monsun das Leben unerträglich. Buschpfade werden weggespült, trockene Flussbette verwandeln sich in reißende Ströme. Im April beginnt dann die Trockenzeit. Obwohl die Tagestemperaturen um 30 Grad Celsius liegen, ist dies die beste Zeit für einen Besuch des Top End. Im Oktober beginnt die Regenzeit – zunächst wird es drückend schwül, dann kommen Trockengewitter. In der Wüste im Landesinnern ist es im Sommer glutheiß und trocken und im Winter kalt, wobei Minusgrade keine Seltenheit sind.

Die meisten größeren Straßen sind asphaltiert und auch unbefestigte Nebenstrecken durchweg in gutem Zustand. Flughäfen gibt es in Alice Springs, Darwin und Yulara (dem Feriengebiet nahe Uluru). Alice Springs und Darwin sind auch mit dem Zug, dem Ghan, zu erreichen (siehe S. 282f).

Der volle Status als Bundesstaat fehlt dem Northern Territory noch. Ein diesbezügliches Referendum verfehlte 1998 knapp die nötigen Stimmen. Das Gebiet verwaltet sich heute selbst, untersteht aber offiziell der Bundesregierung in Canberra. ■

NICHT VERSÄUMEN

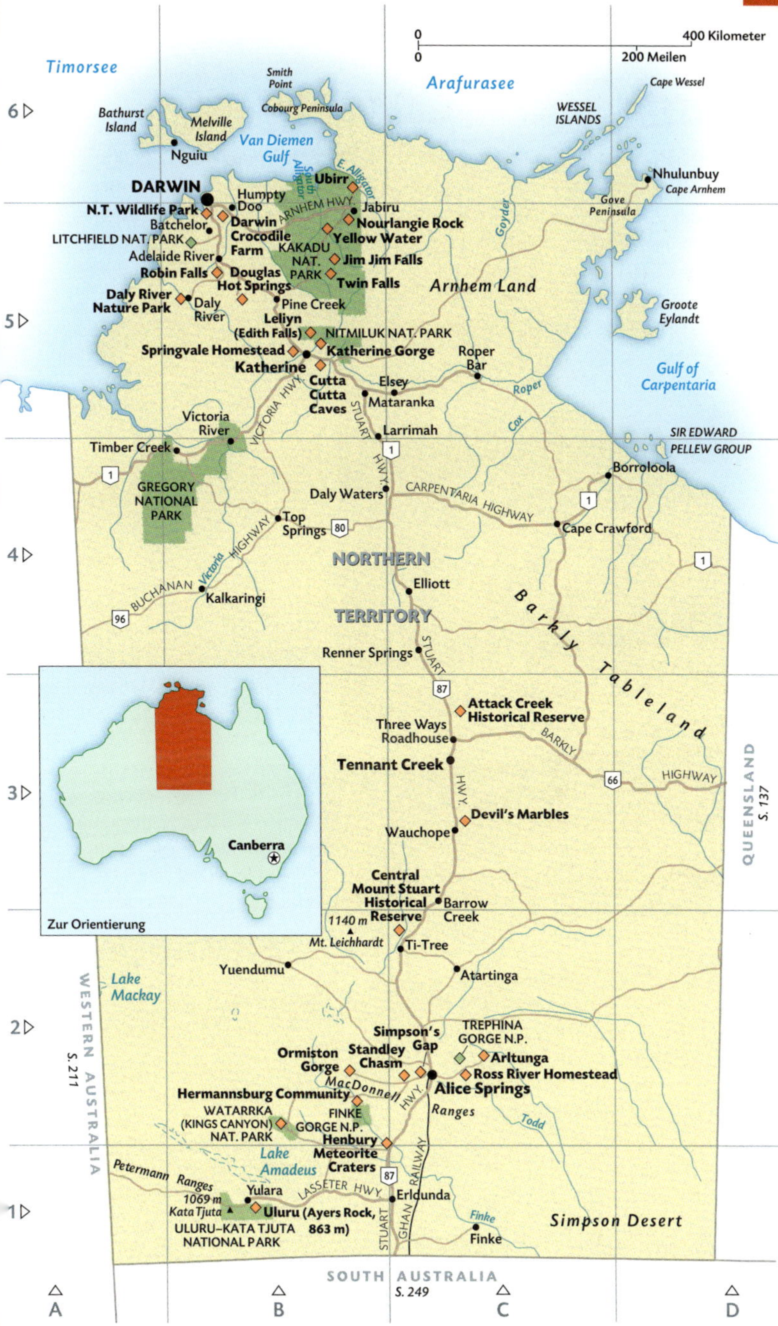
0 400 Kilometer
0 200 Meilen
Timorsee
Arafurasee
Smith Point
Cobourg Peninsula
Bathurst Island
Melville Island
Nguiu
Van Diemen Gulf
South Alligator
E. Alligator
Cape Wessel
WESSEL ISLANDS
Nhulunbuy
Cape Arnhem
Gove Peninsula
DARWIN
N.T. Wildlife Park
Humpty Doo
Batchelor
LITCHFIELD NAT. PARK
Darwin Crocodile Farm
Ubirr
Jabiru
ARNHEM HWY
Nourlangie Rock
Yellow Water
KAKADU NAT. PARK
Jim Jim Falls
Twin Falls
Goyder
Adelaide River
Robin Falls
Douglas Hot Springs
Daly River Nature Park
Daly River
Pine Creek
Arnhem Land
Groote Eylandt
Leliyn (Edith Falls)
NITMILUK NAT. PARK
Springvale Homestead
Katherine Gorge
Katherine
Roper Bar
Gulf of Carpentaria
Cutta Cutta Caves
Elsey
Mataranka
Roper
Cox
VICTORIA HWY
Victoria River
Timber Creek
Larrimah
STUART HWY
SIR EDWARD PELLEW GROUP
Borroloola
GREGORY NATIONAL PARK
Daly Waters
CARPENTARIA HIGHWAY
Top Springs
HIGHWAY
Cape Crawford
NORTHERN TERRITORY
Victoria
BUCHANAN
Kalkaringi
Elliott
Barkly Tableland
Renner Springs
STUART
Attack Creek Historical Reserve
Three Ways Roadhouse
BARKLY HIGHWAY
Tennant Creek
QUEENSLAND S. 137
HWY.
Devil's Marbles
Wauchope
Central Mount Stuart Historical Reserve
Barrow Creek
1140 m
Mt. Leichhardt
Ti-Tree
Yuendumu
Atartinga
Lake Mackay
WESTERN AUSTRALIA S. 211
Simpson's Gap
TREPHINA GORGE N.P.
Ormiston Gorge
Standley Chasm
Arltunga
Ross River Homestead
MacDonnell Ranges
HWY.
Alice Springs
Hermannsburg Community
WATARRKA (KINGS CANYON) NAT. PARK
FINKE GORGE N.P.
Todd
Henbury Meteorite Craters
Lake Amadeus
Petermann Ranges
LASSETER HWY
RAILWAY
Yulara
1069 m
Kata Tjuta
Erldunda
Uluru (Ayers Rock, 863 m)
ULURU–KATA TJUTA NATIONAL PARK
GHAN
Finke
Simpson Desert
SOUTH AUSTRALIA S. 249
Canberra
Zur Orientierung
1 80 96 87 66
A B C D
1 2 3 4 5 6

Darwin

Die moderne Stadt mit ihren 130 000 Einwohnern überrascht viele Gäste, die zum ersten Mal den Norden besuchen und ein Grenzstädtchen aus Bretterbuden erwarten, wie sie es aus dem Film „Crocodile Dundee" kennen. Darwin ist eine Großstadt mit Vorstadtcharme, einer niedrigen Skyline, gepflegten Einfamilienhäusern, Kinos, Einkaufszentren und Fastfood-Restaurants.

Das Parlamentsgebäude des Northern Territory in Darwin

Darwin
Karte S. 183 B6
Besucher-information
Ecke Smith & Bennett St.
08/8980-6000

In den besseren Wohnvierteln unterscheidet sich Darwin nur durch die Hitze und die tropischen Blütenpflanzen von ähnlichen Vierteln etwa in Melbourne. Die eleganten Holzhäuser, die auf Pfosten ruhten, sind fast alle modernen Steinhäusern gewichen, die zwar langweiliger aussehen, aber Tropenstürmen besser standhalten. Darwin gilt als Gewitterhauptstadt der Welt, und die Blitze über der Arafurasee sind unbeschreiblich.

Es ist eine Beamtenstadt. Viele der Bewohner beziehen großzügige Gehälter von der Regierung, leben in hübschen, subventionierten Häusern und arbeiten in klimatisierten Bürogebäuden in der Innenstadt. Doch die Bewohner Darwins sonnen sich gern im Glanz ihrer rauen Vergangenheit. Die meisten Einwohner sind Zugereiste. Die ethnische Vielfalt in Darwin ist groß; mehr als 50 Nationalitäten sind hier vertreten.

Vor Beginn der Regenzeit, wenn Hitze und Feuchtigkeit den Menschen stark zusetzen, sind die Leute reizbar, und die Arrestzellen der Polizei füllen sich. Die Regenzeit selbst ist so grau und deprimierend wie lange skandinavische Winter. Für die Natur ist es nach der

Taifun Tracy

Der Taifun Tracy löschte die Stadt Darwin beinahe aus, als er Weihnachten 1974 mit mehr als 215 Stundenkilometern darüber hinwegfegte. Die wiederaufgebaute Stadt ist freundlicher und kosmopolitischer – und hoffentlich stabiler – als der baufällige Handelsposten, der hier entstanden war.

langen Dürre eine Zeit der Erholung und Regenerierung.

Darwin wuchs mit dem Goldfieber Ende des 19. Jahrhunderts, als Goldsucher aus ganz Asien kamen. Der ursprüngliche Name der Siedlung war Palmerston, doch sie wurde nach dem Naturforscher Charles Darwin, der 1839 mit seinem Schiff „Beagle" in den Hafen einlief, in Port Darwin umbenannt. 1911 wurde der Name auf Darwin verkürzt. In seiner Anfangszeit hoffte Darwin noch, ein Rivale Singapurs zu werden, doch das raue Klima,

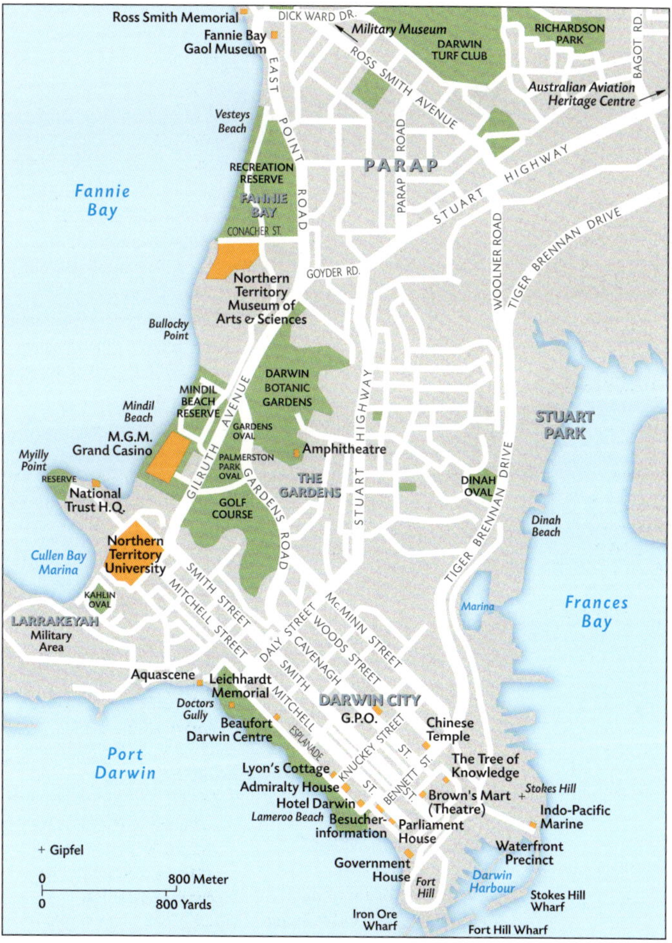

Northern Territory Museum of Arts & Sciences
✉ Conacher St.
☎ 08/8999-8264

die Taifune und die schwierige Kommunikation mit dem Rest der Welt erwiesen sich als kaum zu überwindende Hindernisse.

Im Zweiten Weltkrieg wurde Darwin zu einem wichtigen Stützpunkt der alliierten Streitkräfte. Rasch wurden Straßen nach Alice Springs und Mount Isa gebaut und Landebahnen gerodet. Darwin war die einzige Stadt Australiens, die mehrfach angegriffen wurde (siehe Kasten).

Heute ist Darwin ein Verwaltungszentrum, dessen wichtigste Arbeitgeber Regierung, Bergbau, Tourismus und Militär sind. Seit 2004 die Eisenbahn die Stadt erreicht hat und neue Einrichtungen für den Güterumschlag geschaffen wurden, wird Darwin zu Australiens Tor nach Asien.

Sehenswürdigkeiten

Die Innenstadt liegt an der Spitze der Halbinsel, die in den Hafen ragt, und besteht aus gitterförmig angelegten Straßen. Obwohl die meisten der ursprünglichen Gebäude entweder durch japanische Bomben oder den Taifun Tracy zerstört wurden, sind an der Esplanade einige Häuser im klassischen Kolonialstil erhalten. Zu ihnen gehören **Admirality House** (heute Char Restaurant) und **Lyon's Cottage** (beide um 1920) und das restaurierte **Government House** (1870). Die Esplanade führt am Meer entlang und lädt zu einem Abendspaziergang ein. Ein reich verzierter Quilt hängt in der **Northern Territory Library** im Parliament House. Er wurde in den 1940er Jahren von Künstlern aus der Region angefertigt und erinnert an die Zeit des Zweiten Weltkriegs.

Das **Northern Territory Museum of Arts & Sciences** am Rande der Fannie Bay, rund drei Kilometer nördlich vom Stadtzentrum, ist Teil der Stadterneuerung, die nach dem Taifun stattfand.

Bomben auf Darwin

Nach dem japanischen Angriff auf Pearl Harbour am 7. Dezember 1941 wurden alliierte Schiffe, Flugzeuge und Truppen nach Darwin abgestellt, einer Schlüsselstellung gegen die Japaner. Frauen und Kinder wurden evakuiert.

Am 19. Februar griffen 188 japanische Flugzeuge den Hafen von Darwin an, versenkten acht Schiffe, beschädigten viele mehr und zerstörten die Stadt, bevor ein zweiter Angriff den Militärflughafen traf. Mehr als 240 Menschen starben; die Zivilisten flohen. Während der nächsten 18 Monate griffen die Japaner Darwin 64-Mal an; sie planten die alliierten Militärkräfte zu zerstören, die ihren Vorstoß nach Südostasien aufhalten wollten.

Es beherbergt eine große Sammlung von Kunstwerken der Aborigines und der Bewohner der Pazifikinseln. Der nationale Aboriginal Art Award findet im September statt. Eines der beliebtesten Exponate ist das ausgestopfte „Sweetheart", ein fünf Meter langes, 770 Kilogramm schweres Salzwasserkrokodil, das die Außenbordmotoren von Booten angriff, bis ihm 1979 jemand den Garaus machte.

Darwin hat einige sehr hübsche Strände, aber starke Gezeiten, Krokodile und die sechs Monate im Jahr hier lebenden hochgiftigen Würfelquallen *(von Okt. bis April ist das Baden verboten)* haben verhindert, dass Darwin zu einem Badeort wurde.

Am **Mindil Beach** ist im Winter *(Mai–Okt. Do und So)* jeden Abend Markt. Dann duftet es überall nach asiatischen und anderen Speisen. Familien stellen ihre Klapptische auf und picknicken, Kinder spielen am Strand Kricket, und die Kauflustigen kämpfen sich durch zahllose Stände. Die nahe gelegenen **Darwin Botanic Gardens** verfügen über eine der besten australischen Sammlungen tropischer Pflanzen mit mehr als 400 Palmenarten.

Das alte Werftgelände um die Stokes Hill Wharf am anderen Ende der Stadt hat sich in den schicken **Waterfront Precinct** mit vornehmen Restaurants, Straßencafés, Hotels, Kongresszentrum, Pool und Geschäften verwandelt. Lebende Korallen und tropische Fische sind im **Indo-Pacific Marine** *(Tel. 08/8981-1294)* beim Kongresszentrum zu bestaunen. Über die Esplanade gelangen Sie zum **Aquascene**, wo Sie die Fische füttern können, die mit der Flut kommen.

INSIDERTIPP

Im Hafen von Darwin einen Film im Openair-Kino Deckchair Cinema anzuschauen [Mitte April bis Mitte November jeden Abend um 19.30 Uhr] macht einfach Spaß.

PETER TURNER
NATIONAL GEOGRAPHIC-Autor

Kriegsdenkmäler

Erforschen Sie die in den Fels unter der Stadt gehauenen Vorratstunnel *($)* am Kitchener Drive, die einst dazu dienten, den lebenswichtigen Treibstoff vor Luftangriffen zu schützen. Das **Darwin Military Museum** erzählt die Geschichte von Darwins Rolle im Zweiten Weltkrieg. Im **Australian Aviation Heritage Centre** ist eine japanische Zero zu besichtigen, die über Darwin abgeschossen wurde. ■

Darwin Botanic Gardens
- ✉ Geranium St.
- ☎ 08/8981-1958

Aquascene
- ✉ 28 Doctors Gully Rd.
- ☎ 08/8981-7837
- 🕒 Während der Flut für rund eine Stunde geöffnet, genaue Zeiten telefonisch erfragen
- $ $$

Darwin Military Museum
- ✉ East Point Reserve
- ☎ 08/8981-9702
- $ $$

Australian Aviation Heritage Centre
- ✉ Stuart Hwy. (8 km südlich von Darwin)
- ☎ 08/8947-2145

Deckchair Cinema
- ✉ Darwin Harbour
- ☎ Programminformation: 08/8981-0700

deckchaircinema.com

Kakadu National Park

Der Kakadu National Park ist ein Feuchtgebiet; 153 Kilometer südwestlich von Darwin gelegen, erstreckt er sich über 20 000 Quadratkilometer. Zum größten Nationalpark Australiens gehört das ganze Einzugsgebiet des South Alligator River, so benannt vom Entdecker Philip King, der 1818 die heimischen Krokodile mit Alligatoren verwechselte.

Monsunregen überschwemmt das Feuchtgebiet von Kakadu von Januar bis März

In Kakadu leben mehr als 290 Vogelarten (ein Drittel aller australischen Arten), 26 Froscharten, 74 Reptilienarten, 68 Säugetierarten und über 10 000 verschiedene Insekten. Die Liste mit der Tierwelt Kakadus wird immer länger und einige Arten wie die Oenpelli-Python (erst 1977 entdeckt) gibt es vermutlich nur im Park. Die vielfältige Tierwelt macht diesen Park so reizvoll; beobachten Sie die Jabirus, die Rosakakadus, die Spaltfußgänse oder die riesigen Salzwasserkrokodile, die im Schlamm liegen und sich sonnen. Im Park leben rund 3500 dieser Giganten.

Menschen gab es hier schon vor 20 000 Jahren, was viele Höhlenmalereien der Aborigines beweisen. Bisher sind mehr als 5000 davon katalogisiert worden, doch nur die wenigsten davon können besichtigt werden, da die anderen zu schwer zu erreichen sind oder weil die Gagadju, denen das an die Regierung verpachtete Land gehört, sie als heilige Stätten betrachten. Zwei Stellen mit zugänglichen Malereien sind **Ubirr** und **Nourlangie Rock**.

Bergbau

Im Park befinden sich einige der reichsten Uranlager der Welt, außerdem Gold-, Platin- und Palladiumvorkommen am nahe gelegenen Coronation Hill. Die **Ranger Uranium Mine** arbeitet seit 1979. Die Gesellschaft, Energy Resources of Australia (ERA), muss strenge Umweltschutzauflagen einhalten und ein Treuhandkonto einrichten, um mögliche Umweltschäden nach Beendigung des Tagebaus zu beheben. Regelmäßig kursieren Gerüchte, dass die Mine geschlossen werden soll, dazu Berichte über das Austreten von kontaminiertem Wasser. Doch trotz der Schließung des Tagebaus ist der Untertagebau erheblich ausgebaut worden. Einige Anführer der Aborigines haben gegen die Mine protestiert, doch genießt auch der Bergbau einige Unterstützung, da indigene Gruppen in den Genuss von Pachtgeldern und Lizenzzahlungen kommen.

Sechs Kilometer westlich der Ranger Mine liegt der Ort Jabiru (1200 Einwohner). Er wurde 1981 als Minenstädtchen gegründet, doch der Nationalpark hat ihn zum Touristenzentrum werden lassen, mit einem Luxusmotel in Form eines Krokodils (siehe S. 377).

Besuch des Nationalparks

Die Anreise zum Park ist problemlos: Nehmen Sie den Stuart Highway südlich von Darwin, und biegen Sie dann links auf den Arnhem Highway ab. Er führt vorbei am malerischen Gasthaus bei Humpty Doo und mündet im Zentrum des Parks bei **Jabiru**. Sich in der Wildnis fortzubewegen ist schon schwieriger. Die interessantesten und abgelegensten Orte sind nur mit Allradfahrzeugen oder einem Sportflugzeug zu erreichen. Von Darwin aus können Sie an einer der hervorragenden Touren in den Park teilnehmen.

INSIDERTIPP

Die Teiche und Wasserfälle in Kakadu sind toll zum Schwimmen, aber achten Sie immer darauf, ob Krokodile in der Nähe sind.

STEPHANIE ROBICHAUX
National Geographic-Mitarbeiterin

Ein Problem ist die richtige Reisezeit. Viele ziehen die Trockenzeit (Mai–Okt.) vor, weil dann Hitze und Luftfeuchtigkeit noch erträglich sind und sich die Tiere an den wenigen Wasserlöchern

Kakadu National Park
Karte S. 183 B5

Besucherinformation
Kakadu Hwy., Jabiru
08/8938-1120
kakadu.com.au

Süßwasserkrokodile leben auch an der Küste

versammeln. In der Regenzeit aber können Sie das wahre Kakadu erleben, mit Monsungewittern, die über die Ebenen rollen, Wasserfällen, die die Klippen hinabstürzen, und tropischem Gras, das so hoch wird, wie Sie es noch nie gesehen haben. Gegen die Regenzeit sprechen die extreme Hitze und Feuchtigkeit, die Tatsache, dass sich die Tiere über den Park verstreuen, und die Überschwemmungen, die einen Großteil des Parks unpassierbar machen. Am besten legen Sie Ihren Besuch auf den Beginn der Trockenzeit, dann können Sie die Vorteile beider Jahreszeiten genießen.

Die beliebtesten Sehenswürdigkeiten im Park sind die Aborigines-Felsmalereien bei Nourlangie Rock und Ubirr, die Jim Jim Falls und die Twin Falls und Yellow Water in der Nähe der Gagadju Lodge in Cooinda, die auch der günstigste Ort zum Übernachten ist *(Tel. 08/8979-0145)*.

Nourlangie ist besonders leicht zu erreichen, denn er liegt nur 20 Kilometer südlich vom Park-Hauptquartier. Die von Wald umgebene, tiefrote Sandsteinformation besticht durch die Höhlen am Fuß ihrer steilen Klippen. Ein anderthalb Kilometer langer Wanderweg führt vom Parkplatz zum **Anbangbang Shelter**, wo 20 000 Jahre alte Kunst zu bewundern ist. Ganz in der Nähe bietet sich ein großartiger Blick über das Arnhemland-Escarpment. Wanderern kann der elf Kilometer lange Barrk Walk um den Nourlangie empfohlen werden. Infomaterial gibt es bei der Parkverwaltung.

In **Ubirr**, 40 Kilometer nördlich der Parkverwaltung über eine asphaltierte Straße zu erreichen, sind Bilder von Schildkröten, Buntwaranen, Kängurus und ausgestorbenen Arten wie dem Beutelwolf zu sehen, aber auch Bilder der Regenbogenschlange – einem weiblichen Wesen aus der Schöpfungsgeschichte der Aborigines – und der frechen Mimi-Geister, die im Innern der Felsen leben. Der Stil der Malereien variiert stark: Manche Bilder sind 20 000 Jahre alt, andere stammen aus der Mitte des 20. Jahrhunderts. Ein 1,5 Kilometer langer Rundweg führt vom Parkplatz zu den Felsmalereien; man sieht den East Alligator River und die Felsen von Arnhemland. Der längere (6,4 km) **Sandstone and River Walk** führt am Fluss entlang. **Guluyambi Cruises** *(Tel. 1800-895-179)* bieten Flussfahrten mit Aborigines-Guides an.

Die Wasserfälle **Jim Jim** und **Twin Falls** 113 Kilometer südlich des Nationalpark-Zentrums sind nur mit dem Geländewagen zu erreichen, doch die mühsame Anfahrt lohnt sich. Am besten ist der Beginn der Trockenzeit, wenn der Regen gerade lange genug aufgehört hat, dass die Straße wieder befahrbar ist, der Jim Jim Creek aber noch viel Wasser führt. Das Wasser des Jim Jim stürzt über 200 Meter tief über die Klippen in einen großen Teich. In der Trockenzeit trocknet der Wasserfall vollständig aus. Twin Falls ist rund zehn Kilometer von Jim Jim entfernt und noch schwieriger zu erreichen. In der Regenzeit sind beide Wasserfälle nicht erreichbar.

Für viele ist **Yellow Water** der Höhepunkt ihres Besuchs in Kakadu. Es ist eine dicht bewachsene Lagune 48 Kilometer südlich von Jabiru, die vom Jim Jim Creek gebildet wird. In der Trockenzeit leben hier unzählige Wasservögel, und Salzwasserkrokodile lassen sich von der Sonne wärmen. Am schönsten ist es bei Sonnenauf- und -untergang. Ab der nahen Gagudju Lodge gibt es Bootstouren. ■

Krokodile

Die größten Reptilien der Welt sind die Salzwasserkrokodile *(Crocodylus porosus)*, Hier werden sie *„salties"* genannt. Sie sind im Schnitt fünf Meter lang und 450 Kilo schwer, doch sie können auch doppelt so schwer und sieben Meter lang werden. Sie leben an den tropischen Küsten von Queensland, Northern Territory und Western Australia. Krokodile bevorzugen Mangroven und Flussmündungen, doch sie schwimmen auch durchs Meer zu den Inseln. Man findet sie auch im Süßwasser bis zu 100 Kilometer landeinwärts. *Salties* sollten nicht mit den *„freshies"*, den kleineren, viel weniger gefährlichen Süßwasserkrokodilen *(Crocodylus johnstoni)* verwechselt werden, die ebenfalls im Norden vorkommen.

Salzwasserkrokodile sind geschickte Jäger. Sie liegen verborgen im Wasser, bis Beute sich nähert. Dann schnellen sie, angetrieben von ihrem kräftigen Schwanz, aus dem Wasser, greifen die Beute und ziehen sie hinunter; oft mit einem *death roll*, um der Beute das Genick zu brechen.

***Salties* können über kurze Strecken schnell laufen und die Gefahr für Menschen ist, ohne Warnung geschnappt zu werden. Halten Sie sich in Krokodilgebieten vom Ufer fern; die Tiere könnten unter der Oberfläche lauern. Schwimmen Sie weder in Süß- noch in Salzwasser, wenn sie nicht genau wissen, dass es sicher ist.**

In Kakadu haben Sie gute Chancen Krokodile in freier Wildbahn zu sehen; viele Wildparks bieten eine bequemere Möglichkeit dafür. Der verstorbene Steve Irwin machte seinen Australia Zoo (siehe S. 147) mit dem Crocoseum bekannt durch die Krokodil-Shows.

Litchfield National Park

Nur zwei Autostunden von Darwin entfernt liegt der Litchfield National Park mit seinen Wasserfällen, Sandsteinformationen, Termitenhügeln und krokodilfreien Badestellen. Viele Leute ziehen diesen kleineren Park dem bekannteren Kakadu vor und unternehmen gern Tagesausflüge dorthin. Der Park ist während der Trockenzeit von Mai bis Oktober am leichtesten zu erreichen.

Badende unterhalb der Florence Falls

Der Litchfield National Park ist ein 1500 Quadratkilometer großes Stück Wildnis, das auch die Tabletop Range einschließt, ein riesiges, von Eukalyptuswäldern bedecktes Sandsteinplateau. Wasserfälle ergießen sich von diesem Plateau in die Regenwaldtäler.

Die Hauptattraktionen des Parks sind die Florence Falls, Wangi Falls, Tolmer Falls und Tjaynera (Sandy Creek) Falls. Eintritt wird nicht erhoben, dafür gibt es auch kein Informationszentrum. Das National Park Office in Batchelor hat Informationen über Wanderwege, Flora und Fauna und die Wasserfälle.

Die Fahrt zum Park

Von Darwin aus gibt es geführte Touren zum Litchfield National Park, oder Sie fahren selbst, über den Stuart Highway und durch die alte Bergbaustadt Batchelor.

Der Park hat zwei Zufahrten: im Norden eine unbefestigte Straße, die über die Berry Springs-Cox Peninsula Road zu erreichen ist, und im Osten, in Batchelor abgehend, eine asphaltierte Straße. Beide Straßen treffen im Park aufeinander.

Der **Northern Territory Wildlife Park** *(Tel. 08/ 8988-7200, territorywildlifepark.com.au, $$$)*, 48 Kilometer südlich von Darwin, ist mit seinem Aquarium, den Vogel- und Reptilienhäusern und Wanderwegen ebenfalls ein lohnendes Ziel. Von Darwin aus können Sie an einem Tagesausflug teilnehmen.

INSIDERTIPP

Besuchen Sie Litchfield mit der indigenen Einheimischen Tess Atie. Sie wird Ihnen faszinierende Geschichten aus alter Zeit erzählen. Infos: *ntitours.com.*

MEREDITH BAXTER
Territory Discoveries

Wasserfälle

Florence Falls: Wenn Sie von Batchelor aus in den Park fahren, ist Florence Falls (212 m hoch) der erste Wasserfall, den Sie sehen, und der Teich an seinem Fuß ist ideal zum Baden. Sie können hier oder an den Buley Rock Holes campen.

Tolmer Falls: Zu den Tolmer Falls müssen Sie noch knapp 18 Kilometer weiterfahren. Hier ist das Schwimmen verboten, damit die hier lebende Orange-Hufeisennase, eine seltene Fledermaus, nicht gestört wird.

Wangi Falls: 6,5 Kilometer weiter liegen die Wangi Falls. Diese Ganzjahres-Wasserfälle mit Badestelle und einem Weg durch den Regenwald sind das beliebteste Ziel im Litchfield National Park. Ein großes neues Café zeugt von der wachsenden Popularität des Parks.

The Lost City & Sandy Creek Falls

Eine weitere große Attraktion ist **Lost City**, eine Ansammlung verwitterter Sandsteinsäulen, die an antike Ruinen erinnern. Die Abzweigung dorthin liegt rund 6,5 Kilometer hinter derjenigen zu den Florence Falls, ab da müssen Sie noch acht Kilometer Schlammstrecke zurücklegen, die nur mit einem Allradfahrzeug zu bewältigen ist. Weiter südlich befinden sich die **Tjaynera (Sandy Creek) Falls**, zu erreichen über eine Allradpiste, die vom Hauptweg des Parks abzweigt. ■

The Lost City

The Lost City, die frei stehenden Sandsteinformationen in Litchfield mit engen Gängen und Kuppeln, wirkt wie das Werk einer untergegangenen Kultur. Doch die Natur schuf diese Felsen durch Wind und Regen über Tausende von Jahren. Der Sandstein soll 500 Millionen Jahre alt sein.

Litchfield National Park

Karte S. 183 B5

Büro in Batchelor

08/8976-0282

Nitmiluk National Park & Katherine

Nitmiluk oder Katherine Gorge gilt als eins der drei Highlights im Top End des Northern Territory neben Kakadu und Litchfield. Eine Kette von 13 Schluchten, die der Katherine in den letzten 25 Millionen Jahren in das Sandsteinplateau geschnitten hat, ist mit orangefarbenen Felswänden die Attraktion. Vom Fluss aus sind zudem beeindruckende Felsenkunstgalerien der Aborigines zu sehen.

Die Schluchten von Nitmiluk sieht man am besten vom Kanu aus

Katherine
Karte S. 183 B5

Besucher-information
Lindsay St. & Katherine Ter.
08/8972-2650

Katherine

Katherine war eine raue Outback-Siedlung, die Jeannie Gunn 1902 besuchte und in dem Roman „We of Never Never" beschrieb. Viele Jahre lang machte das ständig verfügbare Wasser Katherine zu einer Anlaufstelle für Viehtreiber und Schürfer.

Für Northern-Territory-Verhältnisse rangiert Katherine mit 9800 Einwohnern fast als Großstadt. Die Tindal Air Force Base ist der bedeutendste Fliegerhorst in Nordaustralien. In der **School of the Air** *(Tel. 08/8972-1833, $)* in der Giles Street können Sie sehen, wie hier Kinder unterrichtet werden. Die **Top Didj & Art Gallery** veranstaltet indigene Kulturdarbietungen und Vorträge.

Nitmiluk National Park

Der Nitmiluk National Park liegt 32 Kilometer nordöstlich von Katherine am Ende eines aus der Stadt führenden Highways. Viele Besucher machen den Ausflug in den Park in der Trockenzeit und erreichen meist nur die zweite Schlucht. In dieser Zeit ist der Fluss flach und ruhig, die vielen Felsen im Wasser zwingen Paddler, ihre Kanus über weite Strecken zu tragen. Kanus können im Besucherzentrum gemietet werden; dort bietet Nitmiluk Tours *(Tel. 1300-146-743)* auch geführte Touren zur zweiten und dritten Schlucht (zwei bzw. fünf Stunden).

Wenn Sie alle Schluchten sehen wollen, müssen Sie eine Übernachtung einplanen. Die ersten offiziellen Campingplätze sind **Dunlop's Swamp** und **Smitt Rock** in der vierten Schlucht. Die hinteren Schluchten sind am einfachsten zu erreichen, wenn Sie Ihr Kanu nach der fünften Schlucht anlanden und die letzten Kilometer zu Fuß gehen. In der Regenzeit wird aus dem zahmen Katherine ein reißender Strom.

Etliche Wanderwege führen durch das Buschland des Parks und hinunter in die Schluchten. Der längste von ihnen ist der 80 Kilometer lange Weg zu den **Leliyn (Edith) Falls**. Sie können den Fall auch über den Stuart Highway 45 Kilometer nördlich von Katherine und dann 20 Kilometer über eine asphaltierte Straße nach Leliyn erreichen, wo es einen Campingplatz gibt. Das Besucherzentrum bietet Karten und Führer. Zwischen Katherine und dem Park verkehrt ein Shuttlebus.

INSIDERTIPP

Reservieren Sie im Voraus, wenn Sie die mehrtätige Wanderung zu den Edith Falls planen – der Campingplatz bietet nur Unterkunft für zehn Besucher. Alle Wanderungen müssen vor 13 Uhr beginnen.

LARRY PORGES
NATIONAL GEOGRAPHIC-Redakteur

Acht Kilometer südwestlich von Katherine, am Victoria Highway, liegt die **Springvale Homestead**, die älteste Farm im Northern Territory. In dem 1879 erbauten Wohnhaus können Sie übernachten. Noch weiter südlich liegt der **Cutta Cutta Caves Nature Park** mit seinen 500 Millionen Jahre alten Kalksteinformationen und Höhlen, in denen die seltenen Orange-Hufeisennasen nisten. ■

National Parks & Wildlife Service

✉ 32 Giles St., Katherine

☎ 08/8973-8888

Top Didj & Art Gallery

✉ Gorge & Jaensch Rd., Katherine

☎ 08/897-12751

Nitmiluk National Park

Karte S. 183 B5

Besucherinformation

☎ 08/8972-1886

Arnhem Land & Tiwi Islands

Große Landstriche im Top End sind im Besitz der Aborigines – Arnhem Land, Cobourg Peninsula sowie Melville Island und Bathurst Island. Der Großteil dieser Gebiete ist Individualreisenden nicht zugänglich. Die Aborigines leben an diesen abgelegenen Orten schon seit 40 000 Jahren und möchten unter sich bleiben. Sie erkennen aber auch das wachsende Interesse an ihrer Kultur an, deshalb gibt es inzwischen einige ausgezeichnete Spezialangebote.

Cape Helvetius auf Bathurst Island ragt in die Timorsee

Arnhem Land

Die unendliche Wildnis von Arnhem Land öffnet dem „kontrollierten Tourismus" allmählich ihre Pforten. Die größte Ansiedlung ist das Bauxitminenstädtchen **Gove/ Nhulunbuy** im Nordosten. Hierhin können Sie ohne Genehmigung fliegen.

Das von Aborigines geführte **Bawaka Cultural Experiences** *(Tel. 08/8987-3433, bawaka.com.au)* bietet ein- und zweitägige Touren ins Bawaka-Land an den Stränden südlich von Nhulunbuy. Schwerpunkt ist die Kultur bis zum Buschessen. **Davidson's Arnhemland Safaris** *(Tel. 08/8979-0413, arnhemland-safaris.com)* führt Gruppen durch das zentrale Arnhem Land um den Mt. Borradaile, mit Sandsteinhügeln, Höhlen und Aborigines-Kunst.

Wer auch im Land der Aborigines auf Luxus nicht verzichten will, sollte die **Seven Spirit Bay** *(Tel. 08/8988-2648)* besuchen, ein Resort an der Spitze der Cobourg Peninsula, 209 Kilometer nordöstlich von Darwin. Es

Tödliche Stiche und Bisse

In Australien gibt es zwar keine gefährlichen Säugetiere, doch viele andere Lebewesen, vor denen man sich in Acht nehmen sollte.

Häufig in Australien vorkommende Schlangenarten sind die Tigerotter (so benannt wegen ihrer Streifen), die Braunschlange und die Rotbäuchige Schwarzotter. Tödlich giftig, aber seltener sind der Taipan und die Todesotter.

Die einzigen tödlichen Spinnen sind die Trichterspinne, die in den Vororten Sydneys vorkommt, und die weit verbreitete Rotrückenspinne, die nur manchmal tödlich ist.

Salzwasserkrokodile, die größten Reptilien der Welt, gibt es in Nordaustralien (siehe Kasten S. 191). Achten Sie auf Zeichen für ihre Anwesenheit. Die kleineren Süßwasserkrokodile beißen zwar, werden aber nicht wirklich gefährlich.

An Australiens Küsten gibt es viele Haiarten. Keiner geht gezielt auf Menschen, aber es gibt gelegentlich Angriffe, etwa vom Weißen Hai.

Achten Sie von November bis März in den tropischen Gewässern auf Würfelquallen, die mit dem Gift aus ihren Tentakeln einen Menschen töten können. Weitere gefährliche Meeresbewohner sind der Steinfisch mit seinem giftigen Stachel und der schöne, aber tödliche Blaugeringelte Krake. Es ist wahrscheinlicher, dass sie in einen Autounfall verwickelt werden, als einem dieser Tiere zu begegnen. Schlangen trifft man selten, und es gibt Gegengifte. Haie greifen nur selten an und dann meist im tiefen Wasser.

gibt dort geführte Buschwanderungen und Angeltouren; es ist nur mit dem Sportflugzeug oder Allradfahrzeug zu erreichen.

Tiwi Islands

Die Inseln **Bathurst** und **Melville**, 80 Kilometer nördlich von Darwin, sind die Heimat der Tiwi. Der Tiwi Land Council, der die Inseln regiert, gestattet kleinen, sorgfältig überwachten Gruppen, nicht jedoch Einzelreisenden, das Betreten der Inseln. **Tiwi Tours** *(Tel. 08/8923-6523)* ist der einzige Veranstalter, der Tagesausflüge von Darwin, aber auch Campen im Busch anbietet.

Die Tiwi haben eine ganz eigene Kultur. Eine Besonderheit sind zum Beispiel ihre *pukumani,* die Begräbnispfähle, die mit Schnitzereien oder aufgemalten Totems verziert sind und an Gräbern aufgestellt werden.

1824 errichteten Briten Fort Dundas auf Melville Island, doch sie blieben kaum fünf Jahre. 1978 wurde den Tiwis formell die Kontrolle über die Inseln übertragen. Die meisten Tiwi führen kein traditionelles Leben mehr, sie leben in der Hauptsiedlung Nguiu auf Bathurst Island. Der Rest der Inseln ist Wildnis. Besucher können Kunsthandwerk kaufen, die Gemeindeältesten kennenlernen und in den Busch wandern. Diese Einblicke in das Leben der Tiwi sind nicht billig, aber etwas ganz Besonderes. ■

Northern Land

Besucherinformation

✉ Northern Land Council Office
45 Mitchell St., Darwin

☎ 08/8920-5100

nlc.org.au

Alice Springs

Alice Springs ist eine städtische Oase inmitten der dramatischen Felslandschaft der MacDonnell Ranges. Die Stadt ist ein guter Ausgangspunkt für Ausflüge ins Rote Zentrum: Uluru (Ayers Rock) und Kata Tjuta (The Olgas).

Der Camel Cup findet in Alice Springs jedes Jahr im Juli statt

Alice Springs
Karte S. 183 C2

Besucher-information
60 Gregory Terrace
08/8952-5800
alicesprings.nt.gov.au

Northern Territory Parks & Wildlife Service
South Stuart Hwy. (4,5 km südlich von Alice Springs)
08/8951-8211

Alice Springs wurde 1871 als Außenposten für die Überland-Telegrafenlinie gegründet, die von Adelaide nach Darwin führte. Die alte, inzwischen als historische Stätte restaurierte Telegrafenstation liegt anderthalb Kilometer nördlich der Stadt an einem Wasserloch im gewöhnlich trockenen Bett des Todd River. Die Station war eine von zwölf entlang der Leitung, die in Darwin an das Unterwasserkabel aus Java angeschlossen wurde, das Australien mit dem Rest der Welt verband. Die Station ist über einen Wanderweg am Fluss zu erreichen, man kann aber auch mit dem Wagen den Stuart Highway in nördlicher Richtung befahren und am Schild etwa einen Kilometer hinter der Stadt rechts abbiegen. Die Quellen sind ein guter Platz zum Baden oder Picknicken.

Ursprünglich hieß die Stadt Stuart, doch sie wurde 1933 offiziell in Alice Springs umbenannt. Es dauerte bis

INSIDERTIPP

Unter *alicesprings.nt.gov.au* finden Sie eine vollständige Liste aller Veranstaltungen in Alice Springs.

CLAIRE ASHARD
Alice Springs Town Council

1987, bis man von Adelaide bis Alice Springs durchgehend eine asphaltierte Straße befahren konnte. Heute ist Alice Springs eine Kleinstadt mit 22 000 Einwohnern.

Eine Besucherattraktion ist der **Alice Springs Desert Park** westlich der Stadt, der eine Einführung in die Tier- und Pflanzenwelt der der Region bietet. Der **Araluen Cultural Precinct** am Larapinta Drive ganz in der Nähe umfasst verschiedene Kultureinrichtungen, Museen, heilige Stätten und einen Skulpturengarten. Die Eintrittsgebühr *($$)* gilt für das **Araluen Arts Centre** mit Theater und Galerien, das **Central Australian Aviation Museum**, das **Museum of Central Australia** und die **Albert Namatjira Gallery** mit Werken des berühmten Aborigine-Künstlers und seiner Zeitgenossen.

Der **Royal Flying Doctor Service** stellt die medizinische Versorgung entlegener Orte sicher. In der Zentrale in Alice Springs gibt es Führungen, ein kleines Museum und ein Café. Ein ähnliches Angebot bietet die **School of the Air**, die „größte Schule der Welt", die Schüler an abgelegenen Orten auf einem Gebiet doppelt so groß wie Texas unterrichtet. Einst lief der Unterricht über Funk, heute hauptsächlich über Satelliten und Internet.

Bei **Pyndan Camel Tracks** 16 Kilometer südwestlich der Stadt können Sie auf einem Kamel reiten. Um 1850 wurden Kamele nach Australien eingeführt. Als man die Tiere nicht mehr brauchte, ließ man sie frei. Jetzt durchstreifen schätzungsweise 15 000 Kamele das Rote Zentrum, und auch in Westaustralien gibt es wilde Kamele. Im Juli finden in Alice Springs jedes Jahr die Kamelrennen für den **Lasseters Cup** statt.

Alice Springs Desert Park
✉ Larapinta Dr.
☎ 08/8951-8788
$ $$
alicespringsdesertpark.com.au

Araluen Cultural Precinct
✉ Ecke Larapinta Dr. & Memorial Ave.
☎ 08/8951-1120
artsandmuseums.nt.gov.au

Royal Flying Doctor Service
✉ 8–10 Stuart Ter.
☎ 08/8958-8411
$ $$
flyingdoctor.org.au

School of the Air
✉ 80 Head St.
☎ 08/8951-6800
$ $
assoa.nt.edu.au

Pyndan Camel Tracks
✉ 21259 Jane Rd.
☎ 04/1617-0164
cameltracks.com

ERLEBNIS: Henley-on-Todd Regatta

Australien ist ein Land der Ironie und der Respektlosigkeit, und eine der bizarrsten Veranstaltungen in Australien ist die Henley-on-Todd Regatta *(henleyontodd.com.au)*, ein Spaß, der jeden August auf dem trockenen Todd River in Alice Springs stattfindet. Als Parodie auf die Regatten britischer Universitäten stülpen die Teams sich einen Metallrahmen als „Boot" über und rennen im ausgetrockneten Flussbett. Wenn der Fluss Wasser führt, wird die Regatta abgesagt. Zuschauer müssen aufpassen, dass sie nicht Mehl- und Wasserbomben abbekommen.

Dürre

Trotz regennasser Küsten und tropischer Feuchtgebiete ist Australien der trockenste aller Kontinente und stets von Dürre bedroht. In großen Teilen Australiens gab es von 1992 bis 2008 lange Trockenzeiten, die schlimmsten seit Beginn der Aufzeichnungen. Es wurden strenge Wasserrationierungen verfügt, und die meisten Bundesstaaten bauten Entsalzungsanlagen und recycelten Abwässer. In Queensland, einem der feuchteren Teile Australiens, waren die Stauseen nur zu 20 % gefüllt.

Anhaltende Dürren bedrohen den Lebensunterhalt der Farmer und haben den Murray zu einem Rinnsal verkommen lassen; seine Feuchtgebiete und Vogelpopulationen haben dramatisch gelitten. Die große Dürre endete mit Überschwemmungen, im Norden 2009, in Queensland 2013. Im Süden des Landes kehrte die Trockenheit jedoch zurück, die Temperaturen erreichten Rekordhöhen, und im Südosten wüteten Buschbrände.

Viele geben der globalen Erwärmung die Schuld und weisen auf den Energieverbrauch und den Kohlendioxidausstoß Australiens hin, die zu den höchsten der Welt zählen, vor allem zurückzuführen auf das Verbrennen von Kohle, dem wichtigsten Exportprodukt.

Arltunga

Besucher-information

☎ 08/8956-9770

MacDonnell Ranges

Alice Springs ist Ausgangspunkt für faszinierende Ausflüge durch tiefe, schattige Schluchten und entlang der spektakulären Klippen der Eastern und Western MacDonnell Ranges.

Schöne Wanderwege finden Sie im **Trephina Gorge National Park** und um das **Ross River Homestead Resort** *(Tel. 1800-241-711)* südöstlich des Highways. Auf diesen Wegen stehen die Chancen recht gut, dass Sie einem Riesenwaran *(perentie)* begegnen, der größten Echse Australiens, die rund zwei Meter lang wird. Achtung: Sie hat scharfe Krallen.

105 Kilometer nordöstlich von Alice Springs liegt die Geisterstadt **Arltunga** am Ross Highway in den Eastern MacDonnell Ranges. Sie wurde 1887 als Goldgräberstadt gegründet und 1912 wieder aufgegeben, als die Goldvorkommen erschöpft waren. Es gibt ein hervorragendes Besucherzentrum, und es finden kostenlose Führungen statt (Mai–Sept.).

In den Western MacDonnell Ranges liegt 19 Kilometer westlich von Alice Springs am Larapinta Drive **Simpson's Gap**, eine vom Roe Creek tief in das rötliche Quarzit gegrabene Schlucht. Sie wurde berühmt durch

INSIDERTIPP

In den Western MacDonnells gibt es viele Wasserlöcher, in denen man sich an heißen Tagen abkühlen kann, etwa in der Glen Helen oder Ormiston Gorge.

KENNY LING
National Geographic-Autor

die Gemälde des 1959 verstorbenen Aborigine Albert Namatjira, eines der bekanntesten Outback-Maler überhaupt.

32 Kilometer weiter biegen Sie nach Süden vom Larapinta Drive ab und erreichen nach neun Kilometern **Standley Chasm**, eine unglaublich enge Felsspalte, in die die Sonne nur zur Mittagszeit einfällt. Fünf Kilometer weiter auf dem Larapinta Drive stoßen Sie auf eine Gabelung, die rechte Straße ist der Namatjira Drive. Diese Straße führt zu den **Ochre Pits** etwa 64 Kilometer weiter; hier gewannen die frühen Aborigines-Künstler die Farbpigmente für ihre Bilder. Von hier aus sind es noch etwa 16 Kilometer bis zu den Schluchten **Ormiston Gorge** und **Glen Helen Gorge**.

Nach weiteren 80 Kilometern auf dem Larapinta Drive erreichen Sie die **Hermannsburg Community**. Diese Aborigines-Gemeinde wurde 1877 von lutherischen Missionaren gegründet. Es gibt hier deutsche Bauernhäuser.

Elf Kilometer hinter Hermannsburg beginnt der **Finke Gorge National Park**, zu erreichen nur mit Geländewagen. Zum Park gehört das **Palm Valley**, eine Oase mit Australischen Schirmpalmen. Sie sind nur in dieser Schlucht zu finden und wachsen dort schon seit prähistorischen Zeiten, als das Klima noch feuchter war.

Zu den **Henbury Meteor Craters** biegen Sie nach 96 Kilometern auf dem Stuart Highway nach Westen in die Ernest Giles Road ab. Die Krater entstanden durch Meteoriteneinschläge; der größte hat einen Durchmesser von 183 Metern. ■

Standley Chasm in den Western MacDonnell Ranges leuchtet rot auf, wenn die Sonne mittags kurz hineinscheint

Die Kunst der Aborigines

Die Kunst hat in der Kultur der Aborigines schon immer eine wichtige Rolle gespielt. Die Werke stellen menschliche Taten dar, ehren das Land und sollen künftigen Generationen die Schöpfungsgeschichte und die Mythen vermitteln. Einige der Malereien sind mindestens 50 000 Jahre alt. Die Werke moderner Aborigines-Künstler sind zunehmend gefragt.

Die Aborigines-Künstlerin Katherine Wallace mit Buschmedizin und Gemälde

Felskunst

Die Kunst der Aborigines illustriert die Geschichte des Kontinents über Tausende von Jahren. Die frühesten Werke in Kakadu, datiert auf die letzte Eiszeit, zeigen eine Wüstenlandschaft mit Jägern, die Kängurus mit dem Bumerang erlegen. Mit dem Ende der Eiszeit erscheinen Blumen und Bäume auf den Bildern, und die Jäger benutzen nun Speere, die im dichten Busch verlässlicher sind als Bumerangs.

Eine 6000 Jahre alte Felsmalerei in Kakadu zeigt etwas, das Kunsthistoriker für die früheste Kriegsszene der Welt halten. Das Bild enthält 111 Strichfiguren, die einander mit Speeren angreifen. Acht liegen am Boden, und Blut strömt aus ihren Wunden. Vermutlich zogen Küstenbewohner landeinwärts und auf bereits besiedeltes Gebiet.

Die Aborigine-Kunst aus dem 15. Jahrhundert zeigt Makassaren, die um diese Zeit aus Indonesien kamen, und die Werke des 18. und 19. Jahrhunderts enthalten Anspielungen auf Europäer.

Kunsthistoriker unterscheiden mehrere aufeinander folgende Stilrichtungen, angefangen mit Tiermalereien im naturalistischen Stil. Ihm folgte eine dynamische Phase, in der Bewegung, zum Beispiel die Flugbahn eines Speers, mit

INSIDERTIPP

Unterricht in der Kultur der Aborigines und der Punktmalerei bietet die Daintree Eco Lodge *(daintree-ecolodge.com.au)*.

JUSTIN KAVANAGH
Redakteur,
NATIONAL GEOGRAPHIC International Editions

Punkten und Strichen verdeutlicht wird. Die rund 12 000 Jahre alten Bilder in Kakadu sind die älteste Form erzählender Kunst. Später kam dann der merkwürdige „Jam"-Stil, bei der Menschen und Tiere in Form jamswurzelähnlicher Symbole dargestellt sind, und schließlich der „Röntgen"-Stil, in dem die Skelette von Menschen und Tieren dargestellt werden.

Besuch der Felsmalereien

Viele dieser Felsmalereien können nicht besichtigt werden, weil sie zu abgelegen sind, aber auch, weil die Aborigines jetzt darauf bestehen, ihre heiligen Stätten für sich zu behalten.

In Norden Australiens sind die meisten Felsenkunstwerke zu finden: in Kakadu und im Arnhem Land im Northern Territory und in der Kimberley-Region in Westaustralien. Zu den Motiven gehören Handabdrücke, komplexe Jagdszenen und detaillierte Abbildungen von Regenbogenschlangen – Gottheiten aus den Traumzeit-Schöpfungsgeschichten.

Der Öffentlichkeit zugängliche und zudem besonders schöne Zeichnungen sind in Ubirr und Nourlangie Rock im Kakadu (siehe S. 190) und am Fuß des Uluru (siehe S. 207) zu sehen; dazu kommen noch zwei Quinkan-Felskunstwerke nahe der Stadt Laura in Queensland. Im Gegensatz zu den Bildern in Kakadu stellt die Quinkan-Kunst wilde Tiere dar und illustriert das spirituelle Leben der Ang-Gnarra. Die unheimlichsten Bilder sind die der Quinkan – große und anscheinend bösartige Geister in Menschengestalt, die in Felsspalten leben. Nur zwei der Quinkan-Malereien sind der Öffentlichkeit zugänglich: Split Rock und Guguyalangi.

Moderne Kunst der Aborigines

Für viele der heutigen Aborigines-Künstler ist noch immer die Traumzeit die Inspiration, und jahrhundertealte Techniken wie das Malen auf Rinde oder die Mischung natürlicher Pigmente werden gepflegt. Ihre Kunst ist vielfältig und umfasst alles von traditionellen Punktgemälden bis zu grandios geschnitzten Didgeridoos, verzierten Bumerangs, schönen Stoffen und Töpferwaren.

ERLEBNIS:

Kauf von Aborigines-Kunst

Seit den 1980er Jahren erlebt die Aborigines-Kunst einen Boom. Geniale Künstler haben kreative Wege gefunden, ihre Kultur auszudrücken und zu erhalten und Nicht-Aborigines haben Geschmack an dem einzigartigen kraftvollen Stil gefunden. Die Rindenmalereien von Arnhem Land und die abstrakten Punkt-Wandgemälde im Landesinneren sind äußerst beliebt. Gute Kunst kostet gutes Geld, doch hüten Sie sich vor Nachahmungen. Nicht-Aborigines wurden beim Schaffen von Aborigines-Kunst ertappt. Gehen Sie zu renommierten Händlern, die den Künstler kennen und Ihnen einen fairen Preis machen. Eine Liste von Galerien mit Aborigines-Kunst steht in den Reiseinformationen, S. 386.

Uluru-Kata Tjuta National Park

Uluru und das Opernhaus in Sydney haben eines gemeinsam: Sie sind die bekanntesten Wahrzeichen Australiens. Uluru (auch bekannt als Ayers Rock) zieht jedes Jahr mehr als eine halbe Million Besucher an. Dieser beeindruckende riesige Monolith, mit einer Höhe von 350 Metern einer der größten der Welt, ist den Aborigines heilig, und Besucher sollten sich entsprechend respektvoll verhalten.

Kata-Tjuta (die Olgas) im Sonnenuntergang

Uluru-Kata Tjuta National Park

Karte S. 183 B1

Besucher-information

Uluru National Park Entrance

08/8956-1100

Uluru (Ayers Rock)

Der Felsen liegt rund 400 Kilometer südwestlich von Alice Springs. Er ist der Gipfel eines 600 Millionen Jahre alten unterirdischen Sandsteinmassivs. Geologen gehen davon aus, dass von diesem Massiv nur zehn Prozent aus dem Boden ragen, die im Laufe der Jahrmillionen durch die Erosion freigelegt wurden. Die charakteristische Rotfärbung ist durch die Verwitterung des Gesteins entstanden. Der Entdecker Ernest Giles war der erste Europäer, der dieses Wunderwerk der Natur 1872 sah. 1873 bestieg William Gosse den Monolithen und nannte ihn Ayers Rock, nach

ERLEBNIS: Buschwanderungen

Es gibt Tausende von Wanderwegen im ganzen Land, von Zehn-Minuten-Spaziergängen am Flussufer bis zum 1144 Kilometer langen Heysen Trail. Die besten Wanderungen führen durch Nationalparks, wo die Wege meist gut gekennzeichnet sind. Buschwandern in Australien ist ein Erlebnis in der Wildnis. Die beliebtesten Wege sind mitunter voll, aber es gibt viele Möglichkeiten, allein mit der Natur zu sein.

Die beste Zeit für Buschwanderungen im Norden des Landes ist die Trockenzeit (Mai–Sept.), während im Süden Oktober bis April günstiger sind. In den südlichen Bergen kann im Winter (Juni–Sept.) Schnee liegen, während sie im Sommer (Dez.–Feb.) angenehme Kühle bieten. Frühling und Herbst eignen sich in den meisten Teilen des Landes am besten für Wanderungen.

Geführte Wanderungen

Es gibt viele Anbieter, die Ihre Ausrüstung befördern, Ihre Mahlzeiten vorbereiten, Ihr Zelt aufstellen oder Sie in einer Luxusunterkunft unterbringen. Besonders in Tasmanien gibt es Luxuswanderungen. Die Cradle Mountain Huts *(Tel. 03/6392-2211, cradlehuts.com.au)* veranstalten den **Cradle Mountain Huts Walk** und den **Bay of Fires Walk** (siehe S. 345 u. 347), während der **Maria Island Walk** *(Tel. 03/6234-2999, mariaislandwalk.com.au)* eine herrliche viertägige Küstentour mit Unterkunft in Strandcamps und einem historischen Haus ist. Gute Anbieter für Wanderungen im ganzen Land sind u. a. **Auswalk** *(Tel. 03/5356-4971, auswalk.com.au)*, **Parktrek** *(Tel. 03/9877-9540, parktrek.com)* und **World Expeditions** *(Tel. 1300-720-000, worldexpeditions.com)*.

Zu den besten Buschwanderungen Australiens zählen: **Australian Alps Walking Track**. Ein 650-Kilometer-Weitwanderweg von Walhalla in Victoria nach Tharwa bei Canberra; oder auch Teilstrecken wie Mount Bogong oder Feathertop.

INSIDERTIPP

Rechnen Sie beim Wandern auf dem Overland Track Zeit für einen Abstecher auf den Mount Oakley ein; er bietet eine fantastische Aussicht über Tasmanien.

JOHN & LYN DALY
Buschwanderer und Autoren der Buchreihe Take a Walk

Bondi–Bronte, Sydney. Ein faszinierender fünf Kilometer langer Spaziergang vom Bondi Beach um die Landspitze.

Cape to Cape Track, Western Australia. Wilde Strände, Klippen und Wale auf einer 135 Kilometer langen, siebentägigen Tour vom Cape Naturaliste zum Cape Leeuwin bei Margaret River.

Flinders Chase Coastal Trek, South Australia. Eine 19 Kilometer lange Tagestour auf Kangaroo Island mit rauer Küstenszenerie, Stränden und vielen Tieren.

Larapinta Track, Northern Territory. Grandiose Schluchten und Outbackkulisse begleiten die 223 Kilometer lange, 13-tägige Wanderung westlich von Alice Springs.

Mt. Kosciuszko Summit, New South Wales. Nehmen Sie im Sommer den Sesselift und wandern dann die 6,5 Kilometer in zwei Stunden zum Gipfel von Australiens höchstem Berg.

Overland Track, Tasmania. Australiens erster Buschwanderweg vom Cradle Mountain zum Lake St. Clair, 73 Kilometer, sechs Tage, Hütten am Weg.

Thorsborne Trail, Queensland. Tropische Wunder bestimmen diese 32 Kilometer lange, drei- bis viertägige Wanderung auf Hinchinbrook Island.

Wineglass Bay Circuit, Tasmania. Eine 12 Kilometer lange, vierstündige Tour im Freycinet National Park zur Wineglass Bay und zum Hazard Beach, dann an der Küste entlang zurück.

dem Premierminister von Südaustralien, Henry Ayers. 1985 wurde Ayers Rock an die Pitjantjatjara- und Yankunytjatjara-Aborigines zurückgegeben, die den alten Namen Uluru wieder einführten und den Felsen als Nationalpark an die Regierung verpachteten. Die Aborigines bekommen 25 Prozent der Eintrittsgelder und einen Gewinnanteil von 75 000 A$ pro Jahr.

Seit der Eröffnung des Yulara Resorts 1984 boomt der Tourismus rund um den Felsen. Auf einem kleinen Flugplatz landen Qantas-Maschinen aus Cairns, Sydney und Alice Springs. Das Yulara-Resort, etwas außerhalb des Parks, 19 Kilometer vom Uluru und etwa 48 Kilometer von Kata Tjuta entfernt, bietet recht teure Unterkünfte unterschiedlicher Art.

Das **Cultural Centre**, 13 Kilometer vom Park-eingang am Fuß des Uluru, bietet eine tolle Einführung und befasst sich mit Tjukurpa, dem traditionellen Gesetz der Anangu-Kultur. Am Infoschalter geben Parkranger Tipps, und es können Touren mit Uluru Aboriginal Tours *(Tel. 0447/878-851, uluruaboriginaltours.com.au)* gebucht werden.

Hinauf oder nicht? Klare Antwort!

Seit mehr als einem Jahrhundert steigen Touristen die steile Flanke des Felsens hinauf, doch keiner von ihnen hat jemals die Aborigines gefragt, ob es ihnen überhaupt Recht ist, dass diese Massen ihren heiligen Monolithen besteigen. Als dann schließlich doch jemand diese bedeutende Frage stellte, lautete die Antwort »Nein«.

Die Aborigines, denen der Monolith seit 1985 wieder gehört, haben Schilder mit der Bitte, den Felsen nicht zu besteigen, aufgestellt, doch etwa ein Fünftel der jährlich 350 000 Besucher ignoriert das. Die Regierung erwägt, die Besteigung zu verbieten sowie den Park durch andere Beschränkungen zu schützen.

So schön ist die Besteigung ohnehin nicht – sie ist einfach nur eine Methode, in einer schweißtreibenden halben Stunde ungefähr 1500 Kalorien zu verbrennen. Das erste Stück ist extrem steil und nichts für Leute mit Höhenangst – ganz abgesehen davon, dass es durch die Anstrengung auch schon zu Herzinfarkten gekommen ist. Jedes Jahr fordert Uluru durchschnittlich ein Leben. Eine Zeit lang haben Angehörige der Verstorbenen am Fuß des Aufstiegs Kreuze aufgestellt, doch diese wurden von den Touristen nicht als Warnung verstanden, sondern als Herausforderung und makabres Hintergrundmotiv für Fotos. Die Kreuze wurden entfernt.

Der größte Nachteil der Besteigung ist, dass Sie den Blick auf das Naturwunder verlieren. Seine enorme Masse befindet sich nicht mehr vor Ihren Augen, sondern unter Ihren Füßen. Das Gefühl von Macht und Mystik geht verloren.

Machen Sie sich lieber auf die knapp zehn Kilometer lange Wanderung um den Fuß des Felsens (siehe S. 207), denn so bekommen Sie ein viel besseres Gefühl für seine Form und seinen Charakter. Und das Beste daran ist, dass Sie damit zugleich die Wünsche eines Volks respektieren, das dieses Wunder schon seit Tausenden von Jahren verehrt.

Besichtigung des Uluru: Es gibt zwei Möglichkeiten: Sie können hinaufschauen, oder ihn sich aus der Luft ansehen. Rundflüge über Uluru und Kata Tjuta buchen Sie vor Ort bei Rockayer Ayers Rock Helicopters *(Tel. 08/8956-2077)*. Die elf Kilometer lange Fahrstrecke um den Felsen führt Sie zu einem guten Sonnenuntergangspunkt auf der Westseite und einem schönen Sonnenaufgangspunkt an der Nordostseite.

INSIDERTIPP

Im Cultural Centre im Uluru-Kata Tjuta National Park wird die Rückkehr des Uluru zu den Aborigines beschrieben.

DAVID KENNEDY
National Geographic-Autor

Während eines Frühlingsregens bilden sich Wasserkaskaden

Eine Alternative zum unerwünschten Hinaufsteigen bietet der angenehme, ebene **Base Walk**, der um den Felsen herumführt. Auf diesem Wanderweg sehen Sie nicht nur etwas von der Flora und Fauna der Region, sondern auch Aborigines-Kunstwerke. Ein guter Ausgangspunkt für die Wanderung ist der Mala-Parkplatz nahe dem Klettersteig auf den Uluru; Broschüren zu diesem und zu kürzeren Wegen gibt es im Besucherzentrum. Morgens können Sie sich einer kostenlosen, informativen geführten Wanderung auf dem Mala Walk anschließen.

Kata Tjuta (die Olgas)

Kata Tjuta, auch bekannt als die Olgas, ist eine Ansammlung von Monolithen aus Sandstein und Arkose

Yulara Resort

Karte S. 183 B1
Reservierungen 1800-809-622

Anangu Tours Nighttime Sky Show

1800-803-174
$$, inkl. Transport

(Sedimentgestein aus verwittertem Granit). Die geheimnisvollen Olgas liegen 32 Kilometer westlich von Uluru an der Docker River Road, und obwohl sie nicht so bekannt sind wie ihr weltberühmter Nachbar, gefallen sie den meisten Besuchern doch viel besser.

Ernest Giles (siehe S. 45) war der erste Europäer, der Kata Tjuta zu Gesicht bekam. Er war 1873 so fasziniert von den „runden Minaretten, gewaltigen Kuppeln und monströsen Domen", dass er sie nach Königin Olga von Württemberg benannte. Bei den Aborigines hießen sie schon seit alters her Kata Tjuta, was „viele Köpfe" bedeutet.

Der größte der insgesamt 36 „Köpfe" ist der 1069 Meter hohe **Mount Olga**. Geologen vermuten, dass es sich dabei um einen Teil eines ehemals gigantischen Monolithen handeln könnte, der zehnmal so groß war wie Uluru. Auch Kata Tjuta wird von den Aborigines als heiliger Ort angesehen, und die Ostseite der Formation ist für Besucher tabu (übrigens auch für Aborigines-Frauen, denn es handelt sich um ein Heiligtum der Männer).

Da ein Großteil des Parks heilig ist, gibt es in Kata Tjuta nur zwei Wanderwege. Hauptattraktion ist der **Valley of the Winds Walk**, ein 7,4 Kilometer langer Rundweg, der sich durch rötliche Schluchten und Klippen windet. Der Anfang des Rundwegs ist gut ausgeschildert, aber es gibt auch einen kürzeren, gut markierten Weg, der direkt in die Walpa Gorge führt.

Die Traumzeit

Felsformationen wie Uluru und Kata Tjuta spielen in den Traumzeitgeschichten der Aborigines eine Schlüsselrolle. Die Traumzeit, die im Zentrum der Aborigines-Spiritualität steht, ist die Zeit der Schöpfung, als die Geister der Vorfahren sich aus der kargen Erde erhoben. Die Geister nahmen teils menschliche, teils tierische Züge an und reisten, jagten und kämpften – dabei schufen sie Berge, Flüsse, Pflanzen, die Elemente, Tiere und schließlich die Menschen, die ihre Ahnenreihe auf sie zurückführen.

Die Wege der Geister sind als Traumpfade bekannt, eine Verbindung zwischen den heiligen Stätten. Zeremonien und Lieder erzählen von der Traumzeit; sie liegt den Gesetzen und Bräuchen der Aborigines zugrunde.

Fotografieren

Da Uluru und Kata Tjuta ihnen heilig sind, halten es die Aborigines für eine Entweihung, Fotos von den beiden Stätten zu machen, außer von bestimmten Punkten, die entsprechend markiert sind. Daran sollten sich Besucher unbedingt halten. ■

ERLEBNIS: Das Australien der Aborigines

Die Kultur der Aborigines ist im Outback am stärksten vertreten, vor allem im Northern Territory und in Western Australia. In Teile des Northern Territory drangen Europäer erst um 1940 vor und einige entlegene Gemeinden führen noch ein halbtraditionelles Leben. Um das Land der Aborigines zu besuchen, braucht man eine Genehmigung; am besten geht es mit einer geführten Tour.

Northern Territory

Im Northern Territory bietet das Kakadu Culture Camp *(Tel. 04/2879-2048, kakaduculturecamp.com)* im **Kakadu National Park** Touren mit Buschessen, gefolgt von einem Abendessen am Feuer, und nächtlichen Bootstouren. Oder Sie lassen sich mit einem Führer von einem Helikopter (keine Straßen) in der Region des **East Alligator River** absetzen und haben dieses Stück Arnhem Land ganz für sich.

Im **East Arnhem Land** organisiert Lirrwi Yolngu Tourism *(Tel. 08/8987-2828, lirrwitourism.com.au)* Touren mit Übernachtung ins Gebiet der Bawaka, südlich von Nhulunbuy. Der Schwerpunkt liegt auf dem traditionellen Fischen, dem Kunsthandwerk und dem Buschessen.

Im **Uluru-Kata Tjuta National Park** bieten die traditionellen Besitzer, die Anangu, über Uluru Aboriginal Tours *(Tel. 04/4787-8851, uluruaboriginaltours.com.au)* verschiedene Touren. Desert Tracks *(Tel. 04/3950-0419, deserttracks.com.au)* bietet Tagestouren nach Cave Hill mit Pitjantjatjara-Führern.

Western Australia

In Western Australia bietet Kepa Kurl Discovery Tours *(Tel. 08/9072-1688, kepakurl.com.au)* Touren entlang der weißen Strände von **Esperance** und erklärt die Beziehung der Noongar zum Land. **Broome** ist ein guter Ausgangspunkt für Aborigines-Touren; 200 Kilometer nördlich davon gibt es an den tollen Stränden der **Dampier Peninsula** ein Wildnis-Camp im Besitz der Aborigines, Kooljaman am Cape Leveque *(Tel. 08/9192-4970, kooljaman.com.au)* mit Zelten und Hütten. Oder suchen Sie Unterkunft in der Lombadina Community *(Tel. 08/9192-4936, lombadina.com.au)*, wo auch entsprechende Touren organisiert werden. In **Wyndham** bieten die Wundagoordie Aboriginal Safaris *(Tel. 08/9161-1145, wundargoodie.com.au)* Touren ins abgelegene nördliche Kimberley.

South Australia

In South Australia organisiert Bookabee Tours *(Tel. 08/8235-9954, bookabee.com.au)* zwei- bis fünftägige Abenteuertouren in die **Flinders Ranges**, mit Schwerpunkt Felsmalereien und regionale Aborigines-Geschichte. Iga Warta *(Tel. 08/8648-3737, igawarta.com)*, in den Northern Flinders Ranges bietet Buschessen, Tiere und Adnyamathanha-Kultur.

Es gibt viele weitere Anbieter, und viele Museen besitzen ausgezeichnete Sammlungen von Aborigines-Kunst. Interessante Einblicke gewähren Aborigines-Kulturzentren – vom Brambuk Cultural Centre im Grampians National Park (Victoria) bis zum Tjupakai Aboriginal Cultural Park in Cairns.

Australier mit Aborigines-Vorfahren

Watarrka National Park

Zum Watarrka National Park (Kings Canyon) gehört die tiefste und spektakulärste Schlucht in Zentralaustralien. Ihre Felsteiche, Palmen und bienenkorbförmigen Felsauswüchse erinnern an Bungle Bungle (siehe S. 236f). Die großartigen Wanderwege führen auch hinunter in die Schlucht.

Wanderer auf der 95 Meter hohen Steilwand von Watarrka

Watarrka National Park

Karte S. 183 B2

Besucherinformation

South Stuart Hwy. (4,5 km südlich von Alice Springs)

08/8951-8250

Bis vor wenigen Jahren war dieser Wüstencanyon fast unerreichbar, obwohl er nur rund 240 Kilometer von Alice Springs entfernt liegt, führte kein Weg dorthin. Das hat sich seit dem Bau des **Kings Canyon Resort** *(Tel. 1300-863-248)* geändert. Jetzt verbindet eine asphaltierte Straße Kings Canyon mit dem Yulara Resort (siehe S. 206).

Am Parkplatz beim Eingang beginnen zwei Wanderwege. Der **Canyon Walk** ist eine Drei-Stunden-Wanderung auf dem oberen Rand. Der Weg windet sich durch Felsvorsprünge und durch den palmenbestandenen Garten Eden. Der einstündige **Kings Creek Walk** führt in die Schlucht: zu einem idyllischen Felsteich und einen Wasserfall. ■

Der Westen Australiens, eine Mischung von Stilen und berühmt für seine Wälder aus Karri-Eukalypten sowie die Hauptstadt Perth

Western Australia

Eine australische Zylinderputzerblüte

Western Australia

Holländer, die zu Beginn des 17. Jahrhunderts an der Küste Westaustraliens entlangsegelten, ahnten nicht, dass hinter Trockenbusch eine der reichsten Regionen der Erde lag. Sie kartierten die Küste und segelten weiter. Der englische Freibeuter William Dampier ging 1688 und 1699 an Land. Dann vergingen fast hundert Jahre, bevor der erste Europäer sich für dieses Land interessierte.

Um 1825 beanspruchten die Engländer das Land und gründeten in der Nähe des heutigen Albany eine Kolonie. Wegen seiner Abgelegenheit, Größe und den unwirtlichen Wüsten ging die Entwicklung in Western Australia langsam voran. Erst mit dem Goldrausch vor 1900 begann die Kolonie aufzublühen. Dennoch behielt sie ihre provinzielle Grenzlandatmosphäre.

Es ist immer noch ein langer Weg über den Kontinent nach Perth, einer der isoliertesten Städte der Welt. Der Staat hat eine Fläche von rund 2,6 Millionen Quadratkilometern, die aber von nur zehn Prozent der Gesamtbevölkerung Australiens bewohnt werden. Die weitaus meisten der 1,7 Millionen Einwohner Westaustraliens leben in einem 80 Kilometer großen Umkreis um Perth und nahezu alle anderen in Orten entlang der Küste.

Die Südwestecke des Staates ist ein grünes Juwel. Hier gibt es dichte Wälder aus majestätischen Karri- und Jarrah-Eukalypten, fantastische Höhlen und einige von Australiens schönsten Surfrevieren. Wein aus der Umgebung von Margaret River (240 km südlich von Perth) wird geschätzt. Albany, die älteste Siedlung von Western Australia liegt nahe der Stirling Range und ihrer Wildblumenpracht.

Perth ist von einem Weizengürtel umgeben. Dahinter liegen, östlich der Stadt, die Goldfelder und die Bergarbeiterstadt Kalgoorlie. Noch weiter östlich findet sich die Nullarbor-Ebene, eine trockene, wasserlose Einöde, die sich bis zur rund 800 Kilometer entfernten Grenze zu South Australia erstreckt. Durch die Ebene führen der Eyre Highway und der Indian-Pacific-Zug.

Die Nordhälfte des Staates ist eine zerklüftete Wildnis, in der es nur ein paar Dörfer, Viehstationen, alte Perlenfischerhäfen und Aborigines-Siedlungen gibt. Einige der schönsten Gegenden, wie die Schluchten in der Pilbara-Region, sind für viele Besucher zu abgelegen. Andere Orte wie der Perlenfischerhafen Broome, die Landschaft des Kimberley-Plateaus, der Purnululu (Bungle Bungle) und der Strand von Monkey Mia sind beliebte Touristenziele. ■

NICHT VERSÄUMEN

Zur Orientierung
Canberra
INDISCHER OZEAN
Cape Londonderry
Joseph Bonaparte Gulf
Kalumburu Mission
Cambridge Gulf
DRYSDALE RIVER NAT. PARK
Drysdale River Homested
Wyndham
Ord
MIRIMA N.P.
El Questro
Kununurra
Collier Bay
Kimberley
Lake Argyle
King Sound
Gibb River Road
Durack Range
Argyle Diamond Mine
WINDJANA GORGE NAT. PARK
King Leopold Ranges
Turkey Creek
PURNULULU (BUNGLE BUNGLE) NAT. PARK
Derby
TUNNEL CREEK NAT. PARK
Broome
Halls Creek
Fitzroy
GREAT NORTHERN HIGHWAY
Tanami Desert
Great Sandy Desert
Balgo
NORTHERN TERRITORY S. 181
Port Hedland
Goldsworthy
Dampier
Roebourne
Barrow Island
Marble Bar
Percival Lakes
Telfer
CANNING STOCK ROUTE
Lake Mackay
North West Cape
Onslow
CAPE RANGE N.P.
Exmouth
Pilbara
Wittenoom
RUDALL RIVER NAT. PARK
Ningaloo Marine Park
Hamersley Range
Tom Price
Newman
Ashburton
Coral Bay
NORTHWEST COASTAL HWY.
Lake Disappointment
Gibson Desert
Lake MacLeod
WESTERN AUSTRALIA
Little Sandy Desert
Gascoyne
Carnarvon
Shark Bay
Lake Carnegie
Warburton
Dirk Hartog I.
Monkey Mia
Denham
Hamelin Pool
Meekatharra
GREAT NORTHERN HIGHWAY
Wiluna
Murchison
SOUTH AUSTRALIA S. 249
Sanford
Great Victoria Desert
Mount Magnet
Kalbarri
KALBARRI NAT. PARK
Laverton
Lake Barlee
Leonora
Lake Carey
Geraldton
Mullewa
Morawa
Lake Rebecca
Lake Moore
Kalgoorlie-Boulder
Dalwallinu
INDIAN PACIFIC RAILWAY
NAMBUNG NAT. PARK (THE PINNACLES)
Coolgardie
Nullarbor Plain
Madura Pass
Eucla
YANCHEP N.P.
New Norcia
Southern Cross
Cocklebiddy
Caiguna
Mundrabilla
PERTH
Swan
Northam
Norseman
Eyre Telegraph Station
Rottnest I.
JOHN FORREST NAT. PARK
Wave Rock
Balladonia
EYRE HWY.
Fremantle
Hyden
YALGORUP NAT. PARK
Great Australian Bight
Ravensthorpe
Bunbury
Esperance
Cape Naturaliste
Katanning
CAPE LE GRAND NAT. PARK
Yallingup
Busselton
STIRLING RANGE N.P.
FITZGERALD RIVER NAT. PARK
Margaret River
Manjimup
Pemberton
Cape Leeuwin
Denmark
Albany
WALPOLE-NORNALUP NAT. PARK
TORNDIRRUP NAT. PARK
0 400 Kilometer
0 200 Meilen
1 2 3 4 5 6
A B C D

Perth

In den 1980er Jahren hatte sich in Perth eine Reihe von dubiosen Geschäftsleuten etabliert, die als W. A. Inc. bekannt wurden. Der Kurssturz von 1987 machte diesem Treiben ein Ende; doch die Stadt erlebte einen noch größeren, reellen Boom, dank des wachsenden Erzhandels mit China und anderen Ländern. Heute sorgen die Gewinne aus dem Bergbau für eine rege Bautätigkeit.

Perth
Karte S. 213 B2

Besucher-information
Ecke Wellington St. & Forrest Place
08/9483-1111

Perth hat 1,9 Millionen Einwohner und eine futuristische Skyline am Ufer des Swan River. Adelaide, die nächste australische Großstadt, ist rund 2400 Kilometer und Canberra weiter entfernt als die indonesische Hauptstadt Jakarta. Die Isolation von Perth hat seine Geschichte geprägt und bei den Bewohnern Western Australias ein so starkes Unabhängigkeitsgefühl aufkommen lassen, dass sie manchmal sogar davon reden, sich vom Rest Australiens loszusagen.

INSIDERTIPP

In Perth bedienen die kostenlosen CAT-Busse drei Strecken im Stadtzentrum. In der Touristeninformation gibt es Pläne.

PETER TURNER
National Geographic-Autor

Perth wurde am 12. August 1829 von Captain James Stirling als Swan River Settlement gegründet. Ursprünglich sollte die Kolonie nur aus freien Siedlern bestehen, aber als sich herumsprach, dass sie von Sümpfen umgeben war, in denen es von Moskitos wimmelte, kam der Zuzug fast zum Erliegen. Um

1850 mussten die Kolonisten auf Sträflinge zurückgreifen. Viele der wichtigsten Gebäude der Stadt, darunter die **Town Hall**, die **Supreme Court Buildings** und das **Government House**, wurden von Sträflingen gebaut. Der Goldrausch der 1890er Jahre führte zu einem Bevölkerungsanstieg um 700 Prozent und löste einen Bauboom aus. Leider wurde der größte Teil der Gebäude aus jener Zeit zwischen 1960 und 1990 abgerissen.

City Sightseeing Perth *(Tel. 08/9203-8882, citysightseeingperth.com)* betreibt einen Doppeldeckerbus, aus dem man beliebig aus- und wieder zusteigen kann; er deckt die wichtigsten Sehenswürdigkeiten der Stadt ab und fährt auch nach Fremantle.

Einkaufs- und Touristenzentrum sind die Fußgängerzonen Hay und Murray Street,

Transperth (Perth Transportation)
✉ Perth Station, Wellington St.
☎ 13-6213
transperth.wa.gov.au

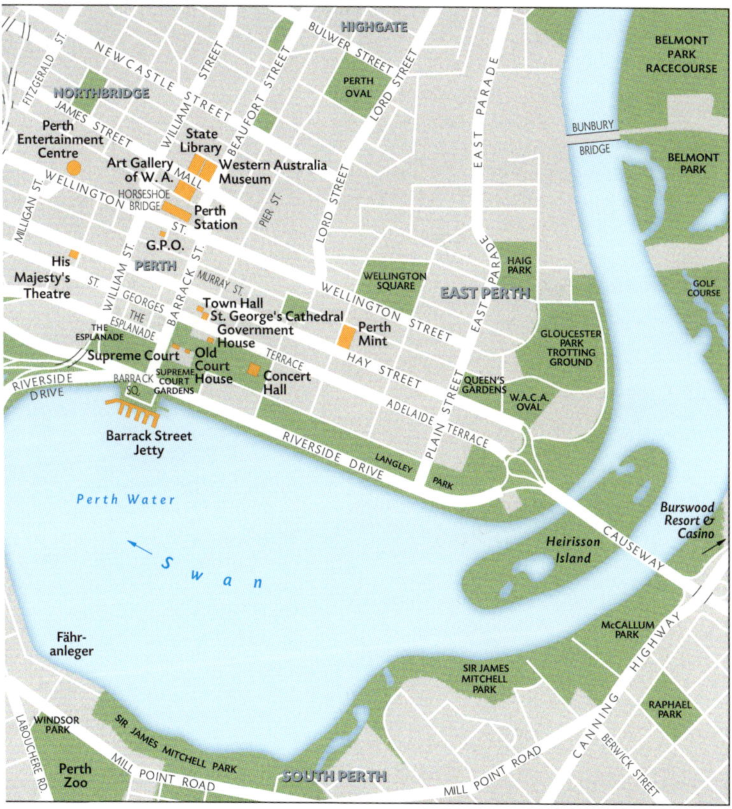

Western Australian Museum
✉ Francis St., Northbridge
☎ 08/9212-3700
museum.wa.gov.au

Art Gallery of Western Australia
✉ James St., Northbridge
☎ 08/9492-6622
artgallery.wa.gov.au

Botanic Garden
✉ Kings Park
☎ 08/9480-3600
$ Kostenlose Führungen
bgpa.gov.au

die durch Passagen und Kaufhäuser miteinander verbunden sind. An der St. Georges Terrace befinden sich die Zentralen der Öl- und Bergbaugesellschaften. Am Westende der Straße liegt das **Parliament House**, das man besichtigen kann, wenn das Parlament nicht tagt.

Im Norden wird die Innenstadt von den Eisenbahngleisen begrenzt. Die William Street verläuft am Bahnhof entlang, überquert die Horseshoe Bridge und führt dann in den Stadtteil Northbridge. Hier befindet sich auch das **Perth Cultural Centre** mit dem Kunstmuseum und Museum des Bundesstaats. Zu den Exponaten des **Western Australia Museum** gehören Kunst der Aborigines, Meeresfauna der westaustralischen Küste und Meteoriten (von denen viele im australischen Outback gefunden wurden). Die **Art Gallery of Western Australia** besitzt Sammlungen australischer, pazifischer und europäischer Kunst.

Green Perth

In der Frühzeit von Perth wuchs die Stadt um den steilen Mount Eliza herum. Dadurch hat Perth heute an seinem Westende den rund 1000 Hektar großen **Kings Park** mit dem 16 Hektar großen **Botanischen Garten**. Rund herum erinnern Vogelschwärme und Freilandpflanzen an das nahe Outback. In Kings Park und am Ufer des Swan gibt es hervorragende Radwege. Im Kings Park kann man beim Koala Bicycle Hire *(Tel. 08/9321-3061)* Fahrräder mieten.

Der **Swan River** ist das Herz der Stadt; an ihm liegen Langley Park und Esplanade. Obwohl Perth fast 20 Kilometer landeinwärts liegt, ist der Fluss hier mehr als einen Kilometer breit. Von der **Barrack Street Jetty** bei der Esplanade legen die Fähren nach **Fremantle** (siehe S. 217f) und **Rottnest Island** (siehe S. 220f) ab. Über die Narrows Bridge oder mit Fähren von der Barrack Street gelangt man nach South Perth und zum **Perth Zoo** *(20 Labouchere Rd., Tel. 08/9474-0444, $$$)*. Knapp zwei Kilometer stromaufwärts erinnert das **Burswood Resort & Casino** an die 1980er Jahre. ■

ERLEBNIS: Tagestouren ab Perth

Eines der beliebtesten Ziele ist **Rottnest Island** (siehe S. 220f). In bequemer Tagesreichweite liegt **New Norcia** (siehe S. 219). 250 Kilometer nördlich kann man die Pinnacles im **Nambung National Park** bestaunen: Hier ragen Hunderte von Kalksteinsäulen aus dem Wüstenboden auf. Anfangs wurden sie für fossile Bäume gehalten, heute weiß man, dass sie durch Winderosion entstanden sind. **Wave Rock** (siehe S. 225) kann an einem Tag besucht werden, aber für den **Südwesten** (siehe S. 224f) und **Margaret River** (siehe S. 226f) muss man mehr Zeit einplanen.

Fremantle

„Freo" hat sich etwas von der Atmosphäre seiner maritimen Kolonialvergangenheit erhalten können und sich zudem inzwischen zu einer quirligen Bohemestadt entwickelt. Die alte Hafenstadt liegt 20 Kilometer westlich von Perth an der Mündung des Swan in den Indischen Ozean.

Gebäude der Kolonialzeit machen Fremantle zu einer der reizvollsten Hafenstädte Australiens

Obwohl sich Perth im Laufe der Jahre bis nach Fremantle ausgedehnt hat, konnte Letzteres doch genug von seiner Identität bewahren, um mehr zu sein als nur ein Vorort. Es wurde 1829 ein paar Wochen früher als Perth gegründet und besitzt mehr Atmosphäre als die Nachbarstadt.

Obwohl Fremantle als eleganter Ferien- und Yachtort bekannt ist, wird an den drei Kilometer langen Docks im Hafen immer noch schwer gearbeitet.

Die Arbeiterstadt mit 29 000 Einwohnern strahlt Verwegenheit aus. Das war immer so. Hier fand 1832 das einzige bekannt gewordene Duell Australiens statt. Besucher kommen nach Fremantle wegen seiner Cafés an der **South Terrace**, seiner alten Häuser und seiner Märkte. Freitags bis sonntags sind die **Fremantle Markets** an der South Terrace, Ecke Henderson Street, ein farbenfroher Basar. Es gibt eine Reihe guter Restaurants, die vor allem für Fisch und

Fremantle

Karte S. 213 B2

Besucherinformation

King Sq.

08/9431-7878

ERLEBNIS: Australische Küche

Gutes Essen ist Australiern wichtig geworden. Barbecue hat immer noch große Bedeutung, aber die Shrimps werden in Wein eingelegt und die verschiedensten asiatischen und mediterranen Aromen erfüllen die Luft. Küchenchefs sind Berühmtheiten, Kochsendungen im TV und Kochkurse gibt es in Mengen.

In der Weinregion Margaret River hält Tony Howell im Hotel **Cape Lodge** *(Tel. 08/9755-6311, capelodge.com.au)* Kurse ab. Ganz in der Nähe bietet **Wildwood Valley** *(Tel. 08/9755-2120, wildwoodvalley.com.au)* in Yallingup Kochkurse mit Schwerpunkt auf thailändischer und italienischer Küche.

In Sydney lässt sich in der **Sydney Seafood School** *(Tel. 02/9004-1111, sydneyfishmarket.com.au)* hervorragend die australische Küche erlernen. **Simon Johnson** *(Tel. 02/8244-8220, simonjohnson.com.au)* bietet beliebte Kurse zum Thema Essen und Wein. **Cucina Italiana** *(Tel. 8021-2699, cucinaitaliana.com.au)* konzentriert sich in einer historischen Villa in Annandale auf italienische Hausmannskost.

In Queensland veranstaltet das **Spirit House** *(Tel. 07/5446-8977, spirithouse.com.au)* Kurse in Thai-Küche in Noosa. Im **Mondo Organics** *(Tel. 07/3844-1132, mondo-organics.com.au)*, einem Restaurant in Brisbane, betonen die Kurse eine gesunde Küche.

In Melbourne gibt es auf dem **Queen Victoria Market** *(Tel. 03/9320-5822, qvm.com.au)* mit vielen frischen Produkten Touren zum Verkosten ebenso wie Kurse.

Das Weinanbaugebiet South Australia gibt sich auch als Gourmetland. **Chapel Hill Winery Retreat** *(Tel. 08/8323-9182, chapelhillwine.com.au)* verbindet auf einem Weingut im McLaren Vale Kochkurse mit Wein.

Fremantle Prison
1 The Terrace
08/9336-9200
fremantleprison.com.au

Western Australian Maritime Museum
Victoria Quay (Shipwreck Galleries in der Cliff St.)
08/9431-8444
$
museum.wa.gov.au/maritime/

Fremantle History Museum
11 Finnerty St.
08/9432-9555
fac.org.au

Meeresfrüchte bekannt sind. Vom Rathaus aus kann man mit der Fremantle Tram eine 50 Minuten dauernde Stadtrundfahrt machen.

Zu den Sehenswürdigkeiten von Fremantle gehört das zwölfseitige **Round House** *(High St.)*, das 1831 erbaut und als Gefängnis benutzt wurde. Das imposante **Fremantle Prison** besitzt Erinnerungsstücke an seine lange Geschichte. Der Besuch des Museum ist kostenlos. Führungen beginnen jeweils zur halben Stunde *($$)*.

Das **Western Australian Maritime Museum** am Hafen erzählt die Geschichte der internationalen Seefahrt sowie der Seefahrt entlang der westaustralischen Küste bis zur Segelregatta America's Cup. Die angeschlossenen **Shipwreck Galleries** in der Cliff Street beherbergen u. a. das Wrack der „Batavia", die 1629 in der Nähe von Geraldton (siehe S. 228) Schiffbruch erlitt.

Das stämmig wirkende **Fremantle Arts Centre**, ursprünglich als Irrenhaus der Kolonie vorgesehen, wurde um 1860 von Sträflingen gebaut. Es verfügt über einen kühlen Hofgarten und einen guten Laden. Im Dezember findet hier ein Kunst- und Designmarkt statt, und von Oktober bis März werden sonntags kostenlose Konzerte geboten. ■

New Norcia

Die Benediktinermission von New Norcia, 1846 von spanischen Mönchen gegründet, ist ein faszinierender Tagesausflug von Perth aus. Das Bauwerk steht in deutlichem Kontrast zu den umgebenden Weizenfeldern.

Zweck der Mission war es, Aborigines zum Christentum zu bekehren, sie mit der europäischen Landwirtschaft vertraut zu machen und sie vor Verfolgung zu retten. Die Vorgehensweise des Klosters wurde von den Aborigines gut aufgenommen und führte zur Entstehung einer harmonischen Agrarsiedlung im 19. Jahrhundert. Die Getreidemühle (1879) ist noch in Betrieb und die älteste ihrer Art in Westaustralien. Um die Jahrhundertwende wurde der Schwerpunkt auf die Erziehung europäischer Kinder verlagert. Heute beherbergt die Mission ein Meditationszentrum.

Besucher können die **Kapelle** besichtigen, in alten Kloster- und Schulgebäuden wohnen und an Ort und Stelle hergestelltes Olivenöl kaufen. Wer klösterliche Abgeschiedenheit sucht, kann sie im **Monastery Guesthouse** finden. Es gibt ein Museum mit wertvollen religiösen Kunstwerken und Manuskripten. Viele der Exponate waren Geschenke der spanischen Königin Isabella. Eine Broschüre (im Museum erhältlich) beschreibt einen halbstündigen, vom Museum ausgehenden Rundgang durch das Klostergelände.

Im Frühjahr, wenn die Wildblumen blühen, ist die 130 Kilometer lange Fahrt nach New Norcia auf dem Great Northern Highway am reizvollsten. Nördlich von New Norcia führt der Highway durch die Orte Dalwallinu, Morawa und Mullewa, alle am **Wildflower Way**, der durch einen weiten Blumenteppich führt. ■

New Norcia

Karte S. 213 B2

Besucherinformation

08/9654-8056

$$

Die Architektur von New Norcia ist ein einzigartiger Stilmix

Rottnest Island

Obwohl er es ein „irdisches Paradies" nannte, hat der holländische Seefahrer Willem de Vlamingh bestimmt nicht an Touristen gedacht, als er 1696 diese kleine Insel vor der Südküste von Neuholland besuchte und sie Rottnest (niederländisch für „Rattennest") nannte. Die „Riesenratten", die er sah, waren Quokkas oder Kurzschwanzkängurus, kleine Verwandte der Wallabys.

Der Leuchtturm von Bathurst wacht über die Nordküste von Rottnest Island

Rottnest Island

Karte S. 213 B2

Besucherinformation

Ferry Landing, Thompson Bay

08/9372-9730

rottnestisland.com

Rottnest ist flach, sandig und von türkisfarbenem Wasser mit weißen Stränden umgeben. Seit 1864 das Rottnest Hotel, heute Quokka Arms, als Feriensitz des Gouverneurs von Western Australia gebaut wurde, war die Insel ein beliebtes Ziel wohlhabender Bewohner von Perth. Seit 1914 steht das Gebäude Touristen offen, seit 1953 ist es das Rottnest Hotel.

Die friedliche kleine Insel liegt etwa 16 Kilometer von Fremantle entfernt. Autos sind verboten, aber man kann auf der Insel Fahrräder mieten und sie mit dem Rad oder zu Fuß erkunden.

INSIDERTIPP

Während die Quokkas um das Besucherzentrum auf Rottnest Island freundlich bis dreist sind, müssen Sie auf dem Rest der Insel hellwach sein, um sie zu sehen, weil sie in freier Wildbahn viel scheuer sind.

LARRY PORGES
National Geographic-Redakteur

Außerdem verkehren Busse. Die Insel ist nur elf Kilometer lang und maximal 5 Kilometer breit. Der größte Ort ist **Thompson Bay**, neben dem Fähranleger liegt die Besucherinformation, in der Broschüren und Führungen angeboten werden.

Aktivitäten

Die meisten Besucher sind Tagesausflügler aus Perth, auf der Insel gibt es aber auch Campingplätze, Ferienhäuser und andere Unterkünfte. Beliebt ist das Schnorcheln in einer der südlichsten Korallenregionen der Erde. Es gibt Tauchausrüster auf der Insel, einen Tauch- und Schnorchelpfad auf dem **Pocillopora Reef** südlich der Insel und das Angebot von Glasbodenbootsausflügen. Von Thompson Bay aus fährt ein historischer Zug acht Kilometer weit zur **Oliver Hill Battery** im Zentrum der Insel, wo im Zweiten Weltkrieg Geschütze standen. Von **Vlamingh's Lookout** südlich der Stadt kann man eine herrliche Aussicht genießen.

Anreise nach Rottnest Island

Rottnest Island ist mit Fähren von Perth oder Fremantle aus zu erreichen, Sie können aber auch vom Flughafen Perth aus das Rottnest Air Taxi *(Tel. 04/1126-4547)* nehmen. Die Insel ist ein überaus beliebtes Ausflugsziel mit mehr als 250 000 Besuchern pro Jahr, und an sonnigen Wochenenden kann ein ziemliches Gedränge herrschen. ■

Quokkas

Einst gab es Quokkas im ganzen Südwesten von Western Australia, heute sind sie auf ein kleines Gebiet am Festland und auf einige Inseln, vor allem Rottnest Island beschränkt. Die Population dort umfasst etwa 10 000 Tiere.

Das niedliche Quokka, etwa so groß wie eine Katze und ein bisschen dem Wallaby ähnlich, ist der einzige Vertreter der Gattung *Setonix*. Wie andere Beuteltiere trägt es seine Jungen in einem Beutel.

Viele Quokkas zeigen keine Scheu vor Menschen. Auch wenn in Thompson Bay viele zutraulich um Nahrung betteln, darf man sie nicht füttern. Quokkas können, wie viele Tiere, ernstlich krank werden, wenn sie Brot, Kartoffelchips, Fleisch und Ähnliches fressen.

Wildblumen

Die beste Zeit für einen Besuch in Western Australia ist der Frühling (Okt.–Nov.). Dann blühen auf den Ebenen, in den Wüsten und Bergregionen rund 7000 Wildblumenarten. Das Gold der Verticordia verschmilzt mit den Rot- und Rosatönen der Korallenraute und den rot-gelben Blütenständen der Banksien. Wegen der langen Isolation dieser Region sind die meisten Arten hier endemisch.

Blushing Mountain Bells *(Darwinia lejostyla)*

In Perth können Sie einen Vorgeschmack auf das bekommen, was hinter dem Horizont liegt, wenn Sie zwischen August und Oktober den Kings Park besuchen. Dann sollten Sie in die Wüste, den Weizengürtel oder die Stirling Ranges im gebirgigen Südwesten fahren und die Farbenpracht genießen. Jarrah-Wälder wie die im John Forrest National Park, nur 24 Kilometer östlich der Stadt, sind besonders reich an roten und grünen Kängurupfoten, blauen *Leschenaultia*- und rosa *Calytrix*-Arten. Auch der Yanchep National Park knapp 50 Kilometer nördlich von Perth lohnt zu dieser Jahreszeit einen Besuch.

Sie können auch auf dem Great Northern Highway von Perth aus 160 Kilometer weit nach Dalwallinu fahren und dann auf dem Wildflower Way weitere 240 Kilometer nach Mullewa. Fast auf der ganzen Strecke ist die Landschaft mit Wildblumen übersät. Noch weiter im Norden, im Kalbarri National Park, blühen Banksien, Grevilleen und *Melaleuca* (Myrtenheide). Dieser herrliche Park an der Küste ist berühmt für seine Schluchten und grandiosen Aussichten, und die Wildblumenpracht zwischen August und Oktober ist gewissermaßen nur eine Zugabe.

Besonders lohnend ist ein Besuch der Südwestecke des Staates. Auf den zerklüfteten Gipfeln des Stirling Range National Park kontrastieren die bunten Blüten mit nacktem Granit. In den Karri-Wäldern wachsen mehr als 50 Orchideen-Arten, und einige *Dryandra*- und *Darwinia*-Arten sind nur hier zu finden.

Die Heidelandschaft im Torndirrup National Park und im Walpole-Nornalup National Park in der Nähe von Albanys sturmgepeitschter Küste verwandelt sich jedes Frühjahr in einen Blütenteppich, und im Fitzgerald River National Park zwischen Albany und Esperance wachsen mehr als 2000 Arten von Blütenpflanzen, von denen etwa 80 nirgendwo sonst auf der Welt zu finden sind. 1978 wurde dieser Park von der Unesco zum World Biosphere Reserve erklärt.

Im Western Australian Tourist Centre in Perth (siehe S. 214) ist eine Karte der Wildblumen-Pfade des Staates erhältlich, und in den meisten Buchhandlungen gibt es illustrierte Bestimmungsbücher. So verlockend es auch sein mag, ein paar dieser Prachtstücke

Federbüsche *(Ptilotus exaltatus)* in der Great Sandy Desert

abzupflücken – denken Sie bitte daran, dass alle Wildblumen Westaustraliens unter Naturschutz stehen.

Es gibt jedoch in Australien – und speziell in Western Australia – eine ständig wachsende Zahl von Gärtnereien, die Wildblumen kultivieren, um die internationale Nachfrage nach diesen Pflanzen zu befriedigen.

Heute exportiert Australien jährlich Wildblumen im Wert von 30 Millionen Australischen Dollar.

Der Südwesten

Eine der schönsten Waldregionen Australiens liegt im Südwesten von Western Australia. Hier ragen Karri- und Jarrah-Bäumen auf, und die zerklüftete Stirling Range erstrahlt im Frühjahr in bunter Blütenpracht.

Der Bicentennial Tree in der Nähe von Pemberton bietet eine herrliche Aussicht

Ein Abstecher in diese Region beginnt mit einer 240 Kilometer langen Fahrt von Perth aus an der Küste entlang zu den Weinbergen und Surfstränden von Margaret River und führt dann 320 Kilometer weiter durch die Wälder zum alten Walfängerhafen Albany.

Nunnup, Manjimup und **Pemberton** sind hübsche alte, von Wäldern mit Karri- und Jarrah-Beständen umgebene Holzfällerstädtchen. Mit Höhen bis zu 90 Metern gehören die Karri-Eukalypten zu den größten Bäumen der Welt. Was man nicht sieht, wenn man durch diese scheinbar unberührten Wälder fährt, ist der Kahlschlag. Mehr als ein Jahrhundert wurden die Baumriesen gewinnbringend abgeholzt – eine Praxis, die erst 2001 ein Ende fand.

Eines der grandiosesten Exemplare ist der **Gloucester Tree** nördlich von Pemberton. Wer es sich zutraut, kann auf 153 spiralförmig um den Stamm verlaufenden Sprossen fast 60 Meter bis zu einer Plattform emporsteigen, der angeblich höchsten Feuerüberwachungsstation der Welt. Nicht viele Leute schaffen es bis ganz nach oben, aber die Aussicht lohnt. Bis 1947 war der Baum 15 Meter höher; damals wurde seine Spitze gekappt, damit die Plattform gebaut werden konnte. Bei Pemberton soll auch der höchste Karri-Baum gefällt worden sein, den es je gab – mit 105 Metern Höhe. Südlich von Pemberton ist der **Bicentennial Tree** (75 m) zu besteigen, dort herrscht weniger Betrieb.

Rund 110 Kilometer südlich von Pemberton liegt das **Valley of the Giants** im Walpole National Forest, der einen Teil des **Walpole-Nornalup National Park** in der Nähe des Ortes **Denmark** bildet. Außer Karri-Bäumen wächst hier auch eine ganze Reihe weiterer Eukalypten, die nur hier und nirgendwo sonst anzutreffen sind. Hier können Sie sich auf den **Tree Top Walk** wagen, einen auch mit dem Rollstuhl befahrbaren Plankenpfad in den Wipfeln.

In **Albany** beanspruchte Großbritannien 1826 die Westhälfte von Neuholland. Der Ort wuchs rasch zu einem Hafen, in dem Walfänger anlegten. In der Walfangstation 24 Kilometer südöstlich der Stadt, als letzte in Australien noch bis 1978 in Betrieb, ist heute **Whale World** *(Frenchman's Bay Rd., Tel. 08/9844-4021, whaleworld.org, $$$)* untergebracht. Das Museum vermittelt einen Eindruck von der Zeit, als noch jährlich rund 850 Wale getötet wurden.

Albany selbst, ein recht hübsches Städtchen mit knapp 34 000 Einwohnern, zählt zu Westaustraliens beliebtesten Urlaubszielen. Die Küste ist zerklüftet, und etwa 65 Kilometer nordöstlich der Stadt ragen die **Stirling Ranges** auf.

Eine weitere Sehenswürdigkeit ist **Wave Rock** ungefähr 350 Kilometer östlich von Perth in der Nähe des Ortes Hyden; ein Granitblock, der im Laufe von drei Milliarden Jahren von Wind und Regen so geformt wurde, dass er wie eine 15 Meter hohe Brandungswelle aussieht. ■

Denmark

Karte S. 213 B1

Besucherinformation

73 South Coast Hwy.

08/9848-2055

Albany

Karte S. 213 B1

Besucherinformation

55 Proudlove Parade

08/9841-9290

Tim Winton

Einer der beliebtesten Schriftsteller Australiens, Tim Winton, kam in Perth zur Welt und wuchs in Albany auf. In seinen Romanen spielt der Südwesten eine große Rolle, und sie vermitteln ein gutes Gefühl für diese Region.

Wintons Roman „Atem" („Breath", 2008) spielt in der fiktiven Holzfällerstadt Sawyer und erzählt in einer Reihe von Rückblenden vom Heranwachsen in den 1970er Jahren. „Shallows" (1984) ist in Angelus (das steht für Albany) angesiedelt, wo Walfänger und Umweltschützer einander bekämpfen. Sein bekanntestes Buch, „Das Haus an der Cloudstreet" („Cloudstreet", 1991), berichtet als Chronik von Arbeiterfamilien in den Vororten von Perth.

Margaret River

Die Umgebung von Margaret River, nur 240 Kilometer südwestlich von Perth, ist mit ihren Weinbaugebieten, Karri-Wäldern, Höhlen und Surfrevieren eine der meistbesuchten Regionen in Western Australia. Das Gebiet erstreckt sich knapp 100 Kilometer weit von Cape Naturaliste bis Cape Leeuwin, aber der zentral gelegene Ort Margaret River ist das Hauptziel.

Margaret River
Karte S. 213 B1
Besucherinformation
100 Bussell Hwy.
08/9780-5911

Die Region ist das Wochenend-Paradies der Wohlhabenden aus Perth, was aber der Beliebtheit bei den Surfern keinen Abbruch getan hat, denn die Brecher an den Stränden zwischen Cape Leeuwin und Cape Naturaliste gehören zu den größten Australiens.

Die Küste bei Yallingup bietet einen schönen Wechsel von Klippen und geschützten Buchten

Die Küste ist auf jeden Fall einen Ausflug wert. Fahren Sie auf dem Bussell Highway südlich aus Perth heraus. Nach etwa 225 Kilometern erreichen Sie die Strandorte Mandurah, Bunbury und Busselton; dort biegen Sie auf die hübsche Caves Road ab. Auf dem Weg nach Süden können Sie in **Bunbury** Station machen und mit den Delfinen schwimmen. Vor Bunbury leben rund 100 Große Tümmler, die gewöhnlich im Hafen zu sehen sind. Delfine kommen auch oft zum **Dolphin Discovery Centre**, das über ein Informationszentrum verfügt und Schwimmen mit Delfinen und Bootstouren anbietet.

Die Abzweigung zur Caves Road acht Kilometer westlich von Busselton bringt Sie zum reizenden Küstenstädtchen **Dunsborough**. Von hier aus lohnt sich ein 13 Kilometer langer Abstecher auf der Cape Naturaliste Road zu dem historischen **Leuchtturm** *(Tel. 08/9755-3955, tägl. Führungen, $$)* auf Cape Naturaliste und dem prachtvollen Blick auf das Kap und die Geographe Bay. Im Winter können Sie von hier aus Buckel- und Glattwale beobachten.

Wenn Sie dann von Dunsborough aus auf der Caves Road weiterfahren, gelangen Sie nach acht Kilometern nach **Yallingup**, wo beständig riesige Brecher auf den Strand zurollen. **Ngili Cave** ist schon seit 1899 eine Touristenattraktion, und das Caves House Hotel *(Caves Rd., Tel. 08/9750-1888)* wurde 1903 eröffnet. Die **Gunyulgup Galleries** vertreten einheimische Künstler und verkaufen Keramiken, Gemälde und Möbel.

Weingüter

An der Caves Road liegen zahlreiche Weingüter. Obwohl das Anbaugebiet mit dem Sammelnamen Margaret River bezeichnet wird, liegen die meisten Kellereien ungefähr 16 Kilometer südlich von Yallingup. Die Touristeninformationen der Gegend haben Karten und Broschüren zu den vielen Weingütern der Region und zu Weintouren vorrätig.

Die Weine der Weingüter am Margaret River sind ziemlich teuer im Vergleich zu anderen australischen Weinen, aber von höchster Qualität. Die besten unter den rund 50 Gütern sind Cape Mentelle, Leeuwin Estate, Voyager, Vasse Felix und Evans & Tate. Leeuwin Estate, westlich von Margaret River, besitzt eine besonders schöne Anlage. **Margaret River** selbst ist ein knapp fünf Kilometer von der Caves Road entferntes Städtchen, in dem es nur so von Künstlern, Surfern und alternden Hippies wimmelt.

Höhlen

Die Straße durch die Region heißt Caves Road, weil sie Spektakuläres unter der Erde zu bieten hat. Der Kalkstein, der die Gegend zu einem hervorragenden Weinanbaugebiet macht, ist von mehr als 150 Höhlen „durchlöchert". Die beste ist **Jewel Cave** ungefähr 40 Kilometer südlich von Margaret River mit faszinierenden Formationen und Tropfsteingebilden. In der nahe gelegenen (unbeleuchteten) **Moondyne Cave** wurden fossile Überreste des Tasmanischen Tigers gefunden. Einen besonders ansprechenden Eingang hat **Lake Cave**, eine Höhle, die 24 Kilometer von Margaret River entfernt liegt. Trotz ihres Namens ist die nahe gelegene **Mammoth Cave** die am wenigsten interessante. Die Höhlen können nur unter sachkundiger Führung besichtigt werden *($$$–$$$$$)*; Informationen sind beim **CaveWorks Eco Centre** *(Lake Cave, Caves Rd., Tel. 08/9757-7411)* erhältlich.

Augusta ist ein alter Holzfällerhafen. Wenn Sie noch acht Kilometer weiter in südlicher Richtung fahren, erreichen Sie den **Cape-Leeuwin**-Leuchtturm. Zwischen Mai und September kann man hier Wale beobachten. ■

Bunbury

Karte S. 213 B2

Besucher-information

Carmody Place

08/9792-7205

Dolphin Discovery Centre

Lot 830 Koombana Dr., Bunbury

08/9791-3088

dolphindiscovery.com.au

Ngili Cave

Caves Rd.

08/9755-2152

$$$–$$$$$

Shark Bay

Die von der Peron Peninsula und einer Kette vorgelagerter Inseln geschützte Shark Bay 725 Kilometer nördlich von Perth wurde wegen ihrer sehr alten Lebensformen zum Welt-Naturerbe erklärt. 1616 landete der holländische Seefahrer Dirk Hartog auf der Insel, die heute seinen Namen trägt.

Die beste Zeit für Begegnungen mit Delfinen in Monkey Mia sind die Wintermorgen. Manchmal taucht ein Dutzend dieser Meeressäuger gleichzeitig in Strandnähe auf

Shark Bay

Karte S. 213 A3

Besucher-information

Knight Terrace, Denham

08/9948-1590

Heute ist Shark Bay berühmt für die Großen Tümmler, die bis ins seichte Wasser kommen und mit den Menschen spielen. Die Fahrt von Perth auf dem Northwest Coastal Highway durch die Hafenstadt **Geraldton** ist öde und stürmisch und im Sommer unerträglich heiß.

An der Küste nördlich von Geraldton scheiterten im 17. und 18. Jahrhundert mehrere holländische Schiffe, darunter 1629 die „Batavia". Im **WA Museum Geraldton** sind Fundstücke von Schiffshavarien ausgestellt.

Lohnend ist ein Abstecher zum **Kalbarri National Park**.

Die Abzweigung liegt 96 Kilometer nördlich von Geraldton am Northwest Coastal Highway. Der Murchison River fließt durch eine Reihe von Schluchten, bevor er bei Kalbarri die Küste erreicht. Zum National Park gehören sowohl die Schluchten als auch der Küstenabschnitt. Besonders schön ist ein Besuch im Frühling, wenn die Wildblumen blühen.

Besuch an der Shark Bay

Nach weiteren rund 180 Kilometern auf dem Northwest Coastal Highway zweigt die Straße zur Shark Bay ab. Die Landschaft ist von bezauberndem, doch herbem Charme.

Die erste Abzweigung nach gut sechs Kilometern Fahrt auf dieser Straße führt zum **Hamelin Pool**. Das türkisfarbene Wasser und die felsige Küste sind wunderschön, aber was diesen Ort einzigartig macht, sind die Stromatolithen, Kalkablagerungen von Blaualgen, die zu den ersten Lebensformen auf der Erde gehörten. Fast nirgendwo auf der Welt sind Stromatolithen so leicht zugänglich wie hier, und ihr Vorhandensein war einer der Hauptgründe dafür, dass Shark Bay zum Welt-Naturerbe erklärt wurde. Sie können hier entstehen, weil das geschützte Wasser sehr klar und sehr salzhaltig ist. Informationsmaterial gibt es in der nahen historischen **Telegraph Station** *(Tel. 08/9942-5905).*

Nach der Abzweigung nach Hamelin Pool führt die Straße nach Denham am **Shell Beach** entlang, einem 112 Kilometer langen Küstenstreifen, der bis zu 15 Meter hoch mit Muscheln bedeckt ist. **Denham**, die westlichste Stadt Australiens, war früher ein Perlenfischerhafen und ist heute Touristenzentrum.

INSIDERTIPP

Monkey Mia liegt zwar ein ganzes Stück nördlich von Perth, doch zwischen wild lebenden Delfinen herumzuwaten ist für die meisten Besucher ein unvergessliches Erlebnis.

BARBARA A. NOE
NATIONAL GEOGRAPHIC-Redakteurin

Monkey Mia

24 Kilometer östlich von Denham liegt Monkey Mia und sein berühmter Strand, vor dem Delfine spielen. Der Strand entwickelte sich zu einer Touristenattraktion. Die Delfine werden in die Bucht gelockt und erscheinen an den meisten Wintermorgen – im Sommer seltener. Angestellte sorgen dafür, dass die Touristen nichts tun, was den Tieren schaden könnte. Manchmal sieht man nur einen einzigen Delfin, dann wieder ein ganzes Dutzend. ■

Geraldton

Karte S. 213 A3

Besucherinformation

Ecke Bayly St. & Chapman Rd.

08/9921-3999

WA Museum Geraldton

Marine Terrace, Geraldton

08/9921-5080

Kalbarri

Karte S. 213 A3

Besucherinformation

Grey St.

08/9937-1104

Ningaloo Marine Park

Das Ningaloo Reef erstreckt sich ungefähr 260 Kilometer lang vor der Küste des Northwest Cape, 1125 Kilometer nördlich von Perth. Es ist wesentlich kürzer als das Great Barrier Reef, aber ebenso beeindruckend. Und man kann zu ihm hinausschwimmen – das Ningaloo Reef liegt nirgends weiter als drei Kilometer von der Küste entfernt und an einigen Stellen sogar nur ein paar Meter.

Ningaloo Marine Park
Karte S. 213 A4

Coral Bay
Karte S. 213 A4

Besucher-information
Coral Bay Arcade, Robinson St.
08/9942-5988

Von Perth aus zum Ningaloo Reef zu gelangen ist einfach. Sie brauchen nur knapp 1100 Kilometer auf dem Northwest Coastal Highway nach Norden zu fahren bis zum einsamen Minilya Roadhouse. Von dort aus führt eine Asphaltstraße nach Norden, am North West Cape entlang, zur 80 Kilometer entfernten Coral Bay und 145 Kilometer weiter nach Exmouth. Sie können aber auch mit Qantas oder Skywest *(Tel. 1300-660-088)* von Perth nach Learmouth und dann weiter nach Broome fliegen.

Am Südende des Riffs liegt das stille Städtchen **Coral Bay**, das bei Tauchern und Schnorchlern sehr beliebt ist und über schöne weiße Strände verfügt.

Ningaloo Reef

Ningaloo Reef ist Australiens längstes der Küste direkt vorgelagertes Riff und nur eines von zwei in der Welt an einer Westküste. Zu den seltenen

Ein Walhai und ein Taucher schwimmen gemeinsam am Ningaloo Reef

Meeresbewohnern dieser Region gehören Seekühe, Buckelwale, Riesenrochen und Suppenschildkröten, aber die beeindruckendsten Geschöpfe dürften die Walhaie sein. Diese sanften, Plankton fressenden Riesen werden bis zu 15 Meter lang und bis zu 15 Tonnen schwer. Schwimmen mit den Walhaien und „fliegen" mit den Rochen erfreut sich bei den Touristen wachsender Beliebtheit.

ERLEBNIS: Schwimmen mit Walhaien

Walhaie *(Rhincodon typus)* sind mit einer Länge von bis zu 18 Metern und einem Gewicht von mehr als 13 Tonnen die größten Fische der Welt. Jedes Jahr von April bis Juli kommen sie zahlreich zum Ningaloo Reef. Schnorcheltouren dürfen bis auf drei Meter an sie heranschwimmen.

Wer diese sanften Riesen aus der Nähe sehen möchte: Ganztägige Schnorcheltouren mit Lunch und Ausrüstung kosten ab 390 A$. Auch für Taucher gibt es Touren; die Walhaie werden per Flugzeug lokalisiert. Das Exmouth Visitor Center *(Tel. 08/9949-1176, exmouthwa.com.au)* nimmt Reservierungen für Ningaloo Blue und Ocean Eco Adventures in Exmouth und Coral Bay Eco Tours und Ningaloo Reef Dive in Coral Bay vor. Diese und eine Reihe anderer Veranstalter bieten Tauch-, Schnorchel-, Walbeobachtungs- und andere Tierbeobachtungstouren an.

INSIDERTIPP

Wer die glühend heiße Sonne von Western Australia wirklich kennenlernen will, fährt nach Marble Bar, zwischen Ningaloo und Broome. Im Schnitt herrschen dort an mehr als 150 Tagen im Jahr Temperaturen über 37 °C.

PETER TURNER
NATIONAL GEOGRAPHIC-Autor

Das Wasser des **Ningaloo Marine Park** ist in Erholungszonen, allgemeine und geschützte Bereiche unterteilt. In den geschützten Bereichen dürfen Besucher dieses Ökosystem kennenlernen und die Meeresbewohner beobachten. Mantas halten sich von Mai bis November hier auf, Buckelwale im Juni und Juli. Schildkröten legen in Sommernächten Eier an den Stränden ab. Walhaie lassen sich von April bis Ende Juli beobachten.

Exmouth

Exmouth, 145 Kilometer nördlich an der Spitze der Halbinsel gelegen, wurde 1967 für die Funkbasis der amerikanischen Marine gebaut. Die Basis ist inzwischen geschlossen, und heute ist der Tourismus der wichtigste Erwerbszweig, mit Walhai-, Wal- und Tauchtouren ab der Marina der Stadt. Ansonsten können Sie im verschlafenen Exmouth nur baden und schnorcheln. ■

Exmouth
Karte S. 213 A4
Besucherinformation
Murat Rd.
08/9949-1176
exmouthwa.com.au

Broome

Broome ist ein alter Perlenfischerhafen an der abgelegenen Nordwestküste Western Australias und ein typischer Outback-Ort. Hauptattraktion für Besucher ist Cable Beach, der als einer der schönsten Strände der Welt gilt: ein 32 Kilometer langer Streifen aus goldfarbenem Sand, der bei Ebbe rund 800 Meter breit ist – und all das nur drei Kilometer vom Stadtkern entfernt!

Am schönsten sind Kamelritte entlang der Küste von Broome zur Dämmerung

Broome
Karte S. 213 C5
Besucherinformation
1 Hammersley St.
08/9195-2200

Pearl Luggers
31 Dampier Ter.
08/9192-2059
So geschl.
$$
pearlluggers.com.au

Als Erster soll der englische Freibeuter William Dampier 1699 auf der Flucht vor einer spanischen Flotte hier angelegt haben. Danach vergingen fast 200 Jahre, ohne dass jemand erkannte, welche Schätze auf dem seichten Meeresboden lagen. Die Entdeckung von Bergen von Perlmuscheln löste in den 1880er Jahren einen Perlenrausch aus. Die Siedlung, die daraufhin aus dem Boden schoss, wurde nach Frederick Broome, dem Gouverneur von Western Australia, benannt.

1910 lieferte Broome 80 Prozent des Weltaufkommens von Perlmutt. Die Stadt war eine lärmende, geschäftige, multikulturelle Mixtur aus Malaien, Chinesen, Japanern, Filipinos, Timoresen, Arabern, Aborigines und Europäern und einer Flotte von mehr als 400 Perlenbooten. Die besten Perlentaucher kamen aus Japan, und die 600 Gräber auf dem malerischen **Japanischen Friedhof** zeugen von der gefahrvollen Arbeit. Ab 1930 kam die Perlenindustrie zum Erliegen. Ein Besuch der **Pearl Luggers** mit Perlenmuseum und originalen Fangschiffen lässt Broomes Vergangenheit als Perlenfischerhafen wieder auferstehen.

Broome hat viel vom Flair der alten Zeit bewahrt. Dazu tragen Bungalows, mit Palmen gesäumte Straßen und Pagodendächer bei. Anfang 1980 gab es einen Bauboom, den die Stadt dem englischen Lord Alistair McAlpine zu verdanken hatte, der unter anderem den luxuriösen Cable Beach Club bauen ließ. Die 16 000-Seelen-Stadt erlebte daraufhin einen Aufschwung; viele Touristen kamen. Flüge gingen direkt von den wichtigsten Städten nach Broome.

Das Herz der Innenstadt ist die sogenannte **Chinatown**, die in Wirklichkeit nur aus Carnarvon Street und Dampier Terrace besteht. Hier gibt es altmodische Krämerläden, aber auch moderne Boutiquen und Cafés. In den eleganten Räumen von Paspaley's Pearls *(2 Short St.)* kann man eine Kette aus perfekt zusammenpassenden Broome-Perlen kaufen – vorausgesetzt, man verfügt über das erforderliche Kleingeld. Einen guten Eindruck von der Geschichte der Stadt sowie der Perlenindustrie vermittelt das **Broome Museum**.

Die kuriosen **Sun Pictures** in der Carnarvon Street sind angeblich das älteste Freiluftkino der Welt. Es wurde 1916 von einem Perlenboot-Kapitän gebaut und ist fast unverändert geblieben. Man sitzt auf alten Gartenstühlen und schaut auf eine von Palmen gerahmte Leinwand.

Bei **Gantheaume Point**, gut drei Kilometer westlich der Stadt an der Gantheaume Point Road, liegt eine Landzunge aus rotem Sandstein, ein Leuchtturm, und es finden sich 130 Millionen Jahre alte Fußabdrücke von Dinosauriern, die bei Niedrigwasser zu sehen sind.

Cable Beach

Aber das Schönste an Broome ist nach wie vor Cable Beach, an dem 1889 das erste transozeanische Telegrafenkabel an Land geholt wurde, das Australien mit Java und London verband. Die Sonnenuntergänge an diesem Strand sind fantastisch, und fast täglich versammeln sich Leute auf dem grasbewachsenen Hügel oberhalb des Strandes, um sie zu bewundern. Sie können auch auf einem Kamel am Strand entlangreiten (siehe Kasten). Wenn Sie bei Vollmond in Broome sind, können Sie die „Treppe zum Mond" sehen – einen eigenartigen, durch die Reflektion des Mondlichts vom Watt erzeugten Effekt, der an eine goldene Treppe erinnert. ■

Broome Museum
✉ Robinson St.
☎ 08/9192-2075
$ $

ERLEBNIS: Kamel-Trecks

Das typische Foto aus Broome zeigt eine Reihe von Kamelen bei Sonnenuntergang am Cable Beach. Kamelritte werden überall im Outback angeboten – in Alice Springs und Uluru, in der Flinders Range und in Silverton bei Broken Hill – aber die Ritte in Cable Beach sind am populärsten. Broome Camel Safaris *(Tel. 04/1991-6101)*, Red Sun Camels *(Tel. 08/9193-7423)* und Ships of the Desert *(Tel. 04/1995-4022)* bieten alle Ritte bei Sonnenuntergang.

Das Kimberley-Plateau

Das Kimberley-Plateau im wilden Nordwesten Australiens gilt als die letzte Grenzregion des Kontinents. Geprägt wird es von tiefen Schluchten der schroffen Durack und King Leopold Range und den bizarren Sandsteingebilden von Purnululu (Bungle Bungle). Während des Sommermonsuns gibt es heftige Gewitter, und in der Trockenzeit einschlagende Blitze entzünden Buschbrände.

Die riesige Argyle Diamond Mine am Südrand der abgelegenen Ragged Range

The Kimberley
Karte S. 213 C5–D5

Besucher-information
Coolibah Dr., Kununurra
08/9168-1177

Nur wenige Menschen leben ständig hier – etwa 41 000 teilen sich eine Fläche von der Größe Kaliforniens. Die meisten Menschen kommen nur für ein paar Jahre hierher, als Abenteurer oder um in einer der Minen gutes Geld zu verdienen. Es gibt ein paar weit verstreute Ortschaften, einige Aborigines-Siedlungen und eine Hand voll einsamer Rinderfarmen. In den Flüssen und Flussmündungen an dieser zerklüfteten und kaum erforschten Küste leben Salzwasserkrokodile, und bizarre Baobab-Bäume ragen in den Himmel.

Die Hauptstraße dieser Region ist der Great Northern Highway, der erst 1986 befestigt wurde. Er verbindet die drei größten Orte – Kununurra, Derby (32 Kilometer vom Highway entfernt) und Broome (siehe S. 232f) mit den Städten Perth und Darwin. Die einzige weitere Straße ist die Gibb

River Road (siehe S. 238f), die 648 Kilometer Wildnis durchquert.

Kununurra

Mit 6000 Einwohnern ist Kununurra die größte Ortschaft im Ostteil des Kimberley-Plateaus und zugleich der beste Ausgangspunkt für einen Besuch des Purnululu (siehe S. 236f) und der Argyle Diamond Mine. Außerdem gelangt man von hier aus zur Gibb River Road, die 48 Kilometer westlich des Ortes vom Great Northern Highway abzweigt.

Kununurra wurde 1961 für die Arbeiter am Ord River Irrigation Project gebaut. Während des Sommermonsuns ergossen sich jede Sekunde etwa 60 Millionen Liter Wasser ins Meer. Mit Hilfe eines Dammes wurde ein Teil dieses Wassers im riesigen Lake Argyle aufgestaut und zur Bewässerung des Landes genutzt. So konnten mehr als 10 000 Hektar trockenen Buschlandes in Zuckerrohr-, Bananen- und Mangoplantagen, Erdnuss- und Melonenfelder umgewandelt werden.

Eine der spektakulärsten Sehenswürdigkeiten ist von Kununurra aus zu Fuß zu erreichen. Das **Hidden Valley** im **Mirima National Park** ist eine Miniaturausgabe von Purnululu, aber nur 1,5 Kilometer vom Stadtzentrum entfernt. Man braucht nur der Barringtonia Avenue bis zum Stadtrand zu folgen, und schon ist man am Labyrinth aus gestreiften Sandsteinformationen.

Die **Argyle Diamond Mine** (*argylediamonds.com.au*) 160 Kilometer südlich von Kununurra ist einer der größten Diamantenproduzenten der Welt. Aus dem riesigen Tagebau werden jährlich etwa acht Millionen Karat gefördert. Der größte Teil sind Industriediamanten, aber es kommen auch prächtige Juwelen in einer breiten Farbskala zum Vorschein, so auch in seltenem Pink, Lila und Rot. Das Touristenbüro in Kununurra arrangiert Besichtigungen. ■

Australia: der Film

Nur wenige Australier haben das Kimberley-Plateau besucht, doch Baz Luhrmanns Film „Australia" (2008) brachte Touristen an die Drehorte. Diggers Rest Station, 40 Kilometer abseits der Gibb River Road, war ein wichtiger Schauplatz, vor allem Baobab-Bäume. Die Faraway Downs Homestead im Film wurde auf der Carlton Hill Station (nicht zugänglich), 20 Kilometer westlich von Kununurra, aufgebaut. Die 600 Meter hohe Cockburn Range ist ebenso im Film zu sehen wie die Home Valley Station am Fuß der Range und El Questro Wilderness Park (siehe S. 238f).

Purnululu (Bungle Bungle) National Park

Diese faszinierenden Sandsteinformationen wurden von Australiern europäischer Abstammung erst 1982 entdeckt, als ein Regisseur, der für die Regierung von Western Australia einen Dokumentarfilm drehte, in der Abenddämmerung eine Reihe von Luftaufnahmen machte. Inzwischen sind sie zu einem echten Wahrzeichen des Kimberley-Plateaus geworden.

Die zerfurchten Sandsteinformationen im Piccaninny Creek im Purnululu

Den Aborigines ist diese Gegend seit über 20 000 Jahren bekannt. Purnululu bedeutet in ihrer Sprache Sandstein; der Name Bungle Bungle könnte sich auf eine Grasart beziehen.

Der erste Europäer, der in diese Gegend kam, war Alexander Forrest, der das Kimberley-Plateau 1879 erkundete. Auf der Suche nach Weideland tat er diese gebirgige Region als wertlos ab.

Im 20. Jahrhundert wurden auf dem Gebiet von Bungle Bungle einige Rinderfarmen gegründet.

Anreise zum Park

Der 304 000 Hektar große Nationalpark ist schwer zu erreichen. Er ist generell nur während der Trockenzeit zugänglich, und selbst dann braucht man einen Geländewagen oder einen Hubschrauber. Rundflüge sind eine Alternative. Jedes Jahr besichtigen etwa 45 000 Touristen den Purnululu, viele auf Rundflügen ab Kununurra, Turkey Creek oder Bellburn (im Park).

Sehenswürdigkeiten

Mit dem Wagen fahren Sie 240 Kilometer südlich von Kununurra vom Great Northern Highway ab auf eine unbefestigte, holprige Piste. Nach 53 Kilometern kommen Sie zum Besucherzentrum des Parks. Von hier aus können Sie entweder knapp 20 Kilometer nach Norden zum **Echidna Chasm** fahren oder 32 Kilometer nach Süden zum **Piccaninny Creek**. Im Echidna Chasm sehen Sie hohe, enge Schluchten, am Piccaninny Creek die quergestreiften, wie Bienenkörbe geformten Sandsteinformationen, für die der Purnululu National Park so berühmt ist. Das Streifenmuster wird durch dünne Streifen von schwarzsilbrigen Flechten bedingt, die sich mit orangefarbenen Silikaten abwechseln. Das Erklettern der Sandstein-Formationen ist verboten.

Übernachten können Sie im Kurrajong Camp oder im Walardi Camp. Während der gesamten Regenzeit (Jan. bis März) ist Bungle Bungle geschlossen. ■

INSIDERTIPP

Zelten Sie in Kurrajong für die nördlichen Sehenswürdigkeiten von Purnululu und in Walardi für jene im Süden.

STEPHANIE ROBICHAUX
NATIONAL GEOGRAPHIC-Mitarbeiterin

Purnululu National Park

Karte S. 213 D5

Besucherinformation

Department of Environment & Conservation, Kununurra

08/9168-7300

Geöffnet April bis Dez.

Fahren im Outback

Die Abgeschiedenheit und die Wetterextreme im Outback fordern von Autofahrern Sicherheitsmaßnahmen. Checken Sie die regionalen Straßen- und Wetterbedingungen, vor allem in der Regenzeit und geben Sie Angehörigen oder Behörden Bescheid, bevor Sie die Hauptstraßen verlassen. Führen Sie reichlich Wasser, Lebensmittel und Treibstoff mit. Wenn Sie im Gelände unterwegs sind, mieten Sie ein GPS oder ein Satellitentelefon. Wenn Sie sich verirren oder eine Panne haben, bleiben Sie beim Auto. Es kann ein oder zwei Tage dauern, bis jemand vorbeikommt, aber das Outback ist nicht mehr so einsam wie es einmal war.

Mit dem Auto: Gibb River Road

Auf einer Karte sieht die Gibb River Road wie eine Abkürzung zwischen Kununurra und Derby aus, die die Fahrt auf dem Great Northern Highway um 240 Kilometer verkürzt. Aber die unbefestigte Piste ist keine Abkürzung, sondern eine der abenteuerlichsten Strecken des Kontinents.

Die Gibb River Road, 1964 zu dem Zweck erbaut, Rinder von abgelegenen Farmen zum Markt zu transportieren, ist 676 Kilometer lang und führt durch das Herz des Kimberley-Plateaus. In der Regenzeit (Okt.–März) ist sie unpassierbar. Touristen sollten stets auf gewaltige, mit Rindern beladene Schwertransporter gefasst sein. Vorsicht auch bei Flussdurchquerungen, hier gibt es Krokodile.

Ein Geländewagen ist auf jeden Fall empfehlenswert. Essen, Treibstoff und Unterkunft sind an der Straße erhältlich, aber wegen der großen Entfernungen sollten Sie immer ausreichend Vorräte (Wasser!), die wichtigsten Werkzeuge und Ersatzteile mitführen. Wer nicht selbst fahren will, kann an beiden Enden eine Tour buchen. Infos gibt es bei der Touristeninformation in Kununurra (siehe S. 235) oder Derby *(Tel. 08/9191-1426)*.

Von Kununurra nach El Questro

Von **Kununurra** ❶ aus fahren Sie rund 40 Kilometer nach Westen bis zur beschilderten Abzweigung, die auf die alte Hafenstadt **Wyndham** ❷ verweist. Ein paar Kilometer weiter gelangt man von dieser Abzweigung aus auf die Gibb River Road. Wyndham ist eine typische Grenzstadt, umgeben von ausgedehnten Wattflächen.

Einen der spektakulärsten Blicke über Australiens wilde Nordküste hat man vom **Five Rivers Lookout** auf dem Mount Bastion hinter Wyndham. Der 330 Meter hohe Berg ist befahrbar, von oben blickt man auf fünf große Flüsse: Ord, Pentecost, Durack, Forrest und King, die sich träge in den Cambridge-Golf ergießen. Weitere Informationen zur Region bekommen Sie bei Kimberley Motors *(Tel. 08/9161-1281)*. 20 Kilometer westlich der Stadt steht der 2000 Jahre alte hohle Baobab, der früher als Gefängnis diente.

Die ersten 240 Kilometer sind der härteste Teil der Gibb River Road. Einige der Furten, wie diejenigen durch den Pentecost, bergen ein gewisses Risiko.

Nach 25 Kilometern auf der Gibb River Road gelangt man an die Abzweigung zum **El Questro Wilderness Park** ❸ *(Tel. 08/9426-7550, April bis Okt., elquestro.com.au, $$)*, einem der ungewöhnlichsten Ferienorte Australiens:

eine ehemalige Rinderfarm. Sie können dort Angelausflüge, Wanderungen, Ausritte und Geländewagen-Trecks oder den Besuch von Felsmalereien der Aborigines buchen. Das Angebot an Unterkünften reicht von luxuriösen Zimmern bis zu Zeltunterkünften und -stellplätzen. Eine weitere Option ist die nahe **Home Valley Station** *(Tel. 08/ 8296-8010, homevalley.com.au).*

Weiter zum Mount Barnett

Bis zur nächsten Tankstelle, **Mount Barnett Roadhouse** *(Tel. 08/9191-7007),* müssen Sie 225 Kilometer weit fahren. APT *(Tel. 1300-334-872, kimberleywilderness.com.au),* das wichtigste Busunternehmen der Region, bietet an Pisten abseits der Straße zwei weitere Unterkünfte: beim Imintji Store *(Tel. 08/9191-7471)* und an der Abzweigung zur hübschen Bell Creek Gorge. Die **Bell Gorge Wilderness Lodge** bietet Unterkünfte in Zelten. Etwas weiter entfernt hat das **Mount Hart Homestead** einfache Zimmer mit Vollpension im Angebot.

NICHT VERSÄUMEN

Wyndham • Five Rivers Lookout • El Questro Wilderness Park • Windjana Gorge National Park

Die Straße nach Derby

Westlich des Mount Barnett Roadhouse erreicht die Straße die King Leopold Ranges. Eine Fahrt von 24 Kilometern auf einer Nebenstraße führt Sie in den fantastischen **Windjana Gorge National Park** ❹, und nach weiteren 40 Kilometern erreichen Sie den **Tunnel Creek National Park** ❺. Durch diese Bergkette bahnte sich der Lennard seinen Weg und hinterließ tiefe Schluchten. Die letzten 64 Kilometer der Gibb River Road vor **Derby** ❻ sind befestigt.

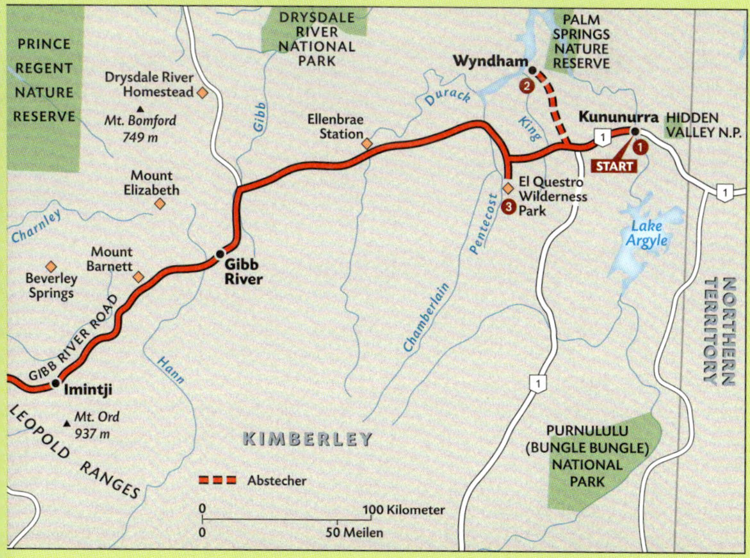

Kalgoorlie-Boulder

Kalgoorlie liegt auf Australiens reichster Golderzader. In dieser Bergarbeiterstadt herrschen noch die alten Outback-Sitten, in den Kneipen sieht man tätowierte Arbeiter und *skimpies*, spärlich bekleidete Kellnerinnen. Zudem macht der Indian-Pacific-Zug hier nach der Fahrt durch die Nullarbor Plain Station.

Kalgoorlies Hauptstraße ist von Gebäuden aus der Zeit des Goldrausches gesäumt

Kalgoorlie
Karte S. 213 C2
Besucherinformation
Ecke Hannan & Wilson St.
08/9021-1966

Die Anfänge der Stadt gehen auf das Jahr 1893 zurück. Damals stolperte ein Goldsucher namens Paddy Hannan über auf der Erde liegende Nuggets, als er und zwei seiner Kumpel eine Pause einlegten, um einem lahmenden Pferd etwas Ruhe zu gönnen. Nachdem die Männer monatelang im nahen Coolgardie nach Gold gesucht hatten, konnten sie ihr Glück kaum fassen. In wenigen Tagen hatten sie mehr als 100 Unzen (2,8 Kilogramm) Gold beisammen und lösten damit den letzten Goldrausch Australiens aus. Binnen weniger Monate strömten mehr als tausend Glücksritter an den Ort, der Hannan's Find genannt wurde.

Später erhielt die junge Stadt ihren Aborigines-Namen Kalgoorlie zurück. 1896 hatte sie bereits fast 6000 Einwohner. Außerdem lieferte die Stadt den wirtschaftlichen Anstoß für die Autonomie und spätere Gründung des Staates Western Australia. Im selben Jahr wurde mit dem Bau einer 560 Kilometer langen Rohrleitung begonnen, die von Mundaring Weir aus die trockene Wüstenstadt mit Wasser versorgen sollte. Sie wurde 1903 fertig, als Kalgoorlie eine Stadt mit 30 000 Einwohnern geworden war. Die bis zum benachbarten Boulder fortgeführte Eisenbahnstrecke war eine der meistbenutzten des Staates.

Das Glück und die Erzvorkommen von Kalgoorlie haben länger gehalten als die der anderen frühen Goldgräberstädte. 1989 wurde es durch einen Bindestrich und eine gemeinsame Verwaltung mit dem nahen **Boulder** vereinigt. Heute ist die Stadt Australiens größter Goldproduzent und gilt als eine der reichsten Goldquellen der Welt.

Sehenswürdigkeiten

In der **Hannan Street** stehen herrliche Gebäude aus der Zeit des Goldrausches, elegante alte Pubs und das eindrucksvolle Rathaus. Im **WA Museum Kalgoorlie-Boulder** gibt es exzellente Schaukästen, die über die Epoche des Goldrausches, die Geschichte der Aborigines und die Zeit informieren, als in dieser Region Sandelholz geschlagen wurde.

Zu den größten Attraktionen von Kalgoorlie gehört die unterirdische Tour durch die **Mining Hall of Fame** *(Goldfields Hwy., Tel. 08/9026-2700, $$, mininghall.com)*.

Der **Super Pit**, der größte Gold-Tagebau der Welt ist zurzeit 370 Meter tief und fördert jährlich 800 000 Unzen (22 676 Kilogramm) Gold. Die Mine ist 3,6 Kilometer lang und 1,6 Kilometer breit und wächst täglich.

Sie können zum **Super Pit Lookout** an der Eastern Bypass Road direkt außerhalb von Boulder fahren. Um einen Eindruck von den Ausmaßen zu bekommen, sollten Sie sich klar machen, dass die „winzigen" gelben Kipplaster in der Grube die Größe von Häusern haben und mehr als 180 Tonnen Erz befördern können. Der Aussichtspunkt *(geöffnet von 7 bis 21 Uhr)* ist bei Sprengungen geschlossen. ■

Coolgardie

Das 40 Kilometer entfernte Coolgardie, wo 1892 zuerst nach Gold gegraben wurde, ist heute beinahe eine Geisterstadt – eine Art stadtgroßes Bergbau-Museum, das einen Besuch durchaus lohnt. Das Bergwerksgericht, das Rathaus, das Postamt und das opulente Marble Bar Hotel erinnern an die Blütezeit dieses Ortes. Im Alten Gericht in der Bailey Street ist das Goldfields Museum untergebracht, eine Kollektion von alten Goldgräber-Utensilien. Die Residenz des Bergwerksdirektors aus dem Jahr 1895 wurde restauriert und untersteht dem National Trust.

WA Museum Kalgoorlie-Boulder

✉ 17 Hannan St.
☎ 08/9021-8533
$ Spende

Coolgardie

Karte S. 213 C2

Besucherinformation

✉ Bayley St.
☎ 08/9026-6090

ERLEBNIS: Australisches Outback

Das Outback ist rau und einsam, eine riesige Fläche von Wüste und tropischer Wildnis, die durch die Geschichten über die Anpassung der Menschen ebenso fasziniert wie durch die vielfältigen Landschaften. Es gibt viele Arten, dieses einzigartige Gebiet zu erkunden, von kurzen Flügen bis zu mehrtägigen Camping- und Allradabenteuern.

Am einfachsten ist es, nach Alice Springs und Uluru zu fliegen oder auf dem asphaltierten Stuart Highway durch das Rote Zentrum zu fahren. Oder Sie nehmen den Ghan, den Zug, der nach den afghanischen Kameltreibern benannt ist, die einst hier unterwegs waren (siehe S. 282f). Das Abenteuer wartet abseits der Hauptstraßen. Sie können am Viehtreiben teilnehmen (siehe Kasten S. 281), auf einer Viehstation übernachten (siehe Kasten S. 136), zu einsamen Pubs fliegen oder auf alten Viehpfaden fahren, die tief ins Never Never, wie Australier das Outback nennen, führen.

Durch das Outback fahren

Fahrten mit dem Geländewagen durch das Herz Australiens sind ein unvergessliches Erlebnis. Klassische Strecken sind der **Oodnadatta Track**, der entlang der alten Ghan-Gleise nach Alice Springs führt, und der **Birdsville Track**, ein berühmter Viehpfad zum Städtchen Birdsville in Queensland. Beide gut gepflegten Straßen beginnen in Marree in South Australia. Der **Strzelecki Track** führt nach Innamincka am Cooper Creek, wo Burke und Willis starben (reichlich Nahrung und Wasser mitnehmen), von dort aus können Sie nach **Broken Hill** weiterfahren, einem Ausgangspunkt zur Erkundung des Outback.

INSIDERTIPP

Lesen Sie beim Buchen von Outback-Touren das Kleingedruckte. Unterkunft und Flüge sind nicht immer im Preis inbegriffen.

LARRY PORGES
NATIONAL GEOGRAPHIC-Redakteur

Im Norden bietet die **Gibb River Road** (siehe S. 238f) ein großes Abenteuer, der **Kakadu National Park** (siehe S. 188ff) ist ein Outback-Paradies.

Wenn Sie selbst fahren, müssen Sie sehr genau vorausplanen. Gute Infos gibt *exploroz.com*. In Alice Springs, Darwin und Broken Hill lassen sich Autos mieten; dort gibt es auch viele Anbieter von Touren ins Outback.

Anbieter von Outback-Touren

In Alice Springs organisiert **Ossies Outback 4WD Tours** *(Tel. 08/8956-9884, ossies.com.au)* Touren durch die MacDonnell Ranges zum Uluru, durch die Simpson Desert und zu anderen Orten. **Wayoutback Safaris** *(Tel. 08/8952 4324, wayoutback.com.au)* steuern Uluru, Kings Canyon und die MacDonnell Ranges an.

In Darwin hat **Venture North Australia** *(Tel. 08/8927-5500, venturenorth.com.au)* Touren nach Kakadu, Arnhem Land, Cobourg Peninsula und Kimberley. **Aussie Adventure** *(Tel. 08/8923-6523, aussieadventure.com.au)* bringt Besucher ins Rote Zentrum, nach Kakadu und auf die Tiwi Islands.

In Broken Hill bietet **Tri State Safaris** *(Tel. 08/8088-2389, tristate.com.au)* eine große Auswahl an Touren durchs Outback, während **Corner Country Adventure Tours** *(Tel. 02/8087-6956, cornercountryadventure.com.au)* Touren nach Birdsville und in die Wüstengebiete im Programm hat.

Sightseeing aus der Luft

Eine weitere Alternative ist, das Outback aus der Luft zu sehen. Fliegen Sie für einen Tag mit **Outback Air Tours** *(Tel. 07/4654-3033, outbackairtours.com)* zum Pub in Birdsville auf einen Burger und ein Bier. Oder wählen Sie die zwölftägige Luxustour in einer De Havilland Dash 8 mit **Bill Peach Journeys** *(Tel. 02/9693-2233, billpeachjourneys.com.au)*.

Eyre Highway & Nullarbor Plain

Eine klassische Outback-Tour ist eine Fahrt entlang der Nullarbor Plain auf dem Eyre Highway – fast 2400 Kilometer von Perth nach Adelaide. Doch obwohl sie zum größten Teil durch öde Wüstenlandschaft führt, gibt es auch Sehenswertes – mit Salzbusch bewachsenes Gelände jenseits des Madura- Passes oder die Klippen der Great Australian Bight.

In einer Dampf- und Rauchwolke erreicht der erste Transcontinental Express 1917 Kalgoorlie

Der Highway verläuft südlich der Nullarbor Plain (um sie direkt zu durchqueren, müssen Sie mit dem Zug fahren, siehe Kasten S. 248), nur in South Australia führt er ein Stück weit über die Ebene. Mit dem Auto wurde der Kontinent erstmals 1912 durchquert, und zwar auf Kamelpfaden durch die Wüste. Der Zweite Weltkrieg und die Angst vor einer Invasion veranlassten die Behörden zum Bau eines Highways, der Perth mit dem Rest Australiens verband. Aber noch in den 1960er Jahren war er

Norseman
Karte S. 213 C2
Besucher-information
68 Roberts St.
08/9039-1071

kaum mehr als eine Schotterpiste, und jeder, der sie mit dem Auto hinter sich brachte, machte in den Zeitungen von Perth Schlagzeilen. 1969 wurde der Highway bis an die Grenze von South Australia asphaltiert, 1976 auch der Rest. Von Perth aus Richtung Osten führt der erste 640 Kilometer lange Abschnitt zu den Goldminen um Kalgoorlie. Dies ist der „zivilisiertere" Teil der Fahrt.

Das eigentliche Abenteuer beginnt erst, wenn Sie durch **Norseman** fahren, vorbei an dem roten Schild, das auf den Wassermangel auf den nächsten 1200 Kilometern hinweist. Auf jeden Fall sollten Sie zumindest die rudimentärsten Vorsichtsmaßnahmen treffen, bevor Sie in die Wüste starten. Hier kann die Temperatur bis auf 50 Grad Celsius steigen, böiger Gegenwind quält Ihren Motor, der Treibstoffverbrauch erhöht sich nicht unbeträchtlich, und stundenlang durch das gleißende Licht zu fahren strapaziert die Augen. Nehmen Sie alle erforderlichen Werkzeuge und Ersatzteile mit und vor allem ausreichend Wasser zum Trinken und für den Kühler. Der Highway ist eine relativ belebte Straße und in gutem Zustand. Essen und Benzin sind teuer hier draußen.

INSIDERTIPP

Das Eyre Bird Observatory ist für Ornithologen ein Traum; doch für die letzten zwölf Kilometer braucht man einen Geländewagen.

STEPHANIE ROBICHAUX
National Geographic-Mitarbeiterin

Die 1929 aufgegebene Telegrafenstation bei Eucla verschwindet unter Sand

Raststätten am Highway

Weil es zwischen Norseman und dem 1200 Kilometer entfernten südaustralischen Fischereihafen **Ceduna** keine Ortschaften gibt, sind Sie auf die einsamen Raststätten angewiesen, die in Abständen zwischen 130 und 200 Kilometern am Straßenrand stehen. Die erste von ihnen ist **Balladonia**, früher eine Telegrafenstation, deren Ruinen man ein paar Kilometer von dem modernen Rasthaus entfernt sehen kann. Der erste Teil der Strecke hinter Norseman ist erstaunlich dicht bewaldet, aber sobald Sie Balladonia erreicht haben, gibt es nur noch Gestrüpp. Die nahe gelegene Balladonia-Schaffarm ist eine der ältesten in diesem Teil von Western Australia und noch heute im Besitz der Pionierfamilie, die sie gründete. Auf einem Schild wird die Einwohnerzahl von Balladonia mit „fünf" angegeben.

Von der Farm aus führt der Highway zur 182 Kilometer entfernten Raststätte **Caiguna** *(Tel. 08/9039-3459)*. Hier verläuft die Straße schnurgerade, was auf den ersten 20 oder 30 Kilometern recht faszinierend sein mag – irgendwann aber werden Sie froh sein, wenn Sie Caiguna erreicht haben.

Cocklebiddy, 65 Kilometer östlich der Raststätte Caiguna, ist berühmt für sein Labyrinth von Kalksteinhöhlen unter der leeren, flachen Ebene. Hier gibt es einige der größten Unterwasserhöhlen der Welt; 1983 stellte ein französisches Team einen Weltrekord für den weltweit tiefsten Höhlentauchgang auf. Die Erkundung dieser Höhlen ist schwierig und gefährlich und sollte Experten überlassen werden. Leichter zugänglich dagegen ist das **Eyre Bird Observatory** (siehe Kasten) bei der historischen Eyre Telegraph Station *(Tel. 08/9039-3450)* einige Kilometer östlich der Raststätte Cocklebiddy und über eine Piste zu erreichen, die zur Great Australian Bight führt.

Etwa 550 Kilometer hinter Norseman erreichen Sie den **Madura Pass**. Das ist der spektakulärste Teil der Fahrt, weil sich die Straße plötzlich einen steilen Hang zu den **Mundrabilla Plains** hinabwindet. Die Aussicht hier ist atemberaubend.

ERLEBNIS: Für die Vögel

Vogelliebhaber und Naturschützer werden das Eyre Bird Observatory *(PMB 32 Cocklebiddy via Norseman, Tel. 08/9039-3450, birdlife.org.au)* mögen. Die gemeinnützige Forschungsstation zieht Wissenschaftler aus aller Welt an; Sie können dort Freiwilligenarbeit leisten oder Kurse belegen in Beringen, Feldforschungstechniken, Säugetierstudien, Dünenschutz und anderem. Die Kurse dauern meist eine Woche, die Unterkünfte sind einfach, aber bequem; für Mahlzeiten wird gesorgt. Reservierung erforderlich.

Die Halbinsel Eyre

Eine Alternative zur Strecke von Ceduna nach Port Augusta ist es, in Ceduna abzubiegen und die malerische Küstenstraße um die Halbinsel Eyre mit ihren Stränden, Klippen, geschützten Häfen, Fischrestaurants und ihrer Tierwelt zu nehmen.

Streaky Bay, 90 Kilometer von Ceduna ist bekannt für seine Meeresfrüchte und schönen Strände. Ein Stück weiter liegt etwas abseits des Highway die bizarre Felsformation **Murphy's Haystack**. Die Straße führt dann zur Seelöwenkolonie von **Point Labatt**, die man von der Klippe aus sehen kann. Wer die Tiere aus der Nähe sehen oder mit Delfinen schwimmen möchte, bucht eine Tour in Baird Bay *(Tel. 08/8626-5017)*.

Machen Sie Abstecher vom Highway zu malerischen Küstenstrichen, leeren Stränden und Höhlen, bevor sie den Badeort **Coffin Bay** erreichen, der für seine ausgezeichneten Austern, den benachbarten Nationalpark und die wilde Küste bekannt ist.

Lincoln National Park liegt nur 40 Kilometer entfernt bei **Port Lincoln**, dem lebhaften Hauptort der Halbinsel. Aus dem Thunfischhafen ist ein Urlaubsort geworden, der Segel- und Angeltouren anbietet, außerdem Schwimmen mit Wildtieren. Der Highway führt weiter nach Norden am Spencer Gulf entlang, bis nach **Whyalla**, der zweitgrößten Stadt des Staates, und weiter nach **Port Augusta**.

INSIDERTIPP

Immer im Oktober findet in Ceduna *(ceduna.net)* drei Tage lang ein Austernfest mit Umzügen, Essen und Unterhaltung statt.

CAROLINE HICKEY
National Geographic-Redakteurin

Einige Kilometer hinter der Raststätte Mundrabilla steigt die Straße wieder an und führt hinauf zum Eucla Pass, wo Sie, wenn Sie die Stelle nachts erreichen, das erleuchtete Travellers Cross sehen können.

Eucla, 166 Kilometer vom Madura Pass entfernt, lohnt einen Aufenthalt. Der Raststätten- und Restaurantkomplex Eucla Motor Hotel *(Tel. 08/9039-3468)* ist zwar veraltet und verlangt Outback-Preise, ist aber bei Weitem der beste an der Strecke. Er verfügt über eine freundliche Bar, bietet gute Mahlzeiten und ein kleines Museum. Von den Besitzern erfahren Sie, welche Ausflüge und Strände sich lohnen, zum Beispiel die pittoresken Ruinen der 1877 gebauten Telegrafenstation, die inzwischen fast unter Dünen verschwunden sind.

Hinter den Dünen erstreckt sich die **Great Australian Bight**. In der Wetterwarte von Eucla wurde Western Australias höchste Temperatur im Schatten (51 °C) gemessen.

Nach South Australia

Östlich von Eucla umrundet der Highway einen großen Meteoritenkrater und erreicht 15 Kilometer weiter in **Border Village** die Grenze zu South Australia. Wenn Sie aus South Australia kommen, müssen Sie hier frisches Obst, Gemüse und Honig abliefern, sofern Sie dergleichen bei sich haben. Fahren Sie ostwärts, erwarten Sie die Behörden von South Australia kurz vor Ceduna.

Border Village besteht eigentlich nur aus der Raststätte, ist aber ein guter Stopp für eine Stärkung oder zum Übernachten. Das große, kitschige Glasfaserkänguru markiert das sechste Loch des Golfplatzes Nullabor Links, der sich am gesamten Eyre Highway entlangzieht – der längste Golfplatz der Welt.

Die nächsten 160 Kilometer führt der Highway fast durchgehend an der Great Australian Bight entlang – mit vielen Abzweigungen zu spektakulären Aussichtspunkten. Die Klippen sind bis zu 180 Meter hoch; zwischen Juni und Oktober kann man von hier die Wanderung der Südlichen Glattwale beobachten.

Danach führt die Straße landeinwärts zum Nullarbor Hotel/Motel *(Tel. 08/8625-6271)*. Dies ist der einzige Streckenabschnitt, der 32 Kilometer tatsächlich durch die baumlose Nullarbor Plain verläuft. Über eine weitere Abzweigung gelangt man zum **Head of the Bight**. Nach weiteren 280 Kilometern durch dünn bewaldetes Land erreichen Sie **Ceduna**, nach der Ödnis sind die weißen Getreidesilos ein willkommener Anblick. Mit 3750 Einwohnern ist Ceduna

Ceduna
Karte S. 251 B3

Besucherinformation
58 Poynton St.
08/8625-3343

Die Nullarbor Plain endet abrupt an den Bunda Cliffs

Great Southern Rail
☒ 422 King William St., Adelaide
☏ 13-2147
greatsouthernrail.com.au

der erste halbwegs bedeutende Ort nach Norseman.

Danach überquert der Highway die trockene Eyre Peninsula, auf der Ruinen von Steinhütten stehen. Der Eyre Highway endet in **Port Augusta**, „Porta Gutta", wie die Einheimischen sagen. Nach Adelaide müssen Sie noch 320 Kilometer Richtung Süden fahren.

In Adelaide bietet es sich an, in den Indian Pacific zu steigen und mit ihm nach Perth zurückzufahren (Ihr Wagen wird auch mitgenommen). Sie können, wenn Sie noch Zeit und Lust haben, in Port Augusta links abbiegen und auf dem einsamen Stuart Highway (siehe S. 284ff) in Richtung Alice Springs fahren. ■

Mit dem Zug durch die Nullarbor Plain

Die Bahnstrecke des Indian Pacific durchquert den Erdteil von Sydney nach Perth. Sie windet sich über die Bergkette der Great Dividing Range, führt durch die westlichen Hochebenen zur Silberminenstadt Broken Hill und erreicht schließlich Port Pirie und Adelaide. In westlicher Richtung führt der Schienenweg durch die Nullarbor Plain. Die weite, wasserlose Ebene, die ihren Namen einer Zusammenziehung des lateinischen *nulla arbor* („kein Baum") verdankt, ist schon ihrer Ausdehnung wegen unvergleichlich.

Das Hochplateau mit einer Fläche von 207 000 Quadratkilometern ist eine Kalksteinebene, die von Wüstenwinden geformt und von einer unerbittlichen Sommersonne versengt wird. Durch das unwirtliche Gebiet verläuft die längste Eisenbahnstrecke der Welt auf einer Länge von 480 Kilometern.

Der erste Europäer, der die Nullarbor Plain durchquerte, war der Entdeckungsreisende Edward Eyre, der die qualvolle Reise im Jahr 1841 bei unablässigem Wind und tödlicher Hitze mit knapper Not überlebte. In späteren Jahren des 19. Jahrhunderts trugen afghanische Kameltreiber und die Baumeister von Telegrafenlinien dazu bei, einen Weg durch die Ebene zu bahnen. Mit dem Bau einer Bahnstrecke wurde 1911 begonnen. Am 23. Oktober 1917 trat die erste transkontinentale Eisenbahn des Landes von der südaustralischen Stadt Port Augusta aus ihre Fahrt an. Der Bau wurde unter schwierigsten logistischen Bedingungen unternommen – nichts war vorhanden, was zur Lebenserhaltung hätte beitragen können. Lebensmittel, Wasser, Ausrüstung und Baumaterial mussten herbeigeschafft werden. Vorräte wurden wöchentlich von Kalgoorlie oder Port Augusta in einem Zug transportiert, der bald als „Tea and Sugar Train" bekannt war. Bis 1996 wurden die kleinen, isoliert liegenden Camps der Schienenarbeiter und der wenigen Einwohner noch allwöchentlich über die Bahnstrecke versorgt. Der Zug benötigte drei Tage für eine Fahrt, transportierte Trinkwassertanks, Fracht und Postsendungen, war mit einem Postamt und Lebensmittelmarkt ausgestattet und brachte Nachrichten aus der Außenwelt.

Die Indian-Pacific-Züge erreichen höhere Geschwindigkeiten; sie queren den Kontinent in wenig mehr als zwei Tagen. Vor einigen Jahren wurden die Züge restauriert. Das Ergebnis überzeugt nicht vollends, aber die Club- und Schlafwagen sind sehr bequem und die Kulisse ist einzigartig. Infos zur Zugreise gibt es bei Southern Railway *(Tel. 13-2147, greatsouthernrail.com.au)*.

Der trockenste Bundesstaat Australiens, doch im fruchtbaren Südwesten ein Paradies mit Obst- und Weingärten sowie Olivenhainen

South Australia

Flaschen im Weinmuseum, Yalumba Wines, Barossa Valley

South Australia

In South Australia gibt es die schönen Dinge des Lebens im Überfluss: Essen und Weine von Weltformat. Dieser Reichtum ist umso bemerkenswerter, weil dieser Staat der trockenste von ganz Australien ist. Südaustralien hat einen größeren Anteil an Wüsten als jeder andere australische Staat, auf mehr als 80 Prozent seiner Fläche fallen pro Jahr weniger als 25 Zentimeter Regen.

Der Großteil der Einwohner South Australias lebt im Südosten, einem vom Murray River bewässerten fruchtbaren Landstrich. Hier liegt auch die Hauptstadt Adelaide inmitten einer üppigen Parklandschaft, eine elegante Stadt mit Bauwerken im viktorianischen Stil.

Das Klima ist mediterran: Mächtige Eukalypten, Weinberge und alte Bauernkaten prägen die Landschaft. Der Murray River fließt durch tiefe Sandsteinschluchten, die Sie am besten vom Dampfboot aus erleben können. Victor Harbour (etwa eine Stunde südlich von Adelaide) ist ein beliebter Badeort, in dem Wale bei ihren Wanderungen im Winter bis in Strandnähe kommen. Weiter im Süden liegt die Coorong genannte Küste, an der viele Seevögel leben. Die Naracoorte Caves im Südosten stehen als Fossilienfundstätte auf der Welterbeliste und bieten einer halben Million Fledermäusen Unterschlupf. Auf Kangaroo Island gibt es noch unberührte Landschaft, altmodische Dörfer und beinahe handzahme Tiere.

In Glenelg landeten 1836 die ersten europäischen Siedler. Spätere Einwanderer kauften ihr Land für zwei Pfund pro Morgen von der South Australia Company und brachten Kapital mit, um es in der Kolonie zu investieren. Dafür garantierte man ihnen die Religionsfreiheit und ihre Bürgerrechte. South Australia war niemals eine Strafkolonie.

Viele der frühen Siedler stammten aus dem englischen Landadel. Ab 1839 kamen viele preußische und schlesische Lutheraner, die sich im Barossa Valley niederließen. 1841 war die Kolonie bei-

NICHT VERSÄUMEN

Die Kunst in der eleganten Hauptstadt Adelaide 252–258

Das Urlaubsgebiet Adelaide Hills und Hahndorf 260–263

Einen Besuch der Weingüter im Barossa Valley 267–268

Kangaroo Island, ein Mekka für Tierfreunde 268–271

Eine Fahrt mit dem Hausboot auf dem Murray River 276

Wandern in den rauen Flinders Ranges, einer Oase in der Wüste 277–279

Die unterirdischen Häuser der Opalbergleute in Coober Pedy 280–281

Eine Fahrt durch das Outback auf dem Stuart Highway 284–288

nahe bankrott und wurde nur durch die Entdeckung ergiebiger Kupfervorkommen gerettet. Von da an wurde South Australia reich; auch durch den Dampfschiffverkehr auf dem Murray River, der Weizen und Wolle flussabwärts und Goldsucher flussaufwärts transportierte. 1894 gewährte South Australia Frauen bereits das Recht für das Parlament zu kandidieren.

Wenn Sie die südöstliche Ecke verlassen, bietet sich ein ganz anderes Bild, denn dann wird South Australia zur Ödnis mit trockenem Gestrüpp, Salzseen und Bergketten. Manchmal gibt es auch hier viel zu sehen. Im Frühjahr ist die Wüste ein Blütenmeer, und in den Flinders Ranges leben zahlreiche Tiere. Der Ghan fährt von Adelaide quer durch die Wüste nach Darwin im Northern Territory. Wer auf dem Stuart Highway fährt, kann in dem Opal-Minenstädtchen Coober Pedy Station machen, wo es so heiß ist, dass viele Leute unter der Erde leben. Abenteuerreisende können auch den Oodnadatta, den Strzelecki und den Birdsville Track erforschen. Im Westen erstreckt sich die Nullarbor Plain bis nach Western Australia (siehe S. 243ff). ■

Adelaide

Adelaide, auch bekannt als Stadt der Kirchen, war zunächst lediglich eine Vision, als Colonel William Light sie 1836 zu planen begann. Er legte sie als simples Raster an, in einer hübschen Gegend, umgeben von Parklandschaften und Hügeln.

Adelaide

Karte S. 251 C2

Besucher-information

South Australian Visitor Information Centre, 108 North Terrace & Rundle Mall

08/8643-4694 oder 1300-764-227

Die malerische Lage der neuen Stadt führte anfangs zu erbitterten Kontroversen. Light hatte vom Gouverneur John Hindmarsh den Befehl erhalten, die Stadt an der Mündung des gerade erforschten Murray River anzulegen, von dem sich die Regierung wirtschaftliche Bedeutung erhoffte. Light traf nur wenige Monate vor den ersten Siedlern ein und musste schnell entscheiden. Nachdem er sich die häufig verschlammte Flussmündung und die nahe gelegene gefährliche Küste angesehen hatte, beschloss er, die neue Stadt 96 Kilometer weiter den Golf von St. Vincent hinauf und dazu noch ein Stück landeinwärts zu verlagern.

Adelaide wuchs und gedieh. Ab 1878 kam eine Eisenbahnlinie zum Binnenhafen Morgan hinzu, damit war ein Problem gelöst. Leider viel zu spät für Colonel Light, der 1839 als gebrochener Mann gestorben war. »Ich erwarte nicht, dass die Gründe, die mich dazu führten, Adelaide dort anzulegen, wo es jetzt ist, zur Zeit verstanden oder auch nur gelassen beurteilt werden können«, schrieb er kurz vor seinem Tod. »Ich überlasse es der Nachwelt zu entscheiden, ob mir Lob oder Schmach gebührt.«

Die Nachwelt ist auf Lights Seite. Die Stadt hat ihm ein Bronzedenkmal auf dem **Montefiore Hill** errichtet.

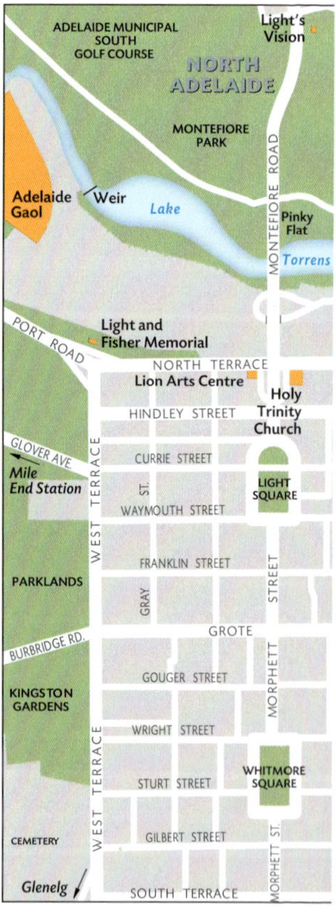

Der grasbewachsene Hügel im Norden von Adelaide direkt oberhalb des Kricketplatzes ist ein idealer Ort, um ein Gefühl für die Stadt zu bekommen. Von hier aus können Sie die Grünanlagen sehen, die die Stadt umgeben, die zwei Türme der St. Peter's Cathedral, den **Torrens River** und natürlich die Skyline der Stadt. Diese Aussicht wird Light's Vision genannt.

Sich in Adelaide zurechtzufinden ist leicht. Im Mittelpunkt der rasterförmig angelegten Straßen liegt der grasbewachsene **Victoria Square**, von dem die Straßenbahn zum Strand von Glenelg abfährt (siehe S. 259f). Die Tram fährt durch das Stadtzentrum und dann Richtung Nordwesten zum Entertainment Centre in Hindmarsh. Die baumgesäumte **North Terrace** ist

Der Torrens River fließt an der Innenstadt von Adelaide mit ihren vielen Parks vorbei

Central Market
Gouger St.
08/8203-7494
So, Mo geschl.

mit ihren Museen und den schönen Häusern im Kolonialstil das kulturelle Zentrum der Stadt. Haupteinkaufsstraße ist die **Rundle Mall**, eine Fußgängerzone. Die **Hindley Street** ist das Ausgehviertel der Stadt, aber im Vergleich zu Sydneys Kings Cross recht harmlos. In der Gouger Street findet sich eines von Adelaides gastronomischen Paradiesen, der **Central Market**, auf dem Obst und Gemüse, Käse, Meeresfrüchte und Fleisch verkauft werden. Die **Rundle Street** ist das Künstlerviertel mit Weinlokalen und Bistros. Die O'Connell Street und die Melbourne Street im Norden der Stadt sind ebenfalls bekannt für ihre vielen Cafés.

Adelaide steht im Ruf, ausnehmend konservativ zu sein. Andererseits verleihen ihr das mediterrane Klima, das gute Essen und der ausgezeichnete Wein ein hedonistisches Flair. Ein Festival jagt das andere, und beide haben leidenschaftliche Fans.

Sehenswürdigkeiten

Auf dem Stadtplan sieht die Innenstadt von Adelaide aus wie eine etwas ungleiche Sanduhr. Den größeren Teil nimmt das Geschäftsviertel ein, der kleinere wird von North Adelaide gebildet, einer grünen Enklave, die Colonel Light für die Wohnsitze der adligen Siedler vorgesehen hatte. Verbunden sind beide Teile durch die **Adelaide Bridge**, die den Torrens River überspannt. Dieser Fluss wurde zu einem See aufgestaut.

Südlich der Brücke: Mit der Stadtbesichtigung beginnen Sie am besten südlich der Brücke, an der Ecke King William Street und North Terrace. Von hier aus können Sie beinahe jede Sehenswürdigkeit zu Fuß erreichen. Die meisten dieser Attraktionen befinden sich an der **North Terrace**, einem breiten, von Bäumen gesäumten Boulevard mit Kolonialarchitektur.

Beginnen Sie an der Westecke mit dem eindrucksvollen **Parliament House** mit seinen massiven korinthischen Marmorsäulen. Der Bau begann 1883 und dauerte wegen eines Streits um eine Kuppel (die nie gebaut wurde) 50 Jahre. Das Haus ist der Öffentlichkeit zugänglich; wenn das Parlament tagt, können Sie den Abgeordneten bei der Arbeit zusehen. Direkt daneben steht das **Old Parliament House** von 1855. Nebenan liegt der alte Bahnhof, der 1929 aus honigfarbenem Sandstein errichtet wurde; von hier aus fahren Vorortzüge. Der Indian Pacific (siehe Kasten S. 248), der Ghan (siehe S. 282f) und der Overlander (nach Melbourne) fahren vom Parklands (Keswick) Terminal in Mile End nahe der Burbridge Road westlich der Innenstadt ab.

INSIDERTIPP

Genießen Sie die ausgedehnten Parks um die Innenstadt von Adelaide; sie verleihen der Stadt eine ländliche Atmosphäre.

LAURA RUYKYS
NATIONAL GEOGRAPHIC-Feldforscherin

ERLEBNIS: Freiwilligenarbeit

Bei den meisten Freiwilligenprogrammen in Australien geht es um Naturschutzprojekte, um die schützende Überwachung von Wildtieren, das Sammeln von Belegexemplaren im Regenwald, das Pflanzen von Bäumen und ähnliche Aktivitäten. Guter Wille ist wichtiger als Erfahrung. Unterkunft und Verpflegung wird in der Regel gestellt.

Conservation Volunteers *(Tel. 03/5330-2600, conservationvolunteers.com.au)* betreut Projekte wie Baumpflanzungen, Kontrolle von Erosion und Salzgehalt, Samensammlung, Pflege von Wanderwegen im ganzen Land. Tagesprogramme sind kostenlos, bei länger dauernden Projekten wird ein kleiner Beitrag zur Unterkunft erhoben.

Earthwatch *(Tel. 03/9016-7590, earthwatch.org)* bietet zwei- bis 15-tägige Expeditionen zur Wildtierüberwachung im Kimberley-Plateau, auf Kangaroo Island, am Ningaloo Reef und anderen Orten (Kosten bis zu A$ 4200).

Go Volunteer *(Tel. 03/9820-4100, govolunteer.com.au)* beschäftigt landesweit Freiwillige in Gemeindeprojekten.

WWF Australia *(Tel. 1800-032-551, wwf.org.au)* hat auch eine Liste mit Naturschutzprojekten für Freiwillige.

Adelaide Festival Centre
✉ King William Rd.
☎ 13-1246

South Australian Museum
✉ North Terrace
☎ 08/8207-7500

Art Gallery of South Australia
✉ North Terrace
☎ 08/8207-7000

Adelaide Botanic Gardens
✉ North Terrace
☎ 08/8222-9311
$ Frei

Die oberen Stockwerke des alten Bahnhofs wurden 1985 zum eleganten **Skycity Casino** *(rund um die Uhr geöffnet)* umgebaut. Nebenan liegen das Kongresszentrum und das InterContinental mit seinen achteckigen Türmen, wohl das luxuriöseste Hotel von Adelaide. Noch etwas weiter westlich liegt das **Lion Arts Centre** *(Morphett St./Ecke North Terrace)*, wo das Adelaide Fringe Festival stattfindet. Das Centre ist ein luftiger Bau mit Ausstellungsräumen, Theatern, Bars und einem Kino. Im ebenfalls enthaltenen Jam Factory Craft and Design Centre steht Kunsthandwerk zum Verkauf.

Das **Adelaide Festival Centre** verbirgt sich hinter dem Parlament und dem Kasino am Ufer des Torrens River. Dieser kastenförmige Bau erinnert an das Opernhaus von Sydney, hat aber eine bessere Akustik. Der 1977 erbaute Komplex beherbergt drei Theater und einen Konzertsaal. Obwohl das Adelaide Arts Festival nur alle zwei Jahre im Februar und März stattfindet, steht das Zentrum die übrige Zeit nicht leer. Dauergäste sind die South Australian Theatre Company, das experimentelle Space Theatre und eine Kunstgalerie. Die gepflegten Rasenflächen, die sich bis zum Fluss erstrecken, sind Teil des **Elder Park**. Am Fluss werden Tretboote vermietet, und dort befindet sich auch der Anleger für das Ausflugsboot „Popeye" *(Tel. 08/8223-5863)*, das schon seit 1935 fährt. Am Sonntagmorgen spielen Bands in der im viktorianischen Stil erbauten gusseisernen Rotunde.

ERLEBNIS: Die Märkte von Adelaide

Wenn Sie ein Picknick abhalten wollen oder gern über einen Markt schlendern, besuchen Sie den Central Market in der Gouger Street. Hier werden an mehr als 250 Ständen exotische Früchte, Schafskäse, Gebäck, Fleisch, Fisch und vieles andere verkauft. Sonntags von 9 bis 16 Uhr gibt es am Rundle Street Market im East End Kleidung, Lederwaren, Schmuck und Kunsthandwerk.

Wenn Sie von Ihrem Ausgangspunkt *(Ecke King William Rd. und North Terrace)* in östlicher Richtung losgehen, stoßen Sie als Erstes auf das **Government House** oder, genauer gesagt, auf ein eisernes Tor, durch das Sie einen Blick auf die klassizistische Fassade und den Ziergarten von 1836 werfen können. Das elegante Gebäude ist der Wohnsitz des Gouverneurs von South Australia und der Öffentlichkeit nicht zugänglich. Ganz in der Nähe können Sie das Portal des exklusiven **Adelaide Club** bewundern.

Nebenan liegt die **State Library** *(Tel. 08/8207-7250, slsa.sa.gov.au)*, die über eine einzigartige Sammlung von Büchern, Karten und

Dokumenten verfügt, und außerdem einen Lesesaal mit Zeitungen und freiem Internetzugang bietet. Die Staatsbibliothek grenzt an das **South Australian Museum**, in dem über der Garderobe ein Dinosaurier die Besucher begrüßt. Das Museum besitzt die weltgrößte Sammlung von Aborigines-Artefakten und auch Stücke aus Melanesien.

Daneben steht die **Art Gallery of South Australia** mit der größten Sammlung australischer Kunst. An der Information bekommen Sie Audioguides; Sie können aber auch an einer Führung teilnehmen *(Treffpunkt: tägl. 11 und 14 Uhr am Eingang)*.

Hinter dem Kunstmuseum verbirgt sich das **Migration Museum** *(82 Kintore Ave., Tel. 08/8207-7580)*, das von den Einwanderern berichtet, die nach Südaustralien kamen. Jetzt gehört das Gelände zum Campus der Universität von Adelaide.

Wenn Sie auf der North Terrace weitergehen, kommen Sie zum **Ayers House** *(Tel. 08/8223-1234, Mo geschl., $$)*, das als schönstes Regency-Gebäude ganz Australiens gilt. Von 1855 bis 1878 war das 40-Zimmer-Anwesen der Wohnsitz von Henry Ayers, dem siebenmaligen Premierminister von South Australia, nach dem der Ayers Rock (Uluru) benannt wurde. Das Haus ist nur im Rahmen der halbstündlich stattfindenden Führungen zu besichtigen.

Die Doppeltürme der St. Peter's Cathedral dominieren die Pennington Gardens im Norden Adelaides

Die **Adelaide Botanic Gardens** beginnen am östlichen Ende der North Terrace. Seit der Gründung 1855 sind ein Palmenhaus und ein Gewächshaus mit einem Regenwald hinzugekommen. Vom Botanischen Garten aus können Sie in den kleinen, aber sehr hübschen **Adelaide Zoo** weitergehen und dann mit der „Popeye" auf dem Torrens River zu Ihrem Ausgangspunkt zurückfahren.

Adelaide Zoo
✉ Frome Rd.
☎ 08/8267-3255
$ $$$$

Tandanya
✉ 253 Grenfell St.
☎ 08/8224-3200
$ $
tandanya.com.au

In der Grenfell Street liegt das **Tandanya**, ein Kunstzentrum des National Aboriginal Cultural Institute, mit Wechselausstellungen, einem Kunstladen mit tollen Didgeridoos sowie Darbietungen *(tägl. außer Mo 12 Uhr)*.

North Adelaide: North Adelaide wurde von Colonel Light als Wohngebiet geplant, ein kleines Viertel, das von Parkanlagen umgeben ist und von dem aus man zu Fuß bequem die Innenstadt erreichen kann. Die breite Adelaide Bridge lädt ein, auch diesen Teil der Stadt zu besichtigen.

Der große gepflegte Rasen links hinter der Brücke gehört zu den **Pennington Gardens**. Überragt wird der Park von den zwei Türmen der **St. Peter's Cathedral**, einem der schönsten neugotischen Bauwerke Australiens, errichtet zwischen 1869 und 1904. Die Kathedrale hat ein melodiöses Spiel aus acht Glocken, die an Festtagen geläutet werden. Am Fuß des Hügels beginnt die **O'Connell Street**, in der sich ein Café ans andere reiht. Sie können aber auch hinter der Brücke nach rechts in die Sir Edwin Smith Avenue abbiegen und kommen dann zur **Melbourne Street**, in der es auch viele Cafés, Restaurants und Bistros gibt. Biegen Sie vor der Kathedrale links ab, und Sie erreichen den altmodischen **Adelaide Cricket Ground**. Das **Bradman Collection Museum** (*Sa, So geschl.*) erinnert an Australiens bedeutendsten Kricketspieler (siehe Kasten S. 91).

Auf dem Hügel hinter dem Kricketplatz liegt **Light's Vision**; dort steht auch das Bronzedenkmal des Stadtgründers. Von hier aus können Sie ein schönes Foto von der Stadt machen – am besten in der Dämmerung. Colonel Lights Vision war noch nicht Wirklichkeit geworden, doch zumindest hatte er den perfekten Ort für sie gefunden. ■

Pie Floaters

Obwohl es in Adelaide so viele schicke, innovative Restaurants gibt, ist das Leibgericht der Stadtbewohner der *pie floater*. Alle Australier lieben Fleischpasteten und verzehren mehr als 260 Millionen Stück pro Jahr. Pies werden in der Regel mit einem Schuss Ketchup in Papiertüten verkauft. Die Bewohner von South Australia haben ihre eigene Variation dieses Nationalgerichts erfunden. Sie tauchen das Fleisch in Erbsensuppe und fügen dann Ketchup hinzu (diese Mischung wird *dead horse* genannt). Wahrscheinlich werden Sie nicht verstehen, was daran so lecker sein soll, aber jeder Südaustralier wird schwören, dass ein *pie floater* ein wahres Gottesgeschenk ist. Es gab früher überall in der Stadt Stände mit dieser Köstlichkeit, doch sie verschwanden nach und nach. Aber einige Cafés servieren diesen Fastfood-Klassiker noch, den Sie kosten sollten. Guten Appetit!

Rund um Adelaide

Adelaide, zwischen Meer und einer Hügelkette gelegen, bietet genug Möglichkeiten für Ausflüge in die Umgebung. Fahren Sie mit der Straßenbahn nach Glenelg oder mit dem Auto hinauf in die Mount Lofty Hills.

Die alte Straßenbahn, die Strandcafés und die gemütlichen Hotels in Glenelg

Glenelg & Umgebung

Ein absolutes Muss für jeden Besucher ist eine Fahrt mit der 1929 gebauten Straßenbahn, die zwischen Victoria Square und dem 9,7 Kilometer entfernten Strand von Glenelg verkehrt. Vor 50 Jahren war dieser Badeort das ultimative Urlaubsziel, und noch heute hat er das Ambiente eines englischen Strandbades.

1836 landeten die ersten Siedler in Glenelg, und der knorrige Eukalyptus, unter dem Gouverneur John Hindmarsh die neue Kolonie proklamierte, steht noch immer in der McFarlane Street. Im Hafen liegt eine originalgetreue Reproduktion der **H.M.S. „Buffalo"**, mit der die ersten Siedler ankamen. An Bord befindet sich ein beliebtes Fischrestaurant *(Tel. 08/8294 7000)*.

Glenelg ist nur einer von vielen Badeorten an dieser Küste; nördlich davon liegen

Glenelg

Karte S. 251 C2

Besucherinformation

12 Chappell Dr.

08/8294-5833

Adelaide Hills
Karte S. 251 C2
Besucher-information
41 Main St., Hahndorf
08/8388-1185

West Beach, Henley Beach und **Grange Beach**, südlich davon **Brighton**.

Nordwestlich der Stadt ist der ehemalige Arbeitervorort Port Adelaide elegant geworden; in vielen der schönen historischen Bauten sind Cafés, Pubs und Museen. Am interessantesten ist das **Maritime Museum** *(126 Lipson St., Tel. 08/8207-6255, $$)*.

Eine nennenswerte Brandung werden Sie hier nicht finden, weil diese Strände am geschützten **Gulf of St. Vincent** liegen.

Adelaide Hills

In östlicher Richtung erreichen Sie über die Glen Osmond Road und den Southeastern Freeway nach 20 Minuten die Adelaide Hills, die „zauberhaften Hügel", wie Colonel Light sie nannte. Die Hügel sind bewaldet und an heißen Tagen bis zu acht Grad kühler als Adelaide. Daher sind sie seit mehr als 100 Jahren ein Zufluchtsort, vor allem, seit über den Southeastern Freeway eine direkte Verbindung nach Adelaide besteht. Orte wie **Stirling** haben den Charakter geruhsamer Vororte und sind umgeben vom Land der Hobbyfarmer. Besuchern bieten die Hügel wundervolle Wanderwege, Naturparks, Weingüter, historische Dörfer und unzählige Festivals. Informieren Sie sich im Besucherzentrum in Hahndorf rund 32 Kilometer südöstlich von Adelaide. In der Broschüre „Adelaide Hills Classic Country Drive" finden Sie Tipps für Tagestouren.

Die Adelaide Hills sind Teil der **Mount Lofty Ranges**,

Im 1000 Hektar großen Gelände des Cleland Wildlife Park kann man Tiere hautnah erleben

ERLEBNIS: Das scheue Schnabeltier entdecken

Das eigenartigste Tier Australiens ist das Schnabeltier. Es lebt teilweise im Wasser, hat dichtes Fell, einen Schnabel wie eine Ente und einen Schwanz wie ein Biber. Es legt Eier wie ein Reptil. Die Männchen tragen hinter ihren Schwimmfüßen giftige Sporen; das Gift ist stark genug, um einen Hund zu töten. Als die ersten Tiere nach England kamen, hielt man sie für einen Scherz.

Schnabeltiere leben an den Flüssen der Ostküste und in der tasmanischen Wildnis. Die meist allein lebenden nachtaktiven Tiere graben Baue in Flussufern und tauchen nach kleinen Tieren wie Würmern, Krebsen und Larven.

Die wenigsten Australier haben ein Schnabeltier in seinem natürlichen Lebensraum gesehen. Die besten Chancen bestehen mit einem Führer. Im **Warrawong Wildlife Sanctuary** *(Stock Rd., Mylor, Tel. 08/8370-9197, warrawong.com)* in den Adelaide Hills gibt es ein Zuchtprogramm. Zeiten der Führungen telefonisch erfragen.

Eungella National Park, 80 Kilometer westlich von Mackay in Queensland, ist bekannt für die Sichtungen von Schnabeltieren am Broken River. Die Dämmerung ist die beste Zeit für den Ansitz. **Reeforest Adventure Tours** *(Tel. 07/4959-8360)* bietet ab Mackay Touren an.

deren höchste Erhebung der 720 Meter hohe Mount Lofty (mit den Fernsehantennen) ist. Die Mount Lofty Ranges sollen einst Bestandteil der Trans-Antarktischen Berge gewesen sein, die vor Millionen von Jahren existierten, bevor die Kontinente auseinanderdrifteten. Die Spitze des Mount Lofty ist mit dem Auto leicht zu erreichen und bietet einen schönen Ausblick über Stadt, Küste und Landesinneres. Nehmen Sie die Freeway-Ausfahrt Summit Road kurz vor der Ortschaft Crafers (16 Kilometer außerhalb von Adelaide), und folgen Sie ihr knapp fünf Kilometer Richtung Norden. Kurz nach dem Verlassen des Freeway sehen Sie rechts die schönen **Mount Lofty Botanic Gardens** *(Summit Rd., Tel 08/8370-8370)*.

Auf dem Gipfel des Mount Lofty gibt es ein Restaurant *(Tel. 08/8339-2600)* und eine Touristeninformation mit Souvenirladen *(Tel. 08/8370-1054)*.

200 Meter weiter auf der linken Straßenseite liegt der **Cleland Wildlife Park** *(Tel.08/8339-2444, $$$)*, wo Sie Koalas ganz aus der Nähe sehen, Kängurus füttern oder an einer nächtlichen Führung teilnehmen können, um auch Australiens scheue Nachttiere einmal zu sehen.

16 Kilometer weiter östlich am Freeway liegt **Hahndorf**, die älteste deutsche Siedlung in South Australia und eine der größten Attraktionen der Adelaide Hills. 1839 ließen sich preußische und schlesische Siedler hier nieder, weil sie in ihrer Heimat wegen ihres Glaubens verfolgt wurden. Heute wird

The Cedars
✉ Heysen Rd., Hahndorf
☎ 08/8388-7277
🕒 Mo geschl.

Capri Theatre
✉ 141 Goodwood Rd., Goodwood
☎ 08/8272-1177
capri.org.au

das deutsche Brauchtum in Hahndorf enthusiastisch gepflegt, und im Ort gibt es viele deutsche Geschäfte. Einer seiner berühmtesten Bewohner zu Beginn des 20. Jahrhunderts war der Landschaftsmaler Hans Heysen, der in einem eleganten Haus mit dem Namen **The Cedars** lebte und arbeitete, das noch heute seinen Nachkommen gehört. Rund 300 seiner Bilder sind im Haus ausgestellt, zwei Kilometer nördlich des Ortes. Im Stadtzentrum liegt die **Hahndorf Academy** *(68 Main St., Tel. 08/8388-7250, hahndorfacademy.org.au)*, eine Kunstgalerie mit einem Museum zur deutschen Einwanderung und Zeichnungen von Heysen.

Die an Weingärten reiche Gegend hat eine lange Geschichte des Weinbaus (siehe S. 263, 266ff).

Wandern: Wanderer können in den Adelaide Hills zwischen Nachmittagsausflügen in den Busch und wochenlangen Trips in die Mount Lofty Ranges wählen. Einer der schönsten und längsten Fernwanderwege, der 1144 Kilometer lange **Heysen Trail**, benannt nach Hans Heysen, windet sich von der Spitze der Fleurieu-Halbinsel bis zu den Flinders Ranges auch durch die Adelaide Hills. Karten für den Fernwanderweg gibt es in den meisten Campinggeschäften in Adelaide, die sich in der Rundle Street konzentrieren. Am Weg gibt es Hütten und Zeltplätze; die Youth Hostel Association *(135 Waymouth St., Adelaide, Tel. 08/8414-3010)* betreibt eine kleine Jugendherberge am Mount Lofty, die Gruppen mieten können. In den Sommermonaten ist der Heysen Trail geschlossen, weil die Gefahr von Buschfeuern zu groß ist.

INSIDERTIPP

Sehen Sie sich im wunderbar restaurierten Art-déco Kino Capri Theatre *(capri.org.au)* in Goodwood, einem südlichen Vorort von Adelaide, einen Film an.

ROFF SMITH
National Geographic-Autor

Jenseits der Hügel: Die Adelaide Hills sind das Tor zum Weinanbaugebiet **Barossa Valley** (siehe S. 267f). Um ins Tal zu kommen, fahren Sie 19 Kilometer außerhalb von Adelaide bei Bridgewater an der Onkaparinga Road vom Freeway ab; dann liegen noch knapp 50 Kilometer in nördlicher Richtung vor Ihnen.

Um die **Fleurieu Peninsula** zu erreichen, nehmen Sie von Stirling aus die Mount Barker-Strathalbyn Road, die in südlicher Richtung durch die Hügel und

Die Weinreben im McClaren Vale am Fuß der Mount Lofty Ranges formen sanfte Wellenlinien

das Farmland am Südende der Adelaide Hills führt, bis Sie nach Macclesfield und Strathalbyn kommen. Von dort aus folgen Sie der Goolwa Road bis zu den hübschen Badeorten **Goolwa** und **Victor Harbor** (siehe S. 274f).

Weinanbaugebiete

Das Barossa Valley ist das wichtigste Weinanbaugebiet (siehe S. 267f). Zu seinen Konkurrenten gehören Regionen wie Southern Vales, Coonawarra und Clare Valley, und seit einiger Zeit wird auch entlang des Murray River, in den Adelaide Hills und bei Port Lincoln auf der Eyre-Halbinsel Wein kultiviert.

Die **Southern Vales** auf der Fleurieu Peninsula 40 Kilometer südlich von Adelaide sind das älteste Weinanbaugebiet Australiens. Die ersten Rebstöcke wurden 1838 gepflanzt; heute gibt es hier mehr als 50 Kellereien, von denen sich die meisten in Familienbesitz befinden. Wenn Sie das Gebiet besuchen wollen, fahren Sie am besten zum Wine Bushing Festival Ende Oktober. Ein Bus bringt Sie von einer Weinprobe zur nächsten. Idealer Ausgangspunkt für eine solche Bustour ist das kleine Dorf **McLaren Vale**, ein beliebter Ort mit vielen Übernachtungsmöglichkeiten. Um in die Southern Vales zu kommen, folgen Sie der Main South Road von Adelaide bis nach Old Noarlunga und von dort der Victor Harbor Road, bis Sie nach fünf Kilometern die Abzweigung nach McLaren Vale erreichen.

Auch in den **Adelaide Hills** (siehe S. 260ff) wird

(Fortsetzung auf S. 266)

Besucherinformationen der Weinanbaugebiete:

Southern Vales
- ✉ Main Rd., McLaren Vale
- ☎ 08/8323-8999

Adelaide Hills
- Karte S. 251 C2
- ✉ 41 Main St., Hahndorf
- ☎ 08/8388-1185

Coonawarra
- Karte S. 251 D1
- ✉ 27 Arthur St., Penola
- ☎ 08/8737-2855

Clare Valley
- Karte S. 251 C3
- ✉ Main North Rd. & Spring Cully Rd., Clare
- ☎ 08/8842-2131

Renmark
- Karte S. 251 D2
- ✉ 84 Murray Ave.
- ☎ 1300-661-704

Australische Weine

Seit den 1980er Jahren gehört Australien zu den großen Wein produzierenden Nationen, und seine innovativen Methoden zum Anbau hervorragender und trotzdem preisgünstiger Weine werden international gerühmt. Sorten wie Barossa Valley, Coonawarra, Margaret River, Clare und Hunter Valley sind Weinkennern weltweit ein Begriff.

Bruder John May bei der Probenentnahme in der Seven Hills Winery im Clare Valley

Penfold's 1990er Grange Hermitage – derzeit Australiens bester Rotwein – wurde bei seiner Markteinführung 1995 vom einflussreichen Magazin *Wine Spectator* zum Wein des Jahres gekürt. 1999 wählte das Magazin den 55er Grange zu einem der zwölf besten Weine des 20. Jahrhunderts und stellte ihn damit auf eine Stufe mit solch edlen Tropfen wie dem 21er Château d'Yquem und dem Château Mouton-Rothschild von 1945. Auch wenn es so aussieht, als hätte sich dieser Erfolg über Nacht eingestellt, ist das nicht der Fall. Schon in den 1870er Jahren haben australische Weine Preise gewonnen, und bei der Weltausstellung in Paris 1889 bekam die Yerinberg-Kellerei aus Victoria eine Goldmedaille.

Der Weinbau in Australien begann bereits 1788, als die First Fleet Stecklinge aus Südafrika mitbrachte. Von den 1830er Jahren an wurde auch im Hunter Valley in New South Wales Wein angebaut, was vor allem James Busby, einem Schotten, zu verdanken ist, der in Frankreich das Winzerhandwerk erlernt hatte und Hunderte von Stecklingen aus Frankreich und Spanien importierte. Im Barossa Valley begannen preußische und schlesische Siedler in den 1840er Jahren mit dem Weinanbau. In den 1850er Jahren wurde der Weinanbau in Victoria im großen Stil gestartet – mit 10 000 Château-Lafite-Rothschild-Stecklingen aus Bordeaux.

Dieser ambitionierte Beginn erhielt einen Dämpfer, zum einen durch die Reblaus, der gegen Ende des 19. Jahrhunderts ein Großteil der Weinstöcke in aller Welt zum Opfer fiel, und zum anderen durch einen sich ändernden Geschmack bei den Kunden. Tafelweine waren nicht mehr gefragt. Erst in den 1960er Jahren wurden in Australien wieder Tafelweine in großen Mengen hergestellt.

Australiens Weinbau heute

Heute ist Australien der viertgrößte Weinproduzent der Welt, hinter Frankreich, Italien und Spanien, mit Tausenden von Weingütern, die mehr als 1,25 Milliarden Liter Wein pro Jahr erzeugen, zwei Drittel davon für den Export.

Trauben wachsen in jedem der australischen Staaten – sogar in der Nähe von Alice Springs. Qualitätsweine werden in Gebieten wie Margaret River (Western Australia) und Yarra Valley (Victoria) angebaut, doch der Löwenanteil stammt aus South Australia. Barossa Valley und Clare Valley, McLaren Vale und die Region um Coonawarra sind die bekanntesten Anbaugebiete.

INSIDERTIPP

Das Barossa-Weingut von Penfolds bietet mehr als nur Weinproben. Sie können Ihren eigenen Wein mischen und eine Flasche Ihrer Kreation mitnehmen (siehe Kasten unten).

JEANINE BARONE
National Geographic-Autorin

Einer der Hauptgründe für den Erfolg australischer Weine ist die Bereitschaft, modernste Hybridtechniken einzusetzen. Das Ergebnis dieser Neue-Welt-Techniken ist ein Produkt, aus dem man die Sonne Australiens herausschmeckt und das wesentlich preisgünstiger ist als ein vergleichbarer europäischer Wein. Die Winzer der Alten Welt dagegen sind nicht nur an Traditionen gebunden, sondern auch an Gesetze, die ihnen den Einsatz solch radikaler Techniken verbieten. Doch die Zeiten ändern sich. Heute sind australische Weinexperten in Europa sehr gefragt und helfen vielen bekannten Kellereien, ihre Erfahrungen umzusetzen. Mittlerweile gibt es sogar einige europäische Häuser, die „im australischen Stil" produzierte Weine anbieten – was noch vor wenigen Jahren undenkbar gewesen wäre.

ERLEBNIS: Wein-Workshops

Penfolds, eines der großen Weingüter des Landes, bietet in seiner Kellerei im Barossa Valley *(Tanunda Rd., Nuriootpa, Tel. 08/8568-9408)* ein einzigartiges Erlebnis. Im Labor können Gäste ihren eigenen Wein – aus Grenache-, Shiraz- und Mourvèdre-Trauben – mischen und eine Flasche mitnehmen. *Make Your Own Blend* findet täglich von 10 bis 14 Uhr statt, Reservierung erforderlich. *Educate Your Palate* ist eine Reihe von Workshops, die von zwei Stunden bis zwei Wochen dauern und mit Weinen aus aller Welt bekannt machen. Sie finden statt im **National Wine Centre of Australia** *(Botanic Rd., Adelaide, Tel. 08/8222-9277, winesa.asn.au)*, einem imposanten Bau, dessen Architektur von Weinfässern inspiriert ist.

Die Umgebung von Coonawarra

Etwa 40 Kilometer nördlich von Coonawarra liegt der **Naracoorte Caves Park**. In der Höhle leben Unmengen von Fledermäusen, doch der Hauptgrund für die Aufnahme in die Welterbeliste sind die vielen pleistozänen Fossilien, unter ihnen Überreste von einem riesigen Känguru und einem Wombat von der Größe eines Nashorns; die heute lebenden Wombats sind so groß wie Dachse.

Zehn Kilometer südlich von Coonawarra liegt das Dorf **Penola**, in dem Mutter Mary MacKillop eine Nonne, sich im 19. Jahrhundert aufopferungsvoll um Arme und Behinderte kümmerte. Ihre Arbeit und die Wunder, die sie vollbrachte, veranlassten die Katholische Kirche 1995, sie selig zu sprechen, und 2010 wurde sie schließlich heilig gesprochen und damit Australiens erste Heilige.

WEINGÜTER BESICHTIGEN
Das Barossa Visitor Information Centre (siehe S. 267) und das South Australian Visitor Information Centre in Adelaide (siehe S. 252) geben Tipps für Besichtigungstouren.

schon seit langer Zeit Wein angebaut. Von hier stammt auch Australiens erster bekannter Weinexport – ein Weißwein aus Echunga, der 1845 für Königin Victoria nach England geschickt wurde. Heute gibt es 33 Weingüter in der Region, die für ihren Chardonnay berühmt ist. Die bekanntesten Sorten sind Petaluma und Karl Seppelts Grand Cru Estate.

Coonawarra, das etwa 400 Kilometer südöstlich von Adelaide liegt, produziert hervorragende Rotweine. Mehr als 20 Betriebe teilen sich das schmale Anbaugebiet (20 Kilometer lang, zwei Kilometer breit). Die Nachfrage nach Coonawarras legendärer *terra rossa*, hat die Bodenpreise ins Absurde gesteigert. Die meisten großen australischen Cabernet Sauvignons stammen von hier.

Das **Clare Valley**, etwa 130 Kilometer nördlich von Adelaide an der Main North Road gelegen, besitzt einen europäischen Touch. Mit dem Weinanbau begannen Jesuiten, die ihren eigenen liturgischen Wein produzieren wollten. Sie nannten ihr Kloster Seven Hills nach den Sieben Hügeln, auf denen Rom erbaut wurde. Noch heute wird das knapp zehn Kilometer südlich von Clare gelegene Weingut von Jesuiten bewirtschaftet. Besichtigungen sind nach Terminabsprache möglich.

Seven Hills ist nur eine der rund 41 Kellereien der Region, zu denen die kleine, von einer alten Butterfabrik in Auburn aus geleitete Kellerei Grosset Wines ebenso gehört wie die gewaltige, hundert Jahre alte Firma Leasingham Wines nahe der Stadt Clare. In der Gegend gibt es gute Radwege, darunter den 30 Kilometer langen Riesling Trail durch die Weinberge.

Im **Murray River Valley** liegt die Kingston Estate Kellerei nahe Barmera (225 Kilometer nordöstlich von Adelaide). Die beiden größten Kellereien in Port Lincoln sind Boston Bay Wineries und Delacolline Estate. Von den Weinbergen bei Boston Bay aus hat man einen weiten Blick aufs Meer

Barossa Valley

Barossa Valley ist das bedeutendste Weinanbaugebiet in South Australia. Dort werden 25 Prozent der Produktion Australiens hergestellt, 70 Prozent der exportierten Weine. Hier sind einige der bekanntesten Sorten zu Hause, wie etwa Penfolds, Henschke, Peter Lehman, Orlando (Jacob's Creek), Wolf Blass, Yalumba und Seppelts – die einzige Kellerei der Welt mit einer seit 1878 ununterbrochenen Reihe von Jahrgangs-Portweinen. Die Spezialitäten der Region weisen eindeutig auf ihr deutsches Erbe hin.

Das Tal wurde 1842 von preußischen und schlesischen Lutheranern besiedelt. Zur Übersiedlung nach Australien überredete sie George Fife Angas, ein reicher Landbesitzer aus South Australia, der die Kosten für die Überfahrt übernahm. Das war das erste Mal in der Geschichte Australiens, dass man aktiv nach Einwanderern gesucht hatte, die nicht aus England stammten. Neben ihrem Fleiß, ihrer Sprache und Kultur brachten die Deutschen auch ihre Kenntnisse im Weinanbau mit. Schon nach einem Jahr standen die ersten Rebstöcke am Jacob's Creek, und um 1850 nahm die lange Tradition des Weinanbaus in diesem Tal ihren Anfang.

Noch heute spürt man ein Stück Deutschland im Barossa-Tal. Lutherische Kirchen weisen ebenso darauf hin wie Bäckereien und Metzgereien in den Dörfern.

Das Barossa Valley, 72 Kilometer nördlich von Adelaide, ist über die Main

Barossa Valley

Karte S. 251 D2

Besucherinformation

Barossa Visitor Information Centre, 68 Murray St., Tanunda

08/8563-0600

ERLEBNIS: Saisonarbeit

Working Holiday Visas, die ein Jahr gültig sind, ermöglichen es jungen (18–30) Reisenden, beliebte Saisonarbeiten zu übernehmen (Details unter *immi.gov.au*).

Hotels und Restaurants, vor allem in Touristengegenden, beschäftigen während der Hochsaison viele Besucher aus Übersee. In der Erntezeit ist Obstpflücken eine gute Methode, um die Reisekasse aufzubessern. Bei der Weinlese im Hunter Valley, in Barossa und Mildura im Februar und März ist es heiß, aber es gibt viele Jobs. Es folgen Pfirsiche, dann Äpfel in den südlichen Staaten, während Mangos (um Weihnachten in Atherton) und Bananen Spezialitäten von Queensland sind. Fischerboote, die Gehilfen brauchen, legen im Winter (Mai–Aug.) von Cairns ab. Auch in den Skiorten der Australischen Alpen gibt es Saisonjobs, etwa als Skilehrer.

Diese Websites bieten nützliche Informationen: Harvest Trail *(jobsearch.gov.au/harvesttrail)* nennt Ernteorte und -zeiten, ebenso Workabout Australia *(workaboutaustralia.com.au)*.

Barossa Valley Cheese Company
67b Murray St., Angaston
08/8564-3636
barossacheese.com.au

Kangaroo Island
Karte S. 251 C2
Besucherinformation
Gateway Visitor Information Centre, Howard Dr., Penneshaw
08/8553-1185

North Road zu erreichen. Die wichtigsten Orte Tanunda, Nuriootpa und Angaston sind ausgeschildert.

INSIDERTIPP

Für Käseliebhaber ist der Barossa Valley Cheese and Wine Trail perfekt. Beginnen Sie bei der Barossa Valley Cheese Company in Angaston und besorgen Sie sich dort einen Plan.

EANINE BARONE
National Geographic-Autorin

Das zentral gelegene **Tanunda** ist mit seiner hübschen Hauptstraße, den Läden, Cafés und Pensionen am besten auf Touristen eingestellt. **Nuriootpa** ist das wirtschaftliche Zentrum des Tals. Das kleine, stille **Angaston** im Osten ist wohl der netteste der drei Orte. Er wurde in den 1830er Jahren von George Fife Angas gegründet. Sein eindrucksvoller Wohnsitz Lindsey Park ist heute einer der bedeutendsten Rennställe Australiens. Das Gelände kann nicht besichtigt werden, wohl aber das Haus seines Sohnes, Collingrove *(10 km über die Straße nach Eden Valley, südöstlich von Angaston)*, heute im Besitz des National Trust.

Die meisten der etwa 60 Kellereien im Barossa-Tal bieten kostenlose Weinproben an; wenn Sie allerdings die hochwertigeren Sorten verkosten wollen, müssen Sie die Brieftasche zücken. Einige Betriebe, unter ihnen **Seppelts** und **Château Yaldara**, bieten Führungen an. Seppelts ist besonders sehenswert, und die Fahrt von Nuriootpa dorthin ist wunderschön. Die Strecke führt über eine drei Kilometer lange Dattelpalmen-Allee und vorbei an einem dorischen Tempel oben auf dem Hügel (das Familien-Mausoleum der Seppelts).

Das Essen ist hier auch eine wichtige Attraktion; am beliebtesten ist **Maggie Beer's Farm Shop** *(Pheasant Farm Rd., Tel. 08/8562-4477)*. Die Spitzenköchin serviert regionales Essen und Getränke und demonstriert um 14 Uhr ihre Künste.

Das Barossa Vintage Festival – das in jedem ungeraden Jahr in der Osterwoche gefeiert wird – lockt mit Paraden und Shows Tausende von Besuchern an.

Kangaroo Island

Wenn Australien die Arche für eine einzigartige Flora und Fauna ist, dann kann Kangaroo Island als ihr Rettungsboot bezeichnet werden. Die nur 16 Kilometer vor der Küste gelegene, erstaunlich große Insel bietet vielen Tierarten eine Zuflucht. Die Straßen sind fast alle unbefestigt, und Autofahrer müssen aufpassen, dass sie sich an den hohen Bordsteinen in den Orten nicht die Stoßstangen verbeulen. An Land leben Kängurus, Koalas, Schnabeltiere und Schnabeligel, im Meer Robben, Delfine, Pinguine, Wale und Haie.

Die Insel verfügt insgesamt über 24 Nationalparks und Schutzgebiete, die etwa ein Drittel der Gesamtfläche einnehmen. Der größte und bekannteste ist der **Flinders Chase National Park** im Westteil. Der Rest der Insel besteht aus Wald und Ackerland.

Mit einer Länge von 155 Kilometern und einer Breite von 55 Kilometern ist Kangaroo Island nach Tasmanien und Melville Island die drittgrößte Insel Australiens. Mit nur rund 4400 Einwohnern ist sie recht spärlich besiedelt. Ihre steinigen Küsten sind mehr als 40 Schiffen zum Verhängnis geworden, seit der englische Kapitän Matthew Flinders sie 1802 entdeckte.

Erste europäische Siedler waren 1806 eine Horde aus Sträflingen und Deserteuren von amerikanischen Walfängern, die am American River aus vorhandenem Material einen 35-Tonnen-Schoner bauten und begannen, den kompletten Robbenbestand abzuschlachten. Außerdem überfielen sie die küstennahen Siedlungen der Aborigines auf dem Festland. Um 1827 hatte die Bevölkerung der Insel einen so schlechten Ruf, dass die Kolonialverwaltung Truppen

FLÜGE VON ADELAIDE NACH KANGAROO ISLAND: **Regional Express (Rex)** 13-1713

MIETWAGEN: Die wenigsten Autovermietungen erlauben, dass ihre Autos vom Festland nach Kangaroo Island mitgenommen werden. Autovermietungen wie Budget und Hertz gibt es in Kingscote.

Stokes Bay an der Nordküste von Kangaroo Island gehört zu einer Reihe von geschützen Buchten

entsandte, die fast alle Einwohner in Ketten legten und fortschafften.

Aus diesem Grund blieb Kangaroo Island fast das ganze nächste Jahrhundert unbewohnt. Um das zu ändern, vergab die Regierung kostenlos Land an die Heimkehrer aus den beiden Weltkriegen.

Zur Insel zu gelangen ist kein Problem. Sie können vom Adelaide Airport aus nach Kingscote fliegen, die meisten Besucher ziehen die Überfahrt mit der Fähre vor. Kangaroo Island Sealink betreibt zwei Autofähren, die in Cape Jervis, etwa eine Stunde südlich von Adelaide an der Spitze der Fleurieu Peninsula, ablegen. Die Überfahrt dauert 45 Minuten und endet in Penneshaw. Von Hotels in Adelaide aus verkehrt ein Shuttlebus nach Cape Jervis *(Reservierung erforderlich über Sealink, Tel. 13-1301)*.

Koalas auf Kangaroo Island

Die Chance, dass Sie einen wild lebenden Koala sehen, ist auf Kangaroo Island größer als irgendwo sonst. Auf der Insel leben rund 13 000 Koalas (damit kommen drei Koalas auf jeden Einwohner). Die Tatsache, dass es auf der Insel so viele von diesen putzigen Beuteltieren gibt, ist ein Beweis für die Lebensqualität auf der Insel, aber auch dafür, was gut gemeinter Tierschutz anrichten kann.

Ursprünglich waren Koalas auf der Insel gar nicht heimisch. Sie wurden 1923 dort angesiedelt, als klar wurde, dass ihr Bestand bedroht war. Auf dem Festland vernichteten rasch wachsende Städte ihren Lebensraum, und in Queensland wurden sie sogar als Schädlinge gejagt. In den Jahren nach dem Ersten Weltkrieg wurden mehr als drei Millionen von ihnen erschossen, bis man sie 1927 endlich unter Schutz stellte. Die vom Meer umgebene Schutzzone Kangaroo Island schien ideal, um einige von ihnen umzusiedeln, und so wurden 18 Tiere in den Flinders Chase National Park gebracht.

Die Insel war der perfekte Lebensraum, denn dort gab es keine Krankheiten, keine Dingos und einen scheinbar unerschöpflichen Vorrat an Eukalyptusbäumen. Doch 1996 war der Bestand an Koalas außer Kontrolle geraten und fraß die jahrhundertealten Eukalyptusbäume entlang der Flüsse kahl – eine ökologische Katastrophe. Der Vorschlag, etwa 2000 der Tiere abzuschießen, löste internationale Empörung aus.

Auch eine Umsiedlung war nicht so einfach. Koalas sind ausgesprochen wählerische Fresser. Sie vertragen nur etwa ein Dutzend der rund 600 Arten von Eukalyptusblättern. Ihre Lieblingsbäume wachsen ausschließlich auf gut bewässertem Boden an der Küste – und genau in diese Regionen zieht es auch die Menschen. Alle kleinen Reste an Koala-Lebensräumen an der Küste waren längst mit Koalas besiedelt. Also beschloss man, die männlichen Tiere zu kastrieren und die Weibchen mit Hormonen zu behandeln, um den Bestand zu verringern. Außerdem wurden einige der Koalas in geeignete Regionen umgesiedelt. Aber der Bestand wächst weiter.

Die besten Orte, um Koalas zu sehen, sind der Flinders Chase National Park oder das Ufer des Cygnet River in der Osthälfte der Insel. Die Tiere sind nicht leicht zu erkennen, weil ihr graues Fell mit der grauen Rinde der Eukalypten verschmilzt.

Die wachsende Beliebtheit von Kangaroo Island hat den Tourismus auf der Insel verändert, heute gibt es alles von Camping bis hin zu Luxusvillen wie **Stone House** oder **Southern Ocean Lodge** *(Hanson Bay, Tel. 02/9918-4355, southernocean lodge.com.au)* mit Preisen, die es an Höhe mit der Klippe, auf der die Villen liegen, aufnehmen können.

Tierwelt & Parks auf Kangaroo Island: Die meisten Leute kommen auf die Insel, um die Tiere und die Nationalparks zu sehen, für die man einen Pass braucht (siehe Randspalte). Besonders gut kann man die eher scheuen Tiere bei einer Führung sehen. **Exceptional Kangaroo Island** *(Tel. 08/8553-9119, exceptionalkanga rooisland.com)* ist eine kleine Firma, die einheimischen Naturforschern gehört.

Wenn Sie auf eigene Faust losziehen, besuchen Sie zuerst den **Cape Gantheaume Conservation Park** und den nahe gelegenen **Seal Bay Conservation Park**, um Seelöwen zu sehen.

Weiter westlich an der Südküste finden Sie die Strände an der **Vivonne Bay**, die Dünen, die als **Little Sahara** bekannt sind, und den **Kelly Hill Conservation Park**, unter dessen Dünen und Gestrüpp sich Kalksteinhöhlen verbergen *(geführte Touren, Tel. 08/8553-4464)*.

Ein Koala im Flinders Chase National Park

Der **Flinders Chase National Park** im Westen hat eine malerische Felsküste und schöne alte Leuchttürme zu bieten, und in seinen Eukalyptuswäldern leben viele Tiere. Die Parkverwaltung hat ihren Sitz in der Rocky River Homestead. In der Nordwestecke der Insel, 105 Kilometer westlich von Kingscote, steht das eckige Cape Borda Lighthouse und in der Südwestecke das elegante **Cape de Couedic Lighthouse**, das 1906 an der Steilküste gebaut wurde.

(Fortsetzung auf S. 274)

DIE NATIONALPARKS VON KANGAROO ISLAND BESUCHEN

Um die Nationalparks der Insel zu betreten, brauchen Sie einen Island Parks Pass (64 A$). Er beinhaltet die Campinggebühren sowie „kostenlose" Führungen. Der Pass ist auf der Insel beim **Penneshaw Visitor Centre** oder in jedem Büro des Department of Environment & Natural Resources erhältlich.

Festival State

Festival State ist der Spitzname von South Australia, denn auf seinem Veranstaltungskalender sind mehr als 400 Festivals, Umzüge und Sportereignisse zu finden – vom lautstarken Autorennen bis zum Festival of Ideas, von der Tour Down Under, dem bedeutendsten Radrennen auf der Südhalbkugel, bis zum Fringe Festival.

Darstellerinnen bei WOMADelaide

Je nach Jahreszeit und Monat können Sie Veranstaltungen wie das **Barossa Valley Vintage Festival** (immer zu Ostern in ungeraden Jahren), den **Australian Camel Cup** im Outback-Ort Maree (Juli) oder das **Schützenfest** (Januar, mit Blasmusik) besuchen. Oakbanks **Easter Racing Carnival** ist nicht nur ein Pferderennen, sondern ein Ausflugsziel für die ganze Familie, und der **Bay to Birdwood Run** ist die größte Oldtimer-Rallye der südlichen Hemisphäre, bei der mehr als 2000 Fahrzeuge an den Start gehen.

Die berühmteste Veranstaltung ist jedoch das **Adelaide Festival**. Es ist das größte seiner Art in ganz Australien. Gefeiert wird es in geraden Jahren, immer im März, und es dauert drei Wochen. Das Festival lockt Künstler aus aller Welt an. Angefangen hat alles 1960 mit bescheidenen 51 Events, aus denen

INSIDERTIPP

Ob Sie sich für Essen, Wein, Musik, Kunst, Architektur, Rad- oder Autorennen oder Schreiben interessieren, irgendwo in South Australia gibt es das passende Festival.

LAURA RUYKYS
NATIONAL GEOGRAPHIC-Feldforscherin

inzwischen über 300 Theateraufführungen, Konzerte, Filme, Ballettabende und Varieté-Shows geworden sind. Die Preise halten sich im Rahmen. Für alle, die knapp bei Kasse sind, gibt es am Wochenende kostenlose Konzerte und dazu Feuerwerk am Ufer des Torrens River. Meist spielt auch das Wetter mit, denn im März sind die Tage in Adelaide warm und die Nächte sternenklar.

Parallel zum Adelaide Festival findet das **Fringe Festival** statt. Während das offizielle Festival Adelaide einen Hauch von Manhattan verleiht, erinnert das Fringe Festival mit seinen Straßenkünstlern, Jongleuren, Komödianten, Musikern, dem experimentellen Theater und den Filmvorführungen eher an New Orleans. Schlendern Sie durch die Straßen, und genießen Sie die Atmosphäre. Parallel dazu findet in Adelaide die **Writers' Week** statt. Es kommen bekannte Schriftsteller Australiens und anderer Nationen; sie stellen ihre neuen Bücher vor und halten Lesungen ab. Dort sind die Veranstaltungen kostenlos.

Alljährlich findet in Adelaide das World of Music, Arts and Dance Festival – **WOMADelaide** – statt. Im Juni bietet das **Adelaide Cabaret Festival** ein umfassendes Musik- und Kleinkunstprogramm. **Barossa Under the Stars** ist ein mit internationalen Stars besetztes Openairkonzert Ende Februar oder Anfang März im Barossa Valley. Freunde der Country-Musik treffen sich im Juni beim **Country Music Festival** in Barmera (225 km nordöstlich von Adelaide). Eine weitere Tradition sind Gourmet-Festivals. Jedes Jahr im August findet im Barossa Valley das **Barossa Gourmet Weekend** statt, bei dem sich die Gäste im Rahmen von Weinproben ein Wochenende lang von den besten Köchen South Australias verwöhnen lassen können. Infos gibt es beim South Australian Visitor Information Centre (siehe S. 252) oder unter *southaustralia.com.*

ERLEBNIS: Festivalfieber

Von Mitte Februar bis Mitte März geht es in Adelaide rund, wenn die Veranstaltungen des Adelaide Fringe Festival *(adelaidefringe.com.au)* fast eine Million Besucher anlocken. Mit einheimischen und weniger bekannten Künstlern wurde das Festival 1960 als Gegenveranstaltung zum renommierten Adelaide Festival gegründet.

Das Adelaide Festival *(adelaidefestival.com.au)* findet seit 1960 in jedem zweiten Jahr statt. Damals war Queen Elizabeth Schirmherrin des Festivals, und Dave Brubeck begeisterte mit seinem Jazz das Publikum.

In den 1970er Jahren war South Australia der progressivste Staat des Landes mit einer Regierung, die sich für die Künste stark machte. Damals wurde dann das Adelaide Festival Centre gebaut.

Die Programme für beide Festivals erscheinen im Oktober. Viele Veranstaltungen sind kostenlos; Tickets gibt es bei Ticketek *(ticketek.com.au).*

Victor Harbor & Goolwa

Die Glanzzeit des Murray River waren die 1870er Jahre. Es herrschte reger Dampfschiffverkehr; dann wurden Wolle und Getreide aus so fernen Regionen wie Queensland den Fluss hinab zu Häfen gebracht, um von dort aus nach London verschifft zu werden.

Unglücklicherweise war die raue Küste schwierig zu befahren, und der Murray River hatte die Tendenz, in seinem Mündungsdelta immer wieder zu versanden. Die Träume von einem Handelshafen waren endgültig ausgeträumt, als 1878 die Bahnstrecke fertig gestellt wurde, die das 240 Kilometer flussaufwärts gelegene Morgan mit dem Tiefwasserhafen Port Adelaide verband.

Die Strandorte wandelten sich zu beliebten Ferienorten – und noch heute sind diese südlich von Adelaide gelegenen Ortschaften Reiseziele für Wochenendausflügler.

Victor Harbor: Die größte Ortschaft auf der Fleurieu Peninsula ist das Wochenendziel von Tausenden von Urlaubern aus Adelaide. Obwohl Victor Harbor nur rund 80 Kilometer von Adelaide entfernt liegt, ist es dort gewöhnlich rund fünf Grad kühler als in der Stadt. Die Fahrt von Adelaide über Main South und Victor Harbor Road führt durch das Weinanbaugebiet **McLaren Vale** (siehe S. 263).

Victor Harbor liegt an der schönen **Encounter Bay**, in

Die Küste bei Victor Harbor von Rosetta Head aus

Victor Harbor
Karte S. 251 C2

Besucherinformation
The Causeway
08/8551-0777

der 1802 der englische Entdecker Matthew Flinders auf Nicholas Baudin traf – beide erkundeten unabhängig voneinander die Küste South Australias. Die Stadt wurde 1837 als Walfängerstation gegründet, und heute informiert das **South Australian Whale Centre** *(Railway Terrace, Tel. 08/8551-0750, $)* über die vorbeiziehenden Südlichen Glattwale. Auf Granite Island, das Sie zu Fuß über einen Damm erreichen können, lebt eine große Kolonie von Zwergpinguinen.

Goolwa: Die Muschelbänke von Goolwa machten den Ort besonders beliebt bei heimwehkranken Engländern, die an den Strand kamen, um Muscheln zu sammeln, wie sie es in ihrer alten Heimat in Brighton oder Blackpool getan hatten. Der Zug nach Goolwa heißt deshalb ganz offiziell Cockle Train (Muschelzug). Mittwochs, sonntags und in den Schulferien verkehrt zwischen Victor Harbor und Goolwa ein restaurierter Dampfzug.

Überall in der Stadt spürt man das Seefahrererbe. Das Restaurant des **Goolwa Hotel** *(30 Cadell St.)* beherbergt die Galionsfigur vom Wrack der „Mozambique", und auf dem Unterlauf des Murray River verkehren restaurierte Dampfboote aus dem 19. Jahrhundert. Das **Goolwa Museum** *(11–13 Porter St., Tel. 08/8555-2221)* informiert über die Ökologie des Murray River, den Handel, der im 19. Jahrhundert auf dem Fluss betrieben wurde, und die Geschichte der Ngarrindjeri-Aborigines, die mehr als 10 000 Jahre lang an diesem Strand Muscheln sammelten. Spirit of the Coorong Cruises *(Tel. 08/8555-2203)* bietet Fahrten auf dem Murray an. Die Schiffe legen nahe der Brücke zur Hindmarsh Island ab.

Goolwa ist ein guter Ausgangspunkt, um die Dünen- und Lagunenlandschaft **Coorong** zu erforschen, die sich 160 Kilometer weit an South Australias Südostküste erstreckt und wo mehr als 240 Vogelarten heimisch sind.

INSIDERTIPP

Besuchen Sie den Coorong National Park, zwei Stunden südöstlich von Adelaide, zum Wandern, Fischen, Vögelbeobachten und Bootfahren.

MCKENZIE FUNK
National Geographic-Autor

Unterer Murray River

Der Murray River ist der längste und bedeutendste und zugleich der einzige schiffbare Fluss Australiens. Er fließt von seiner Quelle im Hochland von Victoria 1883 Kilometer weit bis zur

Goolwa

Besucherinformation

✉ Cadell St. & Cutting Rd.

☎ 08/8555-3810

Coorong National Park

Besucherinformation

✉ Coorong, SA 5264

☎ 08/8575-1200

Mannum

Besucher-information

6 Randell St.

08/8569-1303

Küste von South Australia. Auch wenn sich nur die letzten 640 Kilometer des Flusses durch South Australia winden, handelt es sich um den landschaftlich schönsten Teil. Er windet sich hier durch Sandsteinschluchten und vorbei an Lagunen voller Vögel. Die Ufer sind von riesigen Eukalypten gesäumt.

Im Vergleich zum Mississippi oder zum Amazonas ist der nur wenige hundert Meter breite Murray River kaum mehr als ein Rinnsal. Aber auf einem so trockenen und staubigen Kontinent wie Australien bedeutet Wasser Leben, und mehr als die Hälfte von Australiens Obst, Gemüse, Wein, Fleisch, Getreide, Baumwolle und Wolle verdankt ihre Existenz dem Murray River. Auch das meiste Trinkwasser Australiens kommt aus dem Fluss.

Um die 1870er Jahre befuhren bereits mehr als 250 Dampfschiffe den Fluss, und **Mannum** war einer der belebtesten Binnenhäfen, in dem jährlich mehr als 20 000 Ballen Wolle umgeschlagen wurden. Heute ist dieser ruhige Ferienort der perfekte Ausgangspunkt, um den Fluss zu erkunden. Er ist von Adelaide aus leicht zu erreichen: Fahren Sie auf dem Southeast Freeway 80 Kilometer bis zum Hafenstädtchen **Murray Bridge**, dann sind es noch 24 Kilometer Richtung Norden auf der Mannum Road. Die **„Marion"**, ein Dampfschiff von 1897, ist heute ein schwimmendes Museum, das beim Besucherzentrum vor Anker liegt. Hier ist auch der Liegeplatz des großen Raddampfers **„Murray Princess"** *(Captain Cook Cruises, Tel. 1800-804-843, captaincook.com.au)*. Mit ihm können Sie Drei- oder Sieben-Tages-Ausflüge auf dem Fluss unternehmen, die Sie zu den Sandsteinschluchten bei Swan Reach führen. Ein anderer restaurierte Dampfer, die **„Proud Mary"** *(Tel. 1800-677-683)*, legt in Murray Bridge für Fünf-Tages Touren ab. Auf dem kleineren, gemütlicheren Boot wird Buschessen wie Kängurufleisch serviert.

In Murray Bridge befindet sich auch der **Monarto Zoo** *(3401 Old Princes Hwy., Tel. 08/8534-4100, $$$$)*, ein beliebter, tausend Hektar großer Tierpark.

Der Murray ist noch heute ein ländlicher Fluss, und die großen Dampfschiffe gehen einfach an einer Sandbank

ERLEBNIS:

Ein Hausboot mieten

Ein Hausboot können Sie in Murray Bridge, Mannum und einigen anderen Orten am Fluss mieten. Ein Führerschein oder Vorkenntnisse sind nicht erforderlich, die notwendigen Flusskarten stellt der Vermieter zur Verfügung. Weitere Informationen erhalten Sie bei den Besucherzentren oder bei der Houseboat Hirer's Association *(Tel. 08/8231-8466, hha.asn.au)*.

Der Raddampfer „Melbourne" folgt dem Lauf des Murray River nahe der Stadt Mildura

vor Anker. Der Sternenhimmel ist fantastisch, und morgens weckt Sie das Gekreische der Kakadus und Kookaburras. Der Murray River ist ein typisch australisches Reiseziel.

Wenn Sie lieber auf eigene Faust unterwegs sind, können Sie alternativ ein Hausboot mieten (siehe Kasten S. 276). Dann bekommen Sie dieselben eindrucksvollen Schluchten, die Sterne und die lärmenden Vögel zu sehen und zu hören, sind dabei aber unabhängig. Die Hausboote sind gemütlich, jedoch ziemlich spartanisch eingerichtet.

Flinders Ranges National Park

Flinders Ranges zählt zu Australiens schönsten Nationalparks – eine Landschaft mit schroffen Hügeln und tiefen Schluchten, die in den verschiedensten Rottönen schimmert und nach den Regenfällen im Frühjahr mit Wildblumen übersät ist. Die leuchtenden Farben, die üppige Vegetation und die grandiosen Wanderwege haben diese Outback-Landschaft schon seit langer Zeit Lieblingsziel von Wanderern, Fotografen und Malern gemacht.

Aborigines-Künstler kommen schon seit jeher in diese Region, um Farben und zur Bearbeitung geeignete Steine zu suchen. Matthew Flinders war der erste Europäer, der diese Berglandschaft sah, als er 1802 den Spencer-Golf 320 Kilometer weit hinaufsegelte. In den nächsten 40 Jahren kamen die ersten Farmer, und schon in den

Flinders Ranges National Park
Karte S. 251 C3
Besucherinformation
Wilpena
08/8648-0048

Flinders Ranges
Visitor Information Centre
Railway Terrace, Quorn (Nr. 3)
08/8648-6419

1870er Jahren erstreckten sich Dörfer und Weizenfelder bis ins Herz des Berglandes. Die Siedler hatten jedoch nicht mit dem unzuverlässigen Klima im südaustralischen Outback gerechnet, in dem auf einige Jahre sanften Regens ein ganzes Jahrzehnt der Trockenheit folgen kann. Heute ist die Landschaft übersät mit halb verfallenen Farmhäusern und Geisterstädten.

INSIDERTIPP

Die meist so scheuen Kängurus kommen am Campingplatz von Wilpena Pound in den Flinders Ranges morgens und betteln um Nahrung. Ansehen, aber nicht füttern.

ETER TURNER
NATIONAL GEOGRAPHIC-Autor

Die Flinders Ranges gehören zu den wenigen dramatischen Outback-Landschaften in Großstadtnähe. Fahren Sie von Adelaide aus vier Stunden auf dem Princes Highway nach Norden bis nach **Port Augusta**. Biegen Sie dann zehn Kilometer vor der Stadt nach rechts ab, und fahren Sie die 40 Kilometer nach Quorn und dort auf den Highway (noch einmal 113 Kilometer), der Sie durch Hawker bis ins Herz des **Flinders Ranges National Park** führt. Eine landschaftlich schönere (und kaum längere) Strecke führt von Adelaide aus über die Main North Road, durch das Weinanbaugebiet um **Clare** und durch historische Ortschaften wie **Mintaro**, **Melrose** und **Laura**. Nach weiteren 290 Kilometern erreichen Sie Wilmington, wo ein Schild die Richtung nach Quorn und in die Flinders Ranges weist. **Quorn** ist eine interessante Outback-Stadt, die bei Eisenbahnfreunden besonders beliebt ist, weil hier die restaurierte Pichi-Richi-Railroad *(Tel. 04/2858-1110)* auf der 32 Kilometer langen Strecke zwischen der Stadt und dem Pichi-Richi-Pass verkehrt – wegen der Feuergefahr allerdings nur in den kühleren Monaten März bis November.

Die bekannteste Sehenswürdigkeit im Park ist **Wilpena Pound**, ein riesiges Amphitheater aus rotem Quarzit und purpurnem Schiefer und mit senkrechten Wänden, entstanden durch eine Verschiebung der Erdkruste vor ungefähr 450 Millionen Jahren. Aus unerfindlichen Gründen regnet es im Wilpena Pound wesentlich häufiger als in der ihn umgebenden Wüste. Der Boden dieser Region ist mit Gras, einheimischen Kiefern, Kasuarinen, Eukalypten und zwischen September und November auch mit Wildblumen in allen Farben bedeckt.

Im Pound leben Wallabys, Rote Riesenkängurus, Emus, aber auch große Schwärme von Sittichen und Kakadus.

Im Ort **Wilpena** erwarten Sie das Wilpena Pound Resort *(Tel. 08/8648-0004)* sowie ein Geschäft, ein Campingplatz und die Besucherinformation.

Wilpena Pound ist von steilen Klippen umgeben und nur durch eine schmale Schlucht bei Sliding Rock zu Fuß zu erreichen. Die Wanderwege sind zum Teil sehr anspruchsvoll. Der bekannteste von ihnen ist der **Heysen Trail** (siehe S. 262). Am spektakulärsten sind die beiden steilen Pfade hinauf auf den 1165 Meter hohen **St. Mary's Peak**, den höchsten Berg im Wilpena Pound. Andere Pfade führen auf den **Mount Ohlssen Bagge** und zum **Wangara Lookout**. Die beste Zeit zum Wandern ist das Frühjahr. Im Sommer ist es viel zu heiß, zumal der Fels die Hitze noch verstärkt. Doch für welche Jahreszeit Sie sich auch entscheiden, nehmen Sie einen Hut, Sonnenschutzmittel und viel Wasser mit. Im Wilpena Pound Resort können Sie Fahrten mit dem Geländewagen durch den Pound buchen, aber auch Rundflüge über das Gebiet.

Die Flinders Ranges waren bedeutungsvoll für die Adnyamathanha („Bergmenschen"), die hier vor der Ankunft der Europäer lebten; die Felsformationen inspirierten sie zu einigen ihrer Traumzeit-Legenden. Malereien der Aborigines sind in **Arkaroo** und im **Sacred Canyon** zu sehen, die beide nicht weit von Wilpena entfernt liegen. ■

Eukalypten stehen in den Tälern der Flinders Ranges

Coober Pedy

Die apokalyptische Landschaft um Coober Pedy sieht aus, als wäre sie das Werk eines Wahnsinnigen. Über viele Quadratkilometer erstrecken sich die konisch geformten Erdhaufen, die Tausende von Schürfern bei ihrer Suche nach Opalen hinterlassen haben. 95 Prozent aller Opale der Welt kommen aus Australien, und Coober Pedy hat die reichsten Vorkommen.

In Coober Pedy liegt sogar der Pub unter der Erde

Coober Pedy
Karte S. 251 B4
Besucher-information
Hutchinson St.
08/8672-5298 oder 1800-637-076

Die Opale wurden 1915 von Reisenden entdeckt, die auf der Suche nach Wasser waren. Kurze Zeit später zog die Region Abenteurer aus aller Herren Länder an, und das ist bis heute so geblieben. Der Name bedeutet „weiße Männer im Loch".

Center Pedy liegt am Stuart Highway, 850 Kilometer nördlich von Adelaide und obwohl niemand diese staubige Ansiedlung hübsch nennen kann, hat sie doch etwas Faszinierendes. Die Stadt gehört zu den wenigen Orten am Stuart Highway. Hier gibt es Geschäfte, die Opale, und Kunstgalerien, die Töpferwaren aus dem örtlichen Lehm anbieten.

Im Sommer steigen die Temperaturen in dieser

Region bis auf 50 Grad Celsius. Einige Einwohner von Coober Pedy haben deshalb ihren Wohnsitz unter die Erde verlegt. Sie hausen jedoch nicht in einfachen Erdlöchern, sondern haben sich zum Teil sehr stilvolle Behausungen gebaut, die perfekt eingerichtet und vor allem „nur" 22 Grad warm sind. Wenn Sie einige dieser unterirdischen Häuser sehen möchten, wenden Sie sich an das Touristenbüro. Und wenn Sie das Leben unter der Erde selbst ausprobieren möchten, stehen Ihnen dafür mehrere Motels zur Verfügung. Zu ihnen gehören **Radeka's Downunder Motel** *(Tel. 08/8672-5223)* und das **Desert Cave Hotel** *(Tel. 08/8672-5688, desertcave.com.au).*

Viele Besucher gehen selbst auf Opalsuche. Bei Spaziergängen in den Opalfeldern sollten Sie vorsichtig sein, denn sie sind von Minenschächten übersät. Am Nordostende der Stadt befindet sich der Jeweler's Shop, ein Gebiet ohne Schächte, in dem Touristen graben dürfen.

Weitere Sehenswürdigkeiten sind Besuche von Minen, etwa der **Old Timers Mine** *(Crowders Gully Rd., Tel. 08/8672-5555),* einer Opalmine, die 1916 entstand. Die **Serbian Orthodox Church** ist die fotogenste der unterirdischen Kirchen.

Die **Breakaways**, 33 Kilometer nördlich von Coober Pedy, sind Hügel in vielen Farbtönen; im Abendrot erscheinen sie voller Magie. ■

OUTBACK MAIL RUN: Um das echte Outback zu sehen, abseits des Highways, wo nur wenige hinkommen, empfiehlt sich der **Coober Pedy Mail Run** *(Tel. 1800-069-911, mailruntour.com, Mo & Do).* Legen Sie mit dem Postboten eine 12-stündige Fahrt zu Outback-Stationen zurück, darunter die riesige Anna Creek Station. Bringen Sie einen Fotoapparat, Sonnencreme und einen großen Hut mit.

ERLEBNIS: Viehtrieb

Den typischen berittenen Hirten im Outback, der seine Peitsche schwingt, gibt es immer noch, obwohl die Fleischindustrie Australiens sich seit den 1970er Jahren stark gewandelt hat. Motorräder und Helikopter spielen beim Viehtrieb eine wichtige Rolle.

Die alten Viehwege im Outback sind heute Straßen für Geländewagen, doch bei einem Viehtrieb zu Pferd können Sie die alten Zeiten nachempfinden. Das gibt es beim **Great Australian Outback Cattle Drive** *(Tel. 08/8463-4694, cattledrive.com.au)*, ab der großen Anna Creek bei William Creek in South Australia. Zu einer fünftägigen Tour gehören zwei oder drei Tage Viehtrieb und Unterkunft in bequemen Zelten auf der Station.

Das **Harry Redford Cattle Drive** *(Tel. 07/4651-3311, harryredford.com.au)* in Aramac in Herzen von Queensland ist ein 19-tägiges Abenteuer im Outback, bei dem 600 Stück Vieh im Mai/Juni über den 200 Kilometer langen Redford Track getrieben werden. Reitanfänger und erfahrene Reiter können teilnehmen.

Auch Urlaub auf Viehstationen (siehe Kasten S. 136) bietet die Möglichkeit zum Viehtreiben. **Bullo River** *(Tel. 08/8354-2719, bulloriver.com)* in Timber Creek im Northern Territory ermuntert von Mai bis Oktober zum Mitarbeiten.

Australian Muster Experience *(Kingston Rd., Whyanbeel Valley, australianmusterexperience.com)* bei Cairns bietet gute Demonstrationen.

Der Ghan

Jeden Sonntagnachmittag (im Winter auch mittwochs) verlässt der unter dem Namen Ghan bekannte Zug die Keswick Railway Station in Adelaide und macht sich auf seine 2979 Kilometer lange Reise nordwärts durch unwirtliche Wüstenregionen, um zwei Tage später Darwin an der Arafura Sea zu erreichen.

Die silbernen Waggons des Ghan auf ihrer Fahrt zur Wüstenstadt Alice Springs

Great Southern Rail
✉ 422 King William St., Adelaide
☎ 13-2147
greatsouthernrail.com.au

Der Name Ghan erinnert an die afghanischen Kameltreiber, deren Karawanen bis zum Bau der Eisenbahn 1929 die einzige Verbindung in die einsame Wüstenstadt Alice Springs darstellten. Die Kamele waren dann überflüssig und wurden einfach in der Wüste freigelassen.

Ursprünglich fuhr der Ghan nicht weiter als bis Alice Springs. Obwohl eine Verlängerung der Strecke bis nach Darwin seit Jahrzehnten im Gespräch war, geschah lange Zeit nichts. Erst 2001 begannen die Arbeiten an den letzten 1420 Kilometern der Strecke. Über eine Milliarde Dollar wurde ausgegeben und 1,3 Millionen Tonnen Stahl für die Schienen verlegt, bis die neue Strecke Anfang 2004 eröffnet wurde.

Abfahrtszeit in Adelaide ist sonntags um 12.20 Uhr. Die Strecke führt zunächst durch Weizenfelder in Südaustraliens mittlerem Norden und weiter nach **Port Augusta**, bevor sie das Outback und die Wüsten erreicht.

Der Zug überquert den **Finke River** und trifft gegen

13.45 Uhr am nächsten Tag in **Alice Springs** ein. Nach einem vierstündigen Aufenthalt, den man für einen Abstecher in die Stadt nutzen kann, setzt der Ghan seine Fahrt Richtung Norden fort. Nach einem weiteren Halt in **Katherine** mit der berühmten Schlucht erreicht der Zug um 17.30 Uhr **Darwin**.

Zur Rückreise startet der Zug in Darwin jeden Mittwochvormittag um 10 Uhr und erreicht Adelaide Freitag um 12.30 Uhr. Im Winter, also von Juni bis August, gibt es eine zusätzliche Verbindung.

Im Zug gibt es Schlafwagen erster und zweiter Klasse sowie Liegewagen. Passagiere der ersten Klasse haben Zutritt zu luxuriösen Clubwagen. Der Zug transportiert auch Autos – Sie können also eine Strecke auf dem Stuart Highway zurücklegen (siehe S. 284ff) und die Rückfahrt im Zug antreten. ■

INSIDERTIPP

Nehmen Sie auf die Reise im Ghan leichtes Gepäck mit. Übergewicht und Übergröße der Gepäckstücke kosten extra.

STEPHANIE ROBICHAUX
NATIONAL GEOGRAPHIC-Mitarbeiterin

ERLEBNIS: Große Bahnreisen

Seit Züge das wichtigste Verkehrsmittel waren, wurden durch die Konkurrenz von Bussen und Billigflügen viele Strecken stillgelegt. Aber die Züge, die noch verkehren, bieten Bequemlichkeit, Ausblicke und Romantik, wie sie nur auf der Schiene möglich sind.

Australiens legendäre Züge sind der **Indian Pacific** (siehe Kasten S. 248) und der **Ghan** (siehe oben). **Great Southern Rail** *(Tel. 13-2147, greatsouthernrail.com.au)* betreibt beide, ebenso die **Overlander**-Strecke von Adelaide nach Melbourne und den **Southern Spirit** von Brisbane nach Adelaide.

In den meisten Bundesstaaten verkehren auch regelmäßig Passagierzüge. Zu den wichtigsten Strecken zählen Sydney–Brisbane, Sydney–Melbourne und Sydney–Canberra. Der **Sunlander**, von Brisbane nach Cairns, bietet eine unbeschwerte Reise entlang der Küste; der **Tilt Train** ist für kürzere Strecken schneller. **Queensland Rail** *(Tel. 13-1617, queenslandrail.com.au)* betreibt diese Züge sowie einige im Outback, darunter den **Spirit of the Outback** (Brisbane–Longreach), den **Westlander** (Brisbane–Charleville), den **Inlander** (Townsville–Mt. Isa) und den **Savannahlander** (Cairns–Kuranda–Forsayth). Queenslands verrücktester Zug ist der **Gulflander**, der von Normanton nach Croydon fährt.

Beliebte Züge mit Dampflokomotive sind der **Puffing Billy** durch Melbournes Dandenong Ranges; der **Great Zig Zag Railway** mit fantastischen Blicken auf die Blue Mountains; der **Kuranda Scenic Railway** von Cairns in den Regenwald, und an der Küste der **Cockle Train** von Goolwa nach Victor Harbor.

Die empfehlenswerte Website *railmaps.com.au* führt alle Zugverbindungen Australiens auf.

Mit dem Auto: Stuart Highway

Der Stuart Highway führt von Port Augusta in South Australia bis zur Esplanade in Darwin – 2735 Kilometer quer durch das Land. Er wurde nach dem Entdecker John McDouall Stuart, der den Kontinent 1861 von Süden nach Norden durchquerte, benannt. Die Straße folgt Stuarts Route und zugleich der 1872 gebauten Überland-Telegrafenlinie.

In Oodnadatta sind Tankstelle, Laden, Café und Touristenbüro in einem Gebäude untergebracht

Der Highway führt durch die trockene Salzbuschsteppe und die weißen Salzpfannen der südaustralischen Wüste, in die Opalminenstadt Coober Pedy, durch das Rote Zentrum nach Alice Springs und dann ins Northern Territory.

NICHT VERSÄUMEN

Coober Pedy • Alice Springs • Tennant Creek

Von Port Augusta nach Alice Springs

Der asphaltierte, zweispurige Highway beginnt in **Port Augusta**, einem Städtchen, in dem Fernfahrer rasten und in dem auch der Eyre Highway (siehe S. 243ff) beginnt.

Wenn Port Augusta im Rückspiegel verschwindet, sind Sie allein mit ihren Gedanken und endlosen Kilometern Salzbusch, bis Sie nach 177 Kilometern die kleine Siedlung Pimba erreichen. Eine Abzweigung führt nach **Woomera**, wo zur Zeit des Kalten Krieges geheime Raketen-Tests durchgeführt wurden. Das Heritage Centre *(Ecke Dewrang & Banool Ave., Tel. 08/8673-7042)* erinnert an Woomeras Vergangenheit und arrangiert auch Besuche in der noch heute aktiven Raketenabschussanlage. Folgen Sie der Straße nach Woomera, nach weiteren 72 Kilometern erreichen

Siehe auch Karte S. 251
Port Augusta
2735 km
7 Tage
Darwin
Timorsee
Darwin
LITCHFIELD N.P.
Batchelor
KAKADU NATIONAL PARK
DALY RIVER N.R.
Robin Falls
Douglas Hot Springs
Pine Creek
NITMILUK N.P.
Katherine
Roper Bar
Mataranka
DRYSDALE RIVER N.P.
Wyndham
Larrimah
Gulf of Carpentaria
GREGORY NATIONAL PARK
Daly Waters
Borroloola
NORTHERN TERRITORY
Renner Springs
Attack Creek Hist. Res.
Three Ways Roadhouse
QUEENSLAND
BARKLY HIGHWAY
Tennant Creek
STUART HIGHWAY
Rabbit Flat Roadhouse
TANAMI ROAD
Mount Isa
Devil's Marbles Conservation Reserve
Central Mount Stuart Hist. Res.
Georgina
Lake Mackay
Ti Tree
PLENTY HIGHWAY
Boulia
WESTERN AUSTRALIA
WEST MACDONNELL N.P.
Arltunga
Alice Springs
Watarrka
SIMPSON DESERT NATIONAL PARK
LASSETER HWY.
Finke
Warburton
Kata Tjuta
Uluru
Simpson Desert
OODNADATTA TRACK
Great Victoria Desert
Marla
Oodnadatta
Cadney Homestead
TALLARINGA CONSERVATION PARK
Lake Eyre
STRZELECKI REGIONAL RESERVE
William Creek
Coober Pedy
SOUTH AUSTRALIA
Marree
Lake Blanche
Olympic Dam Mine
Lake Hart
Lake Torrens
Nullarbor Plain
NULLARBOR REGIONAL RESERVE
Woomera
Lake Frome
Pimba
LAKE GAIRDNER N.P.
NULLARBOR N.P.
Port Augusta
START
Great Australian Bight
Murray
ADELAIDE
NEW SOUTH WALES
Abstecher
0 400 Kilometer
0 200 Meilen

Sie die Kupfer- und Uranmine **Olympic Dam** ❶. Wenden Sie sich an das Roxby Downs Visitor Centre *(Tel. 08/8671-2001)*, um mehr über die riesige Mine zu erfahren und sie zu besichtigen.

Wenn Sie von Pimba aus Richtung Norden weiterfahren, erstreckt sich links der **Lake Gairdner National Park**, eine riesige Salzpfanne, in der viele Hochgeschwindigkeits-Rekordversuche unternommen wurden. Einfacher zu besichtigen ist jedoch **Lake Hart**, eine blendend weiße Salzpfanne zu Ihrer Rechten, 48 Kilometer nordwestlich von Woomera.

Die raue Opalminenstadt **Coober Pedy** ❷ (siehe S. 280f) taucht nach weiteren 370 Kilometern am Horizont auf. In der Abenddämmerung ist auf diesem Streckenabschnitt besondere Vorsicht geboten, weil die Kängurus dann aktiv werden. Viele Reisende übernachten in Coober Pedy, denn dort gibt es viele gute Motels und Restaurants.

Coober Pedy liegt rund 400 Kilometer von der Grenze zum Northern Territory entfernt; auf dieser Strecke unterbrechen nur die **Cadney Homestead** und der winzige Ort **Marla** die Monotonie. Die Wüstenabschnitte in South Australia sind das langweiligste Stück der Strecke. Marla beansprucht den zweifelhaften Ruhm für sich, der heißeste Ort in South Australia zu sein. An der Cadney Homestead und in Marla können Sie auf den **Oodnadatta Track** abbiegen, der durch noch lebensfeindlichere – aber dennoch sehenswerte – Outback-Landschaften zum einsamen Buschdorf **Oodnadatta** führt. In den Wintermonaten ist die Strecke auch mit einem normalen Auto gut zu befahren, aber Sie sollten die Fahrt trotzdem sorgfältig vorbereiten, über etwas Buscherfahrung verfügen und in jedem Fall bei zuverlässigen Leuten hinterlassen, wohin Sie wollen und wann Sie zurückkehren werden. Viele andere Straßen, die in abgelegene Nationalparks wie **Lake Eyre** oder in die **Simpson Desert** führen, erfordern ein Allradfahrzeug. Informieren Sie sich gut, bevor Sie sich auf unbefestigte Straßen wagen.

80 Kilometer hinter der Grenze zum Northern Territory zweigt der Lasseter Highway vom Stuart Highway ab, auf dem Sie nach rund 240 Kilometern **Uluru** und **Kata Tjuta** (siehe S. 204, 206ff) erreichen. An der Straße liegt auch **Watarrka**, der eindrucksvolle King's Canyon (siehe S. 210).

Am Stuart Highway taucht schließlich **Alice Springs** ❸ (siehe S. 198ff) vor Ihnen auf, eine Oase inmitten der dramatischen MacDonnell Ranges. Sie befinden sich jetzt in Australiens Rotem Zentrum und haben wohl das Gefühl, schon ewig unterwegs zu sein. Alice Springs ist eine interessante Stadt inmitten vieler Outback-Sehenswürdigkeiten – es lohnt sich, hier ein paar Tage Station zu machen. Wenn Sie nach

ERLEBNIS: Flug über den Lake Eyre

Lake Eyre, etwa 160 Kilometer östlich von Coober Pedy, ist Australiens größter See. Meistens ist er eine schimmernde weiße Salzpfanne, doch etwa alle zehn Jahre füllt sich der See mit Wasser. Dann kommen Tausende von Vögeln an seine Ufer. Dies geschah zuletzt 2009. Sie können mit einem Allradfahrzeug an den See fahren, doch es ist eine lange Fahrt. Am besten betrachtet man ihn aus der Luft, bei einem Flug ab William Creek mit Wrightsair *(Tel. 08/8670-7962)* oder ab Marree mit GSL Aviation *(Tel. 1300-475-247, nur im Winter)*. Beide Städte liegen am Oodnadatta Track.

Adelaide zurückkehren wollen, ohne noch einmal durch die Wüste zu fahren, können Sie Ihren Wagen auf den Ghan verladen und mit diesem stilvoll zurückreisen (siehe S. 282f).

Von Alice Springs nach Darwin

Der Stuart Highway führt hinter Alice Springs noch weitere 1529 Kilometer nach Norden bis Darwin. Von Alice Springs aus durchquert er die Steinwüste des Northern Territory, vorbei am Örtchen Ti Tree, wo 1930 Australiens erste Raststätte gebaut wurde, und führt weiter zur **Central Mount Stuart Historical Reserve**, dem geographischen Mittelpunkt Australiens. Nach weiteren 177 Kilometern kommen Sie dann zur **Devil's Marbles Conservation Reserve** 4. Hier gibt es einen Campingplatz, und Sie können zwischen den einzigartigen Felsen herumwandern.

480 Kilometer nördlich von Alice Springs liegt **Tennant Creek** 5. Hier befand sich in den 1870er Jahren eine einsame Telegrafenstation; in den 1930er Jahren war dieser Ort das Zentrum des letzten australischen Goldrausches. Die **Telegrafenstation** kann besichtigt werden, ebenso das **Battery Hill Mining Centre**, in der einst das goldhaltige Erz zerkleinert wurde. Das **Nyinkka Nyunyu Art & Culture Centre** liefert eine ausgezeichnete Einführung in die indigene Kultur.

Aborigines halten die sogenannten Devil's Marbles für Eier der Regenbogenschlange

25 Kilometer weiter nördlich, am **Three Ways Roadhouse**, zweigt der Barkly Highway nach Osten vom Stuart Highway ab. Er führt rund 450 Kilometer weit durch flaches, mit Spinifexgras bewachsenes Land zur Grenze von Queensland. Nach weiteren 40 Kilometern auf dem Stuart Highway verweist ein Schild auf die **Attack Creek Historical Reserve**. 1860 wurde John McDouall Stuart bei seinem ersten Versuch, den Kontinent zu durchqueren, an dieser Stelle von Aborigines angegriffen, die nicht gewillt waren, den Fremden auf ihrem Land zu dulden.

Die kleine Ortschaft **Renner Springs** gilt als der Punkt, an dem das trockene Wüstenklima des Zentrums der saisonal bedingten Regen- und Trockenzeit des Top End (des Nordens des Northern Territory) weicht. Obwohl auch hier viel Gestrüpp wächst, wird der Busch allmählich immer grüner und höher.

Daly Waters – weitere 240 Kilometer nördlich – war eine Auftankstation für die frühen Flieger wie Amy Johnson. In den 1930er Jahren tankten hier die Flugzeuge der Qantas. Die Passagiere konnten währenddessen im **Daly Waters Pub** *(Tel .08/8975-9927)*, der der älteste im Northern Territory sein soll, etwas essen. Der Flugplatz wurde in den 1970er Jahren geschlossen.

INSIDERTIPP

Bevor Sie sich auf die lange Fahrt über den Stuart Highway nach Norden machen, können Sie sich in Port Augustas Arid Lands Botanic Gardens *(australian-aridlands-botanic-garden.org)* über die einzigartige Flora informieren.

LAURA RUYKYS
NATIONAL GEOGRAPHIC-Feldforscherin

Je näher Sie Darwin kommen, desto mehr Hinweise auf den Zweiten Weltkrieg finden Sie. **Larrimah** rund hundert Kilometer nördlich von Daly Waters war im Zweiten Weltkrieg ein wichtiger Militärstützpunkt und zudem die Endstation der North Australia Railway. Diese Schmalspurbahn sollte eigentlich Darwin mit Alice Springs verbinden, doch man war erst bis Larrimah gekommen, als der Krieg ausbrach. Nach dem verheerenden Taifun Tracy, der 1974 wütete, wurde das Projekt aufgegeben, und die Gleise wurden entfernt. Heute gibt es in Larrimah nur noch einen netten Pub und ein interessantes Museum, das über die Kriegsjahre und die Geschichte des Gütertransports im Northern Territory informiert.

Weitere 80 Kilometer nördlich liegt **Mataranka** mit seinen Thermalquellen in einem kleinen Stück Regenwald etwa acht Kilometer östlich des Ortes. Die entspannenden Quellen sind manchmal etwas überfüllt. Das **Mataranka Homestead Resort** *(Tel. 08/8975-4544)* bietet Übernachtungsmöglichkeiten und ein Restaurant.

Katherine 6 (siehe S. 194f), die nächste Stadt am Highway, wird Ihnen mit ihren fast 10 000 Einwohnern wie eine Großstadt vorkommen. Ihre größte Attraktion ist der **Nitmiluk National Park** (siehe S. 195).

Die letzten 320 Kilometer bis nach Darwin führen durch hügeliges Buschland. Bei der alten Goldgräberstadt Pine Creek können Sie auf die Asphaltstraße abbiegen, die in den **Kakadu National Park** (siehe S. 188ff) führt.

Sie können aber auch noch ein Stück weiterfahren und Naturschönheiten wie die **Douglas Hot Springs**, die **Robin Falls** oder die **Daly River Nature Reserve** ansteuern. Das weiter nördlich gelegene **Adelaide River** war im Zweiten Weltkrieg eine wichtige Militärbasis; ein großer Friedhof erinnert an jene, die bei Luftangriffen ums Leben kamen. Die Abzweigung Batchelor führt in den **Litchfield National Park** (siehe S. 192f). Wenn Sie auf dem Stuart Highway bleiben, werden Sie irgendwann feststellen, dass die Häuserdichte zunimmt. Dann haben Sie Ihr Ziel erreicht: die palmengesäumte Esplanade von **Darwin** 7 und die Timorsee (siehe S. 184ff).

Aufgebaut auf dem Reichtum des Goldrauschs der 1850er Jahre und Australiens vielfältigster Staat – klein, schön und wohlhabend

Victoria

In der Central Mall von Melbourne

Victoria

Victoria ist der kleinste und grünste Staat Australiens und der einzige ohne „richtiges" Outback. Alte Farmertradition und der Reichtum des Goldrauschs im 19. Jahrhundert haben dem Staat und insbesondere seiner eleganten Hauptstadt Melbourne eine gediegene Atmosphäre verliehen. Die größten Goldvorkommen wurden 1851 in Ballarat, Castlemaine und Bendigo entdeckt.

Die berauschende Kombination von plötzlichem Reichtum und Bürgerstolz brachte Victoria prächtige öffentliche Bauten und elegante Herrenhäuser.

In diesem Staat ist es nichts Ungewöhnliches, dass man in einem Farmerstädtchen auf ein Rathaus im Stil eines italienischen Opernhauses trifft, in der Regel von Palmen und Gartenanlagen umgeben.

Heute wird kaum noch Gold abgebaut. Inzwischen spielen Landwirtschaft und Industrie die Hauptrolle; sie erzeugen ungefähr ein Drittel des Bruttosozialprodukts von Australien. Der Murray River bildet die Grenze zu New South Wales und bewässert Weinberge, Gemüsefelder und Obstplantagen. In Shepparton im Norden steht eine Konservenfabrik neben der anderen. Im trockenen Westen wird Weizen

angebaut; hier wird auch die beste Wolle gewonnen. Überall gibt es Molkereien und Käsefabriken. Die dichten Wälder in Gippsland sind die Grundlage der Holzindustrie, im La Trobe Valley wird Kohle gefördert, und unter der Bass Strait liegen die bei weitem größten Ölvorkommen Australiens. Zur Industrie Victorias gehören Automobil- und chemische Fabriken ebenso wie Aluminiumhütten. Der Hafen von Melbourne nimmt als Umschlagplatz weltweit Rang fünf ein. Jahrzehntelang war Melbourne das Finanzzentrum Australiens.

Die Landschaft ist für einen so kleinen Staat erstaunlich vielfältig. Die Skala reicht von gemäßigten Regenwäldern bis zu Skigebieten und einer fantastischen Brandung am weltberühmten Bells Beach. Die Great Ocean Road, die westlich von Melbourne beginnt, ermöglicht eine herrliche Fahrt entlang der Küste.

Melbourne selbst – die europäischste der australischen Städte – hat Theater, Museen und eine ungeheure Vielfalt an Kulturen und Küchen zu bieten. Anders als überall sonst in Australien, wo man von einer Sehenswürdigkeit zur anderen Hunderte von Kilometern durch öden Busch fahren muss, liegen die Highlights von Victoria alle in autofreundlicher Entfernung von Melbourne. ■

NICHT VERSÄUMEN

Das elegante Melbourne, eine Gartenstadt mit schöner Architektur 292–296

Einen Ausflug zu den Weingütern und zur Tierwelt des Yarra Valley 308

Eine Fahrt mit dem Zug „Puffing Billy" durch die kühlen, grünen Dandenong Ranges 309

Eine Fahrt auf der Great Ocean Road zu den Twelve Apostles 310–315

Wandern in Victorias Alpen 316–317

Ein Footballspiel nach australischen Regeln ansehen 318

Den Goldrausch nacherleben in Ballarat und anderen Orten der Goldfelder 320–321

Eine Fahrt mit einem Raddampfer im alten Flusshafen von Echuca 325

Eine Wanderung in den Grampians und einen Besuch des dortigen Kulturzentrums 326–327

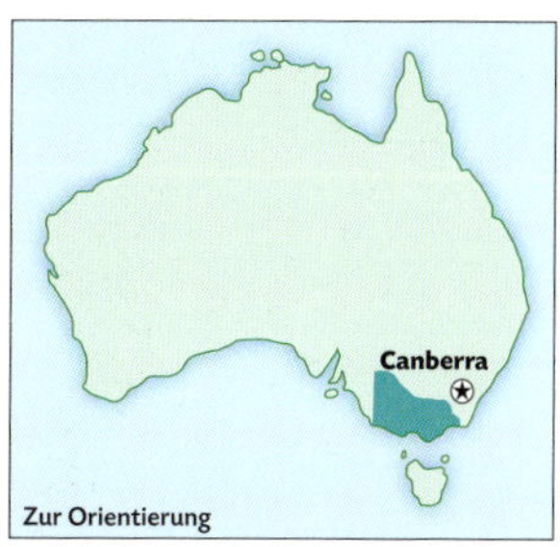

Melbourne

Der Goldrausch der 1860er Jahre verwandelte Melbourne von einer mickrigen Siedlung am Yarra River in eine prächtige Stadt mit stattlichen öffentlichen Gebäuden, Theatern, Villen, Straßenbahnen und Gärten. Das Wirtschaftsleben der zweitgrößten Stadt Australiens florierte dank Banken und Bergbau, und sie galt als vornehmer Kontrapunkt zum ordinären, neureichen Sydney.

Das elegante, kosmopolitische Melbourne

Melbourne

Karte S. 290 C2

Besucher-information

Victorian Tourism Visitor Information Centre, Federation Sq., Ecke Swanston & Flinders St.

03/9568-9658

Information Booth

Bourke Street Mall

thatsmelbourne.com.au

Die Rivalität zwischen den beiden Städten hält an, und meist hat Sydney die Nase vorn. Doch Melbourne erlebte einen Immobilienboom: Das Ufer des Yarra River und andere Teile der Stadt haben ihr Gesicht völlig verändert, und die einstige Behäbigkeit wurde durch weltläufige Einkaufs-, Speise- und Ausgehmöglichkeiten ersetzt.

Aber die Stadt hat noch immer elegante viktorianische Gebäude, herrlich angelegte Parks und Institutionen wie den Melbourne Club. Die Zentralen der meisten Bergbaufirmen haben ihren Sitz hier, während das weltgrößte Netzwerk von Straßenbahnen der Stadt ein altmodisches Flair verleiht.

Sport hat große Bedeutung in Melbourne, wo es acht Profi-Clubs des Australian Rules Football gibt. Hier findet das Tennisturnier Australian Open und der Melbourne Cup, das wichtigste Pferderennen Australiens statt.

Eine bunte Mischung von ethnischen Minderheiten – in erster Linie Griechen, Italiener und Asiaten – sorgt für geschäftige Märkte, Restaurants und Feinkostgeschäfte. Schon bei der Wahl eines Restaurants in Melbourne haben Sie die Wahl zwischen allen kulinarischen Stilrichtungen der Welt. Es gibt sogar eine Restaurant-Straßenbahn.

Die Stadt verdankt ihr Entstehen im Jahre 1835 dem betrügerischen Handel von zwei Tasmaniern, John Batman und John Pascoe Fawkner. Sie kauften den Aborigines 200 000 Hektar Land um Port Phillip Bay herum für Decken, Mehl, Äxte und wertlosen Schmuck ab. Der Kauf erboste das Colonial Office in London, aber es ließ ihn gelten. 16 Jahre später wurden bei Ballarat, Bendigo und Castlemaine unvorstellbar reiche Goldvorkommen entdeckt, und der wirtschaftliche Erfolg der Stadt war garantiert. Auf dem Höhepunkt des Goldrausches strömten allwöchentlich fast 2000 Glücksritter ins Land, und 1861 hatte der Reichtum der Goldfelder Melbourne zur großartigsten Stadt Australiens gemacht. Eine gute Vorstellung von den Tagen des Goldrausches vermitteln die Ausstellungen im Treasury Building in der Spring Street.

Heute rangiert Melbourne als Finanzkapitale des Landes ganz dicht hinter seinem Erzrivalen Sydney und ist mit 4,2 Millionen Einwohnern nur wenig kleiner.

Sehenswürdigkeiten

Melbournes Netzwerk von Bussen, Zügen und Straßenbahnen macht das Erkunden der Stadt leicht. Die kostenlose Straßenbahnlinie 35 (City Circle, burgunderrot) fährt durch das Zentrum und zu den Docklands, und der kostenlose Melbourne Visitor Shuttle deckt weitere Gebiete am Stadtrand ab.

Das Geschäftsviertel (Central Business District, CBD) von Melbourne ist eine interessante Mischung aus futuristischen Wolkenkratzern und viktorianischen Sandsteinfassaden. Der Stadtkern ist rasterförmig angelegt.

Einen Eindruck vom Wohlstand, der zur Zeit des Goldrausches und der Bodenspekulation im 19. Jahrhundert in der Stadt herrschte, vermitteln in der Collins

ERLEBNIS: Colonial Tramcar Restaurant

Straßenbahnen sind typisch für Melbourne und eine der besten Arten, um in der Stadt herumzukommen. Colonial Tramcar Restaurant ***(Tel. 03/9696-4000, tramrestaurant.com.au)*** **bietet eine zweistündige Lunch- oder Dinner-Tour. Historische Straßenbahnen fahren in South Melbourne beim Crown Casino ab und bummeln durch die City sowie die viktorianischen Vororte. Reservierung erforderlich.**

Formel-1-Grand-Prix
☎ 03/9258-7100
grandprix.com.au

Thinking Big

Australier lieben große Dinge. Halten Sie in Victoria und im restlichen Australien die Augen offen, um einige eigenartige, wunderbare riesige Touristentotems am Highway zu sehen.

Viele feiern regionale landwirtschaftliche Produkte wie Big Banana (Coffs Harbour, NSW), Big Barramundi (Daintree, QLD), Big Apple (Stanthorpe, QLD), Big Cheese (Bega, NSW), Big Lobster (Kingston, SA), Big Prawn (Ballina, NSW), Big Pineapple (Gympie, QLD), Big Ram (Wagin, WA) und Big Peanut (Atherton, QLD).

Andere präsentieren Wildtiere: Big Croc (Humpty Doo, NT), Big Tasmanian Devil (Mole Creek, TAS), Big Galah (Kimba, SA), Big Penguin (Penguin, TAS) und Big Pelican (Noosaville, QLD).

Manche haben keinen besonderen Grund: Big Captain Cook (Cairns, QLD), Big Golden Guitar (Tamworth, NSW), Big Ned Kelly (Glenrowan, VIC), Big Stubbie (Tewantin, QLD), Big Milkshake (Warrnambool, VIC) und der Liebling aller Big Gumboot (Tully, QLD), verliehen der feuchtesten Stadt Australiens.

Queen Victoria Market

Karte S. 300
Victoria St., West Melbourne
Mo & Mi geschl.
qvm.com.au

Street die frühere **Commercial Bank of Australia** (Nr. 333) mit ihrer prächtigen hohen Schalterhalle und die reich verzierte **ANZ „Gothic" Bank** (Nr. 380) mit einem Bankenmuseum. Bourke Street und Collins Street sind die wichtigsten Einkaufsstraßen der Stadt, neuerdings ergänzt durch die **Melbourne Central Mall** an der La Trobe Street.

Ganz in der Nähe befindet sich in der Little Bourke Street Australiens quirligste **Chinatown**. Heute besteht das Viertel zumeist aus chinesischen Restaurants, von einfachen bis hin zum edlen Flower Drum. Es entstand mit der Ankunft chinesischer Goldsucher in den 1850er Jahren und erlebte in jüngerer Zeit dank neuer Einwanderer aus Asien eine Renaissance. Mit der chinesischen Einwanderung und Kultur befasst sich das interessante **Chinese Museum** *(22 Cohen Pl., Tel. 03/9662-2888, $)*.

Der in den 1870er Jahren eröffnete **Queen Victoria Market** ist eine Institution und zugleich der ideale Ort für den Einkauf von Picknick-Delikatessen. Wenn Sie besonders günstig einkaufen wollen, gehen Sie am Samstagnachmittag auf den Markt, wenn die Verkäufer vor der Wahl stehen, ihre Produkte entweder zu verkaufen oder wegzuwerfen. Der Markt befindet sich am Nordrand der City; Sie erreichen ihn mit der vom Zentrum aus durch die Elizabeth Street fahrenden Straßenbahn. Der Markt wird in einer Reihe von hübschen alten Metallschuppen abgehalten; Lebensmittel werden in einem Gebäude verkauft, das an einem Tierfries über dem Eingang zu erkennen ist. Auch für Souvenirs ist der Markt eine echte Fundgrube. Es werden auch Führungen *(Tel. 03/9320-5822)* sowie Kochkurse angeboten. Die Öffnungszeiten variieren

(6 bis zw. 14 und 17 Uhr). Im Sommer findet mittwochs ein Markt mit Essens- und Kunstgewerbeständen statt.

INSIDERTIPP

Bei einem großartigen Tagesausflug ins Dingo Discovery Center *(dingodiscovery.net)*, 40 Kilometer von Melbourne, können Sie Australiens Wolf von Nahem sehen.

ARIAN WALLACH
NATIONAL GEOGRAPHIC-Feldforscher

Wenn Sie alles für Ihr Picknick eingekauft haben, brauchen Sie nur noch einen Park, in dem Sie es verzehren können. Hier gibt es mehrere Möglichkeiten. Eine ist **Carlton Gardens** *(Victoria St.)* mit dem hohen Kuppelbau, der anlässlich der Great Exhibition von 1880 errichtet wurde. Ganz in der Nähe befindet sich das große **Melbourne Museum**, 2000 eröffnet, ein postmoderner Bau, der eine Reihe von Sammlungen und Galerien beherbergt, etwa das **Bunjilaka Aboriginal Centre**, die **Melbourne Gallery** mit Schwerpunkt auf der Ortsgeschichte und die **Children's Gallery**. Der Museumskomplex reicht über sechs Stockwerke und umfasst ein Arboretum mit vielen Baumarten, außerdem das IMAX Melbourne.

Ein weiterer Platz für ein Picknick ist der **Melbourne Zoo**, 1862 gegründet und damit einer der ältesten der Welt. Er liegt im Royal Park rund drei Kilometer nördlich des Marktes, zu erreichen mit der Linie 55 von der William Street aus. Im Schnabeltierhaus haben Sie die vielleicht beste Chance, eines dieser scheuen Tiere zu sehen, und das tropisch heiße Schmetterlingshaus ist eine Augenweide. An manchen Sommerwochenenden finden kostenlose Jazz-Konzerte statt, und die Zooverwaltung bietet sogar die Möglichkeit, einen gepackten Picknickkorb zu bestellen, den Sie dann nach dem Rundgang zum Konzert mitnehmen können.

Melbourne Museum

- Karte S. 300
- 11 Nicholson St.
- 13-1122
- $$

museumvictoria.com.au

Melbourne Zoo

- Karte S. 300
- Elliott Ave., Parkville
- 1300-966-784
- $$$

zoo.org.au

Picknick am Yarra River in Melbourne

Crown Casino
Karte S. 300
Southbank
03/9292-8888 oder 1800-818-888
24 Std. geöffnet
crownmelbourne.com.au

Eureka Skydeck 88
Karte S. 300
Eureka Tower, 7 Riverside Quay
03/9693-8888
$$–$$$
eurekaskydeck.com.au

MELBOURNE – EIN ÜBERBLICK: Der Yarra River bildet eine Art soziale Grenze. Die Grundstücke südöstlich des Flusses sind gewöhnlich teurer und grüner. Die exklusivsten Viertel sind South Yarra und Toorak. Das Land nordwestlich des Yarra ist flach und trocken und von weiten Industrieansiedlungen, dem Flughafen und Arbeitervorstädten geprägt.

Das **Crown Casino** am Südufer des Yarra River ist das größte Kasino des Landes mit schicken Restaurants, Bars, Nachtclubs, Boutiquen und einem Luxushotel. Es ist das Kernstück der **Southbank**, des quirligen Ufers mit Restaurants, Hotels, Läden und einem tollen Kunsthandwerksmarkt am Sonntag. Im 88. Stock des Eureka Tower bietet das **Eureka Skydeck 88** einen schwindelerregenden Blick. Verschiedene Anbieter veranstalten **Flussrundfahrten**, entweder vom Fluss oder den Docklands (Näheres bei der Touristeninformation). Die Williamstown Ferry *(Tel. 9682-9555, williamstownferries.com.au, $$$)* fährt von Southgate flussabwärts zur Bucht und nach Williamstown (siehe S. 302).

Ähnlich wie an der Southbank gibt es auch in den **Docklands**, dem alten Werftenbereich im Westen der Stadt, heute schicke Apartments, Restaurants, einen Einkaufskomplex und eine Eislaufbahn.

Der **Melbourne Cricket Ground** *(mcg.org.au)* ist die Heimat des Australian Rules Football. Das Stadion beherbergt das **National Sports Museum** *(Tel. 03/9657-8879, nsm.org.au, $$)*, das den australischen Sport würdigt. Im Januar finden in der **Rod Laver Arena** die Australian Open im Tennis statt.

Die inneren Vororte von Melbourne sind sehr vielfältig. Die Brunswick Street in **Fitzroy** ist mit ihren Boheme-Cafés und alternativen Buchhandlungen eines der interessantesten Viertel für einen Cappuccino oder eine Kneipentour.

Die Victoria Street in **Richmond** könnte man mit ihren vietnamesischen Apotheken, Lebensmittelgeschäften, Obstständen und den in den Schaufenstern der Schlachterläden hängenden Tierkadavern für eine Straße in Hanoi halten. An jeder Ecke finden sich enge Esslokale. Aber nur ein paar Blocks entfernt, in der Swan Street, ist alles griechisch. Die Lygon Street in **Carlton** ist Melbournes Klein-Italien.

Prahran weiter südlich ist ein recht vornehmer Stadtteil mit Bistros, Nachtclubs und coolen Boutiquen. Der noch weiter südlich am Meer gelegene Vorort **St. Kilda** (siehe S. 304) wartet in der Acland Street mit zahllosen Konditoreien auf. ■

ERLEBNIS: Spazieren und fotografieren

Fotospaziergänge führen zu den Sehenswürdigkeiten von Melbourne und machen Sie mit den Funktionen Ihrer Kamera vertraut. Experten geben Ratschläge zur Belichtung, zur Bildauswahl und zu Funktionen der Kamera. Im Sommer gibt es Touren in der Innenstadt, am Yarra River oder in den Strandvorort St. Kilda. Kontakt über Nebesky Images *(Tel. 04/3204-6624, nebeskyimages.com/phototours.html)*.

Melbourne Cup

Der Melbourne Cup ist ein Pferderennen, bei dem die ganze Nation mitfiebert. Es wird alljährlich am ersten Dienstag im November auf der Flemington-Rennbahn gestartet, und in den folgenden drei Minuten halten alle Australier den Atem an. In den Städten kommt der Verkehr fast zum Erliegen.

Überall in Australien, sogar im hintersten Outback, sind die Pubs bis zum Bersten gefüllt, und Nachzügler stehen auf der Straße und recken die Hälse, um einen Blick auf den Fernsehschirm zu erhaschen.

Aber das Schönste ist, an diesem Tag selbst in Flemington zu sein, zwischen Unmengen von Rennplatzbesuchern, Damen mit verrückten Hüten und Buchmachern, um die sich Horden von Wettlustigen scharen.

Der erste Melbourne Cup wurde 1861 abgehalten und von einem Pferd namens Archer gewonnen, das auch im folgenden Jahr siegte. 1888 lockte das Rennen bereits mehr als 100 000 Besucher an.

Der Melbourne Cup ist der Höhepunkt des Spring Racing Carnival, der zwei Wochen dauert und in dem auch andere Spitzenrennen wie etwa der Caulfield Cup ausgetragen werden.

Der berühmteste Cup-Gewinner war Phar Lap, der 1930 siegte. Dieser phänomenale Wallach gewann 37 von 51 Rennen und wurde 1932 nach Amerika verschifft. Er starb unter mysteriösen Umständen. Sein Tod nach nur einem Sieg in New Mexico gab Anlass zu zahlreichen Verschwörungstheorien. 1985 soll Tommy Woodcock, der Trainer von Phar Lap, auf dem Totenbett gestanden haben, das Pferd vielleicht versehentlich mit einem Tonikum auf Arsenbasis umgebracht zu haben.

Es mag Australier geben, die nicht auf den Melbourne Cup wetten, aber viele sind es nicht. Sogar Leute, die sich normalerweise nicht für Pferderennen interessieren, geschweige denn wetten, versuchen ihr Glück. Die meisten beteiligen sich an Wettgemeinschaften am Arbeitsplatz, wo jeder Kollege ein paar Dollar beisteuert, und die Pferde werden auf gut Glück ausgewählt. Auf diese Weise braucht niemand komplizierte Formbücher zu studieren, alle können einfach auf den Zieleinlauf warten.

Die feine Gesellschaft, Buchmacher, Spieler und die Elite des Pferderennsports – alle treffen sich beim Melbourne Cup

Zu Fuß durch Melbourne

Der beste Ausgangspunkt für Spaziergänge durch Melbourne ist Flinders Street Station. Dieser prächtige Bahnhof am Ufer des Yarra wurde 1907 aus honigfarbenem Sandstein gebaut, von hier fahren alle Nahverkehrszüge ab. Über seinem Hauptportal befindet sich eine Reihe von Uhren, auf den Stufen darunter sitzen meist wartende Menschen. „Unter den Uhren" ist ein beliebter Treffpunkt.

Die Flinders Street Railway Station ist einer der zentralen Orte der Stadt

Von dieser Treppe überblickt man eine interessante Kreuzung. An der gegenüberliegenden Ecke erhebt sich **St. Paul's Cathedral**, ein Meisterwerk im neugotischen Stil, 1892 fertig gestellt und Sitz der Anglikanischen Kirche von Melbourne. Auf der anderen Straßenseite steht das **Young & Jackson Hotel** mit einem der ältesten Pubs in Melbourne. Jenseits der Swanston Street befindet sich der riesige neue Federation-Square-Komplex, ein architektonisches Wunderwerk und grandioser Materialmix. Es beherbergt unter anderem das **Melbourne Visitor Centre** *(Tel. 03/9658-9658)*, das **Australian Centre for the Moving Image** *(Tel. 03/8663-2200, acmi.net.au)*, das sich Film, Fernsehen, Video und digitalen Medien widmet, und die National Gallery of Victoria's Australian Art Collection im **Ian Potter Centre: NGV Australia** *(Tel. 03/8620-2222, ngv.vic.gov.au)*.

Von hier aus sind zwei Spaziergänge zu empfehlen (siehe Karte S. 300f). Der eine führt über den Yarra River zum kosmopolitischen Einkaufs- und Cafézentrum Southgate, zum Botanischen Garten und einigen der ältesten Häuser von Melbourne. Auf dem anderen können Sie den Innenstadtbereich nördlich des Yarra erkunden.

Erster Spaziergang: Über den Yarra

Beginnen Sie den ersten Spaziergang mit der Erkundung des **Federation Square** ❶ mit großartiger Architektur und malerischem Blick auf den Fluss und lassen Sie sich von der riesigen Sammlung australischer Kunst im **Ian Potter Centre** überwältigen.

Im Erdgeschoss ist indigene Kunst ausgestellt, mit einer schönen Sammlung von Punktmalereien von Aborigines-Künstlern. Im ersten Stock befindet sich die bedeutende Sammlung des Museums mit Gemälden, Skulpturen, Zeichnungen und Fotografien, von der Kolonialzeit bis ins 20. Jahrhundert. Vertreten sind Maler wie Conrad Martens und Eugene von Guérard, zwei der bekanntesten australischen Künstler der Kolonialzeit. Die Sammlung zeigt außerdem Werke jener Stilrichtung, die als Heidelberg-Schule bekannt wurde, benannt nach einem kleinen Dorf im Yarra-Tal – heute ein Vorort von Melbourne. Inspiriert durch die französischen Impressionisten gingen die Künstler mit ihren Staffeleien in den Busch und malten die australische Landschaft, wie sie wirklich war – karg, staubig und durchdrungen von grellem Licht. Ein führender Vertreter dieser Gruppe war Tom Roberts, dessen Gemälde „Shearing the Rams" (1890) die Kameraderie des Scherschuppens einfing. Es wurde zu einem Symbol Australiens und gehört jetzt zur Sammlung.

Überqueren Sie den Fluss auf der dekorativen Princes Bridge. Die breite, sehr europäisch anmutende Allee St. Kilda Road führt zum Shrine of Remembrance, einem massigen, düsteren Kriegerdenkmal. Hinter der Brücke rechts liegt der hoch aufragende Bau des Arts Centre mit der Hauptstelle der National Gallery of Victoria, der **NGV International** *(180 St. Kilda Rd., Tel. 03/8620-2222)*. Die interessante Sammlung besitzt u. a. europäische Kunst von der Frührenaissance bis zur Gegenwart.

Gehen Sie zurück zur Brücke und dann rechts die Stufen zur Promenade am Südufer des Yarra hinunter, vorbei an der Melbourne Concert Hall. Vor Ihnen liegt der elegante Komplex **Southgate** ❷. Von hier aus hat man den vielleicht schönsten Blick auf die Skyline von Melbourne. Seit 1990 ist der Komplex, ebenso wie der Federation Square, ein beliebter Treffpunkt – mit Fünf-Sterne-Hotels, eleganten Boutiquen, Gastrohallen und Cafés, dem Großsegler „Polly Woodside", dem Melbourne Aquarium *(melbourneaquarium.com.au)* sowie dem Crown-Casino-Komplex (siehe S. 296). South Wharf, etwas weiter, ist das neueste Erschließungsprojekt im alten Hafengebiet, mit Restaurants, Geschäften und Apartmentblocks.

Zurück zur Princes Bridge, gehen Sie flussaufwärts. Folgen Sie den Pfaden, die sich durch die Parks und Gärten entlang des Flusses winden – Alexandra Gardens, Queen Victoria Gardens, King's Domain und die Royal Botanic Gardens. Sie verschmelzen zu einer reizvollen Parklandschaft am Ufer des Yarra. Die **Royal Botanic Gardens** ❸ *(rbg.vic.gov.au)* am Ende dieser Grünfläche dürften einer der besten der Welt sein – ein 40 Hektar großes Gelände am Fluss mit alten Eichen und Zierteichen. Der Garten wurde bereits 1845 angelegt, aber das heutige Meisterwerk wurde erst gegen Ende des 19. Jahrhunderts von den Direktoren Baron Ferdinand von

(Fortsetzung auf S. 302)

NICHT VERSÄUMEN

Federation Square • Southgate • Royal Botanic Gardens

Zentrum von Melbourne

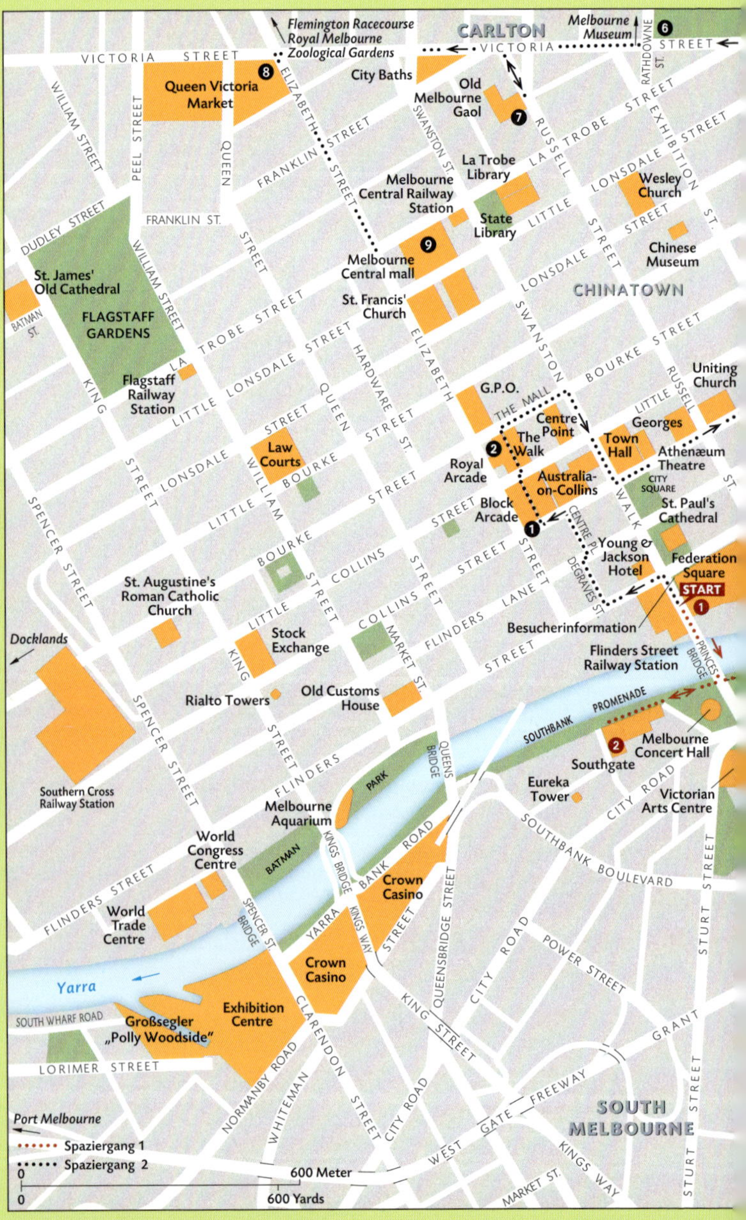

Erster Spaziergang
Flinders Street Railway Station
3,35 km
½ Tag
Shrine of Remembrance
Zweiter Spaziergang
Flinders Street Railway Station
2,5 km
½ Tag
Melbourne Central Mall
Melbourne Fire Museum
VICTORIA PARADE
FITZROY
NICHOLSON STREET
GISBORNE STREET
SPRING ST.
ALBERT STREET
St. Peter's Church
St. Patrick's Cathedral
CATHEDRAL PLACE
Princess Theatre
Parliament House
LANSDOWNE STREET
FITZROY GARDENS
Avenue of Elms
Parliament Railway Station
Windsor Hotel
MACARTHUR ST.
Old Treasury Building
Model Tudor Village
J. F. Kennedy Memorial
COLLINS ST.
Melbourne Club
TREASURY GARDENS
Cook's Cottage
EAST MELBOURNE
Collins Place
FLINDERS LANE
Conservatory
WELLINGTON PARADE
WELLINGTON PARADE SOUTH
FLINDERS STREET
JOLIMONT ROAD
JOLIMONT TERR.
National Sports Museum
BATMAN AVENUE
Melbourne Cricket Ground
YARRA PARK
BRUNTON AVENUE
Yarra Bike Path
ALEXANDRA GARDENS
Rod Laver Arena
ALEXANDRA AVENUE
MELBOURNE PARK
QUEEN VICTORIA GARDENS
NGV International
SWAN ST. BRIDGE
SWAN STREET
Sidney Myer Music Bowl
Indoor Sports & Entertainment Centre (The Glasshouse)
Floral Clock
LINLITHGOW AVENUE
Tan Jogging Track
Yarra
KINGS DOMAIN
OLYMPIC PARK
Victorian College of the Arts
ST. KILDA ROAD
Pioneer Women's Memorial Garden
BATMAN AVENUE
Richmond
STREET
MORELL BRIDGE
Government House
ANZAC AVE.
Toorak S. Yarra
Victoria Barracks
BIRDWOOD AVENUE
Old Melbourne Observatory
Governor La Trobe's Cottage
ROYAL BOTANIC GARDENS
ANDERSON STREET
COVENTRY STREET
Prahran St. Kilda Luna Park
Shrine of Remembrance
National Herbarium

Mueller und W. R. Guilfoyle geschaffen. In Sommernächten (Dez.–März) finden im Botanischen Garten Theater- und Filmvorführungen statt. Nähere Informationen erhalten Sie bei Moonlight Cinema *(moonlight.com.au)*.

Um die Parks und Gartenanlagen am Fluss zu erkunden, können Sie eine 3,8 Kilometer lange Joggingstrecke entlanglaufen oder einen Rundgang auf eigene Faust unternehmen. Die Fassade, die man vom Botanischen Garten aus sieht, gehört zum **Government House** *(für Führungen beim National Trust anrufen, Tel. 03/8663-7260)*, der Residenz des Repräsentanten der Königin von England in Victoria. Das Haus ist eine Kopie des Ferienpalastes von Königin Viktoria auf der Isle of Wight. **Governor La Trobe's Cottage** *(für Führungen beim National Trust anrufen, Tel. 03/8663-7260)* und das **National Herbarium** finden sich nahe dem Südende des Botanischen Gartens. La Trobe's Cottage ist ein vorgefertigtes Gebäude, das 1840 als Residenz für den ersten Gouverneur der Kolonie aus England nach Australien transportiert wurde.

Ein paar hundert Meter westlich von La Trobe's Cottage steht in der Nähe der St. Kilda Road der **Shrine of Remembrance** ④. Er wurde 1934 zu Ehren der Gefallenen des Ersten Weltkriegs erbaut. Heute erinnert die Ewige Flamme auch an die Toten des Zweiten Weltkriegs und die unzähligen Soldaten, die in Korea, Vietnam, Malaysia und Borneo gefallen sind. Das Denkmal wurde so konstruiert, dass am 11. November um 11 Uhr – dem Zeitpunkt der Unterzeichnung des Waffenstillstands im Jahre 1918 – ein Sonnenstrahl über das Innere hinweggleitet. (Von St. Kilda Road aus mit der Straßenbahn zur Flinders Street Station zurückfahren.)

Eine schöne Alternative zum Spaziergang ist eine Bootsfahrt auf dem Fluss. Die Ausflugsboote legen an der Southbank und nahe der Princes Bridge ab, Tickets gibt es am Kiosk am Flussufer. Sie können auch bei Melbourne River Cruises vorbestellen *(Tel. 03/8610-2600)*. Alternativ können Sie von Southgate den Fluss hinunterfahren und bis in die Bucht nach **Williamstown**, einem Badeort. Die Fahrt dauert 50 Minuten.

Ideal für eine Verschnaufpause im Grünen: die Royal Botanic Gardens

Zweiter Spaziergang: Das echte Melbourne

Auch dieser Spaziergang durch die Innenstadt beginnt unter den Uhren der Flinders Street Station. Die Hauptstraße, Swanston Street, jetzt eine Fußgängerzone, führt ins Herz des Zentrums, interessanter sind jedoch die Nebenstraßen. Melbourne ist stolz auf seine europäisch anmutenden Gassen und seine viktorianischen Einkaufstempel voller Cafés, uriger Läden, Straßenkunst und temporärer Bars. Die Touristeninformation hält Broschüren zu den interessantesten Gassen bereit. Einen Einblick bietet ein Abstecher über die Flinders Street, dann links und rechts in die enge Degraves Street mit zahlreichen Cafés. Noch mehr lebhafte Lokale und Straßenkunst warten jenseits der Flinders Lane am Centre Place. Am Ende gelangen Sie über die modische Collins Street zur eleganten, wunderbar restaurierten **Block Arcade** ❶, erbaut in den 1880er Jahren mit Goldrauschgeld. Sehenswert sind die Mosaikfußböden, die dekorative Kuppel und die kleinen Läden. Auch die Hopetoun Tea Rooms stammen aus dem 19. Jahrhundert, und die nahe gelegene **Royal Arcade** ❷ in der Little Collins Street, 1869 erbaut, wird von Statuen mythischer Riesen beschützt.

Durch die Royal Arcade gelangen Sie zur Bourke Street Mall mit großen Kaufhäusern. Dann biegen Sie rechts in die Swanston Street und sogleich in die Collins Street. Anschließend wandern Sie eine leichte Anhöhe hinauf ins historische Viertel Paris End mit schicken Geschäften und Galerien sowie zum **Old Treasury Building** ❸ auf der anderen Seite der Spring Street. Es wurde 1857 zur Verwahrung der Reichtümer aus den Goldfeldern erbaut. Heute ist hier ein historisches Museum *(Tel. 03/9651-2233, $)* untergebracht.

NICHT VERSÄUMEN

Fitzroy Gardens • Melbourne Museum • Queen Victoria Market

Hinter dem Treasury Building befinden sich die herrlichen **Treasury** und **Fitzroy Gardens** ❹, in denen Büroangestellte gern ihre Mittagspause verbringen. Ein beliebtes Fotomotiv ist die Avenue of Elms. Captain Cook's Cottage *($)* wurde aus Cooks Heimat Yorkshire nach Australien verfrachtet und 1934 anlässlich der Hundertjahrfeier von Melbourne hier wieder aufgebaut.

Wenn Sie zur Spring Street zurückkehren und sich nach rechts wenden, passieren Sie das 1883 eröffnete **Windsor Hotel** ❺, zu dessen Gästen zahlreiche bedeutende Persönlichkeiten gehörten. Hier wurde 1900 die australische Verfassung erarbeitet.

Ebenfalls an der Spring Street steht das mit Zierrat überladene **Princess Theatre**, 1886 erbaut. Drei Blocks weiter treffen Sie an der Victoria Street auf die alte Exhibition Hall, die Carleton Gardens und das große neue **Melbourne Museum** ❻ (siehe S. 295).

Folgen Sie weiter der Victoria Street. Ein kurzer Abstecher die Russell Street hinunter bringt Sie zum **Old Melbourne Gaol** ❼ *(Russell St., Tel. 03/9663-7228)*, wo 1880 der berüchtigte Bushranger Ned Kelly (siehe S. 322f) gehenkt wurde. Zurück auf der Victoria Street stoßen Sie ein paar Blocks weiter auf den **Queen Victoria Market** ❽, eine farbenfrohe Melbourner Institution (siehe S. 294).

Nun geht es die Elisabeth Street hinunter zur **Melbourne Central Mall** ❾. Von hier aus können Sie mit einer Straßenbahn oder der U-Bahn zur Flinders Street Station zurückkehren.

St. Kilda

Der Vorort St. Kilda wirkt mit seinen prächtigen alten Hotels, einem etwas antiquierten Vergnügungspark und Art-déco-Apartments an einer mit palmen-gesäumten Esplanade wie ein altmodisches Strandbad. Die Gegend ist beliebt und nicht weit von der City entfernt. Steigen Sie in eine der Straßenbahnen (Nr. 16 oder 96), die von der Flinders Street Station aus durch die St. Kilda Road fahren.

Die Acland Street in St. Kilda ist für ihre Konditoreien mit den verführerischen Auslagen berühmt

St. Kilda
Karte S. 290 C2

Luna Park
Lower Esplanade, St. Kilda
03/9525-5033
lunapark.com.au

Die **Fitzroy Street** mit Lokalen aller Art ist die Hauptstraße, die zum Meer führt, wo die **Esplanade** sich im Bogen am Strand entlangzieht, vorbei am Pier und so bekannten Veranstaltungsstätten wie dem Esplanade Hotel und dem Palais Theatre. An Sonntagen gibt es hier einen Kunsthandwerksmarkt; immer belebt ist die **Acland Street** mit ihren Konditoreien und Bars.

Der New Yorks Coney Island nachempfundene **Luna Park** ist ein kleiner Vergnügungspark gleich bei der Esplanade. Die Fahrgeschäfte sind altmodisch wie aus den 1960er Jahren.

Am Strand herrscht eine behagliche Ferienatmosphäre. Im Sommer finden hier gelegentlich Beach-Volleyball-Turniere oder Ironman-Ausscheidungen statt. Die Pier zieht Angler und Spaziergänger an. Von hier aus hat man einen guten Blick auf die Skyline der Stadt und die anderen Vororte an der Bucht. Ein Radweg führt von South Melbourne durch St. Kilda bis nach Brighton an diesem Strand entlang. ■

Yarra-Radweg

Melbourne ist eine fahrradfreundliche Stadt. Es verfügt über ein ausgedehntes Radwegenetz, das durch Parks, die Innenstadt und am Strand von Port Phillip Bay entlangführt. Eine der beliebtesten Strecken ist der Yarra-Radweg (Main Yarra Trail), der von der Innenstadt aus dem gewundenen Lauf des Yarra bis in die Parklandschaften der Vorstädte folgt.

An Wochenenden herrscht auf dem Yarra-Radweg reger Betrieb, und der Fluss und die Eukalypten an seinen Ufern lassen leicht vergessen, dass man sich in einer Vier-Millionen-Stadt befindet. In Melbourne gibt es zahlreiche Fahrradgeschäfte und -verleiher, darunter einen direkt am Federation Square am Fluss.

Der Radweg beginnt unterhalb der Princes Bridge. Gönnen Sie sich vor dem Start einen Cappucino und ein Stück Kuchen in einem der Cafés im nahen Southgate Complex. Dann folgen Sie dem Fluss stromaufwärts durch die **Alexandra Gardens**.

Anschließend führt der Weg nach Süden und Osten durch einige der elegantesten inneren Vorstädte – **South Yarra**, **Kew** und **Hawthorne** – und windet sich dann nach Norden durch Arbeitervorstädte wie **Collingwood** hindurch und an einigen der ältesten Industrieanlagen der Stadt vorbei.

Danach geht es erneut durch Parklandschaften, wobei Sie nicht vergessen sollten, gelegentlich einen Blick zurück auf die imposante Skyline von Melbourne zu werfen, und weiter zum **Fairfield Park Boathouse**. Obwohl der Radweg noch viele Kilometer weitergeht, ist dieses alte Lokal am Flussufer eine gute Endstation.

Der Rückweg quert über die verkehrsreiche Heidelberg Road, aber der Bahnhof ist nicht weit entfernt. Von dort können Sie mit dem Zug zurück zur Flinders Street Station fahren. In allen Stadtzügen wird Ihr Fahrrad kostenlos befördert. ■

ERLEBNIS: Radfahren in Melbourne

Melbourne Bike Share *(melbournebikeshare.com.au)* ist ein Radverleihprogramm mit 50 Leihstationen in der Innenstadt. Man zieht seine Kreditkarte durch das Lesegerät, nimmt sich ein Rad und stellt es dann an einer anderen Station wieder ab. Fahrradhelme ($5) sind in Australien Pflicht und in Geschäften erhältlich, die an den Leihstationen genannt sind. Das **Bicycle Network Victoria** *(Level 4, 246 Bourke St., Tel. 03/8376-8888, bicyclenetwork.com.au)*, eine Organisation, die das Radfahren fördern will, bietet ausgezeichnete Fahrradkarten und eine sehr informative Website. Über geführte Radtouren informiert das Visitor Center *(thatsmelbourne.com.au)*.

Mornington Peninsula

Zwei Fahrstunden südlich von Melbourne liegen die Küstenstädtchen der Mornington Peninsula. An der Innenseite der Bucht erstreckt sich ein 96 Kilometer langer halbmondförmiger Strand. Auf der Rückseite des Halbmondes finden Sie grandiose Felsformationen und gute Surfmöglichkeiten. Über die Halbinsel verstreut liegen rund 60 kleine, aber exzellente Weingüter.

Ein vulkanischer Monolith erhebt sich am Cape Schanck vor der Küste der Mornington Peninsula

Um auf die Halbinsel zu gelangen, nehmen Sie die Eastlink-Mautstraße oder den Nepean Highway nach Süden, an der Südostflanke der Port Phillip Bay entlang vorbei am Vorort Frankston. Der letzte Vorort der Stadt ist **Mount Eliza**. Im Fischereihafen **Mornington** ein paar Kilometer weiter südlich laden eine schöne Esplanade und die **Mornington Peninsula Art Gallery** zu einem Besuch ein. Mittwochs findet auf der Main Street ein Kunsthandwerksmarkt statt.

Im Informationsbüro von **Dromana** sind Broschüren über die Küstenorte der Halbinsel erhältlich. Von Dromana bis Rye ist der Strand mit leuchtend bunten Badehütten übersät. Ganz in der Nähe ragt im **Arthur's Seat State Park** ein 304 Meter hoher Granitbrocken auf, von dem aus man einen fantastischen Blick hat.

Auf **Cape Schanck**, einem Landvorsprung auf der Meeresseite der Halbinsel, steht ein 1859 erbauter Leuchtturm. Unter den vielen möglichen Strandwanderungen empfiehlt sich besonders der 26 Kilometer lange Two Bays Trail nach Dromana.

INSIDERTIPP

Bei Merricks General Wine Store, einem hübschen Bistro, sollten Sie bei Ihrer Tour über die Mornington Peninsula einen Stopp einlegen.

CATHERINE PEARSON
NATIONAL GEOGRAPHIC-Mitarbeiterin

Sorrento und **Portsea** an der der Port Phillip Bay zugewandten Seite sind reizvolle Städtchen nahe der Halbinselspitze. Der Strand ist traumhaft, aber beim Schwimmen ist Vorsicht geboten: Schwimmen Sie nur zwischen den Flaggen! 1967 verschwand hier der australische Premierminister Holt in der Brandung. Es gab Verschwörungstheorien, doch tatsächlich wurde Holt von einer der mächtigen Unterströmungen fortgerissen.

An der Spitze der Halbinsel bietet der **Point Nepean National Park** eine malerische Küstenlandschaft, ein Tunnellabyrinth und die verfallenden Befestigungen von Fort Nepean, das 1880 errichtet wurde, um die Einfahrt in die Bucht zu schützen. Ein Shuttlebus fährt die 4,5 Kilometer von der alten Quarantänestation mit dem Besucherzentrum des Parks *(Tel. 03/5984-6014)*. Mit dem Auto kann man auch weiter in den Park hineinfahren bis zum Gunners Cottage.

Von Sorrento aus kann man die Fähre zum hübschen kleinen Küstenort **Queenscliff** nehmen. Die Peninsula Searoad Ferry *(Tel. 03/5258-3244, searoad.com.au)* transportiert Personen und Autos.

Auch **Phillip Island** am Eingang zur Westernport Bay ist bei Wochenend-Ausflüglern beliebt. Die Insel ist berühmt für die Parade der Zwergpinguine, die jeden Abend zu Hunderten aus dem Wasser auftauchen und den Summerland Beach hinaufwatscheln. Dazu gibt es hier noch das **Koala Conservation Centre** und das große Robben-Beobachtungszentrum **Nobbies Centre**. Eine Brücke führt von San Remo auf dem Festland zu dem Inselstädtchen Newhaven mit einem Besucherzentrum bei der Brücke. Von dort geht es weiter zum Hauptbadeort Cowes. ■

Mornington Peninsula

Karte S. 290 C1

Besucherinformation

Nepean Hwy., Dromana

03/5987-3078

Merricks General Wine Store

3460 Frankston-Flinders Rd., Merricks

03/5989-8088

mgwinestore.com.au

Phillip Island

Karte S. 290 C1

Besucherinformation

895 Phillip Island Rd., Newhaven oder 91-97 Thompson Ave., Cowes

1300-366-422

visitphillipisland.com

Besucherinformation zu Naturparks

penguins.org.au

ERLEBNIS: Pinguinparade

Eine große Kolonie von Zwergpinguinen, der kleinsten Pinguinart mit nur 30 Zentimeter Höhe, nistet am Summerland Beach auf Phillip Island. Nach Sonnenuntergang kehren sie jeden Abend zu ihren Bauen zurück, um zu ruhen oder in der Brutsaison ihre Jungen zu füttern. Die Pinguine stören sich nicht an den Touristenbussen, wenn eines nach dem anderen der niedlichen kleinen Tiere aus dem Meer kommt und über den Strand watschelt. Info bei Phillip Island Nature Parks *(Tel. 03/5951-2800, penguins.org.au, $$$).*

Yarra Valley

Melbournes ländliche Randbezirke – das Yarra Valley und die Dandenong Ranges – sind eine Reise wert. Hier finden sich Victorias beste Kellereien, Gelegenheit zu herrlichen Buschwanderungen und Fahrten durch hohe Wälder.

Yarra Valley
Karte S. 290 C2
Besucherinformation
Old Courthouse, Harker St., Healesville
03/5962-2600

Das Yarra Valley liegt nordöstlich von Melbourne und ist auf dem Maroondah Highway in einer Stunde mit dem Auto zu erreichen. Das Tal zählt zu den ältesten Weinregionen Victorias. Bereits Anfang 1860 bauten hier die Schweizer Paul und Hubert de Castella Wein an. Ende des 19. Jahrhunderts wütete die Reblaus in Victoria besonders schlimm, und der Weinbau kam zum Erliegen.

INSIDERTIPP

Yering Station, das älteste Weingut im Yarra Valley, lockt mit Restaurant, Probierstube, Café, Galerie und Laden sowie dem historischen Hotel Chateau Yering.

PETER TURNER
National Geographic-Autor

Zurzeit erlebt das Yarra Valley mit mehr als 90 Kellereien eine Renaissance. Eine wichtige Rolle spielt der französische Champagnerhersteller Moët et Chandon, dessen Weingut **Domain Chandon** in der Nähe von Coldstream exzellente Schaumweine erzeugt und über einen Verkostungsraum mit Blick über die Weinberge verfügt. Die Kellerei **De Bortoli** nördlich von Yarra Glen am Melba Highway produziert den Dessertwein The Noble One, der zu Australiens besten zählt.

In **Healesville**, 19 Kilometer weiter auf dem Maroondah Highway, befindet sich das **Healesville Wildlife Sanctuary** *(Badger Creek Rd., Tel. 03/5957-2800, zoo.org.au, $$$)*, Anfang 1940 zur Pflege verletzter oder verwaister Tiere eingerichtet. Von den über 200 hier vertretenen Arten von Vögeln, Säugetieren und Reptilien werden einige ausgewildert, andere für Zuchtprogramme bedrohter Arten im Schutzgebiet gehalten.

Hinter Healesville windet sich der Maroondah Highway durch die dichten Feuchtwälder der **Great Dividing Range**. Die hier wachsenden Eukalypten sind unglaublich hoch und werfen einen kühlenden Schatten auf die schmale Straße. Das Gefühl, durch eine Kathedrale zu fahren, würde Sie auch ohne die Haarnadelkurven zu einem gemächlichen Tempo veranlassen. Hier wachsen auch Riesenfarne, und kleine Wasserfälle ziehen im Vorbeifahren den Blick auf sich. ■

Dandenong Ranges

Die Dandenong Ranges ähneln den Blue Mountains, auch über ihnen liegt der blaue Dunst des Eukalyptusöls. Fahren Sie 32 Kilometer in südöstlicher Richtung auf dem Burwood Highway bis Upper Ferntree Gully, und biegen Sie dann nach Norden auf die steile, gewundene Mount Dandenong Tourist Road ab.

„Puffing Billy" befördert heute keine Farmerzeugnisse mehr, sondern Touristen

Die Berge erreichen Höhen bis zu 600 Metern und sind dicht bewachsen. In einigen der tiefen Rinnen wachsen riesige Farne, deren Wedel ein Dach bilden, das die Sonne abhält; unter diesem grünen Dach wachsen Moose, kleinere Farne und Blumen, darunter mehr als 30 Orchideenarten. An die hundert Vogelarten sind hier zu Hause, die Gegend ist jedoch besonders berühmt für ihre Leierschwänze, die fast jeden Laut imitieren können – den Gesang anderer Vögel ebenso wie das Zurückspulen einer Kamera oder das Geräusch einer Kettensäge.

Ferntree Gully National Park, Sherwood Forest, Doongalla Reserve sowie die Wälder von Olinda und Mount Evelyn wurden zum **Dandenong Ranges National Park** zusammengefasst. Er ist bei Buschwanderern sehr beliebt. **Mount Dandenong** mit einem Café und tollen Ausblicken ist das bevorzugte Ziel für Tagesausflüge.

In **Belgrave** können Sie einen Dampfzug besteigen, „Puffing Billy" *(Reservierungen Tel. 03/9754-6800, puffingbilly.com.au, $$$$)*. Die Strecke wurde 1900 gebaut und führt über 13 Kilometer zum Emerald Lake Park. ■

Dandenong Ranges National Park

Karte S. 290 C2

Besucherinformation

1211 Burwood Hwy., Upper Ferntree Gully

03/9758-7522

ZU FUSS DURCH DIE DANDENONGS: Wanderführer durch die Dandenongs mit Beschreibungen der Wege und der Flora und Fauna sind in Melbourne und auf *parkweb.vic.gov.au* erhältlich. Belgrave ist mit einem Zug ab Flinders Street Railway Station in Melbourne zu erreichen.

Mit dem Auto: Great Ocean Road

Die Great Ocean Road ist Australiens schönste Küstenstraße. Sie beginnt beim Badeort Torquay hundert Kilometer südwestlich von Melbourne und führt dann 240 Kilometer an der grandiosen Shipwreck Coast entlang bis zum alten Walfängerhafen Warrnambool. Die direkte Route von Melbourne geht durch Geelong, aber die Fahrt über die Mornington Peninsula ist reizvoller.

Auf dieser Strecke können Sie die vielleicht größte landschaftliche Vielfalt ganz Australiens genießen: einsame Sandstrände, sich über viele Meilen erstreckende schroffe Klippen, Wildblumen und hübsche Fischerdörfer vor dem Hintergrund der steilen, bewaldeten Otway Ranges. Das berühmteste Wahrzeichen dieser Straße sind die Felssäulen der Twelve Apostles.

Die Straße wurde ab 1918 erbaut. Seit ihrer Eröffnung im Jahr 1932 ist sie bei

Touristen und Einheimischen gleichermaßen beliebt.

Offiziell beginnt die Great Ocean Road (*visitgreatoceanroad.org.au*) im alten Ferienort Torquay 23 Kilometer südlich von Geelong. Von Melbourne aus überqueren Sie die Westgate Bridge, fahren 72 Kilometer auf dem Princes Highway bis nach Geelong und dann auf dem Bypass oder Surfcoast Highway nach Torquay – eine kurze, aber nicht besonders interessante Fahrt. Alternativ bietet sich der Nepean Highway zur Mornington Peninsula (siehe S. 306f) an, Sie fahren dann nach Sorrento oder Portsea und nehmen die Fähre nach **Queenscliff** **1**. Dieses hübsche Städtchen wurde 1838 als Lotsenstation für die in die Bucht einlaufenden Schiffe gegründet. Später diente es als Marinegarnison. Die Bahnstrecke wurde 1879 von Geelong bis Queenscliff weitergeführt, und das Städtchen mauserte sich zu einem

NICHT VERSÄUMEN

Lorne • Cape Otway Lighthouse • The Twelve Apostles

eleganten Ferienort mit vornehmen Hotels, darunter das 1887 erbaute **Queenscliff Hotel** (siehe S. 384) und das **Vue Grand** (1884) an der Hesse Street *(Tel. 03/5258-1544)*. Von Queenscliff aus gelangen Sie nach 44 Kilometern durch Ocean Grove und Barwon Heads auf den Surfcoast Highway.

Torquay ❷ *(Besucherinformation: Surf City Plaza., Tel. 03/5261-4219)* ist seit dem Ende des 19. Jahrhunderts ein beliebter Ferienort. Die Surfbedingungen hier sind fast perfekt, und das Easter Surfing Classic, das am nahen **Bells Beach** abgehalten wird, ist eines der wichtigsten Ereignisse im Kalender der Profi-Surfer. Im **Surf City Plaza** gibt es verschiedene Läden mit Surfausrüstung. Auch das Surf World Museum *(Tel. 03/5261-4606, $)* ist dort.

Auf den nächsten 16 Kilometern verläuft die Straße landeinwärts, bevor sie bei **Anglesea** wieder ans Meer führt, ab hier windet sie sich an der zerklüfteten Küste und endlosen Stränden entlang bis zum etwa 40 Kilometer entfernten Städtchen **Lorne** ❸. Lorne ist seit den 1860er Jahren ein beliebter Ferienort. Damals beförderten Kutschen Besucher auf schlammigen Buschpfaden über die Otway Ranges. Heute kommen zahlreiche Gäste nach Lorne, um zu surfen oder auf die Berge hinaufzusteigen, um die **Erskine Falls** zu bewundern. An manchen Wochenenden oder während der Weihnachtsferien, kommen zu den 1400 Bewohnern fast 20 000 Gäste hinzu. Entweder kommen Sie in ruhigen Zeiten oder Sie buchen weit im Voraus. Das Lorne Visitor Information Centre *(15 Mountjoy Parade, Tel. 03/5289-1152)* hilft bei der Suche nach Unterkunft.

Die schmale 40 Kilometer lange Strecke von Lorne nach **Apollo Bay** *(Besucherinformation: Tel. 03/5237-6529)* ist einer der dramatischsten Abschnitte der Great Ocean Road, die hier um steile Klippen und kleine Buchten herumführt.

Nach Apollo Bay führt die Straße landeinwärts in die Otway Ranges, von

Shipwreck Coast

Diese Küste stellt hohe Ansprüche an Autofahrer, aber für Matrosen war sie eine noch viel grausamere Herausforderung. Mehr als 80 Schiffe sind hier gescheitert, von denen der Clipper „Loch Ard" das berühmteste war. Er sank in einer kalten, stürmischen Nacht im Juni 1878, von den 53 Menschen an Bord überlebten nur zwei: ein 18-jähriges Mädchen namens Eva Carmichael und der 18-jährige Leichtmatrose Tom Pearce. Sie wurden in eine Bucht gespült und fanden Zuflucht in einer Höhle. Am nächsten Morgen erklomm Pearce die Klippen, um Hilfe zu holen.

Die ganze Nation war von der Tragödie erschüttert. Eva Carmichael hatte bei der Katastrophe ihre Eltern und fünf Geschwister verloren, und man hoffte, dass sie sich in den jungen Matrosen verlieben würde. Aber dazu kam es nicht. Sie entstammte einer wohlhabenden Familie in Irland, zu der sie zurückkehrte. Tom Pearce dagegen fuhr wieder zur See und überlebte zwei weitere Schiffbrüche.

Heute führen Wanderwege um die Loch-Ard-Bucht herum; über eine Holztreppe gelangt man hinunter an den winzigen Strand und zu der Höhle – Carmicheal's Cave – der beiden Schiffbrüchigen.

Der Anker der „Loch Ard" steht in Port Campbell direkt vor dem Besucherzentrum; dort erzählt auch das Loch Ard Shipwreck Museum von Schiffbrüchen vor der Küste.

Trotz ihres Namens bestehen die beeindruckenden Twelve Apostles nur aus acht Säulen

denen aus Sie herrliche Blicke auf das Meer und die grüne Hügellandschaft werfen können. Die mit Regenwäldern der gemäßigten Zone bedeckten Berge sind mit einem jährlichen durchschnittlichen Niederschlag von 2000 Millimetern die feuchteste Region Victorias.

Wenn Sie ein Paar Wanderstiefel mitgebracht haben, können Sie ab Apollo Bay den **Great Ocean Walk** nehmen, einen spektakulären Wanderweg, der den größten Teil der 91 Kilometer zu den Twelve Apostles direkt am Meer entlangführt. Der Weg kann als Ganzes oder in Teilstrecken begangen werden. Infos gibt es bei Parks Victoria *(Tel. 13-1963, parkweb.vic.gov.au)*.

Knapp 20 Kilometer hinter Apollo Bay können Sie nach links (Süden) auf eine Piste zum **Cape Otway Lighthouse** ❹ abbiegen. Der Leuchtturm wurde 1848 von Sträflingen aus Sandstein gebaut, nachdem an den Riffen vor der Küste viele Schiffe gescheitert waren. Hier gibt es ein Café, Führungen und Unterkünfte *(lightstation.com)*.

Die Great Ocean Road führt am kleinen, aber sehr schönen **Melba Gully State Park** mit seinen üppigen Farnen, dichten Regenwäldern und Unmengen von Glühwürmchen vorbei zum alten Holzfällerstädtchen **Lavers Hill**. Der Highway erreicht bei **Princeton** wieder die Küste und führt über einige Kilometer durch den **Port Campbell National Park** *(Besucherinformation Tel. 03/5598-6089)*. Dieser Küstenabschnitt wurde im Laufe von Millionen Jahren von Stürmen so stark erodiert, dass nur noch die **Twelve Apostles** ❺ – über 60 Meter hohe Steinsäulen – aus dem Meer ragen.

Die Great Ocean Road endet dort, wo sie in den Princes Highway mündet, östlich des alten Walfängerhafens **Warrnambool** ❻ *(Besucherinformation: Flagstaff Hill, 23 Merri St., Tel. 1800-637-725, visitwarrnambool.com.au)*. Im Winter (Juni–Sept.) kann man hier Südliche Glattwale beobachten, von denen es noch rund 10 000 gibt. An Warrnambools Zeit als Walfängerhafen erinnert

Die Great Ocean Road verläuft südlich von Lorne zwischen dem Meer und den Otway Ranges

ERLEBNIS: Surfen

Victorias **Bells Beach** (siehe S. 312) ist die Heimat des Surfens in Australien, zumindest sind hier einige wichtige Hersteller von Surfbrettern zu Hause, wie Quiksilver und Rip Curl. Die starke Dünung am Bells Beach ist sehr bekannt, doch es gibt entlang der Great Ocean Road, auf der Mornington Peninsula und Phillip Island weitere gute Plätze.

Sydney rühmt sich der beliebtesten Surfstrände: Das sind Bondi Beach und die Strände nördlich von Manly.

Wer wärmeres Wasser sucht, macht sich auf nach Norden, wo von **Byron Bay** bis **Surfers Paradise** die populärsten Ferienstrände Australiens mit vielen guten Surfplätzen liegen.Top ist die Superbank an der **Gold Coast**. Hier entstand – unbeabsichtigt – ein Themenpark für Surfer, als der Tweed River ausgebaggert wurde, um diese Sandbank zu schaffen. An einem guten Tag soll es möglich sein, fast zwei Kilometer auf einer Welle zu reiten. An der **Sunshine Coast** nördlich von Brisbane gibt es auch eine gute Brandung, doch das Great Barrier Reef schützt den Großteil der Küste von Queensland.

In **Western Australia** herrscht an der Küste vom Cape Naturaliste bis zum Cape Leeuwin eine starke und besonders zuverlässige Brandung. Die Westwinde treiben riesige Wellen an der Great Australian Bight entlang und hinüber zur **Eyre Peninsula**.

Surfunterricht wird praktisch überall dort geboten, wo Surfen möglich ist. Am beliebtesten sind die Strände mit den großen Namen wie Bondi Baech und Noosa, aber es gibt auch anderswo eine ganze Reihe von Kursen.

Mehr Info unter *surfingaustralia.com* oder *australia.com*.

das **Flagstaff Hill Maritime Village** *(Tel. 03/5559-4600)*, untergebracht im Leuchtturm, dem Haus des Leuchtturmwärters und 1887 errichteten Befestigungen.

Eines von Australiens geheimnisvollsten Wracks ist das „Mahagoni-Schiff", das angeblich noch unter dem Sand zwischen Warrnambool und Port Fairy vergraben liegt. 1836 erstmals von Walfängern gesichtet, befand der damalige Hafenmeister von Port Fairy seine Bauweise für antiquiert; auch sein Holz war ihm unbekannt; er vermutete Mahagoni. Nirgendwo wurde ein derartiges Schiff vermisst, und Aborigines behaupteten, das Wrack wäre schon immer da gewesen. 1880 wurden die Überreste des Schiffes bei einer Reihe schwerer Stürme verschüttet und seither nicht wieder entdeckt. Einige Historiker vermuten, dass es sich um das Wrack einer portugiesischen Karavelle aus dem 16. Jahrhundert gehandelt haben könnte, ausgesandt, um heimlich die Südsee zu erkunden.

Der **Mahogany Walking Trail** **7**, ein 19 Kilometer langer Wanderweg nach Port Fairy, führt an der Stelle vorbei, an der das Mahagoni-Schiff vor über 130 Jahren zum letzten Mal gesehen wurde. Im Besucherzentrum in Warrnambool können Sie sich über Wanderungen und Sehenswürdigkeiten informieren.

Der historische Badeort **Port Fairy** lockt mit malerischen Straßen, alten Häusern, die heute oft Pensionen beherbergen. Hier findet jedes Jahr im März das Port Fairy Folk Festival statt.

Von Warrnambool aus führt Sie der Princes Highway zurück nach Melbourne oder Sie fahren weiter nach Portland, Victorias ältester Stadt, und von dort nach Adelaide.

Victorias Alpenregion

In den Bergen Victorias kann man im Sommer wunderbar wandern und im Winter Ski fahren. Die Region erstreckt sich von Mansfield – ungefähr 160 Kilometer nordöstlich von Melbourne – bis an die Grenze von New South Wales. In den Tälern am Fuß der knapp 2000 Meter hohen Berge machen malerische Dörfer, Weinberge und kleine Farmen die Landschaft noch reizvoller.

Mount Hotham, Victoria, ist einer der beliebtesten Wintersportorte Australiens

Beechworth
Karte S. 291 D3
Besucherinformation
103 Ford St.
03/5728-8065

Das Herz der Region sind die **Bogong High Plains**, von Melbourne aus auf dem Hume Highway in vier Stunden erreichbar. Die Route führt durch das Kelly Country, wo der Bushranger Ned Kelly und seine Bande (siehe S. 322f) sich versteckten. Im Winter können sie von **Glenrowan** aus die schneebedeckten Berge sehen, in denen das letzte Gefecht stattfand.

Bei **Wangaratta** verlassen Sie den Hume Highway und fahren auf dem Ovens Highway durch das malerische Ovens River Valley. Wie so oft in Victoria war es auch hier das Gold, das diese Gegend erschloss. Das Städtchen **Beechworth** *(Besucherinformation: Ford St., Tel. 1300-366-321, beechworth.com)* – ein Stück nördlich des Highway – wurde 1852 nach der Entdeckung einer Goldader gegründet, die allein in den ersten 14 Jahren mehr als vier Millionen Unzen (113 400 kg) Gold lieferte.

Heute ist Beechworth einer der hübschesten und am besten erhaltenen Orte aus der Zeit des Goldrausches, seine breiten Straßen werden von honigfarbenen Gebäuden mit guten Restaurants, Kunstgalerien und Museen gesäumt. Das **Burke Museum** *(Loch St.)* – benannt nach dem Entdeckungsreisenden Robert Burke (siehe S. 44f), der Polizeichef von Beechworth war –, erzählt die Geschichte des Goldrausches. Den knapp fünf Kilometer langen **Gorge Scenic Drive** befährt man am besten mit dem Fahrrad. Beechworth liegt auch am **Murray to the Mountains Rail Trail**, der von Wangaratta nach Bright führt. Dies war der erste Bahntrassenweg; er führt an malerischen Weingütern und Farmen vorbei.

In die Berge

Die Berge beginnen hinter Myrtleford mit dem **Mount Buffalo National Park**. Er ist berühmt für seine Wildblumen und Wasserfälle, von denen einer, Crystal Brook, 243 Meter in die Tiefe stürzt. Auf dem Granitmassiv in 1600 Metern Höhe gibt es fast 150 Kilometer Wanderwege und Langlaufloipen. Sie können mit dem Wagen bis nahe an den Gipfel The Horn heranfahren und das letzte Stück zu Fuß zurücklegen.

Die 32 Kilometer das Tal hinauf von Myrtleford bis nach **Bright** sind von kleinen Farmen gesäumt. Hinter Bright gabelt sich die Straße. Eine Abzweigung führt zum Mount Beauty und dem Wintersportort **Falls Creek**, die andere windet sich zum Gipfel des 1862 Meter hohen **Mount Hotham** hinauf und führt dann weiter in das Bergdorf Dinner Plain. Mount Hotham hat vielleicht die besten Abfahrten in Australien zu bieten, Falls Creek die besten Langlaufloipen.

Im Sommer ist es ein herrliches Wandergebiet; besonders lohnenswert ist die Besteigung des **Mount Bogong**. Wanderer mit genügend Zeit und Erfahrung können sich auf den 640 Kilometer langen **Alpine Walking Track** wagen, der von Walhalla bis in die Außenbezirke von Canberra führt. ■

Bright
Karte S. 291 D2
Besucherinformation
76a Gavan St.
03/5755-2275

Bogong High Plains

Die Bogong High Plains in den Victorian Alps sind im Winter ein Paradies für Skilangläufer und im Sommer für Wanderer. Hütten liegen entlang des Alpine Walking Track und an den Wegen zum Mount Bogong und Mount Feathertop.

Die Plains sind von den Skiorten Falls Creek und Mount Hotham leicht zugänglich und bieten eine einzigartige Flora und Fauna; so lebt hier eine seltene Schlafbeutlerart, die man bis in die 1960er Jahre schon für ausgestorben hielt. Der Bogongfalter verbringt die Zeit von November bis März hier; bei den Aborigines war er eine Delikatesse.

Während ihrer großen Sommerwanderungen landen Schwärme von Faltern in Gärten Canberras und anderer Städte des Südostens.

Australian Rules Football

Alljährlich ist jeder Vorort von Melbourne, darunter Collingwood, Essendon, North Melbourne, Carlton und St. Kilda, sieben Monate lang ein eifersüchtig verteidigtes Football-Empire. Es gibt in der Stadt neun Profi-Football-Vereine, von denen einige schon um 1850 gegründet wurden und damit zu den ältesten Football-Vereinen der Welt gehören.

Es gibt kaum etwas, das typischer für Melbourne ist, als sich warm anzuziehen und auf den Footballplatz zu eilen. Wenn Sie Melbourne während der Saison besuchen, sollten Sie sich unbedingt ein Spiel ansehen. Das ist das wahre Victoria: ein Tribünenplatz, eine Fleischpastete in der Hand und knochenharte Action vor sich.

Die „Regeln" des Spiels

Neulingen fällt es etwas schwer, dem Spiel zu folgen, denn im Football nach australischen Regeln scheint es überhaupt keine Regeln zu geben, außer dass 18 Spieler auf dem Feld sind.

Im Prinzip geht es darum, den Ball auf dem Feld voranzutreten, zu werfen und zu stoßen, bis man ihn zwischen die Torpfosten befördern und damit sechs Punkte einheimsen kann. Wenn das passiert, marschiert der Tor-Schiedsrichter zwischen die Pfosten und zieht zwei imaginäre Pistolen, und die Menge jubelt. Wenn der Spieler die beiden engsten Pfosten verfehlt, aber zwischen die beiden weiter auseinanderstehenden trifft, bekommt er einen Punkt.

ERLEBNIS: Ein Footballspiel miterleben

Lassen Sie sich die Gelegenheit nicht entgehen, ein schnelles, actionreiches australisches Football-Spiel zu sehen. Allein das Verhalten der Fans ist den Preis für eine Eintrittskarte wert. Finalspiele sind Wochen im Voraus ausverkauft, aber für die regulären Matches, die von März bis September freitags und am Wochenende ausgetragen werden, sind leicht Karten zu bekommen. Gehen Sie in Melbourne zum M. C. G. oder zum Etihad Stadium in den Docklands, beim Bahnhof Southern Cross. Tickets gibt es auch bei Ticketmaster (*ticketmaster.com.au*) oder direkt am Stadion. Während des letzten Viertels eines Spiels (etwa zwei Stunden nach Beginn) ist der Eintritt kostenlos, wenn das Stadion nicht ausverkauft ist.

Nonstop-Action & Athletik

Dies ist eindeutig ein Spiel, bei dem Mut gefragt ist. Die Spieler, sämtlich große Muskelpakete, tragen weder Polster noch Helme und prallen ohne Rücksicht auf Verluste zusammen. Das Einzige, was zählt, ist der Ball. Die Spiele dauern viermal 20 Minuten, in denen aus Leibeskräften gesprungen, getreten, gerannt und gerempelt wird. Die Leistungsfähigkeit der Spieler ist wirklich erstaunlich.

Stellen Sie sich einen zwei Meter großen und hundert Kilo schweren Mann vor, der wie ein Balletttänzer hochspringt, um einen Ball aus der Luft zu fangen, dann über das Feld sprintet, Remplern ausweicht und den Ball schließlich in einem Endspurt über 50 Meter ins Tor befördert. Verletzungen sind beim Football an der Tagesordnung.

Melbournes Western Bulldogs gegen die Sydney Swans, ein Spiel der Australian Football League

Wöchentliche Begegnungen

Das Spitzenspiel der Woche wird gewöhnlich auf dem Melbourne Cricket Ground (M. C. G., siehe S. 296) ausgetragen, einer Arena mit rund 100 000 Plätzen, in der beide Mannschaften Gäste sind. Die Atmosphäre ist pulsierend, dabei doch freundlich. Es gibt keine Hooligans wie im europäischen Fußball. Die körperlichen Auseinandersetzungen finden auf dem Feld statt.

Die Saison dauert bis zur letzten Septemberwoche und wird mit einem großen Endspiel abgeschlossen. Wenn Sie dann zufällig in der Stadt sind und das Glück haben, eine Karte zu ergattern, lassen Sie sich dieses Ereignis auf keinen Fall entgehen.

Die Goldfelder

Eine Reihe reicher Goldfunde sorgte in der Mitte des 19. Jahrhunderts für einen enormen wirtschaftlichen Auschwung in Victoria und machte Orte wie Ballarat, Castlemaine und Bendigo unermesslich reich: mit prächtigen Gartenanlagen, Musikpavillons, Statuen und aufwendigen Gebäuden. Es lohnt sich, dieser Gegend von Melbourne aus einen Besuch abzustatten.

In Sovereign Hill in Ballarat wird die Zeit des Goldrausches wieder lebendig

Ballarat
Karte S. 290 B2
Besucherinformation
43 Lydiard St. N.
03/5320-5741
visitballarat.com.au

Ballarat

Ballarat liegt nur eine Autostunde westlich von Melbourne und ist deshalb ein guter Ausgangsort. Wenn Sie von Osten her in die Stadt fahren, geben Ihnen die Zierbäume, die prächtigen Gebäude und die Blumenrabatten einen Vorgeschmack auf die Eleganz und den Wohlstand dieses Ortes. Noch beeindruckender ist der Western Highway auf seiner anderen Seite. Er führt durch eine gut 20 Kilometer lange Ehrenallee für Gefallene.

Im Stadtzentrum steht eine Reihe prächtiger Gebäude, darunter das klassizistische **Rathaus** (Town Hall), die **Mining Exchange** (1888) und die **Arts Gallery of Ballarat** *(1884, 40 Lydiard St. North)*. Das Museum verfügt über eine hervorragende Sammlung von Werken der Heidelberg School (siehe S. 64) und aus der Kolonialzeit. Zu den Museen der Stadt zählt das neue **Museum of Australian Democracy at Eureka** *(Stawell St. S., Tel. 1800-287-113)*.

Ballarats Hauptattraktion ist das „lebende Museum" **Sovereign Hill** *(Bradshaw St., Tel. 03/5337-1100, sovereignhill.com.au, $$$$$)*. Hier erleben Sie Ballarat in der Zeit des Goldrausches. Außerdem gibt es ein Goldmuseum und die abendliche Sound-and-Light-Show „Blood on the Southern Cross" über die Eureka-Rebellion.

Der Midland Highway führt nach Nordosten zur Goldgräberstadt **Daylesford**, die sich in einen Kurort gewandelt hat. In dieser alten Vulkanlandschaft sprudeln 80 Prozent von Australiens bekannten Mineralwässern aus der Erde, und die Bewohner Victorias kommen seit vielen Jahren hierher. Dazu gibt es schicke Cafés und elegante Restaurants am See.

Castlemaine

Castlemaine liegt ein Stück weiter nördlich am Midlands Highway. Es soll einst die reichsten oberflächennahen Goldvorkommen der Welt gehabt haben; heute ist es eine von Victorias hübschesten Städten. Hier hat sich seit dem 19. Jahrhundert nicht viel geändert. Zur Goldrausch-Architektur gehört der **Castlemaine Market**, 1862 gebaut und von einer Ceres-Statue gekrönt. Heute beherbergt der Bau die Touristeninformation. Ein weiteres Juwel ist **Buda** *(Ecke Urquhart und Hunter St., Tel. 03/5472-1032)*, heute zum National Trust gehörig.

Das nahe **Maldon** rühmt sich der am besten erhaltenen Architektur viktorianischer Goldstädte und wartet mit intakten historischen Straßenzügen auf.

Bendigo

Bendigo ist der Ort, in dem 1851 der Goldrausch begann. Die Kunde von den reichen Goldfunden verbreitete sich bis nach China, und Tausende von Chinesen strömten in die Stadt. Ihre Geschichte wird im **Golden Dragon Museum** *(5-11 Bridge St., Tel. 03/5441-5044, $$)* erzählt. Nachdem die oberflächennahen Vorkommen erschöpft waren, wurde Gold aus tiefen Quarzadern gefördert, bis die letzte große Mine 1956 geschlossen wurde.

INSIDERTIPP

Im Theatre Royal *(theatreroyal.info)* in Castlemaine werden zu aktuellen Filmen Speisen und Getränke serviert.

PETER TURNER
National Geographic-Autor

Reichtum und Bürgerstolz haben Bendigo zu einem architektonischen Juwel gemacht. Eines der elegantesten Gebäude ist das **Shamrock Hotel** von 1897 an der Ecke Pall Mall und William-son Street, mit Marmortreppe, polierten Holzfußböden und Buntglasfenstern.

Eine Vorstellung vom Leben unter Tage bekommen Sie in der 60 Meter tiefen **Central Deborah Mine** *(76 Violet St., Tel. 03/5443-8322, $$$)*. ■

Daylesford
Karte S. 290 B2
Besucherinformation
96 Vincent St.
03/5321-6123

Castlemaine
Karte S. 290 B2
Besucherinformation
44 Mostyn St.
03/5471-1795
maldoncastlemaine.com.au

Maldon
Karte S. 290 B2
Besucherinformation
93 High St.
03/5475-2569
maldoncastlemaine.com

Bendigo
Karte S. 290 B2
Besucherinformation
Old Post Office Building, 51–67 Pall Mall
03/5434-6060
bendigotourism.com

Bushrangers

Die Zeit des Goldrausches war auch die Blütezeit der Straßenräuber, in Australien Bushrangers genannt. Iren, ob sie nun eingewandert oder die Nachkommen von Sträflingen waren, hatten kaum Veranlassung, die englische Obrigkeit zu lieben. Sie gewährten den Bushrangers Unterschlupf und bauten sie zu Volkshelden auf. Viele Bushrangers waren selbst irischer Abstammung.

Sydney Nolan schuf eine Reihe von Kelly-Gemälden, darunter „Death of Constable Scanlon" (1946)

Die ersten Bushrangers waren geflohene Sträflinge, die sich im Busch versteckten und davon lebten, dass sie Leute ausraubten. 1814 hatten sich in den Regenwäldern Tasmaniens so viele und bewaffnete Sträflinge versteckt, dass die Regierung das Kriegsrecht erklärte, weil sie fürchtete, dass es zur Rebellion kommen könnte.

In den Legenden waren die Bushrangers vornehme Gentleman-Räuber, aber in Wirklichkeit waren sie oft sehr gewalttätig und skrupellos. In Australiens brutalem Strafkoloniesystem galt indessen jede Auflehnung gegen die Obrigkeit als heldenhaft. Einige Bushrangers hatten in der Tat ein gewisses Niveau. Als Matthew Brady in Tasmanien erfuhr, dass eine Belohnung für seine Ergreifung ausgesetzt worden war, ließ er Zettel anschlagen, auf denen er 20 Gallonen Rum für die Gefangennahme des Gouverneurs der Insel anbot. 1824 bestieg Brady als Held den Galgen. „Bold Jack" Donohoe wurde seiner Eskapaden wegen von den ärmeren Australiern verehrt. Als er 1930 bei einer Schießerei mit der Polizei von New South Wales ums Leben kam, wurde er zum Märtyrer und Helden von Balladen.

Ned Kelly und seine Bande

Diese Helden gerieten jedoch in Vergessenheit, als Ned Kelly auf der Bildfläche erschien. Er wurde 1854 als Sohn eines irischen Sträflings auf einer ärmlichen Farm im Norden von Victoria geboren. Mit 15 wurde er wegen Körperverletzung verhaftet. Im nächsten Jahr folgten wegen Pferdediebstahls Verurteilungen zu drei Jahren; 1878 erschoss er drei Polizisten, die ihn erneut verhaften wollten. Mit seinem Bruder Dan und zwei Freunden – Joe Byrne und Steve Hart – flüchtete er in die Strathbogie Ranges. In den folgenden 18 Monaten unternahm die Kelly-Bande eine Reihe von Raubzügen.

Im Juni 1880 setzte die Regierung von Victoria einen ganzen Zug bewaffneter Polizisten in Marsch, die die Kelly-Bande aufspüren sollten. Rechtzeitig vorgewarnt, bemächtigten sich Ned und seine Bande der Eisenbahnstadt Glenrowan und befahlen Arbeitern, die Gleise herauszureißen. Eine der Geiseln konnte flüchten und die Polizisten warnen. Es kam zu einer Schlacht zwischen den Vertretern des Gesetzes und der Kelly-Bande, die sich im Glenrowan Hotel verschanzt hatte. Die Schießerei dauerte die ganze Nacht, gegen Morgen steckte die Polizei das Hotel in Brand. Ned versuchte, in einer selbst gefertigten Rüstung zu fliehen, wurde aber verwundet und gefangen genommen. Der Rest der Bande kam in den Flammen um, aber der Legende zufolge konnte einer (oder mehrere) entkommen und in der Anonymität weiterleben.

Romantischer Märtyrer

Ned Kelly wurde nach Melbourne gebracht, vor Gericht gestellt, für schuldig befunden und am 11. November 1880 im Old Melbourne Gaol gehenkt. Die Behörden begriffen rasch, dass Ned als Märtyrer größer und romantischer war, als er es zu Lebzeiten je gewesen war (siehe Kasten unten). 1906 war die Kelly-Bande Thema des ersten Spielfilms der Welt. Er legte so viel Mitgefühl für Ned und seine Freunde an den Tag, dass die Behörden von Victoria ihn aus Angst vor einem Aufstand in Neds einstigem „Revier" verboten.

Ned Kelly in der australischen Volkskultur

Ned Kelly wurde nach seinem Tod bekannter als im Leben. Seit 1906 „Story of the Kelly Gang" herauskam, war er Thema mehrerer Filme, von vielen Büchern, Liedern und Gemälden. Der australische Künstler Sydney Nolan schuf in den 1940er Jahren eine ganze Serie von Gemälden mit Kelly im Mittelpunkt. Nolans Gemälde sind in der National Gallery of Australia in Canberra zu sehen. „True History of the Kelly Gang", ein Roman von Peter Carey, gewann 2001 den renommierten Booker Prize.

Obwohl Kelly ein Mörder war, sehen viele in ihm den rebellischen Charakter, der typisch für Australier sein soll.

Murray River

Der Murray – mit einer bunten Geschichte von Schaufelraddampfern und deren kämpferischen Kapitänen – ist mit 1883 Kilometern Australiens längster Fluss; er entspringt in den Alpen von Victoria und mündet im Coorong. Die ersten Europäer, die den Fluss sahen, und zwar in der Gegend des heutigen Albury-Wodonga, waren 1824 die Entdeckungsreisenden Hume und Hovell.

Die Kaianlage von Echuca, rund zwölf Meter über dem Fluss gebaut, ist heute noch in Betrieb

Um 1860 hatten Rinderzüchter bereits Anspruch auf weite Landstriche am Oberlauf des Flusses erhoben; zu ihnen gehörte Jack Riley, das Modell für Banjo Patersons „The Man from Snowy River". Dutzende von Dampfern tuckerten den Fluss und den Darling, seinen Nebenfluss, hinauf und brachten Nachschub in das früher für nutzlos gehaltene Land.

1887 erhielten George und William Chaffee von der Regierung Victorias den Auftrag, im Norden des Staates ein Bewässerungssystem zu bauen. Damit wurde der Murray zur Lebensader für einen beträchtlichen Teil der australischen Landwirtschaft. Sein schlammiges Wasser, von einer Reihe von Schleusen und Dämmen reguliert, versorgt Obstplantagen, Weinberge und Baumwollfelder.

Obwohl er bestenfalls 200 Meter breit ist, haben die mächtigen Eukalypten an seinen Ufern, seine Windungen und das helle Licht den Murray River zu einem der beliebtesten Feriengebiete Australiens gemacht, auch wenn man den Sommer meiden sollte.

Mildura

Mildura, etwa sechs Stunden Fahrt nördlich von Melbourne auf dem Calder Highway, ist der Ort, von dem das Bewässerungssystem seinen Ausgang nahm. Die Stadt ist eine Oase mit Zierpalmen am Fluss, Gärten, Golf- und Tennisplätzen. Gleich hinter dem Grüngürtel liegen endlose Meilen Mallee-Busch und Salzsteppe.

Ab Mildura verkehren mehrere restaurierte Schaufelraddampfer aus dem 19. Jahrhundert auf dem Fluss; sie bieten Ausflüge zwischen einer Stunde und fünf Tagen an. Erwarten Sie aber keine riesigen Schiffe. Wer höher hinaus möchte, kann an einer Heißluftballonfahrt teilnehmen.

Echuca

Echuca ist ein hübsches altes Hafenstädtchen und zugleich der interessanteste Ort am Ufer des Murray. Er wurde 1853 vom ehemaligen Sträfling Henry Hopwood gegründet, der eine Fährverbindung einrichtete und 1859 das Bridge Hotel baute.

Der Goldrausch und der boomende Weizenhandel machten die Stadt zu einem der größten Binnenhäfen Australiens. Der aus Eukalyptusbalken erbaute Kai war 800 Meter lang. Mit dem Aufkommen der Eisenbahn nahm der Flusshandel rapide ab. Echuca verlor an Bedeutung, heute hat es der Tourismus zu neuem Leben erweckt. Der Kai ist restauriert worden, und im Ort gibt es vorzügliche Restaurants sowie Kunstgewerbe- und Andenkenläden. Mehrere restaurierte Dampfer bieten Kreuzfahrten auf diesem Flussabschnitt an. In Echuca lassen sich außerdem Hausboote und Kanus mieten. ■

Mildura

Karte S. 290 A4

Besucherinformation

180–190 Deakin Ave.

03/5018-8380 oder 1800-039-043

visitmildura.com

Echuca

Karte S. 290 C3

Besucherinformation

Ecke Heygarth St. & Cobb Hwy.

03/5480-7555 oder 1800-804-446

echucamoama.com

Mungo Man und die Chinesische Mauer

Mildura ist ein guter Ausgangspunkt für einen Besuch des als Welterbe gelisteten Mungo National Park, der 112 Kilometer nördlich in New South Wales liegt. Es gibt dort vom Wind erodierte Sandsteinformationen, die als Chinesische Mauer bekannt sind. Außerdem lebte hier der früheste auf diesem Kontinent bekannte Mensch, Mungo Man. Die 1974 gefundenen mit Ocker bemalten und feuerbestatteten Überreste dürften wenigstens 40 000 Jahre alt sein.

Im alten, ausgetrockneten Lake Mungo wimmelte es einst von Wildtieren. Aborigines kampierten in der Nähe und machten Jagd auf sie. Reiche Fossilienfunde ermöglichen Paläontologen einen Blick auf eine bizarre Fauna, darunter drei Meter große Kängurus.

Der Park ist über eine unbefestigte Straße zu erreichen, die bei Regen häufig unpassierbar ist. Kontaktieren Sie das Park Office in Buronga, auf der anderen Seite des Flusses als Mildura *(Tel. 03/5021-8900)*. Harry Nanya von den Paakantyi-Aborigines *(Tel. 03/5027-2076, harrynanyatours.com.au)* veranstaltet interessante Touren durch den Park.

Grampians National Park (Gariwerd)

Die Grampians – der Aborigines-Name ist Gariwerd – sind eine Reihe von aufgefalteten, bis zu 1167 Meter hohen Sandsteinkämmen im Westen von Victoria. Ein gut 200 000 Hektar großer Nationalpark schützt diese Berge mit Klippen, Wasserfällen, alten Höhlen mit Malereien der Aborigines und einer Fülle an Wildblumen. Sie können den Park leicht erkunden.

Vom Wonderland Lookout hat man einen herrlichen Blick

Von Melbourne aus fahren Sie rund 275 Kilometer durch die Goldgräberstadt Ballarat (siehe S. 320f), das Weinanbaugebiet Great Western und das Weizenanbau- und Weideland im Westen Victorias. Einziger Ort innerhalb des Parks ist **Hall's Gap**, ein malerisches, 1840 gegründetes Städtchen und zugleich eine hervorragende Basis zur Erkundung des Parks. Im Besucherzentrum erhalten Sie Broschüren und Karten.

Die Grampians sind im Grunde eine Ansammlung

von zusammengeschobenen Bergketten. Die Landschaft des Parks ist überaus vielfältig: heißer, trockener Mallee-Busch im Norden, dichte Eukalyptuswälder im Süden, von Farnen überwucherte Schluchten in der Wonderland Range und dicht unterhalb des schroffen Gipfels von Mount Williams sogar subalpine Flora. Die Wandermöglichkeiten rangieren von halbstündigen Spaziergängen bis zur sehr anstrengenden zweitägigen Besteigung des **Mount Difficult**.

Die schönsten Rundfahrten und Wanderungen können Sie in der **Wonderland Range** in der Nähe von Hall's Gap unternehmen. Viele der besten Aussichtspunkte sind mit dem Auto und einem kurzen Fußmarsch erreichbar. Der beliebteste Aussichtspunkt ist der **Pinnacle**, von dem aus man einen weiten Blick über die Ebene hat. Der knapp fünf Kilometer lange Rundweg führt durch eine üppig grüne Farnlandschaft, und die nahen **Mackenzie Falls** sind beeindruckend.

Felsmalereien

In dieser Gegend sind auch die schönsten Malereien der Aborigines in Victoria zu finden – mehr als 4000 Motive in Rot und Weiß finden sich in Felsnischen und Höhlen überall im Park. In **Gulgurn Manja** an der Nordspitze des Parks in der Nähe des Mount Zero gelangt man über einen kurzen, ausgeschilderten Pfad zu einer Felsnische mit Darstellungen des Python Kartuk. In der Nähe von **Glenisla** im Süden, das Sie über den Henty Highway erreichen, gibt es in der Billimina- und Wab-Manja-Höhle Handabdrücke und Darstellungen von Fischen und Echsen zu sehen. Ausflüge zu den Felsmalereien arrangiert das von Aborigines geleitete **Brambuk Cultural Centre** *(Tel. 03/5361-4000)*. Es liegt direkt hinter dem Besucherzentrum des Parks. ■

Kulturelles Tauziehen

Der erste Europäer, der 1836 diese Region erkundete, war Major Thomas Mitchell. Er war zugleich einer der wenigen frühen Landvermesser, die versuchten, die von den Aborigines vergebenen Namen beizubehalten. Trotzdem nannte er die Berge nach dem Gebirge in seiner schottischen Heimat die Grampians, vermutlich ohne zu wissen, dass die Aborigines sie Gariwerd nannten. Neuerdings ist das Gebirge Gegenstand eines kulturellen Tauziehens. 1991 erkannte die Regierung von Victoria den Aborigines-Namen an, die nächste Regierung machte die Benennung jedoch wieder rückgängig, bevor beide Namen anerkannt wurden.

Grampians National Park

Karte S. 290 A2

Besucherinformation

Grampians Rd., Halls Gap

03/5361-4444

grampianstravel.com.au

Wilsons Promontory National Park

Wilsons Promontory liegt 200 Kilometer südöstlich von Melbourne am South Gippsland Highway. Das annähernd herzförmige Vorgebirge ist die Südspitze des australischen Festlandes. Es ragt in die Bass Strait hinein und ist an der Westseite der vollen Wucht der Stürme ausgesetzt, während an der Ostseite geschützte Strände liegen.

Wilsons Promontory National Park

Karte S. 290 C1

Besucherinformation

Tidal River

03/5680-9555 oder 13-1963

parkweb.vic.gov.au

Auf Wilsons Promontory leben Kängurus, Wombats, Wallabys und Koalas. Emus grasen in der Nähe des Parkeingangs am Yanakie Isthmus. Zur reichen Vogelwelt gehören bunte Schmuckloris, Sittiche und Kookaburras.

INSIDERTIPP

Im Wilsons Promontory gibt es Hütten, Lodges und Campingplätze als Unterkünfte. Buchen Sie unbedingt rechtzeitig.

STEPHANIE ROBICHAUX
National-Geographic-Mitarbeiterin

Am besten lässt sich der Park zu Fuß erkunden. Wer die Anstrengung scheut, dem bietet sich von **Sparkes Lookout** in der Nähe des Ortes **Tidal River** einer der besten Blicke über die Bass Strait. In Tidal River befindet sich auch das Hauptbüro des Parks. Es gibt einen halbstündigen Spaziergang oder eine Zwei-Tages-Tour zum alten, 1859 erbauten Leuchtturm.

Drei sehr beliebte kurze Wanderungen führen von Tidal River auf den **Squeaky Beach Track**, der Sie zu einem Strand führt, an dem der Quarzsand so rein ist, dass er unter Ihren Füßen quietscht. Etwas länger ist der **Lilly Pilly Gully Nature Walk** – ein etwa dreistündiger Rundwanderweg durch den Regenwald.

Eine weitere beliebte Strecke führt auf den Gipfel des **Mount Oberon**. Für den rund 6,5 Kilometer langen Rundkurs brauchen Sie ungefähr zwei Stunden. Vom Parkplatz des Mount Oberon aus führt die 19 Kilometer lange Strecke zum Leuchtturm an der Südostspitze. Sie können im alten Haus des Leuchtturmwächters übernachten, das eine voll ausgestattete Küche besitzt. Bringen Sie Essen, Wasser und einen Schlafsack mit. Reservierungen beim Besucherzentrum in Tidal River. Für Ferienzeiten müssen Sie Unterkünfte in Tidal River zeitig vorbestellen. Im Januar ist der Park ziemlich überlaufen. ■

Eine Insel mit zwei Gesichtern: sanfte Landschaft wie in England und düstere, wilde, von Wald bedeckte Berge

Tasmanien

Der Beutelteufel, ein Fleischfresser

Tasmanien

Tasmanien gehört zu den wenigen Inseln, auf denen man sich wirklich wie auf einer Insel fühlt. Die Orte entlang der sturmgepeitschten Küste werden geprägt durch das maritime Erbe. Zwischen Tasmanien und dem australischen Festland liegen 320 Kilometer Wasser.

Schon nach wenigen Tagen werden Sie feststellen, dass dies eine Insel mit zwei Gesichtern ist – zum einen das dunkle und tragische Tasmanien mit seinen bedrohlichen Bergen, den Regenwäldern und den Sandsteinruinen, die Zeugnis von der gewalttätigen Kolonialzeit ablegen. Zum anderen gibt es aber auch ein idyllisches Tasmanien mit englischen Dörfern, friedlich grasenden Schafen, stillen Landstraßen und Apfelbäumen. Beides werden Sie in dieser Intensität in ganz Australien nirgendwo sonst finden.

Der holländische Seefahrer Abel Tasman war wohl der erste Europäer, der diese Insel sah. Er segelte 1642 an ihrer Westküste vorbei und hielt sie für eine mit dem Festland verbundene Halbinsel, die er nach dem Gouverneur von Niederländisch-Ostindien Van Diemen's Land nannte. Seine Berichte von regnerischen Küsten, unzugänglichen Bergen und Wilden an den Stränden begeisterten die niederländischen Regierung nicht gerade, und als eine zweite Reise 1644 dasselbe Ergebnis brachte, verloren die Niederländer das Interesse an Australien.

1803 beschlossen die Briten, auf Van Diemen's Land eine Strafkolonie einzurichten, um den Franzosen zuvorzukommen. Im folgenden Jahr wurde Hobart Town als Straflager für Wiederholungstäter gegründet. Van Diemen's Land wurde schnell zum Synonym für Sadismus und Gewalt, Rum und die Peitsche, ein Ruf, der vor allem in den barbarischen Gefangenenlagern begründet lag, die 1821 in Macquarie Harbour und 1832 in Port Arthur eingerichtet wurden. Als 1852 die Gefangenentransporte eingestellt wurden, beschlossen die Bewohner, den Namen Tasmanien zu wählen.

NICHT VERSÄUMEN

Die Bauten aus der Kolonialzeit und den malerischen Hafen der Hauptstadt Hobart 334–337

Eine Fahrt durch das Huon Valley zu den großen Bäumen 338–339

Die Regenwälder des Southwest National Park 340–341

Eine Fahrt durch die Wildnis auf dem Gordon River 343

Cradle Mountain-Lake St. Clair und den Overland Track 344–345

Einen Ausflug mit dem Sessellift auf den Berggipfel Nut im historischen Stanley 346

Den Besuch der Wineglass Bay an der sonnigen Ostküste 348

Port Arthur, einst Hölle für die Gefangenen, heute malerische Vergangenheit 350–351

Canberra
Zur Orientierung
Bass Strait
Banks Strait
C
D
E
6
5
4
3
2
1
Stanley Point
Killiecrankie Bay
Flinders Island
FURNEAUX ISLANDS
Whitemark
Lady Barron
STRZELECKI NAT. PARK
Franklin Sound
Cape Barren Island
Clarke Island
Cape Portland
Stanley
Montagu
ROCKY CAPE NAT. PARK
Smithton
Wynyard
Somerset
Burnie
Yolla
Ulverstone
Devonport
Latrobe
ASBESTOS RANGE NAT. PARK
George Town
Bridport
Gladstone
MT. WILLIAM NAT. PARK
Scottsdale
Derby
Beaconsfield
Tamar
BASS HWY
TASMAN HWY
Arthur
Savage
784 m Mt. Bischoff
Sheffield
Mole Creek
Launceston
St. Helens
Savage River
1545 m Cradle Mt.
Deloraine
Longford
BEN LOMOND NAT. PARK
Mathinna
St. Marys
Cradle Valley
Corinna
Rosebery
Overland Track
WALLS OF JERUSALEM NAT. PARK
Great Lake
South Esk
Avoca
DOUGLAS APSLEY NATIONAL PARK
Bicheno
Zeehan
CRADLE MT.-LAKE ST. CLAIR NAT. PARK
1617 m Mt. Ossa
Lake Arthurs Lake Country
Macquarie
Campbell Town
Mt. Lyell Copper Mines
TASMANIA
Lake St. Clair
Cynthia Bay
Lake Sorell
Ross
Coles Bay
Queenstown
Strahan
Derwent Bridge
Bronte Park
Swansea
Great Oyster Bay
FREYCINET NATIONAL PARK
L. King William
Ouse
Lake Crescent
Sarah Island
FRANKLIN-GORDON
1443 m Frenchmans Cap
WILD RIVERS NAT. PARK
Tarraleah
Bothwell
Oatlands
Schouten Island
Lake Gordon
Franklin
Hamilton
Kempton
Orford
Triabunna
SOUTHWEST CONSERVATION AREA
Gordon
MT. FIELD NAT. PARK
Derwent
Brighton
Richmond
MARIA ISLAND NATIONAL PARK
Strathgordon
Maydena
Plenty
Sorell
New Norfolk
Cambridge
Frankland Range
Davey
1425 m Mt. Anne
1270 m Mt. Wellington
HOBART
Dunalley
Lauderdale
Huonville
Kingston
Lake Pedder
Huon
Tasman Peninsula
Kettering
Island of the Dead
SOUTHWEST NATIONAL PARK
Arthur Range
Geeveston
Cygnet
Port Arthur
HARTZ MTS. NAT. PARK
Bruny Island
Port Davey
D'Entrecasteaux Channel
Adventure Bay
Southport
South West Cape
Tasman Head
Cockle Creek
Track
South East Cape
60 Kilometer
30 Meilen
A2
A3
A4
A5
A6
A7
A8
A10
1

Tasmanien hat etwa die Größe von Schottland oder Irland, und ein Drittel seiner 500 000 Einwohner lebt in Hobart. Noch heute dominieren die Angelsachsen, und zwischen Umweltschützern und den Befürwortern von Holzwirtschaft und Bergbau herrscht ein unüberbrückbarer Zwiespalt. Tasmanien hat einen größeren Teil seines Gebietes zu Nationalparks erklärt als jeder andere australische Staat. Auf der Insel ist der Sitz der Wilderness Society, einer der radikalsten Umweltgruppen Australiens. Die Spannungen zwischen Holzfällern und Ökoaktivisten halten an.

Tasmanien ist so klein, dass man es in wenigen Stunden durchqueren kann, aber auch so vielseitig, dass man Wochen hier verbringen kann. In Hobart gibt es schöne viktorianische Gebäude, und es liegt nicht weit vom Huon Valley entfernt, das an der Küste entlang verläuft. An der Südwestküste spürt man die Ausläufer antarktischer Stürme. Diese Gegend zählt zum Weltnaturerbe und ist nach wie vor kaum erforscht. Ausflüge in den Busch können Sie am Cradle Mountain und am Lake St. Clair unternehmen; in den Seen im Landesinnern leben riesige Forellen. Die hübschen Dörfer in der Osthälfte erinnern nicht nur durch Namen wie Brighton und Somerset an England, es gibt hier auch Antiquitätenläden und die typischen Bed-and-Breakfast-Unterkünfte. Die Ostküste ist ein gutes Surfrevier und lockt mit den Ruinen von Port Arthur.

Weinberg im Tamar River Valley bei Launceston

Tasmaniens Aborigines

Eines der hässlichsten Kapitel in der Geschichte Australiens wurde im 19. Jahrhundert in Tasmanien geschrieben, als sich die Siedler zusammenrotteten, um einen Völkermord begehen.

Als 1803 die ersten Europäer kamen, lebten rund 4000 bis 5000 Aborigines auf der Insel. Sie waren Nachkommen der ersten Siedler, die vor mehr als 11 000 Jahren während der letzten Eiszeit die Insel erreichten, als man noch über die Ebene gehen konnte, die heute die Bass Strait ist.

In den 1820er Jahren wurden die Aborigines erschossen, vergiftet oder in Fallen getrieben wie Tiere. 1830 wurde die berüchtigte Black Line aufgestellt, mehr als 2000 bewaffnete Siedler, die drei Wochen lang den Busch durchkämmten und die Aborigines heraustrieben. Die 150 Überlebenden des Massakers wurden 1834 nach Flinders Island deportiert, wo man ihnen den christlichen Glauben aufzwang und wo sie schließlich an Krankheiten und Unterernährung starben. Die Handvoll, die übrig blieb, durfte später zur Oyster Cove in Tasmanien zurückkehren. Die letzte reinblütige tasmanische Aborigine, eine Frau namens Truganini, starb 1856. Die nächsten 120 Jahre wurde ihr Skelett im Tasmanian Museum ausgestellt, bis es schließlich verbrannt und die Asche in den D'Entrecasteaux Channel vor der Oyster Cove, wo ihr Volk gelebt hatte, gestreut wurde.

Anreise mit der Fähre

Sie können nach Tasmanien fliegen, schöner ist jedoch die Anreise mit der Fähre, denn so bekommen Sie einen intensiveren Eindruck von seiner Unerschütterlichkeit und Abgeschiedenheit – ganz zu schweigen von einem Eindruck von den „Roaring Forties", den heftigen Westwinden zwischen dem 40. und 50. Breitengrad. Der englische Seefahrer Matthew Flinders entdeckte 1798 die Straße zwischen Tasmanien und Australien. Er umrundete die Insel, stellte fest, dass sie keine Halbinsel war, und nannte die Wasserstraße nach seinem Schiffsarzt George Bass. Der neue Seeweg verkürzte die Reisezeit von Sydney nach Indien oder Kapstadt um eine Woche.

INSIDERTIPP

Die Eintrittsgelder für die Nationalparks in Tasmanien summieren sich rasch. Am günstigsten ist ein Holiday Pass (60 A$ pro Fahrzeug), der für alle Parks gilt und bei den Besucherzentren erhältlich ist.

PETER TURNER
NATIONAL GEOGRAPHIC-Autor

Jeden Abend um 19.30 Uhr (von Dezember bis April an bestimmten Tagen 9 und 21 Uhr) legt die „Spirit of Tasmania" vom Station Pier in Melbourne ab und macht sich auf die zehnstündige Fahrt durch die Bass Strait nach Devonport in Tasmanien. Das Schiff befördert 1140 Passagiere und 500 Autos. Reservieren Sie Ihr Ticket frühzeitig *(Tel. 1800-634-906, spiritoftasmania.com.au).* Die Fähre bietet Ihnen einen guten Ausblick auf die Port Phillip Bay; wenn Sie im Herbst oder Winter unterwegs sind, lohnt es sich, nach dem Auslaufen einen Blick auf die Skyline von Melbourne zu werfen. In der Bucht ist die See noch ruhig, doch das ändert sich rasch, sobald die Fähre die Bass Strait erreicht. Wenn Sie zu Seekrankheit neigen, sollten Sie auf diese Überfahrt verzichten.

Die „Spirit of Tasmania" bietet Unterkünfte für jeden Geldbeutel. Ein Abendbüffet und ein Frühstück sind im Preis enthalten. Stehen Sie am nächsten Morgen früh auf, damit Sie die felsige Küste und die grünen Hügel von Tasmanien sehen können. ■

Hobart

Hobart, nach Sydney die zweitälteste Stadt Australiens, sieht mit den eleganten, von Sträflingen gebauten Häusern aus dem 19. Jahrhundert älter aus, als es ist. Die Stadt liegt am Fuß des Mount Wellington beiderseits des Derwent River, 19 Kilometer von dessen Mündung. In Hobart gibt es fast nur Holzhäuser, in Pastelltönen gestrichen, die an die Ostküste Kanadas erinnern.

Die Skyline und der Hafen von Hobart vor dem wolkenverhangenen Mount Wellington

Hobart
Karte S. 331 D2

Besucher-information
20 Davey St.
03/6238-4222 & 1800-990-440
hobarttravelcentre.com.au

Mittelpunkt der Stadt sind der Hafen und die alten Lagerhäuser und Kaianlagen nahe dem Constitution Dock. Dieses Stadtviertel ist in den Weihnachtsferien am belebtesten, wenn das Sydney Hobart Yacht Race hier endet.

Hobart wurde 1804 gegründet, nachdem ein früherer Versuch in der Risdon Cove an der Ostseite des Hafens gescheitert war. Die neue Stadt an der Sullivans Cove wurde nach Großbritanniens Kolonialminister, Lord Hobart, Hobart Town genannt. 1881 wurde der Name zu Hobart verkürzt. Obwohl der Stadtgründer David Collins den passenden Ort für die Stadt mit den Augen eines Künstlers auswählte, hatte er doch keine klare Vorstellung von ihrer Planung. Als der Gouverneur von New South Wales, Lachlan Macquarie, 1811 die Stadt besuchte, befahl er die Straßen in einem Raster anzulegen; sie liegen um die Elizabeth Street Mall. Zum

Meer ist es vom Zentrum nur ein paar Minuten zu Fuß.

Etwa seit 1830, als Hobart einer der wichtigsten Walfängerorte der Welt war, sind Sullivans Cove und Franklin Wharf das kommerzielle Zentrum der Stadt. Mit Tran, Wolle, Fleisch und Mehl sowie dem Schiffbau war gutes Geld zu verdienen. Mit zunehmendem Wohlstand wurden zwischen 1835 und 1860 am Salamanca Place eindrucksvolle Lagerhäuser aus Sandstein errichtet, in

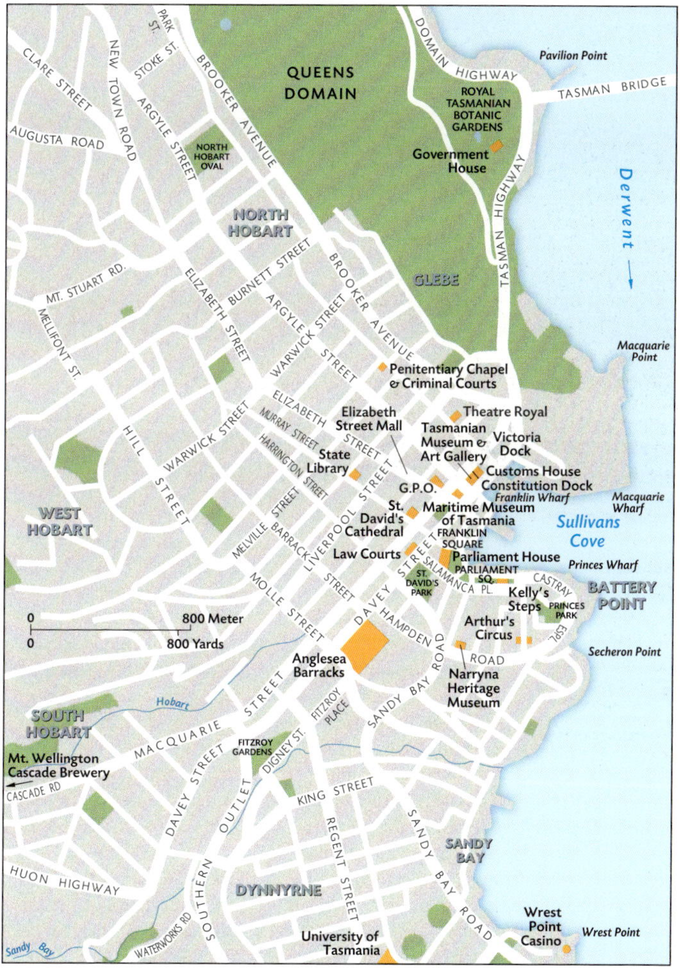

Tasmanian Museum & Art Gallery
Karte S. 335
5 Argyle St.
03/6211-4134
tmag.tas.gov.au

Narryna Heritage Museum
Karte S. 335
103 Hampden Rd.
03/6234-2791
Im Winter Mo geschl.
$
narryna.com.au

Maritime Museum of Tasmania
Karte S. 335
Ecke Davey & Argyle St.
03/6234-1427
$
maritimetas.org

MONA
655 Main Rd., Berriedale
03/6277-9900
$$
mona.net.au

denen sich heute Galerien, Cafés, Gemüsemärkte sowie Delikatessenläden befinden. Samstagvormittags wird am **Salamanca Place** ein Flohmarkt veranstaltet.

INSIDERTIPP

Hobarts urige Straßen bieten alles von kambodschanischer Küche bis zum *flat white* (Milchkaffee) und Vegemite-Sandwiches.

DAVID KENNEDY
NATIONAL GEOGRAPHIC-Autor

Zwischen zweien der Lagerhäuser am Salamanca Place liegen **Kelly's Steps**, eine Treppe, die zum **Battery Point** hinaufführt. Dieser Stadtteil erhielt seinen Namen nach den Kanonen, die 1818 zum Schutz des Hafens hier aufgestellt wurden. Anfangs war Battery Point ein Arbeiterviertel, doch mit zunehmendem Wohlstand der Stadt bauten sich hier auch reiche Händler ihre Häuser. Betrachten Sie die 150 Jahre alten verwinkelten Straßen mit ihren steinernen Kirchen, den Eckläden und dem Durcheinander aus Arbeiterkaten, wo Walfänger lebten.

Mehr als 60 von Hobarts öffentlichen Gebäuden sind vom National Trust als historisch bedeutsam gelistet. Einige der schönsten Exemplare georgianischer Architektur in Australien liegen in der Macquarie Street und der Davey Street. Hobarts ältestes Gebäude ist der Commissariat Store, den Sträflinge 1808 bauten. Heute ist dort das **Tasmanian Museum & Art Gallery** untergebracht. Das Museum informiert über Tasmaniens Aborigines und besitzt eine große Sammlung von kolonialzeitlicher Kunst.

Das **Narryna Heritage Museum** befindet sich in einer eleganten, 1836 erbauten Villa am Battery Point. Das **Maritime Museum of Tasmania** im historischen Carnegie Building beim Constitution Dock ist das maritime Herz der Stadt. Im Besucherzentrum gibt es Broschüren über die historischen Gebäude; Hobart Historic Tours *(Tel. 03/6238-42222)* veranstalten Rundgänge.

Einen eindrucksvollen Kontrast zu all der Geschichte bietet das moderne **MONA (Museum of Old and New Art)** mit seiner umfassenden Sammlung moderner Kunst. Dieses erstklassige private Museum am Derwent River, zwölf Kilometer nördlich der Stadt, geht auf den Sammler David Walsh zurück. Neben provokativer Kunst gibt es hier außerdem ein Kino, Restaurants, eine Winzerei, eine Brauerei und Unterkünfte, und es werden Führungen angeboten. Am schönsten ist die Anfahrt zum Museum mit der Museumsfähre ab der Brooke St. im Zentrum von Hobart.

Mount Wellington

Den besten Blick über Hobart haben Sie vom Gipfel des 1270 Meter hohen Mount Wellington oberhalb der Stadt. Wanderwege führen auf den Gipfel; der Aufstieg dauert etwa zwei Stunden. Sie können aber auch die Bergstraße nehmen, die vom Huon Highway abzweigt. Fahren Sie südwestlich auf der Cascade Road aus Hobart hinaus. An dieser Strecke liegen die Cascade Gardens und die **Cascade Brewery**, die aussieht wie ein französisches Schloss. Diese älteste und nach Ansicht vieler auch beste Brauerei Australiens wurde 1832 gegründet und stellt das Bier noch heute auf traditionelle Weise her. In den Ruinen der nahen **Cascades Female Factory** wird täglich um 11 Uhr das traurige Leben der hier eingesperrten weiblichen Sträflinge nachgestellt.

Vom **Pinnacle Observatory Shelter** auf dem felsigen Gipfel des Mount Wellington hat man einen grandiosen Blick über die Stadt, die Mündung des Derwent River und die sich in alle Himmelsrichtungen erstreckende wilde Landschaft.

Der erste Europäer, der diesen Gipfel erklomm, war der Schiffsarzt George Bass, der 1798 hier Station machte und nach dem die Bass Strait benannt wurde (siehe S. 333). Die Straße zum Gipfel wurde 1937 in Betrieb genommen. Der Ausblick ist besonders beeindruckend, wenn im Tal leichter Nebel herrscht oder es regnet. Nehmen Sie auf jeden Fall etwas Warmes zum Anziehen mit, auch wenn es Ihnen in Hobart warm vorkommt. ■

Cascade Brewery

- 140 Cascade Rd.
- 03/6224-1117
- Führungen $$$

cascadebre wery. com.au

Cascades Female Factory

- 16 Degraves St., South Hobart
- 03/6233-6656
- Frei, Führungen $$

cascadefemale factory.wordpress. com

Der Schriftsteller Anthony Trollope schrieb über den Mount Wellington, er sei »gerade genug Berg, um Damen und Herren mittleren Alters zu faszinieren«

Mit dem Auto: Huon Valley

Dies ist das Herz des tasmanischen Apfelanbaugebietes und auch die Region, in der die wertvollen Huon-Kiefern entdeckt wurden. Es erwarten Sie Fischerdörfer, Milchfarmen, stille Strände und die Wildnis der Hartz Mountains. Sie können sich das Tal an einem Tag ansehen, doch es lohnt, etwas länger zu bleiben.

Fahren Sie zunächst auf der Davey Street in südlicher Richtung bis zur Stadtgrenze, wo diese in den Huon Highway übergeht.

Die erste Apfelplantage wurde im Jahr 1841 angelegt. Um 1920 waren bereits 12 150 Hektar bepflanzt, auf denen über 500 Apfelsorten wuchsen. Heutzutage lebt das Huon Valley außerdem von Weinbau, der Lachszucht und dem Tourismus, doch Äpfel und Apfelwein sind nach wie vor ein wichtiger Wirtschaftszweig. Die Region ist außerdem das größte Kirschanbaugebiet Tasmaniens. In Grove, 32 Kilometer außerhalb von Hobart, liegt das **Apple Museum** ❶ *(Tel. 03/6266-4345)*.

Das wirtschaftliche Zentrum der Region ist **Huonville** ❷, acht Kilometer weiter südlich *(Besucherinformation: Tel. 03/6264-0326, huonvalley.tas.gov.au)*. Hier wurde Holz zu einem wichtigen Wirtschaftsfaktor, als die Siedler die Huon-Kiefern entdeckten. Deren unglaublich langsam wachsendes Holz verrottet kaum und war deshalb bei den Schiffbauern des 19. Jahrhunderts sehr gefragt. Leider gibt es heute nur noch wenige der tausendjährigen Bäume im Huon-Tal. Sie können mit dem Jet-Boot die Wasserfälle im Huon River hinunterfahren. Buchen Sie die Fahrt bei Huon River Jet Boats *(Tel. 03/6264-1838)*.

Nach weiteren 24 Kilometern auf dem Huon Highway erreichen Sie **Geeveston**, eine alte Holzfällerstadt und das Tor zu den Hartz Mountains. Das **Forest and Heritage Centre** *(Church Street, Tel. 1300-720-502, adventureforests.com.au)* informiert über die Holzindustrie. Dort gibt es auch Wanderpläne für die **Tahune Forest Reserve**, wo noch Huon-Kiefern zu sehen sind. Die Reserve liegt 24 Kilometer westlich von Geeveston an einer ausgeschilderten Straße, die zur Hälfte asphaltiert ist. An der Straße erwarten Sie Picknickplätze, Wanderwege und Aussichtspunkte. Das **Tahune Airwalk and Visitor Centre** *(Tel. 1300-720-507, $$$)* bietet einen spektakulären Spaziergang auf Baumwipfelhöhe. Eine malerische Nebenstrecke führt ins **Arve Valley**, in dem Eukalypten stehen, die mit rund 75 Metern Höhe zu den größten Bäumen der Welt gehören.

Westlich davon liegen die zerklüfteten Hartz Mountains. Der **Hartz Mountain National Park** ❸, der zu Tasmaniens Welterbe zählt, lockt mit dichten Regenwäldern, schneebedeckten Gipfeln und Hochmooren. Der spektakuläre **Waratah Lookout**, 24 Kilometer von Geeveston entfernt, ist über eine Staubpiste zu erreichen, die von der Straße zum Tahune Forest Reserve abzweigt. Die Wanderwege sind anspruchsvoll, aber empfehlenswert, vor allem der sechs Stunden dauernde Rundweg, der auf den Gipfel des Hartz Peak (1255 m) führt. Wenn Sie eine dieser Wanderungen unternehmen wollen, müssen Sie immer mit plötzlichen

NICHT VERSÄUMEN

The Apple Museum • Waratah Lookout • Adventure Bay

Wetterumschwüngen rechnen. Informationen bekommen Sie im Forest and Heritage Centre in Geeveston.

Fahren Sie zurück nach Huonville, und biegen Sie in den Channel Highway ein. Er führt am Ostufer des Huon River entlang, vorbei am Apfeldorf **Cygnet**, in dem es schwarze Schwäne und alte Holzhäuser gibt, und am D'Entrecasteaux Channel entlang nach **Kettering** ❹, 64 Kilometer von Huonville. Das alte Fischerdorf ist von Obstplantagen und Erdbeer- und Himbeerfeldern umgeben. Die Gewässer von **Oyster Cove**, fünf Kilometer außerhalb von Kettering, waren die Lebensgrundlage von Hunderten von Generationen Aborigines.

Von Kettering aus verkehren Fähren nach **Bruny Island** ❺. Tickets gibt es im Bruny D'Entrecasteaux Visitors Centre *(Tel. 03/6267-4494)* neben dem Fähranleger. Die 1642 von Abel Tasman gesichtete Insel wurde im 18. Jahrhundert von zahlreichen Entdeckungsreisenden angelaufen. Heute ist die 48 Kilometer lange Insel eher ruhig. Die meisten Gästehäuser und Fischrestaurants liegen in der **Adventure Bay**. Der **Leuchtturm am Cape Bruny**, der über Alonnah über die B 66 zu erreichen ist, ist der zweitälteste in Australien. Von Kettering aus fahren Sie durch Margate und **Kingston** zurück nach Hobart. In Kingston liegt die Zentrale der Australian Antarctic Division *(Channel Hwy.)*.

Die Wildnis im Südwesten

Die Wildnis im Südwesten Tasmaniens ist mit ihren gemäßigten Regenwäldern, über 90 Meter hohen Eukalypten, seltenen Farnen und Flechten und den reißenden Wildwasserflüssen, die durch die Schluchten schäumen, eines der letzten unberührten Gebiete dieser Erde. Diese düstere, sturmumtoste Küste, an der es an mehr als 200 Tagen im Jahr regnet, blieb nahezu unverändert.

Polsterpflanzen auf der Nordseite des Mount Anne in der Wildnis im Südwesten

Heute steht diese Region als **Southwest National Park** und **Southwest Conservation Area** unter Schutz. In dem eine Million Hektar großen Gebiet können ungewöhnliche, schwierige Wanderungen unternommen werden, die jedoch nur von wirklich erfahrenen Wildniswanderern in Angriff genommen werden sollten. Die Region ist berüchtigt für ihre heftigen Stürme, den Nebel und den eisigen Regen, der auch im Sommer fallen kann. Pfade führen steile, schlammige Hügel hinauf, über steile Quarzit-Felsen, an denen man sich anseilen muss, und durch Sümpfe, in denen es von Blutegeln wimmelt. Wer dort wandern will, muss alles Notwendige bei sich haben.

Der Lohn all dieser Strapazen ist das Eintauchen in eine Landschaft, die so frisch und neu anmutet wie am Tag ihrer Schöpfung. Wenn Sie das reizt, können Sie den 88 Kilometer langen **South Coast Track** zwischen Cockle Creek und Malaleuca laufen. Der mittelschwere bis schwierige Weg wird regelmäßig instand gehalten; die meisten Wanderer legen ihn in sieben bis zehn Tagen zurück und fliegen nach Malaleuca, um Richtung Osten zurück nach Cockle Creek zu wandern. Noch anspruchsvoller sind zum Beispiel der **Port Davey Track**, die **Western Arthurs Traverse** und der **Mount Anne Circuit**.

Wer nicht mit dem Flugzeug kommt, erreicht den Park über die Strathgordon Road und die holprige Nebenstrecke zu Scotts Peak Dam und geht dann den Port Davey Track nach Malaleuca (70 km, 3–5 Tage extra). Aktuelle Informationen bietet das Parkbüro in Huonville *(Tel. 03/6264-8460)*. Diese Wanderung ist nur für erfahrene Wanderer geeignet. Wanderkarten und -führer sind in Hobart erhältlich. Par Avion *(Tel. 03/6248-5390, paravion.com.au)* bringt Wanderer in den Park und holt sie wieder ab oder kann die Abholung per Bus von Cockle Creek arrangieren.

Rundflüge sind eine bequeme Art, die Schönheit dieser Landschaft zu genießen. Par Avion bietet auch Camping in der Wildnis und Fahrten auf dem Davey River, ins Herz des Parks führen. ■

INSIDERTIPP

Wandern in der Wildnis des Südwestens ist fantastisch, aber nur für Erfahrene. Stellen Sie sich auf raue Bedingungen ein.

BARBARA A. NOE
NATIONAL GEOGRAPHIC-Redakteurin

Southwest National Park
Karte S. 331 C2–D1

Besucher-information

Parks & Wildlife Service
134 Macquarie St., Hobart
1300-135-313
parks.tas.gov.au

Forest & Heritage Centre
Church St., Geeveston
1300-720-502

ERLEBNIS: Der Beutelteufel

Der Beutelteufel ist ein fleischfressendes Beuteltier, das nur in Tasmanien vorkommt, obwohl er einst auch auf dem australischen Festland zu finden war. In erster Linie Aasfresser, besitzt er die kräftigsten Kiefer aller Säugetiere und knackt mühelos Knochen. Er hat einen gedrungenen Körper von der Größe eines kleinen Hundes und knurrt bei Bedrohung wild.

Tasmanische Farmer jagten den Beutelteufel, weil sie ihn als Bedrohung ihres Viehs ansahen; 1941 wurde er unter Schutz gestellt. Seitdem fielen 50 Prozent der Population einer Krankheit zum Opfer – der *devil facial tumor disease*. DFTD ist eine sehr seltene, übertragbare Krebsart, die Tumoren und Geschwulste im Gesicht hervorruft und in einem Jahr zum Tod führt. Bislang gibt es kein Heilmittel. Zur Erhaltung der Art werden Beutelteufel in Quarantäne gezüchtet und aufs Festland verbracht. Der Beutelteufel bevorzugt trockene Wälder und Küstenheiden, aber man sieht ihn vielleicht auch auf der Straße, besonders abends, da er sich gerne von Tierkadavern ernährt.

Der **Tasmanian Devil Conservation Park** *(Tel. 03/6250-3230, tasmaniandevilpark.com)* in Taranna am Highway nach Port Arthur ist ein Wildpark, in dem Beutelteufel und andere einheimische Tiere zu sehen sind. In einer krankheitsfreien Zone dient der Park auch dem Überleben der Art. Als Spender oder Freiwilliger können Sie „Friend of the Devil" werden.

Tasmaniens Grüne

Wenn Sie sich eine Karte von Tasmanien ansehen, wird Ihnen zuerst der riesige grüne Bereich im Südwesten auffallen. In Tasmanien steht mehr Land unter Naturschutz – und vieles zählt zum Welterbe – als in jedem anderen Staat Australiens, was zum großen Teil erbitterten Umweltschutzkämpfen zu verdanken ist.

Umweltschützer demonstrieren 1982 gegen den Bau des Franklin-River-Staudamms

Die Geschichte der tasmanischen Umweltschutzproteste beginnt am Lake Pedder am Rand der südwestlichen Wildnis. Bis 1972 war der winzige See nur mit dem Sportflugzeug zu erreichen. Doch dann staute die Tasmanian Hydro Electric Commission den nahen Gordon River auf, bis er den See und die umliegenden Täler überflutete und zu Australiens größtem Süßwassersee wurde. Die Umweltschützer verloren den Kampf gegen den Staudamm und gründeten 1976 die Wilderness Society.

Als Nächstes wollte die Hydro Electric Commission den Franklin River aufstauen, den letzten großen Wildwasserfluss Tasmaniens. Das löste erbitterte Proteste aus, die sogar internationale Kreise zogen, als die Regierung auch dann noch am Plan festhielt, als der Fluss und die ihn umgebende Landschaft im Dezember 1982 zum Unesco-Welterbe erklärt worden waren. Demonstranten kamen aus ganz Australien und aus Übersee, um die Bulldozer mit einer Menschenkette aufzuhalten; erst 1983 wurde das Projekt gestoppt.

Die Grünen haben sich inzwischen zu einer wichtigen Kraft in der australischen Politik entwickelt. Bei den Parlamentswahlen 2010 erhielten sie 13 Prozent der Stimmen, und die Minderheitsregierung der Labor Party war auf ihre Unterstützung angewiesen. Die wichtigsten Themen für Tasmaniens Grüne sind heute die Rolle der Papier- und Holzindustrie für die Wälder der Insel. Dank dem Wirken der Grünen spielen Umweltthemen jetzt eine sehr viel größere Rolle als früher.

Franklin-Gordon Wild Rivers National Park

Der Franklin-Gordon Wild Rivers National Park ist nahezu unberührt; ein Großteil seiner Regenwald- und Berglandschaft (400 000 Hektar) ist von Regenwald bedeckt. Um den Park zu sehen, braucht man ein Boot oder ein Flugzeug.

Gordon River

Die Fahrten beginnen in **Strahan**, einem 600-Seelen-Ort an der Westküste nahe Macquarie Harbour. Die meisten Touren besuchen **Sarah Island** und die Ruinen des dortigen Straflagers; dann tuckern die Boote weitere 30 Kilometer den Gordon River hinauf, den größten Fluss Tasmaniens. Die riesigen Huon-Kiefern, die sich auf der Wasseroberfläche spiegeln, sind ein beliebtes Fotomotiv. Strahan Seaplanes & Helicopters *(Tel. 03/6471-7718)* bietet Rundflüge über den Gordon River und den Southwest National Park, über den das West Coast Visitor Information Center *(Tel. 1800-353-200)* an der Esplanade in Strahan Informationen bereithält.

Franklin River

Wem eine Flussfahrt zu ruhig ist, der kann sich auf dem Franklin River im Rafting versuchen. Die Reise dauert 14 Tage und führt über die schwierigste Wildwasserstrecke der Welt. Start ist am Collingwood River, 48 Kilometer westlich der Derwent Bridge, Ziel ist Heritage Landing, wo Sie vom Wasserflugzeug abgeholt werden. Eine Reihe von Veranstaltern finden Sie rechts. Es gibt auch Acht-Tage-Trips.

Wandern

Der Wanderweg auf den 1443 Meter hohen Frenchman's Cap bietet großartige Ausblicke. Seine Südostseite ist eine 457 Meter hohe Quarzitklippe; oben müssen Sie mit Nebel und Stürmen rechnen. Der Weg eignet sich nur für Erfahrene. er beginnt am Lyell Highway, 30 Kilometer westlich der Derwent Bridge. Der 46 Kilometer lange Rundkurs ist in drei bis fünf Tagen zu bewältigen. ■

Franklin-Gordon Wild Rivers National Park

Karte S. 331 C3

RAFTING: Zu den Veranstaltern von Rafting-Touren auf dem Franklin zählen: **Rafting Tasmania**, P.O. Box 403, Sandy Bay, Tel. 03/6239-1080, raftingtasmania.com; **Water by Nature (Tasmania)**, Tel. 1800-111-142, franklinrivertasmania.com, und **World Expeditions**, Tel. 1300-720-000, worldexpeditions.com.

Der Franklin River zieht Raftingbegeisterte aus aller Welt an

Cradle Mountain-Lake St. Clair National Park

Der Cradle Mountain-Lake St. Clair National Park ist der beliebteste Naturpark Tasmaniens. Seine tiefen Schluchten, Bergkuppen, Gletscherseen und die ausgedehnten alpinen Moore sind relativ leicht zu erreichen. Das Südende des Parks liegt nur zwei Autostunden auf dem Lyell Highway von Hobart und das Nordende rund 80 Kilometer von Devonport entfernt.

Cradle Mountain-Lake St. Clair National Park

Karte S. 331 C3

parks.tas.gov.au

Ein österreichischer Naturforscher, der sich 1912 im Cradle Valley ein Haus baute, setzte sich als Erster dafür ein, dass diese Region unter Schutz gestellt wurde. Er durfte 1927 noch erleben, dass 52 650 Hektar zum Naturschutzgebiet erklärt wurden. Seitdem ist der Park auf 162 000 Hektar angewachsen und zählt zum Weltnaturerbe. Zu ihm gehören Tasmaniens höchster Berg, der 1617 Meter hohe **Mount Ossa**, und der **Lake St. Clair**, Australiens tiefster Süßwassersee (180 Meter).

Viele faszinierende Wanderwege durchziehen diese Berge, aber der 65 Kilometer lange **Overland Track** (siehe Kasten S. 345) ist der beliebteste. Der Pfad führt vom Cradle Mountain im Norden bis zur Südspitze des Lake St. Clair. Er geht über Hochlandwiesen, durch Sümpfe und Wälder mit Scheinbuchen und Schraubenbäumen. Die Strecke ist in sechs Tagen zu bewältigen und stellt eine Herausforderung dar. Abstecher, wie eine Besteigung des Mount Ossa, können die Dauer verdoppeln. An der Strecke gibt es sechs Hütten, aber da Schlechtwettereinbrüche aufhalten können, sollten Sie ein eigenes Zelt mitnehmen.

Das Wetter in dieser Region ist notorisch unzuverlässig, und plötzliche Stürme können Wanderer in Lebensgefahr bringen. Rechnen Sie immer mit Schnee – auch

Der Cradle Mountain ragt 1545 Meter hoch auf

ERLEBNIS: Overland Track

Der Overland Track, Australiens berühmtester Wanderweg, führt durch eine fantastische Kulisse. Sie benötigen dafür sechs Tage und müssen Lebensmittel, Kocher, Zelt sowie Schlafsack mitbringen und sich, selbst im Sommer, auf Frost einstellen. Cradle Mountain Huts *(Tel. 03/6392-2211, cradlehuts.com.au)* bietet geführte Touren mit Übernachtung in Hütten.

Genehmigung & Buchung: Für die lohnenswerte Wanderung benötigt man einen Parks Pass und muss eine Gebühr bezahlen. Von November bis Mai müssen Sie von Norden nach Süden wandern. Es gibt nur 34 Plätze; rechtzeitig buchen *(overlandtrack.com.au)*, vor allem für Dezember und Januar.

Anreise zum Weg: Tassielink *(Tel. 1300-300-520, tassielink.com.au)* bietet Busse von Launceston und Hobart zu beiden Enden des Trails, und **McDermotts Coaches** *(Tel. 03/6330-3717, mcdermotts.com.au)* hat Busse von Launceston zum Cradle Mountain. Einige andere Veranstalter bieten je nach Nachfrage Transfers zum Trail, gewöhnlich für einen Mindestgruppenpreis.

Auf dem Track: Ein typischer Verlauf: **Tag 1**, Ronny Creek (oder Waldheim Hut) bis Waterfall Valley Hut (10 km, 6 Std., Abstecher: Cradle Mountain). **Tag 2**, bis Lake Windermere Hut (7,5 km, 3 Std., Abstecher: Lake Will & Innes Falls oder Barn Bluff). **Tag 3**, bis Pelion Hut (16,5 km, 6 Std.) **Tag 4**, bis Kia-Ora Hut (9 km, 3 Std., Abstecher: Mount Ossa). **Tag 5**, bis Bert Nichols Hut (10 km, 4 Std., Abstecher: D'Alton und Fergusson Waterfalls oder Hartnett Falls). **Tag 6**, bis Narcissus Hut (9 km, 3 Std.), dann mit dem Boot oder zu Fuß (15 km, 5 Std. am See entlang) zur Cynthia Bay.

im Sommer –, mit Regen, Schlamm und Blutegeln werden Sie es auf jeden Fall zu tun bekommen.

Die meisten Wanderer gehen vom Nordende des Parks zum Lake St. Clair im Süden. Wenn Sie sich das letzte Teilstück um den St. Clair sparen wollen, lassen Sie sich von einem Boot *(Tel. 03/6289-1137)* an der Narcissus Hut abholen und zur Cynthia Bay bringen. Die herrliche Bootsfahrt bietet sich an, um ein Stück tasmanische Wildnis zu erfahren. Oder Sie fahren mit dem Boot zum Nordende des Sees und wandern sechs Stunden auf dem Overland Track zurück. In **Cynthia Bay** am Südeingang gibt es eine Rangerstation, ein Restaurant und eine Lodge mit unterschiedlichen Unterkünften.

Von Launceston, Devonport und Burnie fahren täglich Busse zum Parkeingang im Cradle Valley am Nordende des Parks *(im Sommer an den meisten Tagen, im Winter seltener)*. Dieser Parkteil bietet hervorragende Möglichkeiten, die Wildnis zu genießen. Der 800 Meter lange **Visitor Centre Rainforest Walk** ist sogar Rollstuhlfahrern zugänglich. Rundflüge veranstaltet Cradle Mountain Helicopters *(Tel. 03/6492-1132)*. Das Besucherzentrum bietet Informationen zu kürzeren Wanderstrecken. ■

Cradle Mountain Nordeingang

Karte S. 331 C3

Besucherinformation

✉ Cradle Valley

☎ 03/6492-1110

Südeingang

Karte S. 331 C3

Interpretive Center

✉ Cynthia Bay, Lake St. Clair

☎ 03/6289-1172

Mit dem Auto: Inselrundfahrt

Tasmanien ist eine relativ kleine Insel, sodass der Highway, der einmal um sie herumführt, geradezu dazu einlädt, sich auf diesem Wege einen Überblick über die Insel zu verschaffen. Die Länge der Rundfahrt beträgt etwa 960 Kilometer, doch mit Abstechern ins Huon Valley (siehe S. 338f), nach Port Arthur (siehe S. 350f) und Macquarie Harbour werden es sicher noch ein paar mehr.

Die Wineglass Bay im Freycinet National Park ist nur zu Fuß oder mit dem Boot zu erreichen

Die Strecke führt durch Regenwälder, über Berge, vorbei an reißenden Flüssen, gigantischen Bäumen und Seen voller Forellen. Es warten verlassene Bergbaustädte, die Ruinen ehemaliger Straflager und der maritime Charme von Hobart. Die Landschaften, alten Kirchen und Cottages im Norden und im Landesinnern erinnern an England.

Nord- und Westküste

Sie können Ihre Rundfahrt in Hobart, Launceston oder direkt am Fähranleger in Devonport beginnen, falls Sie mit dem Wagen unterwegs sind. Diese Beschreibung beginnt in **Devonport** ❶ und führt gegen den Uhrzeigersinn.

Folgen Sie dem Küsten-Highway in nordwestlicher Richtung bis zum Holz- und Papierhafen **Burnie**. Das Unternehmen wurde 1825 von Londoner Geschäftsleuten mit millionenschwerem Startkapital und rund 120 000 Hektar Land im Nordwesten von Tasmanien gegründet.

Die Entdeckung von Zinn am nahen Mount Bischoff brachte viele Neusiedler, der Tiefwasserhafen in Burnie blühte. Am besten fahren Sie einfach durch und steuern den nur 20 Kilometer entfernten hübschen Küstenort **Wynyard** an *(Besucherinformation: 8 Exhibition Link, Tel. 03/6442-8330)*. Von hier aus können Sie nach King Island (siehe S. 354) fliegen oder einen Ausflug in den **Rocky Cape National Park** ❷ mit seinen Stränden unternehmen. In dieser Region leben schon seit langer Zeit Menschen. Schon vor mehr als 8000 Jahren suchten Aborigines in den Höhlen dieser Quarzithügel Zuflucht. In den beiden größten Höhlen – **North** und **South Cave** – finden sich große Mengen Muschelschalen, Knochen und Werkzeuge.

Auf dem Bass Highway können Sie einen Abstecher von 64 Kilometern in das malerische Fischerdorf **Stanley** machen, das am Ende eines vulkanischen Bergrückens liegt, der **Nut** genannt wird. Hier errichtete die Van Diemen's Land Company 1826 ihren Firmensitz und baute 1844 ein Lager. Das Gebäude kann besichtigt werden. Der **Nut Chairlift** *(Browns Rd., Tel. 03/6458-1286, $)* bringt Besucher bequem nach oben.

Die Rundfahrt geht in südlicher Richtung auf dem Murchison Highway weiter, der zwischen Wynyard und Burnie vom Bass Highway abzweigt. Nach 48 Kilometern erreichen Sie die **Hellyer Gorge State Reserve** ③ mit ihrem dichten Regenwald aus Sassafras und Riesenfarnen. Wälder wie diese waren der Lebensraum des inzwischen ausgestorbenen Beutelwolfs. Einst bevölkerten viele dieser Beuteltiere die Wildnis, bis die Van Diemen's Land Company eine Abschussprämie vergab. Es ist möglich, dass noch einige wenige in den unberührten Regionen im Nordwesten leben. Ein Zufluchtsort für sie wäre die **Arthur-Pieman Protected Area**, eine Regenwald-Wildnis an der Westküste. Das Schutzgebiet ist über einen 70-Kilometer-Abstecher vom Highway aus zu erreichen, der in die Bergwerksstadt **Corinna** ④ führt, von wo aus Sie eine Schluchten-Bootsfahrt auf dem Pieman River *(Pieman River Cruise, Tel. 03/6446-1170)* unternehmen können.

80 Kilometer südlich der Abzweigung nach Corinna wird aus dem Murchison Highway der Zeehan Highway. Eine Abzweigung an diesem Punkt führt zu dem Bergwerksstädtchen **Zeehan** mit 900 Einwohnern. Von Zeehan aus können Sie weiterfahren nach **Macquarie Harbour** und **Strahan** ⑤ *(Besucherinformation: Tel. 1800-352-200)*, der einzigen Stadt an der Westküste und zugleich Ausgangspunkt für die Besichtigung der Ruinen des Gefangenenlagers auf **Sarah Island** und eines Ausflugs zum Gordon River (siehe S. 343). Nach weiteren 32 Kilometern auf dem Zeehan Highway erreichen Sie **Queenstown** ⑥, das rund um die **Mount Lyell Copper Mine** gebaut wurde. Die Mondlandschaft der Abraumhalden ist inzwischen zu einer Attraktion geworden.

Von Queenstown aus windet sich der Highway 80 Kilometer weit durch die Berge bis zur Derwent Bridge. Von hier aus führt Sie ein nur knapp fünf Kilometer langer Abstecher zum kristallklaren

ERLEBNIS: Bay of Fires Walk

Als die Bay of Fires zu einem der aufregendsten Reiseziele der Welt gekürt wurde, wollten die Einheimischen diese Aufmerksamkeit nicht. Das sagt alles über diesen entlegenen Teil der tasmanischen Ostküste mit Urwald, türkisblauem Meer und weißen Sandstränden.

Das Gebiet ist im **Mount William National Park** *(Büro in St. Helens: Tel. 03/6376-1550)* unter Schutz gestellt. Wanderer können am Strand entlanglaufen und auf einfachen Campingplätzen übernachten, doch am besten ist der **Bay of Fires Lodge Walk**, organisiert von **Anthology** *(Tel. 03/6392-2211, bayoffires.com.au)*.

Die Wanderung beginnt am **Boulder Point**, drei Stunden Busfahrt von Launceston entfernt. Die **Bass Strait Islands** liegen am Horizont und die vierstündige Wanderung (9 km) führt über Schichten von Muschelschalen aus der langen Aborigines-Geschichte. Capt. Tobias Furneaux benannte die Bucht 1773 nach den Feuern der Aborigines am Strand.

Die erste Übernachtung ist in Zelten am **Forester Beach Camp**, wo den Wanderern tasmanischer Wein serviert wird.

Am nächsten Tag, dem Highlight der Tour, geht es bei einer siebenstündigen Wanderung (14 km) über Strände und Dünen zu den **Bay of Fires Lodge**. Diese preisgekrönte Lodge ist ein Meisterwerk an Öko-Eleganz. Die Wanderer verbringen zwei Tage hier, mit der Möglichkeit zum Kajakfahren, bevor es am vierten Tag wieder zurückgeht.

NICHT VERSÄUMEN

Rocky Cape National Park • Hellyer Gorge State Reserve • Lake St. Clair • Richmond • Freycinet National Park

Lake St. Clair 7. In der Lodge können Sie essen und übernachten.

Der Highway führt durch das Hopfenanbaugebiet um **New Norfolk**, das 1808 entstand, weiter nach **Hobart** 8 (siehe S. 334ff). Verlassen Sie Hobart auf dem Tasman Highway. Sehr zu empfehlen ist ein Abstecher (13 Kilometer nördlich von Lindisfarne) nach **Richmond** 9 *(Besucherinformation: 48 Bridge St., Tel. 03/6260-2502)*, einem gut erhaltenen Kolonialdorf mit hübschen Häusern und alten Geschäften. Die steinerne Brücke, die Sträflinge zwischen 1823 und 1825 bauten, ist die älteste in Australien. Die Rückkehr zum Highway führt über das 1805 gegründete **Sorell**. Wer Zeit für einen Abstecher hat, nimmt die Straße Richtung Süden nach **Port Arthur** zu den Beutelteufeln im dortigen Tierpark (siehe Kasten S. 341).

Ostküste

Im Osten ist die Landschaft angenehm, das Klima mild, und es gibt idyllische Strände. 65 Kilometer nördlich von Sorell liegt **Orford**, ein hübsches Küstenstädtchen, in dem die Fähre *(Triabunna Bookings, Tel. 04/1974-6668)* zum **Maria Island National Park** 10 ablegt. Um 1820 befand sich dort ein Gefangenenlager, doch heute ist die Insel ein Paradies für Vogelbeobachter *(Rangerstation, Tel. 03/6257-1420, parks.tas.gov.au)*.

Highlight der Ostküste ist der **Freycinet National Park** 11 *(Besucherinformation: Tel. 03/6256-7000)*, zu dem Schouten Island und die Friendly Beaches gehören. Um dort hinzukommen, bleiben Sie hinter Orford noch 80 Kilometer auf dem Highway und biegen hinter Swansea nach Coles Bay ab, wo die Parkverwaltung ihren Sitz hat. Cape Freycinet lockt Naturfreunde, am **Richardsons Beach** gibt es einen Campingplatz. Der Strand der **Wineglass Bay** ist nur über einen zweistündigen Fußmarsch vom Parkplatz aus zu erreichen.

Auf dem Highway geht es die nächsten 64 Kilometer an der Küste entlang

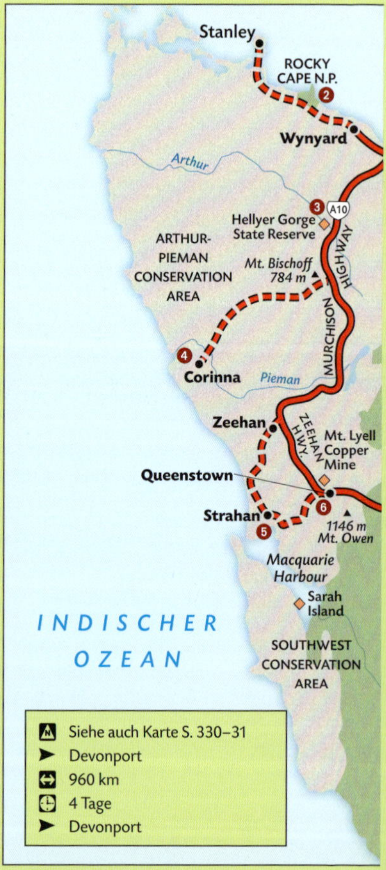

bis zum alten Walfängerort **St. Helens**. Nach weiteren 160 Kilometern, die durch eine Landschaft aus Ackerland, Weiden und Regenwald führen, erreichen Sie **Launceston** ⓬, Tasmaniens zweitgrößte Stadt mit rund 106 000 Einwohnern *(Besucherinformation: Cornwall Sq., 12–14 St. John St., Tel. 03/6336-3133, visitlaunceston.com.au)*. Die **Cataract Gorge**, eine Schlucht, durch die der South Esk in den Tamar hinabstürzt, liegt zehn Minuten außerhalb der Stadt.

Obwohl Launceston fast so alt ist wie Hobart (1805 gegründet), überwiegt hier viktorianische Architektur – ein Erbe aus ihrer Blütezeit, in der die Schürfer nach Tasmanien strömten. Über die Gebäude informiert der **Old Umbrella Shop** *(60 George St., Tel. 03/6331-9248)*, der in den 1860er Jahren erbaut und mit dem seltenen tasmanischen Akazienholz verschalt wurde. Von Launceston führt der Highway 112 Kilometer nach Westen zurück nach Devonport.

Port Arthur

»Dieser Ort ist schwer zu fassen – es ist, als vereinte man Himmel und Hölle«, schrieb Mark Twain, als er in den 1890er Jahren auf einer Weltreise Port Arthur besuchte. Tatsächlich kann man die sanfte Schönheit der Landschaft nur schwer mit der Vorstellung von dem einstigen Straflager in Verbindung bringen.

Die alte Kirche im gotischen Stil verleiht den Ruinen von Port Arthur einen Hauch von Melancholie

Port Arthur

Karte S. 331 E2

Besucher-information

Port Arthur Historic Site

03/6251-2371

$$$$–$$$$$

portarthur.org.au

Von 1832 bis zu seiner Schließung 1877 war Port Arthur die Endstation für die schlimmsten Verbrecher der Kolonie. Der Begründer des Straflagers, George Arthur, verlangte, dass »die Gefangenen zu härtester Arbeit angehalten und strengstens überwacht« werden sollten. Mehr als 12 000 Sträflinge landeten in diesem Lager. Eine Flucht war nahezu unmöglich. Die Insel ist mit dem Festland durch eine nur knapp hundert Meter breite Landenge verbunden, die von Wächtern mit scharfen Hunden bewacht wurde, und das eiskalte Wasser, das an die Basaltklippen brandet, galt als haiverseucht.

Alles wurde noch schlimmer, als 1852 ein in England erdachtes Modell eingeführt wurde: der Entzug aller Sinnesreize. Die Häftlinge schmorten 23 Stunden des Tages in winzigen Zellen. Sie durften nicht sprechen, und in der einzigen Stunde, in der sie die Zelle verlassen durften, mussten sie Kapuzen und Fußketten tragen. Der Entschluss, das Straflager endlich zu schließen, soll durch den Roman „For the Term of His Natural Life" (1874) von Marcus Clarke beeinflusst worden sein.

Besichtigung von Port Arthur

Als es Anfang 1890 zu mehreren Bränden kam, bedauerte dies kaum jemand, vielmehr hofften alle Anwohner, dass das Feuer auch die schrecklichen Erinnerungen auslöschen würde. Um 1970 begann man mit der Restaurierung von Port Arthur, das heute von über 200 000 Touristen pro Jahr besucht wird und die bedeutendste Sehenswürdigkeit Tasmaniens ist. Auf dem Gelände stehen mehr als 60 Gebäude, unter ihnen das **Asylum** mit einem kleinen Musem. Das Furcht erregende **Separate Prison** nebenan war ein „Modellgefängnis", in dem schwierige Gefangene in Isolationshaft gehalten wurden. Einige der Gebäude sind in den Originalzustand zurückversetzt worden, während von anderen nur Ruinen erhalten sind.

Im Eintrittspreis ist der Zugang zu allen Gebäuden enthalten, außerdem eine Führung und eine Bootstour vom Hauptteil des Straflagers zur **Island of the Dead**, wo 1769 Sträflinge begraben liegen. Früher lebte ein einsamer Gefangener auf der Insel und fungierte als Totengräber.

Schon bei Tageslicht ist es in Port Arthur ziemlich unheimlich, aber noch schlimmer ist es bei Dunkelheit – über nächtliche Geistererscheinungen wurde hier schon um 1870 berichtet. So sind auch die abendlichen Führungen wahrhaft gruselig.

Eine weitere Tragödie spielte sich in Port Arthur 1996 ab, als ein Amokläufer 35 Menschen ermordete (siehe Kasten). Das Broad Arrow Café, in dem 20 seiner Opfer starben, wurde abgerissen. An seiner Stelle errichtete man einen Park zum Gedenken an die Toten. ■

Die Tragödie von 1996

Jeder Australier erinnert sich an den 28. April 1996, als ein 28 Jahre alter Mann aus Hobart das Broad Arrow Café in Port Arthur betrat und mit einem Gewehr auf die sonntäglichen Gäste schoss. Am Ende waren 35 Menschen tot und 21 verletzt. Das Land war starr vor Schrecken. Seit den 1980er Jahren traten in Australien eine Reihe von Amokläufern mit halbautomatischen Waffen auf. Die Regierung reagierte und verabschiedete Waffengesetze, die zu den strengsten der Welt zählen. Seither gab es keine Amokläufe mehr.

Forellenfischen

Anglern des 19. Jahrhunderts ist es zu verdanken, dass in Tasmanien Forellen leben. Sie brachten Laich aus England mit. Heute werden in den Bergseen sogar Weltmeisterschaften im Fliegenfischen durchgeführt.

Das kalte klare Wasser machte Tasmanien zum perfekten Ort für die Ansiedlung von Forellen

Ursprünglich gab es in Australien keine Forellen. 1864 gelang es James Youl, eine Ladung eisgekühlter Forelleneier einzuführen. Die Eier überlebten erstaunliche 91 Tage auf Booten und Pferderücken, bis sie schließlich in einigen Teichen nahe der tasmanischen Stadt Plenty freigesetzt wurden. Der rund 50 Kilometer nordwestlich von Hobart gelegene Ort Plenty hat heute ein Fischereimuseum *(Salmon Ponds, Tel. 03/6261-5663)*, das in einer typisch englischen Parkanlage liegt.

Die Forellen besetzen eine ungewöhnliche Nische in Australiens Ökosystem. Bisher haben eingeführte Arten sich fast immer katastrophal auf die einheimische Tier- und Pflanzenwelt ausgewirkt. Heutzutage wendet ein wesentlich umweltbewussteres Australien Millionenbeträge dafür auf, die eingeführten fremden Arten wieder auszumerzen – unter ihnen Kaninchen, Füchse, Karpfen, Aga-Kröten und sogar Brombeeren. Doch die Forellen nehmen einen Sonderstatus ein, und obwohl davon ausgegangen werden muss, dass sie eine starke Konkurrenz für bereits bedrohte einheimische Arten darstellen, gelten sie gewissermaßen „ehrenhalber" als einheimisch. Sie wühlen den Schlamm in Seen und Flüssen nicht auf und bringen außerdem der tasmanischen Wirtschaft jedes Jahr Millionen von Dollar ein. Tausende von Anglern aus aller Welt strömen in das Land, in dem ihre Geduld mit Forellen von ungeahnten Ausmaßen belohnt werden kann.

Es gibt eine ganze Reihe guter Fischgründe, und überall im Land warten professionelle Führer, um sie Ihnen zu zeigen. Um 1970 wurden mehr als 350 000 junge Bachforellen in den Lake Pedder gesetzt und 500 000 Regenbogenforellen in den Lake Gordon (beide liegen am Rand der Wildnis im Südosten). Sie gediehen prächtig in dem nährstoffreichen Wasser, und es gibt (wahrscheinlich maßlos übertriebene) Berichte von Anglern, die 20 Kilo schwere Bachforellen aus dem Lake Pedder geholt haben wollen. Ob diese Behauptungen nun wahr sind oder nicht – das Durchschnittsgewicht der Bachforellen in diesem See liegt bei beachtlichen 4,5 Kilogramm.

Die besten Fänge lassen sich in Tasmaniens Midlands machen, vor allem im Great Lake, Arthur's Lake, Lake Sorell und Lake Crescent, aber auch in den vielen kleineren Seen dieser Region lohnt sich das Angeln. Im Arthur's Lake wurden schon 1868 4,5 Kilo schwere Forellen aus dem Wasser gezogen. Wenn Sie wissen wollen, was in diesen Seen schwimmt, besuchen Sie das alte Castle Hotel in Bothwell. Dort bekommen Sie zweifellos eine Menge Anglerlatein zu hören, doch die ausgestopfte, 11 Kilo schwere Forelle über der Bar ist keine Erfindung irgendeines begeisterten Anglers.

Tasmaniens Forellensaison beginnt Anfang August; allerdings werden einige Regenbogenforellen-Gewässer erst Anfang Oktober freigegeben. Die Saison dauert bis April. Beim Inland Fisheries Service *(17 Back River Rd., New Norfolk, Tel. 03/6261-8050, ifs.tas.gov.au)* gibt es Info über Fangquoten, Lizenzen und Minimumgröße.

ERLEBNIS: Angeln in Tasmanien

In Tasmanien gibt es Tausende von Forellengewässern, vor allem im Seengebiet des zentralen Hochlands südlich von Deloraine. Auf Höhen von über 1000 Metern liegen recht nahe beieinander Seen, die vom übrigen Tasmanien aus recht gut zu erreichen sind.

Zu den besten Plätzen gehören etwa der **Arthurs Lake**, berühmt für seine Bachforellen, und der **Great Lake**, in dem es von Regenbogen- und Bachforellen wimmelt. Ebenso wie diese Stauseen bietet die kleinere **Penstock Lagoon** gute Möglichkeiten zum Fliegenfischen, während in den **Nineteen Lagoons** Angler viele unterschiedliche Plätze finden.

In der nördlichen Mitte lockt der kristallklare **Brumbys Creek** und der **Macquarie River**. Ebenfalls beliebt sind Meander River, South Esk River und Lake Trevallyn bei Launceston sowie der Derwent und der Huon River bei Hobart.

Bei den folgenden Anbietern können Sie Pauschaltouren inklusive Unterkunft buchen:

Fish Wild Tasmania *(Sandy Bay, Tel. 03/6223-8917, fishwildtasmania.com)*
Peter Hayes *(Cressy, Tel. 03/6397-5073, peterhayesflyfishing.com)*
Ken Orr's Tasmanian Trout Expeditions *(Brady's Lake, Wayatinah, Tel. 03/6289-1191, orrsometassietrout.com.au)*
Rainbow Lodge *(Miena, Tel. 03/6259-8090, rainbowlodgetasmania.com.au)*
Red Tag Trout Tours *(Kingston, Tel. 03/6229-5896, redtagtrout.com)*
Rod & Fly Tasmania *(Mountain River, Tel. 03/6266-4480, rodandfly.com.au)*
Tasmanian Escape *(Youngtown, Tel. 03/6344-1206, tasmanianescape.com)*
Tasmanian Trout Tonic *(Ouse, Tel. 03/6287-1445, tasmanian-trout-tonic.com.au)*
Trout Territory *(Cressy, Tel. 03/6397-5001, troutterritory.com.au)*

Die Inseln in der Bass Strait

Zwei Inselgruppen in der stürmischen Bass Strait, die Hunter Islands vor der Nordwestküste und die Furneaux Islands vor der Nordostküste, gehören zu Tasmanien – weitab der ausgetretenen Touristenpfade.

ANREISE ZU DEN INSELN:
Flinders Island: Furneaux Freight *(Tel. 03/6365-1753, furneauxfreight.com.au)*, Fähre von Bridport
Sharp Airlines *(Tel. 1300-556-694, sharpairlines.com.au)*, Flüge ab Launceston und Melbourne (Essendon)
King Island: Tasair *(Tel. 1800-062-900, tasair.com.au)*, Flüge ab Devonport oder Burnie
King Island Airlines, *(Tel. 03/9580-3777, kingislandair.com.au)*, Flüge ab Melbourne (Moorabbin)
Regional Express *(Tel. 13-1713, rex.com.au)*, Flüge ab Melbourne

King Island
Besucherinformation
☎ 1800-645-014
kingisland.org.au

Hunter Islands

King Island ist die größte der Hunter Islands. Die flache, 64 Kilometer lange Insel ist mit üppigem Weideland gesegnet, wie man es sonst nirgendwo in Australien findet. Der Legende zufolge stammt das Gras von Samen, die sich in strohgefüllten Matratzen befanden, die einst nach Schiffbrüchen an Land gespült wurden. Eine Katastrophe ereignete sich 1845, als das Einwandererschiff „Catarqui" sank und 399 Menschen in den Tod riss. Heute stehen vier Leuchttürme auf der Insel. Derjenige auf **Cape Wickham** im Norden ist der größte der südlichen Hemisphäre.

Die größte Attraktion der Insel, die **King Island Dairy**, liegt an der North Road, etwa acht Kilometer nördlich von Currie. Dieser Molkereibetrieb veranstaltet Führungen. Bei King Island Car Rentals *(Tel. 03/6462-1282)* oder bei Cheapa Car Rentals *(Tel. 03/6462-1003)* können Sie ein Auto mieten.

Furneaux Islands

Die 52 Inseln der Furneaux-Gruppe liegen am östlichen Ende der Bass Strait. Die größte ist die frühere Walfangstation **Flinders Island**.

Dort finden sich Granitberge, einsame Buchten und hervorragende Möglichkeiten zum Angeln, Tauchen und Bergsteigen. Im **Strzelecki National Park** gibt es Wanderwege, unter ihnen einen zum Gipfel des Mount Strzelecki. Am Strand der Killiecrankie Bay können Sie nach Topasen suchen.

INSIDERTIPP

Versäumen Sie die King Island Dairy *(kingisland dairy.com.au)* nicht. Es ist ein weiter Weg für ein Stück Käse – aber der Käse ist köstlich.

LARRY PORGES
NATIONAL GEOGRAPHIC-Redakteur

Wie King Island ist auch Flinders Island berühmt für seine landwirtschaftlichen Produkte. Die wichtigsten Ansiedlungen sind **Whitemark** an der Westküste und **Lady Barron** im Süden. Das **Furneaux Museum** 19 Kilometer nördlich von Whitemark informiert über die Zeit, die die Aborigines auf dieser Insel verbrachten. Ein Auto können Sie bei Flinders Island Car Rentals *(Tel. 03/6359-2168)* mieten. ■

Reise-informationen

Ein Geländewagen mit Allradantrieb ist im Outback das optimale Fortbewegungsmittel

REISEINFORMATIONEN

REISEPLANUNG

Reisezeit

Australien ist ein ganzjährig attraktives Reiseziel. Für eine Kurzreise ohne festen Reiseplan bieten Frühling und Herbst die besten Bedingungen. Die Wildblumen im Westen sind im Frühjahr besonders schön.

Klima

In Australien dauert der Frühling von September bis November, der Sommer von Dezember bis März, der Herbst von März bis Mai und der Winter von Juni bis September. Das Wetter variiert in den verschiedenen Teilen Australiens enorm.

Das beste Sommerwetter herrscht in den südlichen Staaten: Jeden zieht es hinaus und ans warme Meer. Das Zentrum ist im Sommer sengend heiß, und die Fliegen sind eine Plage. Im hohen Norden ist es etwas kühler, aber die tropische Schwüle und die Monsunregengüsse können bedrückend sein, und giftige Quallen machen das Meer zu gefährlich zum Schwimmen. Andererseits fliehen manche im Sommer gen Norden, um dort üppiges Grün zu sehen. Das Barramundi-Angeln ist herrlich.

Im Winter gibt es im Süden Schnee, und einige Touristen kommen extra zum Skifahren. Im Norden sinken Feuchtigkeit und Wasserspiegel. Das Reisen ist einfacher, und Wildtiere sind leichter zu sehen, da sie sich um die wenigen Wasserstellen versammeln. Dies ist die beste Jahreszeit, um Krokodile zu sehen.

Veranstaltungskalender

Siehe auch die Rubrik Feiertage, S. 361f.

Januar

Perth Cup *(Perth; 1. Jan.)* Ein beliebtes Pferderennen
Cygnet Folk Festival *(Cygnet, Tasmania; zweites Wochenende)* Folk und World Music, auch einheimische Künstler
Sydney Festival *(Sydney)* Drei Wochen mit Kunst, Musik, Essen und Tanz
Tamworth Country Music Festival *(Tamworth, New South Wales; Wochenende um den Australia Day, 26. Jan.)*
Australian Open Tennis Championships *(Melbourne)* Internationales Grand-Slam-Turnier
Australia Day *(26. Jan.)* Festlichkeiten im ganzen Land, Konzerte in Sydney, Canberra und Brisbane

Februar

Perth International Arts Festival *(Perth)* Drei Wochen mit Oper, Theater, Tanz, Musik und Kunst
Royal Hobart Regatta *(Hobart, Tasmania)*
Tropfest *(landesweit)* Größtes Kurzfilmfestival der Welt
Sydney Gay and Lesbian Mardi Gras *(Sydney)*

März

Adelaide Festival of Arts *(Adelaide; alle zwei Jahre, in geraden Jahren)* Dreiwöchiges Kunstfestival
Moomba Waterfest *(Melbourne)* Einwöchiges Festival, das mit einem Stadt-Umzug endet
Port Fairy Folk Festival *(Port Fairy, Victoria)* Vier Tage Musik mit Konzerten und Workshops
Formula 1 Australian Grand Prix *(Melbourne)* Australiens wichtigstes Motorsportereignis

April

Melbourne International Comedy Festival *(Melbourne)* Dreiwöchige Veranstaltung
Sydney Royal Easter Show *(Sydney)* Zweiwöchiges Festival mit Vieh, Attraktionen und Rodeos
The Rip Curl Pro *(Bells Beach, südwestlich von Melbourne)* Wettbewerb der weltbesten Top-Surfer

Mai

Ord River Muster *(Kununurra, Western Australia)* Zwei Wochen mit Rodeos, Konzerten, Diamantentouren und mehr

Juni

Laura Aboriginal Dance Festival *(Laura, Cape York Peninsula)* Hunderte traditioneller Tänzer kommen ins abgeschiedene Laura

Vivid Sydney Zweiwöchiges Licht- und Musikfestival, bei dem bekannte Gebäude angestrahlt werden

Juli

Melbourne International Film Festival *(Melbourne)*
Lasseter's Camel Cup *(Alice Springs)* Kamelrennen und Karnevalsstimmung
Beer Can Regatta *(Darwin)* Mit komplett aus Bierdosen bestehenden Booten

August

City2Surf *(Sydney)* 14-Kilometer-Rennen von Hyde Park zum Bondi Beach
Darwin Rodeo *(Darwin; drittes Wochenende)*
Henley-on-Todd Regatta *(Alice Springs, Northern Territory)* Bodenlose, per pedes betriebene Boote im trockenen Flussbett (siehe Kasten S. 199)

September

Shinju Matsuri (Perlenfest) *(Broome, Western Australia)*

Royal Melbourne Show *(Melbourne)* Vieh- und Reitveranstaltungen
Royal Adelaide Show *(Adelaide)* Einwöchige Landwirtschafts- und Gartenschau
Perth Royal Show *(Perth)* Vieh- und Reitveranstaltungen
Australian Rules Football League (AFL) Grand Final *(Melbourne)*
Birdsville Races *(Birdsville, Queensland)* Wochenende mit Pferderennen zugunsten des Royal Flying Doctor Service (siehe Kasten S. 176)
Melbourne Fringe Festival *(Melbourne)* Dreiwöchiges alternatives Kulturfest

Oktober

Queen's Birthday *(erster Montag)* Feiertag in Western Australia
Melbourne Festival *(Melbourne)* Musik, Theater, Tanz und bildende Kunst
Bathurst 1000 Touring Car Race *(Bathurst, New South Wales)* Mount-Panorama-Rennstrecke
Royal Shows *(Hobart & Launceston, Tasmania)* Landwirtschafts- und Gartenschau
Australian Motorcycle Grand Prix *(Phillip Island, Victoria)*

November

Melbourne Cup First Tuesday *(Flemington, Melbourne)* Australiens bedeutendstes Pferderennen

Dezember

Sydney to Hobart Yacht Race *(beginnt am 26. Dezember in Sydney)* Australiens bedeutendste Ozeanregatta

Reiseversicherung

Versichern Sie sich immer ausreichend, wenn Sie verreisen, besonders wegen der medizinischen Versorgung vor Ort. Kosten für Krankenwagen- oder Hubschrauberrettung, Notoperationen oder Heimtransport können astronomisch werden. Gehen Sie sicher, dass die Police alle Ihre Aktivitäten abdeckt.

Einreise

Visum

Viele Reisende (auch Bürger aus Deutschland, Österreich und der Schweiz) können nun nach Australien mittels des Electronic-Travel-Authority (ETA)-Systems einreisen, das ein Visum ersetzt. Die ETA ist für mehrere Reisen nach Australien innerhalb eines Jahres gültig (jeweils für maximal drei Monate, 20 A$). Eine Business-ETA gilt so lange wie Ihr Pass. ETAs erhalten Sie über Ihr Reisebüro (eventuell gegen Gebühr), über Ihre Fluggesellschaft oder per Internet: *immi.gov.au*. Beantragen Sie sie mindestens vierzehn Tage vor der Reise.

Wenn Sie sich länger als drei Monate in Australien aufhalten oder dort arbeiten wollen, brauchen Sie ein Visum. Bitten Sie Ihr Reisebüro oder die australische Botschaft in Ihrem Land um weitere Informationen.

Zoll

Gegenstände für den persönlichen Gebrauch wie Kamera, Laptop, Radio und Filme müssen nicht verzollt werden. Wenn Sie einen Laptop mitführen, lassen Sie ihn in Ihrem Land von den Zollbeamten registrieren, ehe Sie abfliegen. Reisende über 18 Jahren dürfen einen Liter Alkohol, 250 Zigaretten oder 250 Gramm Tabak und Geschenke im Wert von 900 A$ zollfrei einführen. Reisende unter 18 Jahren dürfen Geschenke im Wert von 450 A$ mitbringen.

Es gibt keine Beschränkung auf die Einfuhr von australischer oder ausländischer Währung, obwohl Summen über 10 000 A$ auf dem Zollformular deklariert werden sollten. Einzelheiten über Visa, Zollkontrollen und Einschränkungen erfahren Sie bei allen australischen Botschaften oder Konsulaten (siehe unten) bzw. im Internet unter *customs.gov.au*.

Quarantäne

Australien hat sehr strikte Quarantänegesetze, die Seuchen und Krankheiten fern halten sollen. Flugzeuge werden routinemäßig desinfiziert. Versuchen Sie nicht, Obst, Samen, Gemüse, Tier- oder Pflanzenprodukte einzuführen. (Ähnliche Kontrollen werden auch auf Flügen zwischen den Bundesstaaten durchgeführt.) Wenn Sie unbeabsichtigt solche Dinge in die Kontrollzone mitbringen, werfen Sie sie in einen der vielen bereitstehenden Behälter. Versuchen Sie nicht, sie durch den Zoll zu bringen. Spürhunde suchen sowohl nach Drogen als auch nach Lebensmitteln. Wenn Sie Wanderschuhe mitführen, werden auch diese begutachtet. Jeder Dreck an den Sohlen muss entfernt werden. Strohhüte und Holzschuhe werden ebenfalls genau angeschaut.

Drogen & Betäubungsmittel

Spürhunde suchen nach Drogen und Betäubungsmitteln. Solche Durchsuchungen sind normal und die Strafen bei einem Fund drastisch. Medikamente für den persönlichen Gebrauch sollten eindeutig deklariert sein. Bringen Sie eine Erklärung Ihres Arztes mit, wenn Sie eine größere Menge einführen wollen.

Australische Botschaften im Ausland

Deutschland

Australische Botschaft
Wallstraße 76–79
10179 Berlin
Tel. 030/88 00 88-0
Fax 030/88 00 88-210
germany.embassy.gov.au

Österreich
Australische Botschaft
Mattiellistraße 2–4
1040 Wien
Tel. 01/506 740
Fax 01/504 1178
australian-embassy.at

Schweiz
Australisches Konsulat
Alpenstraße 29
3006 Bern
Tel. 031/351 01 43

ANREISE

Ein Ticket kaufen

Reisebüros und Buchungsportale im Internet halten vielleicht die besten Angebote bereit, aber es lohnt sich auch, auf die Webseiten der Fluggesellschaften selbst zu schauen. Vielleicht möchten Sie vor der Reise auch einen Flug- und Buspass kaufen (siehe Unterwegs in Australien).

Der wichtigste Flughafen für Auslandsflüge ist Sydney, das von Zielen auf der ganzen Welt angeflogen wird. Die größte australische Fluggesellschaft ist Qantas mit Verbindungen auf alle Kontinente. Aus Europa bieten zahlreiche Fluggesellschaften Linienflüge nach Australien.

Nützliche Telefonnummern und Internetadressen:
Lufthansa
Deutschland: Tel. 0180/5 83 84 26
lufthansa.de

British Airways
Deutschland: Tel. 01805/266 522 (0,14 €/Min.)
britishairways.com

Singapore Airlines
Deutschland: Tel. 069/7 19 52 00
singoaporeair.com

Air New Zealand
Deutschland: Tel. 0800/1 81 77 78
airnewzealand.de

Qantas
Deutschland: Tel. 01805/25 06 20
qantas.com

Pauschalreisen

Es gibt drei Hauptkategorien an Pauschalreisen (mit endlosen Varianten). Die erste ist, unabhängig zu fliegen, aber den Aufenthalt von einem australischen Tourveranstalter planen zu lassen, z. B.:

AAT Kings
aatkings.com
Bondi Junction, New South Wales 2022, Tel. 1300-228-546

Australian Pacific Touring
aptouring.com.au
Level 4, 1230 Nepean Hwy., Cheltenham, Victoria, Tel. 03/8526-1300

Die zweite Möglichkeit ist, ein Paket aus Flügen, Hotels und Mietwagen oder Touren bei den jeweiligen Fluggesellschaften selbst zu buchen.

Die dritte Option sind Spezialurlaube, die auf die individuellen Bedürfnisse der Reisenden zugeschnitten sind: wie etwa Sporturlaube (Tennis, Golf, Angeln). Fragen Sie im Reisebüro, oder blättern Sie in einschlägigen Magazinen.

Flughäfen

Die meisten Besucher landen in Syndey, doch internationale Flüge kommen auch in Perth, Melbourne, Adelaide, Cairns und Darwin an. Sydneys internationaler Flughafen, Kingford Smith, liegt elf Kilometer südlich der Innenstadt und kann per Bus, Bahn und Taxi erreicht werden. Internationale und Inlandflüge haben separate Terminals. Shuttlebusse verbinden die Terminals miteinander und mit dem Hauptbahnhof, der Town Hall und Circular Quay. Viele Stadthotels betreiben eigene Shuttlebusse. Ein Taxi in die Stadt kostet etwa 50 A$ und braucht ungefähr eine halbe Stunde. Züge fahren zum Hauptbahnhof. Anmerkung: Es wird eine Abflugsteuer erhoben, die jedoch normalerweise im Ticketpreis inbegriffen ist.

UNTERWEGS IN AUSTRALIEN

Mit dem Flugzeug

Australien hat ein hervorragendes Inlandsflugnetz. Zwischen den beiden Hauptinlandsfluglinien Qantas und Virgin Australia herrscht ein heftiger Wettstreit – sehr zum Vorteil des Kunden, der häufig ein günstiges Schnäppchen machen kann, besonders wenn er über das Internet bucht und bei den Flugzeiten flexibel ist. Beide Anbieter gewähren beachtliche Preisnachlässe beim Kauf von E-Tickets und haben spezielle Internetangebote, für die auch in den Tageszeitungen geworben wird. Bei Qantas können internationale Reisende einen Airpass erwerben, der sie zum Kauf einer bestimmten Anzahl von verbilligten Inlandsflügen berechtigt, während sie das Land bereisen. Sie müssen den Pass jedoch vor ihrer Ankunft in Australien kaufen. Der Preis variiert entsprechend der Zahl der beabsichtigten Flüge. Weitere Details sind der Qantas-Website zu entnehmen. Auch Virgin Australia bietet einen Airpass.

Jetstar
Reservierungen: 13-1538
jetstar.com
Qantas
Reservierungen: 13-1313
qantas.com.au
Tiger Airways
Reservierungen: 03/9034-3733
tigerairways.com
Virgin Australia
Reservierungen: 13-6789
virginaustralia.com

Mit dem Auto

Fahren Sie links und überholen Sie rechts. Von rechts kommende Wagen haben im Kreisverkehr Vorfahrt. Fußgänger sollten daran denken, nach rechts zu schauen, ehe sie eine Straße überqueren. Straßen sind normalerweise in einem guten Zustand. Sie sollten trotzdem bei langen Strecken besonders aufpassen, dies gilt vor allem für Offroadpisten.

Mietwagen

Die Preise für einen Mietwagen variieren je nach Saison, Nachfrage, Verfügbarkeit sowie Größe und Typ des Autos. Fragen Sie, ob der Preis uneingeschränkte Kilometerzahl beinhaltet. Bestimmte Firmen verlangen für die Überschreitung eines gesetzten Kilometerlimits Extragebühren. Die Preise beginnen bei etwa 40 A$ pro Tag oder 250 A$ pro Woche für ein Auto. Teilweise müssen Sie mit örtlichen oder Flughafenzuschlägen rechnen. Prüfen Sie immer den Zustand des Wagens, ehe Sie losfahren, und geben Sie Mängel sofort an. Manchmal müssen Sie das Auto dort zurückgeben, wo Sie es gemietet haben, gewöhnlich können Sie es gegen Aufpreis auch in einem anderen Ort oder Staat abgeben. Wenn Sie von Europa aus einen Wagen mieten, ist das eventuell billiger. Die großen Agenturen wie Avis, Hertz und Budget haben eine internationale Buchungsabteilung, bei der Sie einen Wagen für Ihren Ankunftsort reservieren können.

Avis, Tel. 13-6333
Budget, Tel. 13-2727
Europcar, Tel. 1300-131-390
Hertz, Tel. 13-3090
Thrifty, Tel. 1300-367-227

Mietbedingungen

Sie müssen einen gültigen Führerschein haben und mindestens 21 Jahre alt sein (von Fahrern unter 25 Jahren wird eventuell eine Anzahlung verlangt). Haftpflicht- und Unfallversicherung sind Pflicht und in der Regel im Preis inbegriffen.

Vollkaskoversicherung und Personen-Unfallschutz kosten extra, aber fragen Sie nach einer möglichen Deckung durch Ihre eigene Auto- und Reiseversicherung in Europa. Fast alle Vermieter bestehen darauf, dass Sie mit einer gängigen Kreditkarte bezahlen, die zusätzlichen Versicherungsschutz gewährt.

Vierradantrieb

Vierradantrieb (4WD) ist im Outback unabdingbar. Die Miet- und Versicherungskosten sind höher als diejenigen für herkömmliche Autos. Schäden am Wagen, die der Fahrer verursacht, sind nicht abgedeckt.

Wohnmobile

Wohnmobile können in allen Bundesstaaten angemietet werden. Zeitliches Minimum ist normalerweise eine Woche, und für längere Zeiten gibt es Ermäßigungen. Zur Hauptferienzeit im Dezember und Januar sind die Preise am höchsten. Motorräder können auch gemietet werden.

Verkehrsregeln

Sicherheitsgurte sind in Australien Pflicht. Die Fahrer müssen sicherstellen, dass alle Insassen angeschnallt sind – sonst drohen recht hohe Geldstrafen. Strafzettel können Ihnen sogar nach Hause nachgeschickt werden, da die Autoverleiher die Adressen der Mieter an die Behörden weitergeben.

Verkehrsschilder

Die Schilder sind leicht zu verstehen. Tempolimits und Entfernungen werden in Kilometern angegeben. In der Stadt gelten 60, 50 auf Highways und auf Landstraßen 110 Stundenkilometer. Tempolimits werden streng kontrolliert.

Benzin

Kraftstoff (unverbleit oder Diesel) wird pro Liter verkauft. In der Stadt kostet der Liter etwa 1,30 A$, im Outback etwa 1,70 A$.

Alkohol

Die Promillegrenzen sind niedrig, und es empfiehlt sich, als Autofahrer gar keinen Alkohol zu trinken. Polizeikontrollen sind häufig und die Strafen hart.

Sicher fahren

Langstrecken bergen in Australien ihre ganz eigenen Gefahren. Die Hauptstraßen sind zwar gut im Schuss, doch Fahrten können ermüdend sein. Planen Sie immer genügend Pausen ein, und unterschätzen Sie nicht die austrocknende Kraft der Sonne. Nehmen Sie also immer genügend Wasser und Snacks mit.

Wenn Sie auf unbefestigten Straßen unterwegs sein werden, stellen Sie sicher, dass das Fahrzeug dafür geeignet ist und dass Sie für Notfälle gerüstet sind. Fragen Sie die Polizei vor Ort nach Wetter- und Straßenbedingungen, ehe Sie sich auf den Weg machen. Tiefer, feiner *bulldust* (Lehmstaub) kann selbst für erfahrene Geländewagenfahrer unpassierbar sein. Sturmfluten und Sandstürme sind in der jeweiligen Saison (von Gebiet zu Gebiet unterschiedlich) an der Tagesordnung. Achten Sie auf Tiere am Straßenrand, vor allem in der Dämmerung.

Die Bedeutung von Vorsichtsmaßnahmen kann nicht genug betont werden. Suchen Sie immer wieder auf Straßenkarten nach Ihrem augenblicklichen Standort. Pannen- oder andere Hilfe ist unter Umständen schwer zu bekommen. Neben Wasser und Essen sollten Sie warme Decken mitnehmen. Eine Taschenlampe (mit Ersatzbatterie) hilft, sollten Sie nachts stecken bleiben. Seien Sie lieber etwas zu vorsichtig und bewahren Sie einen gesunden Respekt vor einer unversöhnlichen Umgebung. Führen Sie ein gutes Erste-Hilfe-Set, Benzin und Werkzeug für einfache Reparaturen am Wagen mit.

Wenn Sie einen abgeschiedenen Nationalpark besuchen möchten, fragen Sie Einheimische und Polizisten am Ausgangsort nach Straßenbedingungen und notwendiger Ausrüstung. Hören Sie auf deren Rat, und hinterlassen Sie bei einer vertrauenswürdigen Person oder der Polizei, wo Sie hinfahren wollen und wann Sie wohl zurückkommen werden.

Automobilclubs

Die australischen Clubs bieten den Mitgliedern der meisten ausländischen Automobilclubs ihre Dienste an. Sie brauchen einen gültigen Mitgliedsausweis Ihres Heimatclubs, wenn Sie den Service in Anspruch nehmen wollen.

A.A.A. (Automobile Association of Australia)
103 Northbourne Ave.
Canberra
ACT 2601
Tel. 06/6247-7311

NRMA Motoring & Services
74–76 King St.
Sydney 2000
Tel. 13-2132

Unfallmaßnahmen

Lassen Sie sich von allen Zeugen, dem Fahrer des anderen Fahrzeugs und dem Halter (falls unterschiedlich) Namen und Adressen geben. Notieren Sie Typ, Modell und Registrierungsnummer des anderen Wagens. Tauschen Sie Informationen über Versicherungen aus. Machen Sie eine Unfallskizze (inklusive Geschwindigkeit, Straßenzustand etc.), und listen Sie alle Personen- und Sachschäden auf.

Alle Unfälle außer Bagatellschäden müssen der Polizei gemeldet werden. Arbeiten Sie mit der Polizei zusammen, notieren Sie sich den Namen des Beamten und die Kontaktadresse.

Fahrzeugkauf

Ehe Sie in Australien ein Fahrzeug kaufen, prüfen Sie, ob es das gültige alljährliche Roadworthiness Certificate (RWC) hat, und machen Sie die üblichen Sicherheitstests. Wenn Sie den Wagen wieder verkaufen möchten, empfiehlt es sich, ihn in den Staat zurückzubringen, wo Sie ihn gekauft haben.

Mit dem Bus

Langstreckenbusse

Wenn Sie aufs Geld achten müssen, genügend Zeit haben und die immense Größe und Geographie des Landes erfahren wollen, fahren Sie mit dem Bus. Auf den Fernrouten zu fahren ist normalerweise die billigste Art, Australien zu bereisen. Alle Großstädte und Highways werden von den großen Gesellschaften angesteuert, die mit regionalen Anbietern für kleinere Gemeinden verbunden sind. Alle großen Unternehmen haben komfortable Busse mit sanitären Einrichtungen. Klimaanlage ist die Norm, und es gibt oft Monitore mit Videos.

Der Hauptanbieter ist Greyhound. Für Reisende mit dieser Buslinie gibt es eine ganze Reihe von Pässen, die in Gültigkeitsdauer, Umfang und Anwendungsmöglichkeiten variieren. Wer nach Tasmanien reist, kann den örtlichen Tassie-Link-Buspass (*tigerline.com.au*) nutzen, der Rundreisen auf der Insel für einen Zeitraum von sieben, zehn, 14 oder 21 Tagen anbietet.

Greyhound
1300-473-946, *greyhound.com.au*

Busausflüge

Viele australische Reiseunternehmen bieten Bustouren an, die zwischen ein paar Tagen in luxuriösen, klimatisierten Bussen und Hotels bis zu wochenlangem Camping mit einem heruntergekommenen Bus variieren. Während erstere interessante Erklärungen, ein Minimum an körperlicher Aktivität und jeden erdenklichen Komfort bieten, muss jedermann bei letzerem Hand anlegen und unterm Sternenzelt schlafen. Einige der beliebtesten Touren führen von Darwin und Adelaide nach Alice Springs und Uluru (Ayers Rock). Weitere beliebte Routen sind Cairns–Brisbane und Brisbane–Sydney. Fragen Sie im Reisebüro nach weiteren Informationen.

Mit dem Zug

Fernverbindungen

Die Indian-Pacific-Eisenbahn fährt zweimal die Woche von Sydney in 65 Stunden über die Nullarbour Plain nach Perth und umgekehrt (siehe Kasten S. 248). Der Ghan fährt einmal die Woche durch das Outback von Adelaide nach Darwin (über Alice Springs) und retour (siehe S. 282f), und einmal die Woche nur nach Alice Springs. Der Sunlander fährt täglich von Brisbane in 32 Stunden nach Cairns und zurück. Alle diese Fahrten sind in Luxusausführungen – mit Schlaf- und Speisewagen – zu bekommen.

Im Ghan und der Indian-Pacific-Eisenbahn kann man erster oder zweiter Klasse reisen: Der Gold Service ist ein Erste-Klasse-Schlafwagen mit eigenem Bad. Die Mahlzeiten werden im

Speisewagen serviert. Der kostengünstigere Red Service bietet einen Standard-Schlafwagen und einen Bistrowagen, in dem sich die Reisenden verpflegen können. Eine noch preiswertere Option ist ein Liegewagen. Essen und Snacks können die Passagiere im Zug kaufen.

Reservierungen sind an den Hauptbahnhöfen von Alice Springs, Darwin, Katherine, Melbourne, Perth und an Adelaide's Parkland Terminal in Keswick möglich. Auch die Zentrale der Great Southern Railway *(Erdgeschoss, 422 King William St., Adelaide)* nimmt Reservierungen entgegen, oder Sie buchen online unter *gsr.com.au.*

Great Southern Railway betreibt auch den Overlander, eine wöchentliche Verbindung von Adelaide nach Melbourne und zurück.

Mit dem Schiff

Die einzige regelmäßige Schiffsverbindung in Australien bietet die Autofähre „Spirit of Tasmania", die zwischen Melbourne und Devonport auf Tasmanien verkehrt (siehe S. 333). Die Überfahrt dauert zehn Stunden. Einige internationale Kreuzfahrtlinien, z. B. Holland America Lines, P&O und Princess Cruises fahren rund um Australien. Normalerweise legen Sie legen in Sydney, Brisbane und Cairns im Osten und in Melbourne, Adelaide und Hobart im Süden oder in Fremantle im Westen an. Zahlreiche Vergnügungsboote, Katamarane und Yachten fahren von Küstenstädten am Festland im Osten oder von Inseln des Great Barrier Reef sowie von Exmouth an der Westküste ab. Einige bieten eintägiges Inselhüpfen mit Delfin- und Walbeobachtung, Schnorcheln und Tauchen an, andere offerieren mehrtägige Segel- und Tauchausflüge.

Auf dem Murray River in South Australia (siehe S. 276f) und Victoria (siehe S. 324f), auf den Mayall Lakes in New South Wales und auf dem Hawkesbury River nördlich von Sydney werden ebenfalls Bootstouren angeboten.

PRAKTISCHE TIPPS

Alkoholgesetze

Niemand unter 18 Jahren darf Alkohol kaufen oder in der Öffentlichkeit konsumieren. Öffnungszeiten von Bars sind normalerweise Montag bis Samstag 10 bis 22 Uhr. Sonntags variieren die Zeiten. Restaurants, Clubs und Hotelbars haben flexiblere Zeiten. Alkohol wird in Spirituosenläden, Hotels und anderen lizensierten Lokalen verkauft, nicht jedoch in Supermärkten.

Viele Restaurants haben eine Ausschanklizenz, manche verkaufen Alkohol jedoch nur in Verbindung mit Speisen. Andere sind BYOs (Bring Your Own). Die meisten Restaurants erlauben, den eigenen Wein mitzubringen; sie verlangen jedoch eine Entkorkungsgebühr für das Öffnen und Servieren der Flasche.

Einrichtungen für behinderte Menschen

Die Australian Tourist Commission hat überall auf der Welt Informationsnummern und bietet außerdem auch noch eine allgemeine Broschüre an: *Travel in Australia for People With Disabilities,* in der die Adressen hilfreicher Organisationen in jedem Staat aufgelistet werden.

N.I.C.A.N., National Information Communications Network *(48 Brookes St., Mitchell, ACT, Tel. 02/6241-1220 oder 1800-806-769, nican.com.au)* bietet ein umfangreiches Verzeichnis geeigneter Unterkünfte, Sport- und Erholungseinrichtungen in ganz Australien.

A.C.R.O.D., Australian Council for the Rehabilitation of the Disabled *(33 Thesiger Ct., Deakin, ACT, Tel. 02/6283-3200, nds.org.au)* berät über Organisationen, Unterkünfte und spezialisierte Tourveranstalter in den einzelnen Bundesstaaten.

Flugzeug: Alle Flughäfen Australiens haben Einrichtungen für behinderte Menschen. Bestimmte Qantas-Jets haben Liftstühle und geeignete Toiletten.

Mietauto: Avis und Hertz haben Autos mit Handpedalen. Sie müssen im Voraus reserviert werden, können aber an allen großen Flughäfen ohne Extragebühr abgegeben werden.

Parkplätze und öffentliche Toiletten: Größere Städte haben spezielle Straßenkarten für behinderte Menschen.

Fähre: Die „Spirit of Tasmania" (siehe S. 333) hat vier für Rollstühle geeignete Kabinen und bietet Rollstuhlfahrern Zutritt zu allen öffentlichen Zonen des Schiffs.

Zug: Hier variiert die Ausstattung. Auf dem Indian-Pacific von Sydney nach Perth etwa bietet eine Kabine pro Wagen Rollstuhlzugang. Liftstühle erleichtern das Einsteigen und die Bewegung zwischen den Wagen. Weitere Informationen bei Great Southern Railway *(Tel. 08/8213-4592).*

Elektrizität

Australische Stecker haben drei flache „Zinken". Die Stromspannung beträgt 240 Volt – Besucher aus Deutschland, Österreich und der Schweiz brauchen für ihre Geräte also einen Adapter.

Feiertage

1. Januar (Neujahr)
26. Januar (Australia Day)
März/April (Karfreitag, Ostersamstag, -sonntag, -montag)

25. April (Anzac Day)
Zweiter Montag im Juni (Queen's Birthday; kein Feiertag in Western Australia)
25. und 26. Dezember (1. und 2. Weihnachtstag)

Foto & Video
In ganz Australien bekommt man gute Filme und Verarbeitung. Passen Sie in der Tropenhitze besonders gut auf Ihr Material auf, da Lebensdauer und Qualität von Filmen und Batterien leiden können. Die intensive Sonnenkraft und deren Reflektion auf dem Wasser können Farbfotos ausbleichen. Das beste Licht für Aufnahmen herrscht am frühen Morgen und am späten Nachmittag.

Geld
Die Währungseinheit in Australien ist der Australische Dollar (A$), dem 100 Cents entsprechen. Münzen gibt es zu 5, 10, 20 und 50 Cents, zu 1 und 2 A$. Banknoten gibt es zu 5, 10, 20, 50 und 100 A$. Verschiedene Farben und Größen machen die Unterscheidung leicht.

Reiseschecks sind eine sichere Art, Geld bei sich zu führen. Sie können sie in fast allen Banken oder lizensierten Wechselstuben gegen Vorlage des Passes oder Führerscheins gegen Bargeld eintauschen. Die Gebühren variieren von Bank zu Bank., in der Regel werden fünf bis zehn A$ pro Transaktion verlangt.

Die geläufigen internationalen Kreditkarten werden überall in Australien akzeptiert, auch in Kleinstädten gibt es einen Geldautomaten, an dem Sie mit Master- oder Visacard Geld abheben können. Auf längere Reisen ins Outback sollten Sie Bargeld mitnehmen. In allen Fällen empfiehlt es sich, eine Mischung aus Reiseschecks, Kreditkarten und Barem mitzuführen.

Homosexuelle Reisende
Gay and Lesbian Tourism Australia (*galta.com.au*) fördert das Reisen von Homosexuellen in Australien und ist eine hervorragende Quelle für Informationen und Hilfe.

Kinder
Die meisten Hotels lassen Kinder unter einer bestimmten Altersgrenze (meist 12 Jahre) umsonst oder verbilligt im Zimmer der Eltern schlafen. Nur wenige Hotels verlangen von Kindern die normalen Preise. In australischen Vororten gibt es viele Familienrestaurants mit speziellem Kinderangebot und Hochstühlen.

Kommunikation
Post
Briefmarken bekommt man in Postämtern, Hotels und vielen Läden. Das Porto für Briefe innerhalb Australiens beträgt 60 Australische Cents, für Postkarten und Luftpostbriefe nach Europa 2,60 A$.

Postlagerung
Größere Postämter (und einige im Outback) haben ein kostenloses System für postlagernde Sendungen. Beim Abholen müssen Sie sich ausweisen.

Telefon
Australien hat ein hervorragendes Telefonsystem. Es gibt viele öffentliche Telefone, die sowohl mit Münzen als auch mit Telefonkarten funktionieren. Viele Telefone in Städten akzeptieren auch Kreditkarten. Telefonkarten gibt es zum Wert von 5, 10, 20 und 50 A$. Ortsgespräche von einem öffentlichen Telefon kosten 50 Australische Cents (von privaten Apparaten 30 Cents) für eine unbegrenzte Sprechzeit.

Von jedem öffentlichen Telefon aus können Sie auch Ferngespräche führen, zu einer Mindestgebühr von 1,20 A$. Am Wochenende sind die Gebühren etwas niedriger. Deutlich weniger zahlen Sie mit internationalen Telefonkarten, die in vielen Zeitungsläden verkauft werden.

Gebührenfreie Telefonnummern fangen in Australien mit 1800 an. Sechsstellige Nummern, die mit 13 beginnen, kosten immer den Ortstarif.

Telstra und Optus betreiben die zwei wichtigsten Mobiltelefonnetze, und eine Reihe anderer Firmen wie Virgin verwenden diese ebenfalls. Vodafone und Three betreiben eigene kleinere Netze. Das Funknetz erfasst nahezu alle besiedelten Gebiete. In den menschenleeren Bereichen des Outback nützen Handys allerdings wenig. Prepaid-SIM-Karten sind in Supermärkten, Zeitungsläden, Elektronik- und anderen Geschäften erhältlich – Ausweis mitnehmen! Ortsgespräche kosten etwa 80 Cent pro Minute, Auslandsgespräche um 1 A$ pro Minute.

Für ein Telefonat nach Deutschland wählen Sie 0011-49 vor (dann die Ortsvorwahl ohne erste 0), für Österreich 0011-43, für die Schweiz 0011-41.

Fax
Faxe können von jedem Hotel oder Postamt aus verschickt werden. Bei Postämtern kostet die erste Seite 5 A$, jede weitere Seite 1,25 A$.

E-Mail & Online-Dienste
In allen großen Städten gibt es Internet-Cafés. Hier können Sie gegen eine Gebühr (pro halbe oder ganze Stunde, meist ca. 10 A$ die Stunde) das Internet nutzen und E-Mails versenden. Wenn Sie mit Laptop reisen, fragen Sie Ihren Anbieter vor der Reise. Einige große Provider wie

AOL haben lokale australische Nummern, sodass Sie sich vom Hotelzimmer aus einwählen können. Viele Hotels bieten Internetzugang in der Lobby oder WLAN auf den Zimmern, doch die Gebühren sind in der Regel hoch. Einige Handy-Provider bieten 3G-Datentarife, die für gewöhnlich günstiger sind als die Internetgebühren der Hotels.

Kleidung

Damenkleidung

Deutschland	Australien
34	8
36	10
38	12
40	14
42	16
44	18

Herrenkleidung

46	92
48	97
50	102
52	107
54	112
56	117

Herrenhemden

37	37
38	38
40	40
41	41
42	42
43	43

Damenschuhe

37	6,5
38	7
39	7,5
39	8
40	8,5
41	9

Herrenschuhe

41	7
42	7,5
43	8,5
44	9,5
45	10,5
46	11

Medien

Zeitungen

The Australian der News Corporation ist die einzige überregionale Zeitung. Ansonsten hat jeder Staat seine eigene Tageszeitung: ***Sydney Morning Herald*** und ***The Age,*** in Melbourne, sind die bekanntesten seriösen Blätter.

Fernsehen

Es gibt drei kommerzielle TV-Netzwerke (Seven, Nine und Ten), den im Besitz der Regierung befindlichen, aber unabhängig arbeitenden Kanal der Australian Broadcasting Corporation (Kanal 2) und den ähnlich etablierten multikulturellen Kanal SBS. Es gibt ein Kabelnetz, Foxtel, das Sport- und Filmprogramme sowie Nachrichtenkanäle wie CNN sendet.

Radio

Zahlreiche Radiokanäle senden auf AM- bzw. FM-Band. In Sydney senden 2GB and 702ABC Nachrichten und Interviewprogramme; 2WS, 2-DAY-FM und MMM spielen Popmusik; jjj ist der Jugendsender, ABC-FM und 2MBS widmen sich klassischer Musik.

National Trust

Der National Trust *(national trust.org.au)* widmet sich der Erhaltung historischer Gebäude in ganz Australien, von denen viele dem Publikum offen stehen.

Die Mitgliedschaft im National Trust gewährt Ihnen freien Eintritt zu allen Anwesen der Gesellschaft. Hilfreiche Prospekte über historische Gebäude und Besichtigungstouren in vielen Städten gibt es ebenfalls bei den Büros des National Trust:

Australian Capital Territory
Ecke London Circuit & Civic Square, Canberra
Tel. 02/6230-0533

New South Wales
Observatory Hill, The Rocks, Sydney
Tel. 02/9258-0123

Northern Territory
2 Kahlin Ave., Larrakeyah
Tel. 08/8981-2848

Queensland
95 William St., Brisbane
Tel. 07/3223-6666

South Australia
Beaumont House, 631 Glynburn Rd., Beaumont
Tel. 08/8202-9200

Tasmanien
413 Hobart Rd., Youngtown
Tel. 03/6344-6233

Victoria
Tasma Terrace, 4 Parliament Place, Melbourne
Tel. 03/9656-9800

Western Australia
Old Observatory, 4 Havelock St., West Perth
Tel. 08/9321-6088

Öffnungszeiten

Läden haben je nach Bundesstaat verschiedene Öffnungszeiten, doch die Kernzeiten sind Montag bis Samstag 9 bis 17 Uhr. In vielen Städten haben die Geschäfte Donnerstag und/oder Freitag bis 21 Uhr offen. Die Läden in vielen Urlaubsgebieten sind auch sonntags kurz geöffnet.

Banken sind Montag bis Donnerstag von 9.30 bis 16 Uhr und Freitag 9.30 bis 17 Uhr offen. In einigen Staaten öffnen sie auch Samstagvormittags.

Postämter haben Montag bis Freitag von 9 bis 17 Uhr geöffnet, viele Postämter auch am Samstagvormittag.

Schwimmen & Strände

Australien hat einige sehr schöne Strände und Wasserstellen zum Schwimmen. Wie überall sollten Sie beim Schwimmen an unbekannten Stränden auf Gezeiten, Strömungen und Wetterbedingungen achten. Es empfiehlt sich, nur an Stränden zu schwimmen, die Rettungsschwimmer oder eine Badeaufsicht haben. Eine rot-gelbe Flagge bedeutet, dass Schwimmen sicher ist. Eine rote Flagge warnt Sie, wegen starker Strömungen, rauer See oder weniger offensichtlicher Gefahren wie Haie, Blauringoktopusse oder Skorpionsfische aus dem Wasser zu bleiben.

Von Oktober bis Mai befinden sich im Meer des tropischen Nordens giftige Quallen *(box jellyfish)*. Das ganze Jahr über stellt das Salzwasserkrokodil eine ernsthafte Gefahr für Schwimmer dar. Achten Sie immer besonders auf Krokodilwarnschilder.

Wenn Sie zelten, bleiben Sie mindestens 50 Meter vom Wasser entfernt, und schlagen Sie beim Wasserholen immer wieder andere Wege ein.

Senioren

Ältere Bürger kommen in Australien in den Genuss verschiedener Vergünstigungen, doch ausländische Senioren können sie leider nicht in Anspruch nehmen. Es lohnt sich jedoch oft, nach Ermäßigungen zu fragen, vor allem in Hotels, bei Tourveranstaltern und Autovermietungen.

Trinkgeld

Trinkgeld hat in Australien keine Tradition. Es wird immer freiwillig gegeben. Ein Ober in einem gehobenen Restaurant erwartet jedoch ein Trinkgeld von bis zu zehn Prozent des Gesamtbetrages, wenn Sie mit dem gebotenen Service zufrieden waren.

Umweltschutzurlaub

Conservation Volunteers *(Tel. 03/5330-2600, conservationvolunteers.com.au)* organisiert Umweltschutzprojekte für freiwillige Helfer. Weitere Informationen zum Thema „Freiwilligenarbeit" siehe S. 255.

Zeitzonen

Australien hat drei Zeitzonen:

Die **Eastern Standard Time** gilt in den Ostküstenstaaten – Tasmanien, Queensland, Victoria und New South Wales. Die Differenz zur Mitteleuropäischen Zeit (MEZ) beträgt neun Stunden.

Die **Central Standard Time** gilt in South Australia und dem Northern Territory: Differenz zur MEZ: plus 8,5 Stunden.

Die **Western Standard Time** gilt in Western Australia. Zeitdifferenz zur MEZ: plus 7 Stunden.

Im Sommer gilt in den meisten Staaten Sommerzeit, das heißt, die Uhr wird um eine Stunde vorgestellt. Die Sommerzeit beginnt je nach Staat im Oktober oder November und endet im März oder April.

IM NOTFALL

Botschaften & Konsulate

Die meisten Länder haben eine Botschaft in Canberra und ein Konsulat in den anderen Großstädten. Visaanträge werden generell in Canberra bearbeitet. Die Konsulate stehen in den örtlichen Telefonbüchern.

Deutschland
119 Empire Circuit
Yarralumla
Canberra, ACT 2600
Tel. 02/6270-1911

Österreich
12 Talbot St.
Forrest
Canberra, ACT 2603
Tel. 02/6295-1533

Schweiz
7 Melbourne Ave.
Forrest
Canberra, ACT 2603
Tel. 02/6162-8400

Gesundheit

Die medizinische Versorgung ist in Australien hervorragend und im Normalfall bezahlbar. Ein Arzttermin kostet etwa 40 A$. Eine private Auslands-Krankenversicherung ist dennoch dringend zu empfehlen, denn Reisende aus den deutschsprachigen Ländern sind nicht über das Medicare-System abgesichert.

Impfungen

Für Reisen nach Australien sind keine Impfungen vorgeschrieben. Cholera, Malaria und Gelbfieber sind nicht bekannt, aber Tropenkrankheiten wie Dengue-Fieber sind ein Problem (siehe Insekten). Eine Impfung gegen Tetanus und Hepatitis A und B empfiehlt sich – aber diese Impfungen sollte sowieso jeder haben.

Insekten

Fliegen können im Outback, wo sie Sie zu Hunderten überfallen und in Ohren, Augen und Nase nach Feuchtigkeit suchen, eine schlimme Plage sein.

Moskitos können ebenfalls ein echtes Problem darstellen, nicht nur auf Grund ihrer Stiche, sondern auch, weil sie das Ross-River-Virus oder Dengue-Fieber übertragen können. Diese Krankheiten können so schwächen wie Malaria – sie sind allerdings nicht besonders verbreitet. Fragen Sie vor Ort um Rat, und benutzen Sie, wenn erforderlich, Insektenschutzmittel und/oder ein Moskitonetz.

Spinnen & Schlangen

Dreizehn der giftigsten Schlangen und Spinnen der Welt leben in

Australien. Schlangen kommen im Wasser wie an Land vor, doch sie ziehen es in der Regel vor, Menschen aus dem Weg zu gehen. Wenn Sie trotzdem gebissen werden, versuchen Sie sich zu erinnern, wie die Schlange ausgesehen hat (verfolgen Sie sie aber nicht), und begeben Sie sich schnell in ein Krankenhaus, um mit einem Gegengift behandelt zu werden. Die meisten Schlangengifte brauchen ein paar Stunden, um zu wirken, allerdings kann der Schock ebenso gefährlich sein wie der Biss selbst.

Die gefährlichsten Spinnen Australiens sind die Rotrückenspinne *(redback spider)* und die Trichternetzspinne *(funnel-web spider)*. Letztere kommt am häufigsten in Sydneys Randbezirken vor. Auch hier gilt: Wenn Sie gebissen werden, prägen Sie sich das Aussehen der Spinne ein, und suchen Sie sofort ein Krankenhaus auf.

Sonnenbrand

Unterschätzen Sie auf einen Fall die Kraft der Sonne. Australien hat die höchste Hautkrebsrate in der ganzen Welt. Das Loch in der Ozonschicht befindet sich direkt über Australien, und der klare blaue Himmel bietet sehr wenig Schutz vor der ultravioletten Strahlung der Sonne. Versuchen Sie, zwischen 11 und 15 Uhr sich nicht der direkten Sonne auszusetzen. Verwenden Sie immer eine Sonnenlotion mit hohem Schutzfaktor, und tragen Sie einen Hut. Halten Sie Nacken und Arme bedeckt, und schützen Sie Ihre Augen mit einer hochwertigen Sonnenbrille.

Notrufnummern

In ganz Australien ist die gebührenfreie Notrufnummer für Feuerwehr, Krankenwagen und Polizei die **000**.

BESUCHER-INFORMATIONEN

Tourism Australia ist die wichtigste Touristeninformation mit einer guten Website *(australia.com)* und Niederlassungen.

Deutschland
Australisches Fremdenverkehrsamt
Neue Mainzer Str. 22
60311 Frankfurt/Mainz
Tel. (069) 2 74 00 60
Fax (069) 2 74 00 640

Österreich
Siehe Deutschland und Aussie Helpline
Tel. (06 60) 8902 (gebührenfrei)

Schweiz
Siehe Deutschland und Australian Tourist Commission
c/o Lilly Seydoux
Wiesenrainerstr. 37
8707 Uetikon am See
Tel. (01) 920 3310

Aussie-Helpline
Tel. (01) 838 5330

Internet

Online-Versionen lokaler Tageszeitungen finden Sie unter:

theage.com.au (Melbourne)
smh.com.au (Sydney)
news.com.au (all of Australia)

Für aktuelle Wetterberichte gehen Sie auf die Website des Bureau of Meteorology: *bom.gov.au.*

Telefonnummern für ganz Australien finden Sie unter: *whitepages.com.au.*

Touristenbüros

Die örtlichen Touristeninformationen sind im Buch auf den entsprechenden Seiten aufgeführt. Das Personal kennt seine Region und kann Reservierungen vornehmen. Darüber hinaus haben viele Stellen ihre eigene Website mit ausführlichen Angaben zu Unterkünften und Touren. Einige Büros veröffentlichen eigenes gutes Infomaterial, andere haben nur Werbebroschüren vorrätig und nehmen hauptsächlich Buchungen vor.

Jeder Bundesstaat besitzt zudem eine eigene zentrale Stelle, die das Marketing und die Touristeninformationen im ganzen Staat koordiniert. Meist gibt es dort jedoch keinen Publikumsverkehr; ihre Websites sind aber sehr nützlich:

Australian Capital Tourism
visitcanberra.com.au

Tourism New South Wales
visitnsw.com

Northern Territory
travelnt.com

Tourism Queensland
queenslandholidays.com.au

South Australian Tourism Commission
southaustralia.com

Tourism Tasmania
discovertasmania.com

Tourism Victoria
visitvictoria.com

Western Australia Tourist Commission
westernaustralia.com

National Parks Offices

Jeder Bundesstaat hat auch Büros der Ressorts National Parks, the Environment, Natural Resources, & Heritage. Sie sind unterschiedlich benannt, bieten aber alle Informationen und Tipps zu Nationalparks, „Heritage sites" und Naturreservaten. Die größeren

Nationalparks haben ihre eigenen Informationszentren. Einzelheiten darüber finden Sie im entsprechenden Textteil.

In immer mehr Nationalparks wird eine Eintrittsgebühr erhoben, außerdem Camping- und andere Gebühren. Bis jetzt ist der Eintritt in die meisten Parks in Queensland, Victoria und im Northern Territory allerdings kostenlos. Die Gebühren und Ermäßigungen sind auf den Websites der Nationalparkverwaltungen aufgelistet, außerdem nützliche Informationen zu Camping, Wandern und anderen Aktivitäten. Die nationale Behörde, Parks Australia, verwaltet eine Reihe von Parks, vor allem Kakadu und Uluru-Kata Tjuta.

New South Wales
National Parks & Wildlife Commission
59–61 Goulburn St.
Sydney
Tel. 02/9995-5000 oder 1300-361-967
environment.nsw.gov.au

Northern Territory
Parks & Wildlife Service
Goyder Centre
35 Chung Wah Terrace
Palmerston
Tel. 08/8999-4555
parksandwildlife.nt.gov.au

Parks Australia
Level 1
33 Allara St.
Canberra
Tel. 02/6274-1111
environment.gov.au

Queensland
Queensland Parks & Wildlife Service
400 George St.
Brisbane
Tel. 13-7468
nprst.qld.gov.au

South Australia
Department of Environment, Water and Natural Resources
205 Greenhill Rd.
Eastwood
Tel. 08/8273-9100
environment.sa.gov.au

Tasmania
Parks & Wildlife Service
134 Macquarie St.
Hobart
Tel. 1300-135-513
parks.tas.gov.au

Victoria
Parks Victoria
Level 10/535 Bourke St.
Melbourne
Tel. 03/8627-4699 oder 13-1963
parkweb.vic.gov.au

Western Australia
Department of Environment and Conservation
The Atrium
168 St. Georges Terrace
Perth
Tel. 08/6467-5000
dec.wa.gov.au

Hotels & Restaurants

In Städten gibt es eine große Auswahl an Hotels, von luxuriös bis bescheiden, und eine Riesenauswahl an Restaurants. Auf dem Land sind Unterkunft und Essen eher einfach. Eine Besonderheit sind Rucksack-Herbergen mit billigen, aber sauberen Betten, teils in Schlafsälen. Sie sind für Studenten gedacht, beherbergen aber auch andere preisbewusste Reisende. Manchmal lohnt es sich, auf den Websites von Hotels nach besonderen Angeboten zu suchen, aber im Allgemeinen bieten Buchungsseiten wie *wotif.com* die besten Preise.

UNTERKÜNFTE

Hotels

Alle Hauptstädte der Bundesstaaten haben Luxushotels, die internationalen Ketten angehören. Hotels für gehobene Ansprüche sind leicht zu finden. Die Zimmer können über das internationale Hotel-Netzwerk gebucht werden. Überall in Australien gibt es auch preisgünstigere Hotels. Im Outback ist das einzige Hotel oft der örtliche Pub. An den Küsten und auf den Inseln des Great Barrier Reef gibt es Ferienanlagen mit einem breiten Angebot an sportlichen Aktivitäten.

Hotelpreise

Die Preiskategorien für Hotels richten sich nach dem Preis für ein Standard-Doppelzimmer. Außerhalb der Saison bieten viele Hotels den Gästen Sonderpreise an. Es lohnt sich immer, nach solchen Arrangements zu fragen.

Motels

Für preisbewusste Reisende sind diese Einrichtungen ideal. Sie bieten komfortable Schlafzimmer, manchmal mit Kitchenette und oft mit der Wahl zwischen Einzel- und Doppelbett. Viele Motels stehen an den Hauptstraßen in den Außenbezirken der Städte, manche auch im Stadtzentrum. Sie kosten 80 bis 180 A$ pro Nacht und Zimmer.

Pensionen & Homestays

Diese Unterkünfte reichen von einem einfachen Schlafzimmer in einem Wohnhaus bis zu einer umgebauten Scheune oder einem Landhaus. Die Preise reichen von 80 bis über 200 A$ für ein Doppelzimmer pro Nacht, inklusive Frühstück. Buchen Sie direkt oder durch eine Agentur. Informationen gibt es bei: *australianbedandbreakfast.com.au, bbbook.com.au* und *ozbedandbreakfast.com.*

Hostels

Australien hat ein ausgedehntes Herbergs-Netzwerk. Die **Australian Youth Hostels Association** *(yha.com.au)* betreut landesweit Jugendherbergen. Der Standard variiert von rustikalen Hütten mit Wasser aus dem Bach bis zu modernen 500-Betten-Häusern mit Klimaanlage, Swimmingpool, Sauna, Waschsalon und Küchenausstattung auf dem neuesten Stand.

Die Preise liegen bei höchstens 40 A$ für eine Koje in einem Schlafsaal. Jugendherbergen sind auf junge Individualtouristen ausgerichtet, es gibt jedoch keine offizielle Altersbeschränkung. Die meisten Gäste sind Mitglieder von Jugendherbergsorganisationen. Vorteile für Mitglieder sind die Reservierungsmöglichkeit sowie Ermäßigungen. Details über Mitgliedschaft und Reisezentren bekommt man auf der oben angegebenen Website.

Weitere Hostel-Vereinigungen sind **VIP Backpackers** *(vipbackpackers.com)*, **Nomad Backpackers** *(nomadsworld.com)* und **Base Backpackers** *(stayatbase.com)*.

Urlaub auf der Farm

Besucher können bei der Farmarbeit zusehen, die Umgebung erkunden und das herzhafte Essen genießen (siehe Kasten S. 136). Inhaber eines Touristenvisums dürfen auf Farmen keine bezahlte Arbeit annehmen, aber freiwillige Mitarbeit ist möglich (siehe Kasten S. 255).

Camping & Wohnmobile (RVs)

Die meisten Plätze sind gut ausgestattet, mit Stromanschlüssen, Warmwasser, Toiletten, Duschen, Müllbeseitigung und Münz-Waschmaschinen. Viele verfügen über öffentliche Telefone, Fernseh- und Spielzimmer, Swimmingpool und Laden. Manchmal ist es möglich, Bettwäsche auszuleihen. Auch kann man Wohnmobile oder Hütten, oft mit Sanitäranlage, anmieten. Automobilclubs (siehe S. 360) veröffentlichen jährlich Führer zu australischen Camping- und RV-Plätzen.

RESTAURANTS

Großstädte haben eine riesige Auswahl an Speisemöglichkeiten: Fastfood-Restaurants, vegetarische Cafés, ethnische Restaurants unzähliger Länder sowie die neuesten eleganten Etablissements berühmter Küchenchefs. Kleinstädte, besonders im Outback, können nicht viel mehr als schlichte Restaurants bieten.

Ruhetage oder -zeiten können von Jahr zu Jahr verschieden sein. Es empfiehlt sich, nachzufragen und einen Tisch zu reservieren.

Abkürzungen

M = Mittagessen
A = Abendessen
AE = American Express
DC = Diners Club
MC = Mastercard
V = Visa

Hotels und Restaurants sind nach Gebiet und Preiskategorie alphabetisch geordnet.

SYDNEY

THE OBSERVATORY

$$$$$
89–113 KENT ST., THE ROCKS
TEL. 02/9256-2222
FAX 02/8248-5205
observatoryhotel.com.au

Nur ein paar Minuten vom Stadtzentrum gelegenes Hotel mit jedem erdenklichen Luxus, darunter ein Hallenbad und Spa. Jedes der luxuriösen Zimmer hat Marmorbad und Balkon.

100 Wynyard Alle gängigen Karten

PARK HYATT SYDNEY

$$$$$
7 HICKSON RD., THE ROCKS
TEL. 02/9241-1234
FAX 02/9256-1555
sydney.park.hyatt.com

Eines der luxuriösesten Hotels in Sydney, mit Blick auf die Oper. Die geräumigen, sehr komfortablen Zimmer haben Marmorbäder und begehbare Schränke.

158 Circular Quay Alle gängigen Karten

FOUR POINTS BY SHERATON DARLING HARBOUR

$$$–$$$$
161 SUSSEX ST.
TEL. 02/9290-4000
FAX 02/9290-4040
starwoodhotels.com

Dieses große moderne Hotel soll mit Art-déco-Akzenten an einen Ozeandampfer der 1920er Jahre erinnern. Zum Komplex gehören zwei Gebäude aus den 1850er Jahren: das Restaurant **Corn Exchange** und der Pub **Dundee Arms**. Gute Deals für die Zimmer mit Stadtblick.

630 Alle gängigen Karten

METRO HOTEL ON PITT

$$$
300 PITT ST.
TEL. 02/9283-8088
FAX 02/9283-2825
metrohotels.com.au

Art-déco-Hotel mit modernisierter Inneneinrichtung im Herzen der City. Die günstigeren Zimmer sind klein, sodass sich der Aufpreis für ein Standardzimmer lohnt.

115 Alle gängigen Karten

HOTEL ALTAMONT

$$–$$$
207 DARLINGHURST RD., DARLINGHURST
TEL. 02/9360-6000
FAX 02/9360-7096
altamont.com.au

Gutes Preis-Leistungsverhältnis für helle, geräumige Zimmer: Das Hotel liegt in einem lebhaften Bezirk 20 Minuten zu Fuß vom Zentrum. Ein paar Türen weiter gibt es auch Apartments.

14 Alle gängigen Karten

BAYSWATER SYDNEY

$$
17 BAYSWATER RD., KINGS CROSS
TEL. 02/9361-0911
FAX 02/9361-4972
sydneylodges.com

Neues Hotel beim Bahnhof in Kings Cross mit kleinen, aber guten günstigen Zimmern.

51 Alle gängigen Karten

PREISKATEGORIEN

HOTELS

Die Preisangaben beziehen sich auf ein Doppelzimmer in der Hochsaison.

$$$$$	Über $280
$$$$	$200–$280
$$$	$120–$200
$$	$80–$120
$	Unter $80

RESTAURANTS

Die Preisangaben beziehen sich auf ein 3-Gänge-Menü ohne Getränke.

$$$$$	Über $90
$$$$	$70–$90
$$$	$50–$70
$$	$30–$50
$	Unter $30

DER BESONDERE TIPP

GUILLAUME AT BENNELONG

$$$$$
SYDNEY OPERA HOUSE, BENNELONG POINT
TEL. 02/9250-7548
guillaumeatbennelong.com.au

Eine besondere Erfahrung ist ein Dinner unter den kleinen Segeln des Opera House. Das Restaurant wurde 2001 unter der Federführung des gefeierten Starkochs Guillaume Brahimi wiedereröffnet. In der Bar oben gibt es Cocktails.

140 Circular Quay So–Mo A, Di, Mi & Sa M geschl. Alle gängigen Karten

QUAY

$$$$$
OBERE EBENE, OVERSEAS PASSENGER TERMINAL,

CIRCULAR QUAY W.
TEL. 02/9251-5600
quay.com.au
Opernblick und tolle moderne australische Küche machen dies zu einem der besten Restaurants Australiens. Platz fürs Dessert lassen!
85 Sa–Mo M geschl. Alle gängigen Karten

ICEBERGS DINING ROOM & BAR
$$$$
1 NOTTS AVE., BONDI BEACH
TEL. 02/9365-9000
idrb.com
In Sydney herrscht kein Mangel an Restaurants am Wasser, aber die Lage am Meer – oberhalb des berühmten Schwimmclubs am Ende des Strands – und die edle italienische Küche lohnen den Trip nach Bondi.
120 Mo geschl. Alle gängigen Karten

LORD NELSON BREWERY
$$–$$$
ECKE ARGYLL & KENT ST., THE ROCKS
TEL. 02/9251-4044
lordnelsonbrewery.com
Einer der ältesten Pubs Sydneys (seit 1841) mit angeschlossener Brasserie. Es serviert interessante Biere, an Ort und Stelle gebraut, von denen einige überraschend stark sind. Im Obergeschoss werden auch Zimmer (mittlere Preisklasse) vermietet.
80 Sa–Mi M, So–Mo A geschl. Alle gängigen Karten

SAILOR'S THAI
$$–$$$
106 GEORGE ST., THE ROCKS
TEL. 02/9251-2466
sailorsthai.com.au
Im alten Sailor's Home (1864) serviert das Restaurant unten moderne Thai-Küche in elegantem Ambiente. Im billigeren Lokal oben geht es legerer zu.
80 Alle gängigen Karten

MIRO
$$
76 LIVERPOOL ST.
TEL. 02/9267-3126
mirotapasbar.com.au
Eines der besseren Tapas-Restaurants im spanischen Viertel, versteckt im Kellergeschoss gelegen. Dazu Paella und Seafood sowie Gemälde von Joan Miró.
200 Alle gängigen Karten

OPERA KITCHEN
$$
LOWER CONCOURSE LEVEL, SYDNEY OPERA HOUSE, BENNELONG POINT
TEL. 04/5009-9888
operakitchen.com.au
Der nobelste Food Court der Stadt bietet eine fantastische Aussicht auf den Hafen, auch wenn die Wagyu-Burger ein bisschen zu teuer sind. Probieren Sie die Sushi bei Kenji, den Königslachs bei der Cloudy Bay Fish Co. oder die Riesengarnelen und Mango-Reispapierrollen bei Misschu.
150 Alle gängigen Karten

MAMAK
$
15 GOULBURN ST., HAYMARKET
TEL. 02/9211-1668
mamak.com.au
Hier bereiten malaysische Köche flockiges Roti-Brot zu, perfekt zum Stippen in sämige Kokoscurrys. Außerdem gibt es in diesem beliebten Lokal in Chinatown *satay*, *nasi lemak* und andere malaiische Spezialitäten.
90 Alle gängigen Karten

NEW SOUTH-WALES

BLUE MOUNTAINS

DER BESONDERE TIPP

LILIANFELS BLUE MOUNTAINS
$$$$$
LILIANFELS AVE., ECHO POINT, KATOOMBA
TEL. 02/4780-1200
FAX 02/4780-1300
lilianfels.com.au
Kleine, luxuriöse Ferienanlage in einem Haus der Jahrhundertwende. Im Herzen der Blue Mountains mit wunderbarem Talblick. Dinner im eleganten Darley's Restaurant. Nachmittagstee ist eine Institution. Eine Reservierung ist für diese Anlage unbedingt erforderlich.
85 Alle gängigen Karten

ECHOES BOUTIQUE HOTEL
$$$$–$$$$$
3 LILIANFELS AVE., KATOOMBA
TEL. 02/4782-1966
echoeshotel.com.au
Fantastischer Bergblick, elegante Zimmer, gutes Essen und absolute Ruhe machen dieses Boutique-Hotel perfekt für Erholung oder Flitterwochen.
14 Alle gängigen Karten

ARJUNA
$
16 VALLEY RD., KATOOMBA
TEL. 02/4782-4662
Klassische nordindische und Tandoori-Küche, dazu spektakuläre Blicke auf das Megalong- und Jamison-Tal. BYO.
80 Di–Mi & M geschl. Alle gängigen Karten

HUNTER VALLEY

DER BESONDERE TIPP

TOWER LODGE
$$$$$
6 HALLS RD., POKOLBIN
TEL. 02/4998-7022
FAX 02/4998-7164
towerlodge.com.au
Exklusive Luxuslodge auf dem Weingut Tower Estate. Die mit Antiquitäten eingerichteten Zimmer verfügen über Balkone oder Terrassen, eins hat einen eigenen Pool. Außerdem Bibliothek, Golfplatz, beheizter Pool, Sauna, Fitnessraum, Massagen und edle Speisen im **Nine Restaurant** und **Robert's Restaurant**.
12 Alle gängigen Karten

PEPPER'S CONVENT
$$$
HALLS RD., POKOLBIN
TEL. 02/4998-4999
FAX 02/4998-7323
peppers.com.au
Das 1909 erbaute alte Kloster bietet geräumige Zimmer mit hohen Decken, die meisten mit Balkon oder Veranda. Außerdem gibt es einen mit Antiquitäten eingerichteten Salon, einen Pool und einen Tennisplatz, und es können Fahrräder ausgeliehen werden.
17 Alle gängigen Karten

OLD GEORGE & DRAGON RESTAURANT
$$$–$$$$
48 MELBOURNE ST., EAST MAITLAND
TEL. 02/4933-7272
FAX 02/4934-1481
www.oldgeorgeanddragon.com.au
Das Restaurant in der ehemaligen Sträflingssiedlung verströmt alten Wohlstand und viktorianischen Charme; es gilt als eines der besten Restaurants außerhalb Sydneys und serviert klassische anglo-französische Gerichte, begleitet von den besten Hunter-Valley-Weinen.
25 Alle gängigen Karten

KÜSTE: NÖRDLICH VON SYDNEY

THE BYRON AT BYRON RESORT & SPA
$$$$$
77–97 BROKEN HEAD RD., BYRON BAY
TEL. 07/6639-2000
FAX 07/6639-2199
thebyronatbyron.com.au
Geräumiger Luxus in Suiten mit separatem Schlafzimmer, Küche und Lounge, in wundervollem Regenwald gelegen, zehn Fußminuten vom Ort Richtung Tallow Beach.
92 Alle gängigen Karten

OPAL COVE RESORT
$$–$$$$
PACIFIC HWY. NORTH, COFFS HARBOUR
TEL. 1800-008-198
opalcove.com.au
Die kleineren Räume des Hotels am Strand bei der Stadt bieten ein günstiges Preis-Leistungs-Verhältnis, die Suiten und Villen sind luxuriöser.
173 Alle gängigen Karten

FIG TREE RESTAURANT
$$
4 SUNRISE LANE, EWINGSDALE
TEL. 02/6684-7273
figtreerestaurant.com.au
Beeindruckendes altes Bauernhaus, das mediterrane Küche serviert, ein paar Kilometer außerhalb von Byron Bay, aber die Fahrt lohnt sich.
80 Mo–Fr M & So–Mi A geschl. Alle gängigen Karten

SNOWY MOUNTAINS

DER BESONDERE TIPP

COCHRAN HORSE TREKS
$$$$$
»YAOUK«, ADAMINABY
TEL. 02/6454-2336
cochranhorsetreks.com.au
Geführt von Peter Cochran, einem Snowy-River-Rinderhirten, dessen Vorfahr Lachie Chochran einer der Reiter war, die Banjo Patersons Gedicht *The Man from Snowy River* inspirierten. Zwei- bis siebentägige Treks durch die raue Landschaft am Snowy River. Mahlzeiten inbegriffen.
Die Gäste übernachten in Zelten MC, V

BERNTI'S MOUNTAIN INN & RESTAURANT
$$$–$$$$$
MOWAMBA PL., THREDBO
TEL. 02/6457-6332
FAX 02/6457-6348
berntis.com.au
Freundliches Gasthaus mit Sauna und Spa und herrlichen Blicken auf die Berge. Auch im Sommer geöffnet.
30 15 Alle gängigen Karten

PERISHER VALLEY HOTEL
$$$–$$$$$
MOUNT KOSCIUSZKO RD., PERISHER VALLEY
TEL. 02/6459-4455
FAX 02/6457-5177
perisher.com.au
Luxushotel mit üppigen Suiten, großartigem Essen, Sauna und Spa. Frühstück, Abendessen und Transfer zum Hotel inbegriffen. Ausgezeichnetes **Snowgums Restaurant**.
31 Nur während der Skisaison geöffnet Alle gängigen Karten

AUSTRALIAN CAPITAL TERRITORY

CANBERRA

CROWNE PLAZA CANBERRA
$$$$
1 BINARA ST.
TEL. 02/6247-8999
FAX 02/6257-4903
crowneplazacanberra.com.au
Dank einer aufwendigen Renovierung zählt dieses Hotel zu den besten von Canberra; die Lage ist unschlagbar.
295 Alle gängigen Karten

HYATT HOTEL CANBERRA
$$$$
COMMONWEALTH AVE., YARRALUMLA
TEL. 02/6270-1234
FAX 02/6281-5998
canberra.park.hyatt.com
Das im Parlamentsdreieck gelegene, schön restaurierte Hotel ist ein elegantes Beispiel für australische Art-déco-Architektur. Großzügiger Garten.
249 Alle gängigen Karten

DER BESONDERE TIPP

MERCURE CANBERRA
$$$–$$$$
AINSLIE & LIMESTONE AVE., BRADDON
TEL. 02/6248-5511 ODER 1800-020-016
FAX 02/6247-0864
mercurecanberra.com.au
Denkmalgeschützte Luxus-Apartments auf versetzten Ebenen um einen zentralen Hof. Am Wochendende niedrigere Preise.
126 50 Alle gängigen Karten

WATERS EDGE RESTAURANT
$$$$
40 PARKES PLACE, PARKES
TEL. 02/6273-5066
watersedge.com.au
Gutes Essen mit französischen Einflüssen direkt am See in einem der besten Restaurants von Canberra.
76 Mo–Di geschl. Alle gängigen Karten

THE CHAIRMAN & YIP
$$$
108 BUNDA ST., CANBERRA
TEL. 02/6248-7109
chairmangroup.com.au
Innovatives chinesisches Essen mit westlichen Einflüssen im schicken Restaurant.
150 Sa–Mo M & So A geschl. Alle gängigen Karten

PROMENADE CAFÉ
$$$
HYATT HOTEL CANBERRA, COMMONWEALTH AVE., YARRALUMLA
TEL. 02/6269-8810
canberra.park.hyatt.com
Eleganter Art-déco-Speisesaal des Hyatt Hotel. Besonders beliebt sind die Büfetts.
130 So–Mo A geschl. Alle gängigen Karten

UMGEBUNG VON CANBERRA

BRINDABELLA STATION
$$$
BRINDABELLA VALLEY, BRINDABELLA
TEL. 02/6236-2121
FAX 02/6236-2128
brindabellastation.com.au
Die historische Farm in klassischer australischer Buschlage bietet Zwei-Zimmer-Cottages.
2 Cottages 25. Dez. geschl. MC, V

QUEENSLAND

BRISBANE

EMPORIUM HOTEL
$$$$$
1000 ANN ST., FORTITUDE VALLEY
TEL. 07/3253-6999
FAX 07/3253-6966
emporiumhotel.com.au
Dieses Boutique-Hotel ist dank seiner mit Liebe zum Detail eingerichteten Zimmer das schönste Luxushotel Brisbanes.
106 Alle gängigen Karten

TREASURY HOTEL & CASINO
$$$$$
WILLIAM ST.
TEL. 07/3306-8888
FAX 07/3306-8880
treasurybrisbane.com.au
Schönes Sandstein-Exemplar des edwardianischen Barocks. Die Suiten sind individuell dekoriert.
128 Alle gängigen Karten

STAMFORD PLAZA
$$$$–$$$$$
BOTANIC GARDENS, EDWARD ST.
TEL. 07/3221-1999
FAX 07/3221-6895
stamford.com.au
Eines der Top-Luxushotels der Stadt, in Downtown beim Botanischen Garten. Elegante Zimmer mit Flussblick.
252 Alle gängigen Karten

PULLMAN BRISBANE
$$$$
KING GEORGE SQ.
TEL. 07/3229-9111
FAX 07/3229-9618
pullmanbrisbanekgs.com.au
Das Luxus-Businesshotel in zwei Türmen gegenüber der City Hall ist neu ausgestattet worden.

438 Alle gängigen Karten

WATERMARK HOTEL
$$$–$$$$
551 WICKHAM TERRACE
TEL. 07/3831-3111
FAX 07/3832-1290
watermarkhotelbrisbane.com.au
Nur einen kleinen Spaziergang vom Stadtzentrum, mit Parkblick. Ausgezeichneter Service, und das Hotel wurde gerade modernisiert.
95 Alle gängigen Karten

RENDEZVOUS STUDIO HOTEL ON GEORGE
$$$
103 GEORGE ST.
TEL. 07/3221-6044
FAX 07/3238-2288
rendezvoushotels.com
Preisgünstige Unterkunft im Herzen der Stadt gegenüber dem Kasino.
99 Alle gängigen Karten

DORCHESTER INN
$$
484 UPPER EDWARD ST.
TEL. 07/3831-2967
FAX 07/3832-2932
dorchesterinn.com.au
Altmodische, aber bequeme Zimmer mit Küche, beim Bahnhof; sehr preisgünstig.
10 MC, V

ECCO BISTRO
$$$$$
ECKE BOUNDARY & ADELAIDE ST.
TEL. 07/3831-8344
eccobistro.com
Einst ein Tee-Lagerhaus, heute ein stilvolles Bistro mit mediterraner Küche. Sehr beliebt: *bug*, ein einheimisches Krustentier.
85 So–Mo & Sa M geschl. Alle gängigen Karten

URBANE
$$$$–$$$$$
181 MARY ST.
TEL. 07/3229-2271
urbanerestaurant.com
Dieses ausgezeichnete Restaurant wurde bereits mehrfach prämiert. Reservierung erforderlich.
60 So & Sa M geschl. Alle gängigen Karten

CHA CHA CHAR
$$$$
SHOP 5, PLAZA LEVEL, EAGLE ST. PIER
TEL. 07/3211-9944
chachachar.com.au
Elegantes Grillrestaurant mit Blick auf den Fluss im modischen Eagle-St.-Pier-Bezirk. Spezialisiert auf Steaks.
90 Alle gängigen Karten

LIBERTINE RESTAURANT & BAR
$$$–$$$$
THE BARRACKS, 61 PETRIE TERRACE, PADDINGTON
TEL. 07/3367-3353
libertine.net.au
Interessante vietnamesisch-französische Küche und großartige Ausstattung in einem renovierten historischen Bau. Ausgezeichnet für ein intimes Essen oder einen Drink und einen Snack an der Bar.
100 Mo M geschl. Alle gängigen Karten

CROSSTOWN EATING HOUSE
$$–$$$
23 LOGAN RD., WOOLLOONGABBA
TEL. 07/3162-3839
thecrosstown.com.au
Beliebtes Café, in einem renovierten Lagerhaus. Einfache, gut zubereitete Gerichte zu günstigen Preisen.
80 So–Mo & Di M geschl. Alle gängigen Karten

QUAN THANH
$$
75 HARDGRAVE RD., WEST END
TEL. 07/3846-3849
Sehr beliebtes Restaurant mit chinesischen und vietnamesischen Gerichten zu vernünftigen Preisen, jetzt mit einem malaysischen Ableger zwei Häuser weiter.
100 Alle gängigen Karten

GOVINDA'S
$
IM OBEREN STOCKWERK, 99 ELIZABETH ST.
TEL. 07/3210-0255
brisbanegovindas.com.au
Preiswerte, sättigende vegetarische Gerichte.
100 Mo–Do A & So M geschl. Keine Kreditkarten

GOLD COAST

INTERNATIONAL SANCTUARY COVE
$$$$$
MANOR CIRCLE, CASEY RD., HOPE ISLAND
TEL. 07/5530-1234
FAX 07/5577-8234
ichotelsgroup.com
Die riesige, aber exklusive Ferienanlage hat viele Einrichtungen, unter anderem zwei Golfplätze.
243 Alle gängigen Karten

SHERATON MIRAGE GOLD COAST
$$$$–$$$$$
SEA WORLD DR., BROADWATER SPIT, MAIN BEACH
TEL. 07/5577-0000
FAX 07/5591-2299
starwoodhotels.com

Das Nobelhotel inmitten eines schönen Gartens bietet jeden erdenklichen Komfort, seinen eigenen Strand und mehrere ausgezeichnete Restaurants. Das Marina Mirage, ein luxuriöses Einkaufszentrum, befindet sich ganz in der Nähe.

293 Alle gängigen Karten

O'REILLY'S RAINFOREST RETREAT

$$$–$$$$$

LAMINGTON NATIONAL, PARK RD.

TEL. 07/5502-4911

oreillys.com.au

Elegante familiengeführte Pension in einem Haus aus den 1920er Jahren liegt auf kühlen 915 Metern Höhe im Lamington National Forest und bietet eine herrliche Aussicht.

65 Zimmer, 38 Villen Alle gängigen Karten

SURF PARADE RESORT

$$–$$$

210–218 SURF PARADE, SURFERS PARADISE

TEL. 07/5538-8863

FAX 07/5598-8862

surf-parade-resort.com.au

Apartments zu günstigem Preis in einem Hochhaus in Surfers Paradise – mit Küche, Spa und Balkon.

96 Alle gängigen Karten

OSKAR'S ON BURLEIGH

$$$

43 GOODWIN TERRACE, BURLEIGH HEADS

TEL. 07/5576-3722

oskars.com.au

Bekanntes Restaurant mit Blick auf den Strand. Gute Weinkarte, köstliches Seafood.

150 Alle gängigen Karten

SHOGUN, SURFERS PARADISE

$$$

90 BUNDELL RD.

TEL. 07/5538-2872

Klassisch japanische Gerichte, serviert mit Flair.

100 M geschl. Alle gängigen Karten

SUNSHINE COAST & FRASER ISLAND

PALMER COOLUM RESORT

$$$$–$$$$$

WARREN RD., COOLUM

TEL. 07/5446-1234 ODER 1800-266-586

FAX 07/5446-2957

palmercoolumresort.com.au

Private mediterrane Villen und Zimmer nahe dem schönen Coolum-Strand.

324 Alle gängigen Karten

NOOSA SHERATON RESORT

$$$$

HASTINGS ST., NOOSA HEADS

TEL. 07/5449-4888

FAX 07/5449-2230

starwoodhotels.com

Alles, was Sie von einem Luxushotel erwarten, und mehrere Themen-Suiten.

221 Alle gängigen Karten

KINGFISHER BAY RESORT

$$$

FRASER ISLAND

TEL. 1800-072-555

kingfisherbay.com

Die einzige Luxus-Unterkunft auf dieser Weltnaturerbe-Insel. Die modernen Holzgebäude, in Naturfarben gehalten, stehen an einer hübschen Bucht an der Westküste der Insel.

261 Alle gängigen Karten

BISTRO C

$$$–$$$$

49 HASTINGS ST., NOOSA HEADS

TEL. 07/5447-2855

bistroc.com.au

In einem Ort mit sehr unterschiedlichem Essensangebot bietet das Bistro C gutes Essen am Strand.

70 Alle gängigen Karten

GREAT BARRIER REEF: SÜDLICH

HERON ISLAND RESORT

$$$$$

TEL. 07/4972-9055

heronisland.com

Die Insel direkt auf dem Riff ist ein Taucher- und Schnorchlerparadies, mit dem klarsten Wasser im Juni und Juli. Unterkünfte reichen von einfachen Hütten bis zu komfortablen Suiten und einem Strandhaus. Preise inklusive Mahlzeiten.

116 Alle gängigen Karten

LADY ELLIOT ISLAND ECO RESORT

$$$$–$$$$$

TEL. 07/4156-4444

ladyelliot.com.au

Koralleninsel mit Unterkünften in schlichten Hütten am Strand, guten Tauchgründen und weißen Korallenstränden. Meeresschildkröten kommen von Oktober bis März. Preise inklusive Frühstück und Abendessen.

49 Alle gängigen Karten

GREAT KEPPEL ISLAND HOLIDAY VILLAGE

$–$$$$$

TEL. 07/4939-8655

gkiholidayvillage.com.au

Das große Resort auf Great Keppel wird gerade renoviert, also nächtigt man in dieser

schlichten Unterkunft, die es ermöglicht, die Schönheiten der Inseln zu einem Bruchteil der Kosten zu erkunden. Einfache Zimmer, Zelte, Hütten und Wassersportaktivitäten.
17 Alle gängigen Karten

GREAT BARRIER REEF: WHITSUNDAY ISLANDS

HAYMAN ISLAND RESORT
$$$$$
GREAT BARRIER REEF
TEL. 1800-122-339
FAX 07/4940-1567
hayman.com.au
Das luxuriöseste Resort am Riff. Der sehr stilvolle dreistöckige Komplex bietet tropische Gärten, riesige Salz- und Süßwasserpools und Lagunen. Kinder sind sehr willkommen. Inklusive Frühstück; Vollpension möglich.
214 Alle gängigen Karten

PARADISE BAY
$$$$$
SOUTH LONG ISLAND
TEL. 07/4946-9777
paradisebay.com.au
Klein, einfach und persönlich: Dieses Öko-Resort verfügt über von Hand gefertigte Holzbungalows an einem privaten Strand und bietet außerdem ausgezeichnete Gruppenmahlzeiten, täglich Bootsausflüge sowie Transfers per Hubschrauber.
10 Alle gängigen Karten

HAMILTON ISLAND RESORT
$$$–$$$$$
PMB,
HAMILTON ISLAND
TEL. 07/4946-9999
FAX 07/4946-8888
hamiltonisland.com.au
Die Unterkünfte in dieser beliebten Ferienanlage reichen von privaten Wohnhäusern bis zu Zimmern in Hochhäusern. Mahlzeiten und Aktivitäten sind nicht im Zimmerpreis eingeschlossen.
680 Alle gängigen Karten

SUMMIT APARTMENTS
$$$
15 FLAME TREE COURT,
AIRLIE BEACH
TEL. 07/4946-3400
FAX 07/4946-6287
summitairliebeach.com.au
Airlie Beach wartet mit jeder Menge Unterkünften auf wie diesen gut ausgestatteten Apartments auf dem Hügel oberhalb des Orts. Eine gute Wahl als Basis für Tagesausflüge zu den Inseln, ohne die hohen Preise für Unterkünfte auf den Inseln zu zahlen.
60 Alle gängigen Karten

GREAT BARRIER REEF: NÖRDLICH

GREEN ISLAND RESORT
$$$$$
P.O. BOX 898, CAIRNS
TEL. 07/4031-3300
FAX 07/4052-1511
greenislandresort.com.au
Die Koralleninsel und ihr Riff sind ein Nationalpark. Das luxuriöse Green Island Resort bringt 92 Gäste unter und wird per Katamaran von Cairns aus erreicht. Störend sind nur die Tagesausflügler bis vier Uhr nachmittags.
46 Alle gängigen Karten

LIZARD ISLAND RESORT
$$$$$
PMB 40, CAIRNS
TEL. 1300-863-248
lizardisland.com.au
Das Haus bietet alles, was Sie von einem exklusiven Resort erwarten. Der Preis ist inklusive aller Mahlzeiten und Benutzung aller Einrichtungen wie Tennisplätze, Surfbretter, Dingis und Angelausrüstung.
40 Alle gängigen Karten

TOWNSVILLE & MAGNETIC ISLAND

JUPITERS TOWNSVILLE HOTEL & CASINO
$$$–$$$$
BOX 1223, SIR LESLIE THIESS DR.,
TOWNSVILLE
TEL. 07/4722-2333
FAX 07/4772-4741
jupiterstownsville.com.au
Das lebhafte Hotel am Strand hat geräumige und überraschend ruhige Zimmer und ein gutes Restaurant. Schöne Ausblicke auf Magnetic Island.
192 Alle gängigen Karten

PEPPERS BLUE ON BLUE RESORT
$$$–$$$$$
123 SOONING ST., NELLY BAY,
MAGNETIC ISLAND
TEL. 07/4758-2400
FAX 07/4758-2499
magneticresort.com
Top-Unterkunft auf Magnetic Island, mit Blick auf die Marina, modernen Zimmern, gutem Essen und riesigem Pool.
52 Alle gängigen Karten

ISLAND LEISURE RESORT
$$$
4 KELLY ST., NELLY BAY,
MAGNETIC ISLAND
TEL. 07/4778-5000
FAX 07/4778-5042
islandleisure.com.au
Resort mit Selbstversorger-Hütten in tropischen Gärten.

17 Hütten
Alle gängigen Karten

WATERS EDGE THE STRAND
$$
63 THE STRAND, TOWNSVILLE
TEL. 07/4721-1777
watersedgethestrand.com
Hübsches Hotel am Strand mit gutem Service.
45
Alle gängigen Karten

CAIRNS

THE REEF HOTEL CASINO
$$$$–$$$$$
ECKE SPENCE & WHARF ST.
TEL. 07/4030-8888
FAX 07/4030-8788
reefcasino.com.au
Günstig nahe dem Hafen gelegen, mit guten Zimmern, Luxussuiten, vier Restaurants und einer Reihe von Bars.
128 Suiten
Alle gängigen Karten

REEF HOUSE
$$$$–$$$$$
99 WILLIAMS ESPLANADE, PALM COVE
TEL. 07/4080-2600
FAX 07/4055-3305
reefhouse.com.au
Das angenehme Strandresort liegt hinter einem Wäldchen. Die geräumigen Veranda-Zimmer haben Rattanmöbel, die Brigadier-Zimmer nostalgisches Militär-Flair.
70 Alle gängigen Karten

ROYDON BEACHFRONT APARTMENTS
$$$–$$$$
83–87 VASEY ESPLANADE, TRINITY BEACH
TEL. 07/4057-6512
FAX 07/4055-6883
roydon.com.au
Die schönen nördlichen Strände hinter dem Flughafen wie Trinity Beach und Palm Cove liegen nahe an der Stadt, sind aber ruhiger als Port Douglas. Die Apartments wie diese gegenüber vom Trinity Beach bieten ein gutes Preis-Leistungs-Verhältnis. Vollständig ausgestattet, mit ein bis drei Schlafzimmern.
20
Alle gängigen Karten

PACIFIC INTERNATIONAL
$$$
ESPLANADE & SPENCE ST.
TEL. 07/4051-7888 ODER 1800-079-001
FAX 07/4031-4401
pacifichotelcairns.com
Dieses ehemalige Tophotel ist ein bisschen altmodisch, aber preisgünstig und in schöner Lage.
174
Alle gängigen Karten

TAMARIND
$$$$
35-41 WHARF STREET
TEL. 07/4030-8888
reefcasino.com.au
Eines der besten Restaurants in Cairns, mit moderner australischer und asiatischer Fusionsküche, stilvoll serviert in elegantem Ambiente.
60 M geschl.
Alle gängigen Karten

MONDO CAFÉ BAR & GRILL
$$$
HILTON INTERNATIONAL HOTEL, WHARF ST.
TEL. 07/4052-6782
Preiswerte Grillgerichte, asiatische Küche und Tische direkt am Wasser.
160 100 M geschl.
Alle gängigen Karten

PORT DOUGLAS & CAPE TRIBULATION

SHERATON MIRAGE
$$$$$
PORT DOUGLAS RD., PORT DOUGLAS
TEL. 07/4099-5888
FAX 07/4099-5398
starwoodhotels.com
Dieser Großvater unter den Resorts in Port Douglas zeigt sein Alter, bietet aber jeden erdenklichen Luxus und große Lagunen und Pools; die Anlage reicht bis zum Four Mile Beach.
294 & 105 Villen
Alle gängigen Karten

PINK FLAMINGO
$$$
115 DAVIDSON ST., PORT DOUGLAS
TEL. 07/4099-6622
FAX 07/4099-4571
pinkflamingo.com.au
Elegante Studios und Villen mit einem Schlafzimmer in einem herrlichen tropischen Garten. Keine Kinder.
12
Alle gängigen Karten

HARRISON'S RESTAURANT & BAR
$$$$
22 WHARF ST., PORT DOUGLAS
TEL. 07/4099-4011
Der ideale Platz für ein stilvolles Dinner nach einem Tag am Riff. Das Restaurant ist für seine Fischgerichte bekannt. Die Einrichtung ist sehr geschmackvoll.
100 M geschl.
Alle gängigen Karten

DAINTREE/ CAPE TRIBULATION

BLOOMFIELD LODGE
$$$$$
AYTON, WEARY BAY
TEL. 07/4035-9166

FAX 07/4035-9180
bloomfieldlodge.com.au
Unterkünfte in dieser abgelegenen Ferienanlage bestehen aus Holzhütten mit Ventilatorkühlung im friedlichen, schönen Welterbe-Regenwald am Bloomfield River. Mindestaufenthalt drei Nächte. Gourmetmahlzeiten und Shuttle-Service ab Cairns im Preis inbegriffen.
17 Alle gängigen Karten

DAINTREE ECO LODGE & SPA
$$$$$
DAINTREE RD., DAINTREE
TEL. 07/4098-6100
FAX 07/4098-6200
daintree-ecolodge.com.au
Hier gibt es Baumhaus-Chalets über dem Regenwalddach nahe dem Daintree River.
15 Alle gängigen Karten

DER BESONDERE TIPP

SILKY OAKS LODGE & RESTAURANT
$$$$$
FINLAY VALE RD., MOSSMAN GORGE
TEL. 07/4098-1666
FAX 07/4098-1983
silkyoakslodge.com.au
Klimatisierte Häuschen im Kolonialstil stehen auf Stelzen und blicken in den Regenwald oder auf den Felsenpool. Die Lodge bietet zudem das exzellente **Treetop Restaurant** sowie eine gute Auswahl an australischen Weinen.
60 Alle gängigen Karten

HERITAGE LODGE & SPA
$$$$
TURPENTINE RD., COOPER CREEK, DAINTREE
TEL. 07/4098-9138
FAX 07/4098-9004
heritagelodge.net.au
Hüttenanlage, umgeben von Regenwald, direkt am Cape Tribulation National Park gelegen.
20 Alle gängigen Karten

RED MILL HOUSE
$$$
11 STEWART ST., DAINTREE VILLAGE
TEL. 07/4098-6233
redmillhouse.com.au
Bei diesem gemütlichen Bed & Breakfast gibt es gute Möglichkeiten zur Vogelbeobachtung.
6 MC, V

DAINTREE RAINFOREST BUNGALOWS
$$
SPURWOOD RD., COW BAY
TEL. 07/4098-9229
Die Hütten mit schmalem Doppelbett, zwei Einzelbetten und Veranda im Regenwald bieten ein ausgezeichnetes Preis-Leistungs-Verhältnis. Eine gute Basis für die Erkundung des Daintree; die Strände sind nur eine kurze Autofahrt entfernt. Keine Kinder.
4 Alle gängigen Karten

NORTHERN TERRITORY

DARWIN

CROWNE PLAZA
$$$$
32 MITCHELL ST.
TEL. 08/8982-0000
FAX 08/8981-1765
crowneplaza.com
Darwins Tophotel in ausgezeichneter Lage. Gutes Preis-Leistungs-Verhältnis.
233 Alle gängigen Karten

HOLIDAY INN ESPLANADE
$$$–$$$$$
116 ESPLANADE
TEL. 08/8980-3600
FAX 08/8981-5701
holidayinn.com
Auffälliges fünfstöckiges Hotel am Wasser, in einem tropischen Park gelegen.
197 Alle gängigen Karten

NOVOTEL ATRIUM DARWIN
$$$
ECKE PEEL ST. & THE ESPLANADE
TEL. 08/8941-0755
FAX 08/8981-9025
novotel.com
Hotel inmitten tropischer Gärten an der Esplanade. Jedes Zimmer hat seine eigene kleine Küche.
138 Alle gängigen Karten

CHAR RESTAURANT
$$$$
THE ESPLANADE (ECKE KNUCKEY ST.)
TEL. 08/8981-4544
chardarwin.com.au
Das elegante Steak-Restaurant im denkmalgeschützten Admiralty House serviert auch vegetarische und Fischgerichte. Im schattigen Garten sitzt man an milden Abenden wie im Paradies.
300 Alle gängigen Karten

ALICE SPRINGS

CROWNE PLAZA ALICE SPRINGS
$$$–$$$$$
82 BARRETT DR.
TEL. 08/8950-8000
FAX 08/8952-3822
ihg.com
Das beste Hotel in Alice Springs, auf gepflegtem

Rasen am Todd River gelegen, mit den McDonnell Ranges als Kulisse. Das **Hanuman** ist eines der beliebtesten Restaurants am Ort.
236 Alle gängigen Karten

LASSETERS HOTEL CASINO
$$$–$$$$
BARRETT DR.
TEL. 08/8950-7777 ODER 1800-808-975
lhc.com.au
Modernes Hotel mit Casino gleich außerhalb der Stadt.
76 Alle gängigen Karten

DIPLOMAT MOTEL
$$–$$$
ECKE GREGORY TERRACE & HARTLEY ST.
TEL. 08/8952-8977
FAX 08/8953-0225
diplomatmotel.com.au
Zentral gelegen, freundliches Personal und komfortable Zimmer.
81 Alle gängigen Karten

RED OCHRE GRILL
$$$
57 TODD MALL
TEL. 08/8952-9614
redochrealice.com.au
Große Portionen, guter Service und eine breite Auswahl an Fleisch wie Krokodil, Känguru und Kamel.
60 Alle gängigen Karten

COBOURG PENINSULA

SEVEN SPIRIT BAY
$$$$$
TEL. 08/8988-2648
sevenspiritbay.com.au
Luxus im Herzen des Arnhem Land, Australiens abgelegenster Region. Achteckige Hütten, leckeres Essen und die Gelegenheit, Felsenmalereien der Aborigines zu besichtigen und wilde Tiere zu sehen. Anreise per Flugzeug wird organisiert.
23 Alle gängigen Karten

KAKADU NATIONAL PARK

DER BESONDERE TIPP

GAGUDJU CROCODILE
$$$$
FLINDERS ST., JABIRU
TEL. 1800-500-401
gagudju-dreaming.com
Das Luxushotel ist wie ein Krokodil gestaltet. Die Zimmer des Gagudju Crocodile folgen der Linie des Körpers und haben französische Fenster mit Blick auf den Pool im Bauch. Man betritt das Hotel durch die Schnauze.
110 Alle gängigen Karten

YULARA (AYERS ROCK RESORT)

DESERT GARDENS
$$$$$
YULARA DR.
TEL. 08/8957-7714
ayersrockresort.com.au
Das Hotel in weitläufigen Gärten mit Eukalypten und blühenden Büschen hat freundliches Personal und abgeschiedene, moderne Zimmer. Die beiden Restaurants **White Gums** und **Bunya Bar** servieren frische, gesunde Kost in entspannter Atmosphäre.
160 Einige Alle gängigen Karten

SAILS IN THE DESERT & KUNIYA RESTAURANT
$$$$$
YULARA DR.
TEL. 08/8957-7417
ayersrockresort.com.au
Die riesigen Segel spenden dem dreistöckigen Hotel Schatten. Luxuriöse Zimmer mit Balkon oder Veranda und Gartenblick. Von einem Turm aus hat man Sicht auf den Uluru. Es gibt auch Luxussuiten.
228 Alle gängigen Karten

WATARRKA NATIONAL PARK

KINGS CANYON RESORT
$$$–$$$$$
ERNEST GILES RD.
TEL. 08/8956-7442
kingscanyonresort.com.au
Das Hotel hat gut ausgestattete, klimatisierte Zimmer mit Blick über die Wüste. Es gibt auch Schlafsäle und einen Campingplatz. Die Ferienanlage bietet die Wahl zwischen Büfett, À-la-carte-Essen und Barbecue. Für das Gebotene eher teuer, aber es ist die einzige Unterkunft im Canyon.
96 Alle gängigen Karten

WESTERN AUSTRALIA

PERTH

CROWN METROPOL PERTH
$$$$$
GREAT EASTERN HWY., VICTORIA PARK, BENTLEY
TEL. 08/9362-8888
FAX 08/9367-8877
crownhotels.com.au
Die Gästezimmer sind üppig ausgestattet, der Golfplatz ist gut gepflegt, und das Kasino hat rund um die Uhr geöffnet.
405 Alle gängigen Karten

HYATT REGENCY PERTH
$$$$$
99 ADELAIDE TERRACE
TEL 08/9225-1234
FAX 08/9325-8899
perth.regency.hyatt.com
Alles, was Sie von einem Luxushotel erwarten, in einer schönen Lage am Fluss. Zwei Etagen nimmt der Regency Club ein. Kontinentales Frühstück ist inklusive.
367 Alle gängigen Karten

THE RICHARDSON
$$$$$
32 RICHARDSON ST., WEST PERTH
TEL. 08/9217-8888
FAX 08/9214-3931
therichardson.com.au
Das schönste Hotel in Perth und eines der besten kleinen Luxushotels in Australien, mit großen Zimmern, exzellentem Service und dem ausgezeichneten **Opus Restaurant**.
74 Alle gängigen Karten

TRAVELODGE PERTH
$$$
417 HAY ST.
TEL. 08/9238-1888
FAX 08/9238-1999
Sehr zentral und erschwinglich im teuren Perth: eine gute Mittelklasse-Unterkunft nahe den Sehenswürdigkeiten von Perth mit Bushaltestelle vorm Haus.
122 Alle gängigen Karten

DER BESONDERE TIPP

RESTAURANT AMUSÉ
$$$$$
64 BRONTE ST., EAST PERTH
TEL. 08/9325-4900
Das beste Restaurant in Perth und eines der besten in ganz Australien, mit großartigem Essen und Service. Das mehrgängige Verkostungsmenü wechselt je nach Saison. Weit im Voraus reservieren!
50 So–Mo & M geschl. Alle gängigen Karten

1907
$$$$
26 QUEEN ST.
TEL. 08/9436-0233
1907.com.au
Gutes Essen im eleganten Ambiente eines hundert Jahre alten Hauses. Es gibt auch eine sehr beliebte Bar.
60 Sa–Mo M & So–Mo A geschl. Alle gängigen Karten

PERUGINO
$$$
77 OUTRAM ST., WEST PERTH
TEL. 08/9321-5420
perugino.com.au
Italienisches Restaurant mit einem Ruf für gutes Essen und vorbildlichen Service. Die fantasievolle Karte bietet frische saisonale Produkte. Reservierung erforderlich.
110 Sa M & So–Mo geschl. Alle gängigen Karten

LITTLE CREATURES
$$–$$$
40 MEWS RD., FREMANTLE
TEL. 08/9430-5555
littlecreatures.com.au
Großartige Pizzas, Muscheln in Chilisauce und weitere Köstlichkeiten gibt es in diesem Brauerei-Restaurant an den Docks. Mittags einen Tisch in der Sonne reservieren.
500 Alle gängigen Karten

BROOME

CABLE BEACH CLUB RESORT & SPA
$$$$$
CABLE BEACH RD.
TEL. 08/9192-0400
FAX 08/9192-2249
cablebeachclub.com
Luxushotel mit asiatischem Flair in einem orientalischen Garten, mit Zimmern, Bungalows und Suiten sowie einem eleganten Restaurant. Toller Blick über Cable Beach.
263 Auf Anfrage Alle gängigen Karten

KIMBERLEY

TRUE NORTH
$$$$$
TEL. 08/9192-1829
northstarcruises.com.au
Atemberaubende sieben- oder 14-tägige Kreuzfahrten zwischen Broome und Wyndham (mit Ausflügen an Land) entlang der nördlichen Kimberley-Küste auf der „True North", einem Luxusschiff, auf dem Gourmet-Mahlzeiten serviert werden.
18 Kabinen Alle gängigen Karten

DER BESONDERE TIPP

WILDERNESS CHALLENGE
$$$$
TEL. 07/4035-4488
wilderness-challenge.com.au
Dieser Anbieter organisiert sechs-, neun- oder 16-tägige Touren mit Übernachtung im Zelt ins Herz des Kimberley Plateau. Es gibt auch eine 15-tägige Touren mit Übernachtung in verschiedenen Unterkünften: Viehstationen, Pubs im Busch etc.
Pro Geländewagen höchstens 13 Pers. MC, V

EL QUESTRO
$–$$$$$
TEL. 08/9161-4318
elquestro.com.au
Die einsame 400 000 Hektar große Viehstation im

östlichen Kimberley bietet alles von Camping bis Fünf-Sterne-Luxus, dazu kommen noch Aktivitäten wie Angeln, Schwimmen, Tierbeobachtung. Der Transfer zur Station ab Kununurra wird arrangiert.
78 Alle gängigen Karten

NINGALOO REEF

SAL SALIS NINGALOO REEF
$$$$$
P.O. BOX 471, EXMOUTH
TEL. 1300-790-561
salsalis.com.au
Prämiertes Öko-Camp direkt bei spektakulärem, aber wenig beachtetem Korallenriff. Mahlzeiten, Schnorcheln und Kajakfahren inklusive.
Zelte MC, V

ROTTNEST ISLAND

HOTEL ROTTNEST
$$$$$
THOMPSON BAY SETTLEMENT
TEL. 08/9292-5011
hotelrottnest.com.au
Elegantes Herrenhaus der Kolonialzeit (1864), heute schickes Hotel und Restaurant. Frühstück inklusive.
18 Alle gängigen Karten

SOUTHWEST

CAPE LODGE
$$$$$
CAVES RD., YALLINGUP, MARGARET RIVER
TEL. 08/9755-6311
FAX 08/9755-6322
capelodge.com.au
Ländlicher Schlupfwinkel auf einer Plantage. Das Herrenhaus mit Blick auf einen privaten See bietet luxuriöse Zimmer, ein edles Restaurant und Kochkurse. Mit leckerem Frühstück. Keine Kinder.
22 Alle gängigen Karten

ALBANY FORESHORE GUEST HOUSE
$$$
86 STIRLING TERRACE, ALBANY
TEL. 08/9842-8324
FAX 08/9842-8325
albanyforeshoreguesthouse.com.au
Albany bietet gute B&Bs wie diese ehemalige Bank von 1888 im Stadtzentrum.
5 Alle gängigen Karten

VOYAGER ESTATE
$$$$
STEVENS RD., MARGARET RIVER
TEL. 08/9757-6354
voyagerestate.com.au
Gutes Restaurant auf einem Weingut mit kreativen Vor- und Hauptspeisen und am Wochenende *high tea*.
95 A geschl. Alle gängigen Karten

SOUTH AUSTRALIA

ADELAIDE

FIRE STATION INN
$$$$$
80 TYNTE ST., NORTH ADELAIDE
TEL. 08/8272-1355
adelaideheritage.com
North Adelaides Feuerwehrhaus von 1866 ist heute ein kleines, hübsches Hotel. Ein restaurierter Löschzug von 1942 schmückt eine der Suiten. Frühstück inklusive.
3 Suiten Im Voraus bezahlte Parkgenehmigung Alle gängigen Karten

INTERCONTINENTAL
$$$$–$$$$$
NORTH TERRACE
TEL. 08/8231-1234
FAX 08/8231-1120
ichotelsgroup.com
Luxushotel im Herzen der Stadt neben dem Adelaide Festival Centre.
367 Alle gängigen Karten

HILTON INTERNATIONAL
$$$$
BOX 1871, 233 VICTORIA SQ.
TEL. 08/8217-2000
FAX 08/8217-2001
hilton.com
Luxushotel im Stadtzentrum, das durch Pauschalarrangements günstig werden kann.
380 Alle gängigen Karten

STAMFORD GRAND
$$$$
MOSELEY SQ., GLENELG
TEL. 08/8376-1222
FAX 08/8376-1111
stamford.com.au
Hochhaus-Resort am Glenelg Beach mit tollem Meerblick.
220 Alle gängigen Karten

HOTEL RICHMOND
$$$
128 RUNDLE MALL
TEL. 08/8215-4444
hotelrichmond.com.au
Kleines, elegantes Art-déco-Hotel von 1929 im Herzen der City. Könnte eine Auffrischung vertragen, aber preisgünstig.
30 AE, MC, V

JOLLEYS BOATHOUSE
$$$$$
1 JOLLEYS LANE
TEL. 08/8223-2891
jolleysboathouse.com
Das viktorianische Bootshaus am Ufer des Torrens River serviert moderne Küche in freundlichem Wintergartenambiente.
120 Sa M geschl. Alle gängigen Karten

AUGE
$$$$
22 GROTE ST.
TEL. 08/8410-9332
auge.com.au
Adelaides bestes italienisches Restaurant, mit gehobenem Ambiente und modern interpretierten italienischen Klassikern.
50 So–Mo & M geschl. Alle gängigen Karten

CHLOE'S
$$$$
36 COLLEGE RD., KENT TOWN
TEL. 08/8362-2574
chloes.com.au
Glamouröses Restaurant mit moderner französischer Karte und einem Weinkeller mit 20 000 Flaschen.
100 Sa M & So geschl. Alle gängigen Karten

GAUCHO'S
$$$$
91–93 GOUGER ST.
TEL. 08/8231-2299
gauchos.com.au
Das argentinische Restaurant ist berühmt für seine Steaks, doch auch die Meeresfrüchte und vegetarischen Gerichte sind empfehlenswert. Hervorragende Weinkarte.
210 Sa–So M geschl. Alle gängigen Karten

APOTHECARY 1878
$$$
118 HINDLEY STREET
TEL. 08/8212-9099
theapothecary1878.com.au
In einer geschmackvoll restaurierten Apotheke aus dem 19. Jahrhundert befinden sich das beste Weinlokal der Stadt und ein Restaurant der gehobenen Kategorie.
50 Sa–Di M geschl. Alle gängigen Karten

KENJI
$$$
242 HUTT ST.
TEL. 08/8232-0944
Küchenchef Kenji Ito serviert in einem der renommiertesten Restaurants Adelaides moderne Interpretationen klassischer japanischer Gerichte. Tolles Sashimi und fantasievolle Hauptgerichte sowie entgifteter Kugelfisch für Leute, die immer schon einmal welchen probieren wollten.
45 So & M geschl. Alle gängigen Karten

PRESS FOOD & WINE
$$$
40 WAYMOUTH ST.
TEL. 08/8211-8048
Restaurant in Lagerhausambiente mit interessanten Platten und erstklassigen Steaks vom Holzkohlegrill. Für den Speisesaal oben vorausbuchen, ansonsten kann man unten in der Bar sein Glück versuchen.
40 So geschl. Alle gängigen Karten

RUBY RED FLAMINGO
$$–$$$
142 TYNTE ST., NORTH ADELAIDE
TEL. 08/8267-4636
rubyredflamingo.com
Elegantes Ambiente und rustikale italienische Küche in einem der beliebtesten Restaurantviertel der Stadt. Ausgezeichnetes Essen und annehmbare Preise.
60 So–Di A & Sa–Di M geschl. Alle gängigen Karten

YING CHOW
$–$$
114 GOUGER ST.
TEL. 08/8211-7998
In der Gouger Street gibt es viele preiswerte asiatische Lokale. Dieses schnörkellose Restaurant ist bekannt für sein gutes preiswertes Essen.
60 MC, V

AUSSERHALB VON ADELAIDE: ADELAIDE HILLS

THORNGROVE MANOR
$$$$$
GLENSIDE LANE, STIRLING
TEL. 08/8339-6748
FAX 08/8370-9950
thorngrove.com.au
Das Gutshaus hat gotische Türmchen und Giebel sowie ein passendes Interieur mit komfortablen Zimmern. 20 Autominuten von Adelaide entfernt.
4 Alle gängigen Karten

ADELAIDE HILLS COUNTRY COTTAGES
$$$$–$$$$$
29 OAKWOOD RD., BALHANNAH
TEL. 08/8388-4193
ahcc.com.au
Attraktive, mit Antiquitäten eingerichtete Häuschen in hügeliger Landschaft 40 Autominuten von Adelaide entfernt.
5 MC, V

GRAND MERCURE, MOUNT LOFTY HOUSE
$$$$
74 SUMMIT RD., CRAFERS, MOUNT LOFTY
TEL. 08/8339-6777
FAX 08/8339-5656
mtloftyhouse.com.au
Luxuriöses, elegantes Landhaus in fabelhafter Lage. Das **Piccadilly Restaurant** (*$$$*) hat eine moderne Karte und einige der besten Weine Australiens. Atemberaubende Ausblicke über das Tal.
33 Alle gängigen Karten

DER BESONDERE TIPP

BRIDGEWATER MILL RESTAURANT
$$$$
MOUNT BARKER RD.,
BRIDGEWATER
TEL. 08/8339-9200
bridgewatermill.com.au
In der umgebauten Mühle befindet sich ein stilvolles Mittags-Restaurant, betrieben vom Weingut Petaluma; es werden die Weine des Guts serviert.
80 A geschl. Alle gängigen Karten

BAROSSA VALLEY

COLLINGROVE HOMESTEAD
$$$$$
EDEN VALLEY RD., ANGASTON
TEL. 08/8564-2061
collingrovehomestead.com.au
Friedlicher Schlupfwinkel in schönem englischem Landschaftsgarten.
5 Alle gängigen Karten

DER BESONDERE TIPP

THE LOUISE & APPELLATION
$$$$$
ECKE SEPPELTSFIELD & STONEWELL RD.,
MARANANGA
TEL. 08/8562-2722
thelouise.com.au
Eine der besten Luxus-Lodges im Barossa Valley mit Panoramablick über das Tal und die Berge. Das angeschlossene Restaurant **Appellation** *(Reservierung erforderlich; Tel. 08/8562-4144, $$$$$)* zählt zu den besten im Tal, wenn nicht in ganz South Australia.
15 Mo–Sa M geschl. Alle gängigen Karten

NOVOTEL BAROSSA VALLEY RESORT
$$$$
42 PIONEER AVE.,
ROWLAND FLAT
TEL. 08/8524-0000
FAX 08/8524-0100
novotelbarossa.com
Resort neben einem Golfplatz mit Blick auf die Weinberge, eines der größten und am besten ausgestatteten des Tals.
164 Alle gängigen Karten

1918 BISTRO & GRILL
$$$$
94 MURRAY ST., TANUNDA
TEL. 08/8563-0405
1918.com.au
Das angenehme Restaurant in einer restaurierten Villa verwendet regionale Produkte und hat eine herausragende Weinkarte.
80 Alle gängigen Karten

VINTNERS BAR & GRILL
$$$$
NURIOOTPA RD.,
ANGASTON
TEL. 08/8564-2488
vintners.com.au
Modernes Restaurant in den Weinbergen mit hervorragendem Service, fantasievollem Essen und exzellenter Weinkarte. Eines der besten im Tal.
85 So A geschl. Alle gängigen Karten

BLOND COFFEE
$$
60 MURRAY ST.,
ANGASTON
TEL. 08/8564-3444
blondcoffee.com.au
Dieser stilvolle Coffee Shop ist überaus beliebt. Frühstück und Lunch.
50 A geschl. MC, V

CLARE VALLEY

CHAFF MILL VILLAGE HOLIDAY APARTMENTS
$$$$
310 MAIN NORTH RD., CLARE
TEL. 08/8842-1111
FAX 08/8842-1303
Diese Luxus-Apartments im Herzen des Clare Valley liegen nicht weit von Läden und Restaurants.
6 Alle gängigen Karten

FLEURIEU PENINSULA

MCLAREN VALE STUDIO APARTMENTS
$$$$
222 MAIN RD., MCLAREN VALE
TEL. 08/8323-9536
mvsa.com.au
Moderne Apartments mit allem Komfort, voll ausgestatteter Küche und Veranda mit Grill.
6 Alle gängigen Karten

ANCHORAGE
$$$
21 FLINDERS PARADE,
VICTOR HARBOR
TEL. 08/8552-5970
anchorageseafronthotel.com
Toller alter Pub am Hafen.
21 Alle gängigen Karten

COOBER PEDY

DESERT CAVE
$$$$
HUTCHISON ST.
TEL. 08/8672-5688
FAX 08/8672-5198
desertcave.com.au
Gehobenes Hotel, in dem einige Zimmer die für die Opalminen-Gemeinde typischen unterirdischen Behausungen imitieren.
50 Alle gängigen Karten

FLINDERS RANGES

RAWNSLEY PARK STATION
$–$$$$$
WILPENA RD., VIA HAWKER
TEL. 08/8648-0030
raawnsleypark.com.au
Diese Station im Outback bietet vielerlei Touren und Unterkünfte, vom Campingplatz über einfache Hütten bis zu Öko-Luxusvillen mit tollem Blick auf die Berge.
27 Alle gängigen Karten

WILPENA POUND RESORT
$–$$$$
WILPENA POUND
TEL. 08/8648-0004
FAX 08/8648-0028
wilpenapound.com.au
Zu diesem Resort gehört ein Campingplatz, ein Laden, ein Besucherzentrum, ein Restaurant und Zimmer im Hauptgebäude. Gemütliche Zimmer und unschlagbare Lage.
60 Alle gängigen Karten

KANGAROO ISLAND

DER BESONDERE TIPP

SOUTHERN OCEAN LODGE
$$$$$
HANSON BAY
TEL. 08/8559-7347
FAX 08/8559-7350
southernoceanlodge.com.au
Atemberaubende Blicke aufs Meer in Verbindung mit aufregender moderner Architektur in einer von Australiens großen Lodges. Luxussuiten liegen oben auf den Klippen, Speisesaal und Lounge haben Panoramafenster.
21 Alle gängigen Karten

KANGAROO ISLAND SEAFRONT RESORT
$$$–$$$$
49 NORTH TERRACE, PENNESHAW
TEL. 08/8553-1028
FAX 08/8553-1024
seafront.com.au
Die Ferienanlage überblickt einen Strand mit Zwergpinguin-Kolonie. Es gibt Zimmer, Villen und Cottages. Das Personal ist freundlich und hilfsbereit.
25 Alle gängigen Karten

MURRAY RIVER

LOXTON HOTEL/MOTEL
$$–$$$
45 EAST TERRACE, LOXTON
TEL. 08/8584-7266
loxtonhotel.com.au
Schlichte Zimmer im Pub und Motelzimmer werden hier angeboten. Das Bistro *($$)* ist sehr gut.
55 Alle gängigen Karten

RENMARK HOTEL/MOTEL
$$–$$$
MURRAY AVE., RENMARK
TEL. 08/8586-6755
renmarkhotel.com.au
Sorgfältig renoviertes dreistöckiges Art-déco-Hotel am Murray River. Gutes Bistro *($$)*, Restaurant.
68 Alle gängigen Karten

VICTORIA

MELBOURNE: INNENSTADT

GRAND HYATT
$$$$$
123 COLLINS ST.
TEL. 03/9657-1234
FAX 03/9650-3491
melbourne.grand.hyatt.com
Luxushotel in pompösem Stil. Vier Etagen bilden den noch opulenteren Regency Club. Zimmer mit Marmorbad und Kingsize-Betten.
544 Alle gängigen Karten

ART SERIES – THE BLACKMAN
$$$$–$$$$$
452 ST. KILDA RD.
TEL. 03/9039-1444
FAX 03/9039-1445
artserieshotels.com.au
Das Hotel an der angesagten St. Kilda Rd. ist dem Melbourner Maler John Blackman gewidmet und großzügig mit seiner Kunst geschmückt. Einzigartiges, stilvolles und sehr komfortables Boutique-Hotel.
209 Alle gängigen Karten

MELBOURNE MARRIOTT
$$$$–$$$$$
ECKE EXHIBITION & LONSDALE ST.
TEL. 03/9662-3900
FAX 03/9663-4297
marriott.com.au
Luxus-Boutique-Hotel, das im Herzen von Melbourne liegt. Geräumige Zimmer und Suiten und viele Extras.
185 Alle gängigen Karten

DER BESONDERE TIPP

THE WINDSOR
$$$$
103 SPRING ST.
TEL. 03/9633-6000
FAX 03/9633-6001
thehotelwindsorcom.au
Das 1883 erbaute Anwesen ist ein australisches Wahrzeichen. Die Nationalverfassung wurde in einer der oberen Suiten entworfen. Das stilvoll restaurierte Hotel hat vor-

bildlichen Service. Genießen Sie einen Nachmittagstee.
180 Alle gängigen Karten

ALTO HOTEL ON BOURKE
$$$–$$$$
636 BOURKE ST.
TEL. 03/8608-5500
FAX 03/9606-0766
altohotel.com.au
Dieses ökologisch ausgerichtete Hotel in einem denkmalgeschützten Bau nahe der Southern Cross Station besitzt eine Reihe schöner Unterkünfte von kleinen Hotelzommern bis zu Apartments mit drei Schlafzimmern. Beste Preise bei Online-Buchung.
142 Alle gängigen Karten

TAXI DINING ROOM
$$$$$
LEVEL 2, TRANSPORT HOTEL, FEDERATION SQUARE, ECKE PRINCES BRIDGE & NORTHBANK ST.
TEL. 03/9654-8808
transporthotel.com.au
Ein schickes Restaurant, das moderne Gerichte mit einem japanischen Touch serviert.
115 Alle gängigen Karten

FLOWER DRUM
$$$$–$$$$$
17 MARKET LANE
TEL. 03/9662-3655
flower-drum.com
Elegante Umgebung, wunderbares kantonesisches Essen und eine ausgewählte Weinkarte. Reservierung erforderlich.
175 So M geschl. Alle gängigen Karten

GROSSI FLORENTINO
$$$–$$$$$
80 BOURKE ST.
TEL. 03/9662-1811
grossiflorentino.com
Die Melbourner Institution – das Florentino besteht seit über 100 Jahren –, serviert gute italienische Gerichte. Unten bekommt man hausgemachte Nudeln und Kaffee, die Treppe hinauf gibt es raffiniertere Speisen im eigentlichen Restaurant.
150 So geschl. Alle gängigen Karten

CODA BAR & RESTAURANT
$$$–$$$$
141 FLINDERS LANE (ECKE OLIVER LANE)
TEL. 03/9650-3155
codarestaurant.com.au
Eine Bar im Untergeschoss mit Tapas und gehaltvolleren Hauptgerichten.
80 Mo & Di M geschl. Alle gängigen Karten

MELBOURNES VORORTE

HOTEL URBAN ST. KILDA
$$$$
35–37 FITZROY ST., ST. KILDA
TEL. 03/8530-8888
FAX 03/8530-8800
hotelurban.com.au
Elegante moderne Zimmer nahe dem lebhaften St. Kilda prägen dieses beliebte Boutique-Hotel.
80 Alle gängigen Karten

SEASONS HERITAGE MELBOURNE
$$$–$$$$
572 ST. KILDA RD., MELBOURNE
TEL. 03/8506-8888
FAX 03/8506-8899
seasonsheritagemelbourne.com.au
Auf halbem Weg zwischen dem Stadtzentrum und St. Kilda. Die Zimmer reichen von kleinen Studios bis zu Apartments mit zwei Schlafzimmern. Außerdem drei erstklassige Heritage-Suiten.
142 Alle gängigen Karten

STOKEHOUSE
$$$–$$$$$
30 JACKA BLVD. ST. KILDA
TEL. 03/9525-5555
stokehouse.com.au
Direkt am Strand mit Blick auf die Bucht, ist dieses beliebte Lokal in zwei Bereiche aufgeteilt: Unten gibt es preiswerte leichte Kost, im Obergeschoss befindet sich ein Restaurant mit moderner australischer Küche.
170 Alle gängigen Karten

CAFFÉ E CUCINA
$$$$
581 CHAPEL ST., SOUTH YARRA
TEL. 03/9827-4139
caffeecucina.com.au
Das bekannte italienische Café an der quirligen Chapel St. bietet gutes Essen und makellosen Service.
85 So geschl. Alle gängigen Karten

CHINTA RIA SOUL
$$
94 ACLAND ST., ST. KILDA
TEL. 03/9525-4664
Das beliebte, unkonventionelle Café im Herz der munteren Acland St. serviert exzellente malaysische Küche zu sehr vernünftigen Preisen.
90 Sa M geschl. Alle gängigen Karten

BRUNETTI CARLTON
$–$$
180 LYGON ST., CARLTON
TEL. 03/9347-2801
FAX 03/9347-9152
brunetti.com.au
In der Lygon St., dem Little Italy von Melbourme, bietet diese italienische Konditorei

allerlei süße Köstlichkeiten, Kaffee und Pastagerichte.
200 Alle gängigen Karten

AUSSERHALB VON MELBOURNE: GREAT OCEAN ROAD

GREAT OCEAN ECOLODGE
$$$$$
635 LIGHTHOUSE RD., CAPE OTWAY, GREAT OTWAY NATIONAL PARK
TEL. 03/5237-9297
greatoceanecolodge.com
Diese freundliche Öko-Lodge in Cape Otway liegt auf einem 67 Hektar großen Gelände, auf das morgens und abends gern Kängurus kommen. Die Zimmer sind liebevoll eingerichtet, mit Holzböden und Blicken auf die Otway Ranges oder den Küchengarten. Abends kann man zusammen mit anderen Gästen köstliche Gerichte aus lokalen Zutaten speisen; Frühstück und Nachmittagstee sind im Preis inbegriffen. Eigentümer und Naturschützer Shayne Neal bietet nachmittags Spaziergänge, auf denen man Tiere (wie Koalas) sehen und etwas über sie erfahren kann.
5 Alle gängigen Karten

PEBBLE POINT
$$$
GREAT OCEAN ROAD, THE TWELVE APOSTLES
TEL. 03/5243-3579
pebblepoint.com.au
Hier wiegen Frösche und Wellen die Gäste in ihren Luxuszelten, ausgestattet mit bequemen großen Doppelbetten, Elektrizität für Licht und Ventilator/Heizgerät sowie Bad, in den Schlaf. In der Nähe gibt es keine Restaurants, also muss man seinen eigenen Proviant mitbringen und auf dem Gemeinschafts-Gasgrill oder in der Mikrowelle zubereiten. Zugang zum Great Ocean Walk und die Twelve Apostles in der Nähe.
5 Zelte Alle gängigen Karten

QUEENSCLIFF HOTEL
$$$
16 GELLIBRAND STREET, QUEENSCLIFF
TEL. 03/5258-1066
queenscliffhotel.com.au
Ein großes viktorianisches Hotel von 1887 mit breiten Veranden und Gusseisenverzierungen in einem historischen Hafen gelegen. Preisgekröntes Restaurant. Etwas verwohnt, aber sehr charmant.
15 Alle gängigen Karten

CLAERWEN RETREAT
$$–$$$$$
480 TUXION ROAD, APOLLO BAY
TEL. 03/5237-7064
claerwen.com.au
Attraktive und geschmackvolle Unterkünfte bei den berühmten Twelve Apostle.
4 Suiten, 2 Cottages & 2 Studios AE, MC, V

BALLARAT

QUALITY INN HERITAGE ON LYDIARD
$$$–$$$$$
15 LYDIARD ST. NORTH, BALLARAT
TEL. 03/5327-2777
heritageonlydiard.com.au
Moderne Zimmer und Suiten in einem Bankgebäude aus der Zeit des Goldrauschs. Weinbar mit guten Tapas.
13 Alle gängigen Karten

ECHUCA

RIVER GALLERY INN
$$$$
578 HIGH ST.
TEL. 03/5480-6902
rivergalleryinn.com
Das renovierte Gebäude aus dem 19. Jahrhundert hat große, komfortable Zimmer.
8 Alle gängigen Karten

OSCAR W'S
$$–$$$$
OLD ECHUCA WHARF
TEL. 03/5482-5133
oscarws.com.au
Das elegante Restaurant liegt wunderschön am historischen Anlegeplatz, mit herrlichem Blick auf eine von Eukalypten bestandene Flussbiegung des Murray River. Das Essen ist hervorragend, die Weine erlesen.
100 Alle gängigen Karten

MILDURA

STEFANO'S
$$$$
GRAND HOTEL RESORT, 7TH ST.
TEL. 03/5022-0881
stefano.com.au
Zum Hotel gehört auch ein Restaurant, das italienische Gerichte und eine fantastische Weinkarte bietet.
60 M & So geschl. Alle gängigen Karten

TASMANIEN

HOBART

DER BESONDERE TIPP

HENRY JONES ART HOTEL
$$$$$
25 HUNTER ST.
TEL. 03/6210-7700
FAX 03/6210-7755
thehenryjones.com
Eine ehemalige Marmeladenfabrik ist heute ein einzigartiges Hotel am Wasser – für den atemberau-

benden Umbau hat das Haus zahlreiche Tourismus- und Architekturpreise gewonnen. Großartige Suiten, und ungewöhnliche Kunstwerke.
56 Alle gängigen Karten

ISLINGTON PRIVATE HOTEL
$$$$$
321 DAVEY ST.
TEL. 03/6223-3900
FAX 03/6234-9053
islingtonhotel.com
Das umgebaute Haus aus dem 19. Jahrhundert hat nur Suiten. Frühstück inklusive.
8 Alle gängigen Karten

GRAND CHANCELLOR HOTEL
$$$$–$$$$$
1 DAVEY ST.
TEL. 03/6235-4535
FAX 03/6223-8175
ghihotels.com
Luxushotel am Kai mit gut ausgestatteten Zimmern.
234 Alle gängigen Karten

LENNA OF HOBART
$$$–$$$$
20 RUNNYMEDE ST., BATTERY POINT
TEL. 03/6232-3900
lenna.com.au
In einem Gebäude aus dem 19. Jahrhundert mit altmodischem Charme und dem Restaurant **Alexander's** mit exzellenter Küche.
50 Alle gängigen Karten

THE OLD WOOLSTORE APARTMENT HOTEL
$$$–$$$$
1 MACQUARIE ST.
TEL. 03/6235-5355
FAX 03/6234-9954
oldwoolstore.com.au
Tolle Lage in Wassernähe, in einem umgebauten viktorianischen Lagerhaus. Geräumige, unterschiedlich große Apartments.
242 MC, V

MURES UPPER DECK RESTAURANT
$$$
VICTORIA DOCK
TEL. 03/6231-1999
muresupperdeck.com.au
Exzellentes Seafood in großartiger Lage am Meer. Günstigere Gerichte im unteren Geschoss.
160 Alle gängigen Karten

SMOLT
$$$
2 SALAMANCA SQ.
TEL. 03/6224-2554
smolt.com.au
Angesagtes Restaurant in bester Lage am Salamanca Square, mit kühlen modernen Linien und mediterranen Einflüssen. Gerichte von Pizza und Pasta bis zu innovativen Hauptgerichten und Seafood-Platten.
60 Alle gängigen Karten

LAUNCESTON

COUNTRY CLUB TASMANIA
$$$–$$$$$
COUNTRY CLUB AVE., PROSPECT VALE
TEL. 03/6335-5777 ODER 1800-030-211
countryclubtasmania.com.au
Luxuriöser Club mit Casino in gepflegtem Garten und einem der besten Golfplätze Australiens. Im Club befindet sich das formelle **Terrace Restaurant**.
104 Alle gängigen Karten

CLARION CITY PARK GRAND
$$$
TAMAR & WILLIAM ST.
TEL. 03/6331-7633
cityparkgrand.com.au
Die Möblierung der Gästezimmer passt zum viktorianischen Stil des Hauses.
31 Einige Zimmer Alle gängigen Karten

STILLWATER RIVER CAFÉ RESTAURANT
$$$–$$$$$
RITCHIES MILL, PATERSON ST.
TEL. 03/6331-4153
stillwater.net.au
Tagsüber ein legeres Lokal, abends ein feines Restaurant mit moderner Küche.
65 So–Mo A geschl. Alle gängigen Karten

REST TASMANIENS:

BAY OF FIRES LODGE
$$$$$
BAY OF FIRES
TEL. 03/6392-2211
bayoffires.com.au
Abgelegene Lodge im Mt. William National Park mit Blick auf einen einsamen Strand. Als Teil des viertägigen Angebots – mit einer Nacht im Zelt – wandern die Gäste zur Lodge.
22 Einige MC, V

FREYCINET LODGE
$$$$$
COLES BAY
TEL. 03/6225-7000
freycinetlodge.com.au
Umweltbewusstes Resort aus Ein- und Zwei-Zimmer-Hütten mit Blick auf die Great Oyster Bay. Keine Mahlzeiten inklusive. Sie können auf dem Anwesen im **Bay Restaurant** mit guter Aussicht und Seafood dinieren.
60 Alle gängigen Karten

Einkaufen

An Kitsch für Touristen herrscht in Australien kein Mangel. Alles, von Plüschkoalas, Bumerangs „made in Taiwan", Isolier-Bierdosenhaltern (normalerweise mit geschmacklosen Macho-Witzen) über Plastikkängurus bis zu Untersetzern und kitschigen T-Shirts, gibt es in kleinen Läden überall im Land. Die meisten Aussie-Souvenirs – sogar die kleinen Australienfahnen, die am Anzac Day geschwenkt werden – werden in Asien produziert. Zum Glück ist es recht leicht, etwas Geschmackvolleres, Erinnerungswürdigeres und Authentischeres zu finden.

Aborigines-Kunst

Die einzigartige Kunst der Aborigines ist in der Kunstwelt zu einer begehrten Ware geworden, und für die Werke hochrangiger Künstler werden Zehntausende Dollar gezahlt. Leider lockten das große Geld und die Tatsache, dass nur wenige diese Kunst wirklich verstehen, viele dubiose Händler in dieses Gewerbe. Aborigines-Kunst zu kaufen kann daher heikel sein. Am besten gehen Sie in von Aborigines betriebene Galerien – oder Sie kaufen direkt von den Künstlern im Outback.

Die Kunstwerke variieren von Rindenmalerei und Bumerangs über Holzschnitzereien, Textilien und Töpferwaren bis hin zu Didgeridoos. Einige Galerien im Besitz von Aborigines sind:

Darwin

Aboriginal Bush Traders
Lyons Cottage, Ecke Knuckey St. & The Esplanade
Tel. 04/4832-9933
aboriginalbushtraders.com

Uluru

Maruku Arts and Crafts
Uluru–Kata Tjuta Cultural Centre
Tel. 08/8956 2153
maruku.com.au

Kakadu

Injalak Arts and Crafts
Oenpelli
Tel. 08/8979 0190
injalak.com

Alice Springs

DesArt
11/54 Tood St. Mall
Tel. 08/8953 4736
desart.com.au

DesArt vertritt eine Anzahl anderer Aborigines-Galerien in Zentral-Australien und kann für Sie Kontakt zu vertrauenswürdigen Händlern herstellen.

Wenn Sie sich nicht ins Outback begeben wollen, aber Aborigines-Kunst erstehen möchten, versuchen Sie es bei:

Sydney

The Artery
Shop 2, The Westbury, Darlinghurst
Tel. 02/9380-8234
artery.com.au

Melbourne

Dacou
35 Spring St (Ecke Flinders Lane)
Tel. 03/9663-6368
dacoumelbourne.com.au

Kleidung

Australien hat einige Hersteller stilvoller Outback-Kleidung, die seit Generationen zuverlässige Ausrüstung für Viehtreiber, Farmer und Arbeiter auf den Viehstationen fertigen. Wenn Sie mit Qualität gepaarte Authentizität suchen, beginnen Sie mit einem Paar Stiefeln von R. M. Williams oder Blundstone. R. M. Williams in South Australia produziert seit etwa 1930 Sattelzeug für Outback-Cowboys und Reiter. Die Stiefel aus Känguruleder sind unglaublich weich und passen wie ein Handschuh. Das Unternehmen ist ebenso berühmt für seine Moleskinhosen und modische Outdoor-Kleidung.

In Sydney ist das Hauptgeschäft in der 389 George St., Tel. 02/9262-2228, in Melbourne im Shot Tower, Shop 227 Melbourne Central, 300 Lonsdale St., Tel. 03/9663-7126. Auf der Website des Unternehmens, *rmwilliams.com.au,* sind weitere Läden in Australien aufgelistet.

Blundstone-Stiefel sind seit der ersten Produktion 1870 ein Wahrzeichen der Arbeiterklasse, wurden jedoch in letzter Zeit weltweit zu einem Gütesiegel und zum modischen „Muss" auf den Straßen Londons und New Yorks. Informationen über Läden bekommen Sie im Unternehmensbüro in Hobart, *Tel. 03/6271-2200, blundstone.com.*

Obwohl Australien als der trockenste bewohnte Kontinent gilt, wird hier erstklassige Regenkleidung hergestellt. Sowohl R. M. Williams als auch **Thomas Cook** *(thomascook.com.au),* ein weiterer etablierter Ausstatter, produzieren hervorragendes Ölzeug, doch die klassische Viehtreiber-Regenkleidung wird seit über einem Jahrhundert bei **Driza-Bone** in Queensland hergestellt. Verkaufsstellen gibt es überall in Australien. Informationen über Läden bekommen Sie unter Tel. 03/9425-2298 oder per E-Mail über: *drizagpo@drizabone.com.au* oder unter *drizabone.com.au.*

Gegen die starke australische Sonne schützen **Akubra**-Hüte. Diese Hüte aus Kaninchenfilz sind seit Generationen bei Buschmännern beliebt, die sie für alles benützen: vom Wassertransport bis zum Fischen eines heißen Kochtopfs aus dem Lagerfeuer.

Sie tragen sie sogar auf dem Kopf. Auch Akubra-Hüte gibt es fast überall *(akubra.com.au)*.

Weitere kaufwürdige Markenartikel sind **Explorer**-Socken, **Stubby**-Shorts, **Holeproof**-Unterwäsche und **Chesty-Bonds**-T-Shirts und -Unterhemden.

Surfwear hat sich in den letzten Jahren zu einem wichtigen Exportartikel entwickelt, mit Marken wie **Billabong** *(billabong.com.au)*, **Ripcurl** *(ripcurl.com.au)* und **Quicksilver** *(quiksilver.com.au)*. Outlets gibt es im ganzen Land, das Zuhause der Surferbekleidung ist jedoch Torquay in Victoria (siehe S. 312).

Kunsthandwerk

Australien hat viele Talente, und Besucher können interessante Galerien und Handwerksläden überall im Land finden.

Sydney, für viele Australien-Urlauber der letzte Stopp auf ihrer Reise, ist ein beliebtes Kunst- und Kunstgewerbe-Einkaufsziel. Zwei wichtige Adressen für australische Touristenkunst in Sydney sind **Ken Done** *(1–5 Hickson Rd., The Rocks, Tel. 02/8274-4599, kendone.com)* und **Ken Duncan** *(73 George St., The Rocks, Tel. 02/9241-3460, kenduncan.com)*. Done wird von der ernsten Kunstszene zwar abgelehnt, aber seine bunten Gemälde haben durchaus ihren Reiz. Duncans Panoramafotos australischer Landschaften sind atemberaubend; es gibt sie in Büchern, als Postkarten und Poster und als teure Drucke.

In The Rocks in Sydney findet am Wochenende ein quirliger touristischer Straßenmarkt statt, und es gibt hier gut sortierte Kunst- und Kunstgewerbegalerien. **Craft NSW** *(104 George St., The Rocks, Tel. 02/9241-5825, artsandcraftsnsw.com.au)* ist das Outlet der Society of Arts & Crafts of New South Wales, die heimische Künstler vertritt. Hier werden u. a. Schmuck, Keramiken, Webartikel, Stoffcollagen, Glas, Handgestricktes, Seidenmalerien, Drucke verkauft.

In Adelaide bietet die **Jam Factory** *(19 Morphett St., Tel. 08/8231-0005; und Rundle Mall Plaza, Tel. 08/8211-9777, jamfactory.com.au)* Glas, Keramik, Holz, Textilien und Schmuck von einigen der besten Kunsthandwerker Australiens.

Opale

Im australischen Boden liegen 95 Prozent der weltweiten Opalvorkommen. Die meisten Opale fand man im Outback von South Australia nahe der Stadt Coober Pedy, außerdem in Lightning Ridge in New South Wales und in Andamooka in South Australia.

Fast jeder Juwelier und Souvenirladen in Australien scheint Opale in der einen oder anderen Form anzubieten – zu steuerfreien Preisen für Touristen.

Wie bei jedem Edelstein bestimmen mehrere Faktoren den Wert eines Opals, z. B. Klarheit, Farbe und Muster. Das erste Kriterium ist die Grundfarbe des Steins. Ein schwarzer Opal ist am wertvollsten, gefolgt von kristallartigem (oder fast durchsichtigem) Opal, am billigsten sind milchige Opale. Als Nächstes muss man auf die vorherrschende Farbe achten. Der rote Feuer-Opal ist der wertvollste, gefolgt von grünen und blauen Steinen. Das Muster ist ebenfalls wichtig zur Schätzung. Harlekin-Opale, in denen die Farben in großen, flächigen Feldern angeordnet sind, sind am begehrtesten. Am wenigsten wert sind Steine mit nadelfeinen, Tausenden kleinen Farbklecksen.

Die Steine selbst sind in drei Qualitätsstufen eingeteilt. Am wertvollsten ist der reine Opal, gefolgt von Dubletten (zweiteilige Steine aus edlem Opal und weniger kostbarem Opal), Tripletten (dreiteilige Steine mit einem Kern aus kostbarem Opal, einem weniger wertvollem Stein und einem durchsichtigen Stück obenauf). Die genaue Schätzung eines Opals gehört in die Hände von Experten. Gehen Sie zu seriösen Juwelieren, sehen Sie sich um, und vergleichen Sie die Preise (siehe auch Kasten S. 31). In Sydney sind die folgenden Läden besonders empfehlenswert:

National Opal Collection
60 Pitt St.
Tel. 02/9247-6344
nationalopal.com
Hat Opalschmuck und Steine im Angebot. Sie bauen selbst Steine ab und schneiden sie; es gibt auch ein Museum mit Fossilien, einer nachgebauten Opalmine und mehr.

Opal Fields
190 George St., The Rocks
Tel. 02/9251-3853
opalfields.com.au
Sieben Designer bieten ihre Kollektion australischer Opalsteine und -schmuckstücke an. Auch Museum für Opalfossilien und -steine.

Wein

Australien ist zu Recht für seine kräftigen, fruchtigen und sorgfältig produzierten Weine berühmt, doch bei mehr als 2000 Winzern im Land ist die Orientierung nicht gerade einfach. Eine Anzahl nützlicher Führer sind am Markt, zwei der besten sind der „Penguin Good Australian Wine Guide" und James Hallidays „Australian Wine Companion", die es in den meisten Buchläden gibt.

Die Haupt-Weingebiete haben nützliche Besucherzentren:
Hunter Valley (siehe S. 110f)
Margaret River (siehe S. 226f)
McClaren Vale, Clare Valley und Coonawarra (siehe S. 263, 266)
Barossa Valley (siehe S. 267f).

Unterhaltung & Freizeit

Australiens sonniges Wetter und der Open-Air-Lebensstil eignen sich für eine Vielzahl von Aktivitäten. Planen Sie Ihren Urlaub sorgfältig, und buchen Sie im Voraus, wenn Sie wissen, was Sie unternehmen möchten. Andernfalls finden Sie Hilfe in Besucherzentren. Hier zählt man Ihnen die Möglichkeiten vor Ort auf und bucht die für Sie geeigneten.

Jeepsafaris

Die Halbinsel Cape York, das Northern Territory und Western Australias zerklüftete und abgeschiedene Kimberley-Region eignen sich am besten für Outback-Abenteuer. Fahrzeuge mit Allradantrieb sind notwendig, um in die wildesten und interessantesten Gebiete zu gelangen, und wenn Sie es nicht riskieren wollen, selber zu fahren, organisieren das diverse Unternehmen von Cairns bis Darwin, Alice Springs und Broome für Sie. Der Standard ist unterschiedlich, vergleichen Sie die Angebote, und suchen Sie örtliche Touristenbüros auf. Ein etabliertes Unternehmen in Cairns ist **Wilderness Challenge** *(Tel. 07/4035-4488 oder E-Mail: info@wilderness-challenge.com.au, wilderness-challenge.com.au)*, das Ausflüge zur Spitze von Cape York und durch das Kimberley anbietet. (Siehe auch Kasten auf S. 242.)

Kamelsafaris

Erleben Sie Australien, wie es die Entdecker erlebten: auf dem Rücken eines Dromedars. Kamelreiten wird in Broome (siehe S. 232f), in Silverton (siehe S. 117) und vielen anderen Orten angeboten, aber im Northern Territory gibt es die meisten Anbieter. In Alice Springs führen **Pyndan Camel Tracks** *(Jane Rd., Tel. 04/1617-0164, cameltracks.com)* kurze Touren in die Wüste durch, **Camels Australia** *(Stuarts Well, Stuart Highway, Tel. 08/8956-0925, camels-australia.com.au)* bietet kurze Treks. **Uluru Camel Tours** *(Tel. 08/8956-3333, ulurucameltours.com.au)* in Yulara bringt Sie zum berühmten Felsen.

Ein echtes Kamelabenteuer bietet die **Outback Camel Company** *(Tel. 07/3850-7600, cameltreks.com.au)*, die Trecks im ganzen Land durchführt, bis hin zu einer vierwöchigen Durchquerung der Simpson Desert.

Kreuzfahrten

Queenslands idyllische Whitsunday Islands gehören zu den schönsten Plätzen der Welt für Yachten und Kreuzfahrtschiffe. Wenn Sie selber segeln wollen, können Sie auf den Whitsundays (siehe S. 162) ein Charterboot mieten. Veranstalter bieten ein- und mehrtägige Segeltouren, einige auf bekannten ehemaligen Rennyachten, darunter:

„Maxi Ragamuffin"
Tel. 07/4946-7777

„Apollo"
Tel. 1800-635-334

Surfen

Von dem Augenblick an, als der hawaiianische Surfer Duke Kahanomoku 1915 das Surfen nach Australien brachte, war das Reiten auf den Wellen, die auf die 39 000 Kilometer lange Küste des Kontinents zurollen, eine australische Passion.

Wenn Sie nicht surfen können, aber es gerne lernen möchten, stehen Ihnen viele Surfschulen zur Verfügung. Erkundigen Sie sich bei den Touristenzentren vor Ort oder bei Surf- und Tauchläden.

New South Wales: Zu den bekanntesten Stränden gehört Bondi Beach (siehe S. 96f), doch auch Manly und die andere Strände im Norden Sydneys bieten gute Surfgründe. Südlich von Sydney ist der vielleicht beste Surfstrand Cronulla. Byron Bay an der Nordküste von New South Wales ist ebenfalls ein beliebter Surfertreffpunkt.

Southern Queensland: Eine Reihe von Surfstränden erstreckt sich die Gold Coast entlang. Neben Surfers Paradise sind Burleigh Heads und Kirra zu empfehlen. Die Sunshine Coast hat bei Noosa Heads ebenfalls gute Surfgründe.

Western Australia: Großartig zum Surfen geeignet ist die Gegend um Margaret River, 224 Kilometer südlich von Perth.

South Australia: Der bekannteste Surfstrand in South Australia ist der weitläufige Cactus Beach westlich von Ceduna. Schöne Plätze gibt es sowohl im Osten als auch im Westen der Halbinsel Fleurieu.

Victoria: Der Wettbewerb Bell's Easter Classic wird am Bell's Beach bei Torquay an der spektakulären Great Ocean Road, etwa 160 Kilometer südwestlich von Melbourne, ausgetragen. Ebenfalls gut surfen kann man bei Wilson's Promontory und an der Ozeanseite der Mornington Peninsula.

Tasmanien: Bei Marrawah an der Westküste und an den Stränden nahe St. Helens gibt es gute Surfgebiete, aber das Wasser um die Insel herum ist kalt.

Tauchen

Die Erkundung des Great Barrier Reef ist der Höhepunkt eines Besuchs im tropischen

Queensland. Wenn Sie nicht tauchen können, gibt es zahlreiche Tauchschulen an der Küste und einige der schönsten Korallenriffe der Welt, um es zu lernen. Wie immer ist es auch hier zu empfehlen, die Preise zu vergleichen und sich vor Billigangeboten zu hüten. Rechnen Sie mit 400 A$ für einen fünftägigen Tiefsee-Tauchkurs mit Zertifikat.

Cairns gilt als „Tauch-Kapitale" des Riffs und ist normalerweise die erste Station für Besucher des Great Barrier Reef. Einige schon lange bestehende Unternehmen sind: **Deep Sea Divers Den** *(Tel. 07/4046-7333, diversden.com.au)*, **Pro Dive** *(Tel. 07/4031-5255, prodivecairns.com)*, **Tusa Dive** *(Tel. 07/4047-9100, tusadive.com)*. In Airlie Beach und Townsville gibt es ebenfalls diverse Tauchschulen.

Wenn Sie schon im Besitz eines Tauch-Zertifikates sind oder nur ein bisschen im Riff schnorcheln wollen: Ein Boot zu finden, das Sie zum Riff hinausbringt, ist in etwa so schwierig, wie in Las Vegas ein Casino zu finden. Es gibt sie in allen Formen und Größen, von schimmernden Katamaranen bis zu Yachten und Schnellbooten, und für alle Geldbeutel. Ausflüge dauern von einem bis zu mehreren Tagen.

Das oben erwähnte Tusa Dive ist nur einer von vielen etablierten Anbietern in Cairns.

Gute Tauchgründe gibt es natürlich auch andernorts, vom Ningaloo Reef in Western Australia bis zu den Wracks um Tasmaniens King Island. Fragen Sie in den Touristenbüros vor Ort nach Rat und Empfehlungen (siehe auch Kasten S. 168).

Wildwasserfahren

Australien mag der trockenste bewohnte Kontinent der Erde sein, aber wenn die Flüsse strömen, dann strömen sie wirklich, und auf Tasmanien, in den Snowy Mountains und in den von Dschungel bewachsenen Bergen nahe Cairns gibt es einige Möglichkeiten zum Wildwasser-Rafting. Zwei der bekannteren Anbieter sind:

World Expeditions
Sydney Office
Level 5, 71 York St., Sydney
Tel. 02/8270-8400 oder
1300-720-000
worldexpeditions.com

Peregrine Adventure
Head Office
Level 3, 380 Lonsdale St.,
Melbourne
Tel. 1300-791-485
peregrineadventures.com

Die bei weitem abgeschiedenste und wildeste Möglichkeit zur Wildwasserfahrt bietet der Franklin River auf Tasmanien, ein anstrengender zweiwöchiger Ausflug durch einige der abgelegensten Wildnisgebiete des Planeten. Beide oben genannten Unternehmen bieten Franklin-Expeditionen an.

Weitere Informationen

Im Folgenden finden Sie eine Liste von Organisationen, bei denen Sie Informationen über spezielle Aktivitäten erfragen können.

Angeln
Recfish Australia
24 York St,
South Melbourne, VIC 3205
Tel. 04/1932-0843
recfishaustralia.org.au

Golf
Golf Australia
Level 3, 95 Coventry St.,
South Melbourne, VIC 3205
Tel. 03/9626-5050
golfaustralia.org.au

Kanufahren
Australian Canoeing Inc.
1st Floor, Sports House,
6 Figtree Drive,
Sydney Olympic Park,
Homebush Bay, NSW
Tel. 02/8116-9727
canoe.org.au

Ökotourismus
Ecotourism Australia
Suite 3, 47
Brookes St.
Bowen Hills, QLD 4006
Tel. 07/3252-1530
ecotourism.org.au

Radfahren
Cycling Australia
Level 2, 280 Coward St.,
Mascot, NSW 2020
Tel. 02/9339-5800
cycling.org.au

Segeln
Yachting Australia
Level 1, 22 Atchison St.,
St. Leonards,
Sydney, NSW 2065
Tel. 02/8424-7400
yachting.org.au

Surfen
Surfing Australia
P.O. Box 928,
Coolangatta, QLD 4225
Tel. 07/5599-3800
surfingaustralia.com

Tennis
Tennis Australia
Olympic Blvd.
Melbourne, VIC 3000
Tel. 03/9914-4000
tennis.com.au

Vogelbeobachtung
Birdlife Australia
Suite 2-05,
60 Leicester St.,
Carlton, VIC 3053
Tel. 03/9347-0757
birdlife.com.au

REGISTER

Seitenzahlen in Fettdruck verweisen auf Abbildungen. GROSSBUCHSTABEN auf übergeordnete Themen.

Q

R

S

T

U

V

BILDNACHWEIS

Umschlagvorderseite: Paul Souders/Corbis
Umschlagrückseite: Peter Zurek/Shutterstock (l), georgeclerk/iStockphoto (m), GeorgeMPhotography/Shutterstock (r)

2-3, Roger Ressmeyer/Corbis; 4, Dave G. Houser/Corbis; 8, Eric Isselée/Shutterstock; 11, Craig Lamotte/Corbis; 12, Debra James/Dreamstime.com; 13, Laviana/Shutterstock; 15, ASP/Pierre Tostee/Reuters/Corbis; 16-17, SuperStock; 20-21, Sorrel Wilby/Australian Geographic Images; 22, Carolyn Johns/Wildlight; 24, Bjorn Austraat/iStockphoto.com; 26-27, Gary Bell/OceanwideImages.com; 29, Jiri Lochman/Lochman Transparencies; 30, Sam Abell/NGS Image Collection; 32-33, Penny Tweedie/Corbis; 37, Coo-ee Picture Library; 38-39, John Carnemolla/Corbis; 42-43, „South Brisbane from the North Shore, Moreton Bay, Australia", 1868, Baines, Thomas (1820–75)/© National Library of Australia, Canberra, Australia/The Bridgeman Art Library; 46-47, „Australian Gold Diggings", ca. 1855, Stocqueler, Edwin (1829–ca. 1880)/© National Library of Australia, Canberra, Australia/The Bridgeman Art Library; 48, Hulton Archive/Getty Images; 51, David Moore/Wildlight; 52-53, Annie Griffiths Belt/NGS Image Collection; 55, Medford Taylor/NGS Image Collection; 57, Lorrie Graham/Wildlight; 58, Coo-ee Picture Library; 60, Australian Tourist Commission; 63, A. Baker/AA Photo Library; 65, Charles Meere, „Australian Beach Pattern", 1940, Öl auf Leinwand, 91,5 x 122 cm, The Art Gallery of New South Wales, © Margaret Stephenson-Meere, Abdruck mit Genehmigung. Photo: Jenni Carter for AGNSW; 66-67, Sam Abell/NGS Image Collection; 68, Jean-Paul Ferrero/Getty Images; 71, Jeffrey L. Rotman/Corbis; 73, Chee-Onn Leong/Shutterstock; 76, weareadventurers/iStockphoto.com; 78, Paul Souders/WorldFoto; 82, Philip Quirk/Wildlight; 85, P. Kenward/AA Photo Library; 88, Phillip Minnis/Shutterstock; 90, Paul Kane/Getty Images; 92, Jill Schneider/NGS; 94, Tom Keating/Wildlight; 96, Danielle Williams; 99, Mick Tsikas/epa/Corbis; 100, Steve Day/AA Photo Library; 101, Andres Ello/Shutterstock; 104, Chee-Onn Leong/Shutterstock; 106, Sam D'cruz/Dreamstime.com; 107, Negativex_digital_photography/Dreamstime.com; 109, Ross Beckley; 110, Jonathan Marks/Corbis; 112, Jonathan Marks/Corbis; 114, Sin Tong Chong/Dreamstime.com; 116, Spectrum Colour Library; 121, Jonathan Marks/Corbis; 122, Lord Howe Island Tourism Association; 125, Iain Curry/Dreamstime.com; 126, Paul Wright/Corbis; 127, Simona Dumitru/Dreamstime.com; 128, Jonathan Marks/Corbis; 130, Jose Fuste Raga/Corbis; 134, Paul Souders/WorldFoto; 137, David Doubilet/NGS Image Collection; 140, Patrick Oberem/iStockphoto.com; 144, Richard Eastwood/Corbis; 146, Nick Rains/Corbis; 149, Mark Lang/Wildlight; 152, Craig Lamotte/Corbis; 154, Gary Bell/OceanwideImages.com; 158, Gary Bell/OceanwideImages.com; 161, Greg Hard/Wildlight; 163, Gary Bell/OceanwideImages.com; 164, Robert Holmes/Corbis; 166, Nick Rains/Corbis; 169, George Grall/NGS Image Collection; 171, Ian Courtney/Australian Butterfly Sanctuary; 172, Leo Meier/Corbis; 175, Sam Abell/NGS Image Collection; 179, Peter Jarver Gallery; 181, Ralph A. Clevenger/Corbis; 184, George Clerk/iStockphoto.com; 188, Mogens Trolle/Shutterstock; 189, Paul A. Souders/Corbis; 192, Dennis Sarson/Lochman Transparencies; 194, Dennis Sarson/Lochman Transparencies; 196, Col Roberts/Lochman Transparencies; 198, Philip Quirk/Wildlight; 201, James Davis/Eye Ubiquitous; 202, John Van Hasselt/Corbis; 204, Andrea Paggiaro/Dreamstime.com; 207, Paul Souders/WorldFoto; 209, Anne Clark/iStockphoto.com; 210, Dennis Sarson/Lochman Transparencies; 211, Kitch Bain/Shutterstock; 217, Coo-ee Picture Library; 219, Tourism Western Australia; 220, Johnny Lye/Dreamstime.com; 222, Marie Lochman/Lochman Transparencies; 223, Marie Lochman/Lochman Transparencies; 224, Jiri Lochman/Lochman Transparencies; 226, Paul Morton/iStockphoto.com; 228, Bill Belsen/Lochman Transparencies; 230, Mike Kelly/Getty Images; 232, John Carnemolla/Corbis; 234, John Carnemolla/Corbis; 236, Greg Perry/Shutterstock; 240, Jiri Lochman/Lochman Transparencies; 243, Mitchell Library, State Library of New South Wales; 244, Ron Ryan/Coo-ee Picture Library; 247, John Carnemolla/Corbis; 249, Milton Wordley/Wildlight; 254, Benjamin Goode/iStockphoto.com; 257, Stuart Elflett/Shutterstock; 259, Ron Ryan/ Coo-ee Picture Library; 260, Courtesy Cleland Wildlife Park; 263, Milton Wordley/Wildlight; 264, R. Ian Lloyd; 269, Milton Wordley/Wildlight; 271, John Carnemolla/Corbis; 272, South Australia Tourism Commission; 274, Matthew Weinel/Dreamstime.com; 277, John Carnemolla/Corbis; 279, SuperStock; 280, Grahame McConnell/Australian Geographic Images; 282, Ron Ryan/Coo-ee Picture Library; 284, Grenville Turner/Wildlight; 287, Sue Passmore/Eye Ubiquitous; 289, Neale Cousland/Shutterstock; 292, Ilya Genken/Shutterstock; 295, Coo-ee Picture Library; 297, Quinn Rooney/Getty Images; 298, SuperStock; 302, John W. Banagan/Getty Images; 304, Ron Ryan/Coo-ee Picture Library; 306, Kirrily Stewart/Dreamstime.com; 309, Philip Quirk/Wildlight; 313, Robyn Mackenzie/Shutterstock; 314, John Baker/Corbis; 316, Mark Lang/Wildlight; 319, Neale Cousland/Shutterstock; 320, James Davis/Eye Ubiquitous; 322, National Gallery of Australia; 324, Ron Ryan/Coo-ee Picture Library; 326, Coo-ee Picture Library; 329, Sean Davey/Corbis; 332, Sam Abell/NGS Image Collection; 334, James Davis/Eye Ubiquitous; 337, Len Stewart/Lochman Transparencies; 340, Len Stewart/Lochman Transparencies; 342, Coo-ee Picture Library; 343, Matthew Newton; 344, Gerd Ludwig/NGS Image Collection; 346, S. Wilby & C. Ciantar/Lochman Transparencies; 350, Len Stewart/Lochman Transparencies; 352, Tourism Tasmania/Dennis Harding; 355, Dennis Sarson/Lochman Transparencies.

In der Reihe NATIONAL GEOGRAPHIC TRAVELER sind bisher folgende Titel erschienen:

ÄGYPTEN
ALASKA
ANGKOR
ARGENTINIEN
AUSTRALIEN
BARCELONA
BERLIN
BOSTON UND UMGEBUNG
BRASILIEN
CHINA
COSTA RICA
DEUTSCHE NATIONALPARKS
FLORENZ UND TOSKANA
FLORIDA
FRANKREICH
GRIECHENLAND
GROSSBRITANNIEN
HAWAII
HONGKONG
INDIEN
IRLAND
ISTANBUL MIT TÜRKISCHER RIVIERA UND KAPPADOKIEN
ITALIEN
JAPAN
KALIFORNIEN
KAMBODSCHA
KANADA
KANADA-NATIONALPARKS
KARIBIK
KOLUMBIEN
KROATIEN
KUBA
LONDON
MADRID
MAROKKO
MEXIKO
MIAMI UND DIE FLORIDA KEYS
NEUSEELAND
NEW YORK
PANAMA
PARIS
PERU
PORTUGAL
PRAG UND TSCHECHIEN
PROVENCE UND CÔTE D'AZUR
RIO DE JANEIRO
ROM
RUMÄNIEN
SAN FRANCISCO
SCHOTTLAND
SCHWEIZ
SPANIEN
SÜDAFRIKA
SYDNEY
TAIWAN
THAILAND
USA-NATIONALPARKS
VENEDIG
VIETNAM
WASHINGTON, D.C.
WIEN

Weitere Titel in Vorbereitung

Deutsche Ausgabe veröffentlicht von NATIONAL GEOGRAPHIC DEUTSCHLAND (NG Malik Buchgesellschaft mbH), Hamburg 2001
6. aktualisierte Auflage, Hamburg 2014

Deutsche Übersetzung: Gunter Mühl
Lektorat: Katharina Grimm
Gesamtproducing: Bintang Buchservice GmbH, www.bintang-berlin.de
Druck und Verarbeitung: Firmengruppe APPL, aprinta druck GmbH, Wemding

Printed in Germany
ISBN 978-3-95559-046-8

Titel der amerikanischen Originalausgabe:
National Geographic Traveler Australia

Alle Angaben in diesem Buch wurden zum Zeitpunkt der Erarbeitung sorgfältig geprüft. Dennoch können sich natürlich Details ändern, und der Verlag kann für solche Änderungen, eventuelle Fehler oder Auslassungen keine Verantwortung oder Haftung übernehmen. Bewertungen von Hotels, Restaurants oder Sehenswürdigkeiten geben die Sicht der Autoren wieder.

Die National Geographic Society, eine der größten gemeinnützigen wissenschaftlichen Vereinigungen der Welt, wurde 1888 gegründet, um »die geographischen Kenntnisse zu mehren und zu verbreiten«. Sie unterstützt die Erforschung und Erhaltung von Lebensräumen sowie Forschungs- und Bildungsprogramme. Ihre weltweit mehr als neun Millionen Mitglieder erhalten monatlich das NATIONAL GEOGRAPHIC-Magazin, in dem die besten Fotografen der Welt berichten. Ihr Ziel: *inspiring people to care about the planet*, Menschen zu inspirieren, sich für ihren Planeten einzusetzen.

Die National Geographic Society informiert nicht nur durch das Magazin, sondern auch durch Bücher, Fernsehprogramme und DVDs.

Falls Sie mehr über NATIONAL GEOGRAPHIC wissen wollen, besuchen Sie unsere Website unter nationalgeographic.de

Von Kängurus, mythischen Orten und roten Wüsten.
Eine Liebeserklärung an den fünften Kontinent in eindrucksvollen Bildern.
Bernadette Gilbertas,
Olivier Grunewald
Australien
Das Paradies am Ende der Welt
264 Seiten, ca. 200 Abbildungen,
27 x 31 cm, € 45,- (D)
ISBN: 978-3-86690-419-4
www.nationalgeographic.de
NATIONAL GEOGRAPHIC
AUSTRALIEN
DAS PARADIES AM ENDE DER WELT
Bernadette Gilbertas
Olivier Grunewald
NATIONAL GEOGRAPHIC
Abenteuer von Welt.